U0454127

信心的博弈

现代中央银行与宏观经济

缪延亮◎著

中信出版集团｜北京

图书在版编目（CIP）数据

信心的博弈：现代中央银行与宏观经济 / 缪延亮著
. -- 北京：中信出版社，2023.3
　　ISBN 978-7-5217-5087-4

　　Ⅰ. ①信… Ⅱ. ①缪… Ⅲ. ①中央银行－研究　Ⅳ.
① F830.31

中国版本图书馆 CIP 数据核字（2022）第 251854 号

信心的博弈：现代中央银行与宏观经济
著者：　　缪延亮
出版发行：中信出版集团股份有限公司
　　　　（北京市朝阳区东三环北路 27 号嘉铭中心　邮编　100020）
承印者：　宝蕾元仁浩（天津）印刷有限公司

开本：787mm×1092mm　1/16　　印张：30　　字数：468 千字
版次：2023 年 3 月第 1 版　　　印次：2023 年 3 月第 1 次印刷
书号：ISBN 978-7-5217-5087-4
定价：98.00 元

目 录

导言　现代中央银行50年

什么是现代中央银行和怎样建设现代中央银行是本书尝试回答的问题。自1668年第一个被公认为央行的瑞典国家银行诞生，央行已历经350余年的演变和发展。现代信用货币则是1973年布雷顿森林体系解体才有的新事物，迄今恰好50年。有了现代信用货币，才有了现代意义上的央行。货币发行不再有金本位等外在的制度约束，而要靠央行自我约束。现代中央银行首先是政策的银行，首要任务是掌控好货币总闸门，在逆周期调节经济时做到松紧平衡。如何做到松紧平衡，采取怎样的货币政策框架，现代中央银行对此的认识经历了嬗变。

现代中央银行的第一个十年是充满"苦楚"的十年。阿瑟·伯恩斯是见证美元和黄金脱钩的美联储主席，卸任一年后的1979年9月应邀在贝尔格莱德举行的国际货币基金组织（以下简称IMF）年会上发表以IMF第三任总裁皮尔·杰克伯森（Per Jacobsson）命名的纪念演讲。这位研究经济周期的大家、格林斯潘的恩师以"央行的苦楚"（The Anguish of Central Banking）为题，表达了对央行控制不住通胀的担忧。在他的八年任期内，频繁面对政治压力，不得不一再放松货币，导致大通胀和"滞胀"，苦楚一词或许是他彼时心境最真实的写照。也是在这个十年，学术界掀起了理性预期革命的浪潮，从根本上质疑宏观调控政策实践的必要性，尤其是反对赋予央行更大决策自由度的"相机抉择"。

现代中央银行的第二个十年是走向"胜利"的十年。没有了金本位等外在规则的约束，信用货币是否就难以克服内生的宽松倾向？央行以行动给出了答案。1990年9月，卸任美联储主席快三年的保罗·沃尔克也受邀发表皮尔·杰克伯森纪念演讲。他以"央行的胜利？"（The Triumph of Central Banking?）为题，呼应11年前伯恩斯的演讲。美联储在他的领导下不惜以严重的经济衰退为代价，征服了两位数的通胀，赢得了声誉和独立性。现代中央银行是信心的博弈，为克服通胀倾向，央行需要不断保持抗通胀的声誉和公众对央行的信心。在沃尔克看来，这仍是未竟的事业，央行的胜利能否持续需要加一个"问号"。

现代中央银行对自己的信心达到顶峰则是在2008年全球金融危机前夜。2004年时任美联储理事本·伯南克以"大缓和"（The Great Moderation）为题的演讲比较有代表性。自1983年至2007年的25年里，主要经济体的增长和通胀的波动率同时下降，人均产出持续扩张，伯南克将这一现象称为"大缓和"并归功于央行宏观调控框架和技艺的日臻成熟。"大缓和"时代形成了以"一个目标（通胀目标），一个工具（政策利率）"为核心的央行共识。

2008年大危机引发了宏观经济学的大反思。现代央行的使命、工具和角色都发生了重大变化。现代央行从最后贷款人走向最终做市商，在危机时不仅要提供融资流动性，还要担保债务价格，提供市场流动性，以恢复机构做市的信心。经济稳定和物价稳定需要依赖央行的声誉，危机应对和金融稳定更加是信心的博弈。这要求央行在平时统筹好货币和信用，更加注重防范道德风险，实施宏观审慎监管。

一、2008年危机前关于现代中央银行的共识

现代中央银行制度最重要的组成部分是现代货币政策框架。本书一半以上的篇幅（第一至十一章）都用于探讨现代货币政策框架在认

知和实践上的演变。本书第一部分（第一至四章）阐述危机前"大缓和"时代关于央行宏观调控框架的共识。从宏观经济调控思潮的演变和央行制度自身的演化两条线索出发，探究现代中央银行的使命、目标、工具、决策规则和角色演变。央行以物价稳定为首要目标，以利率为主要工具，按照经济规律和宏观调控的要求，通过在金融市场的传导影响货币和信贷，从而实现对经济的逆周期调节。

为什么物价稳定成为现代中央银行的首要目标，而且主要央行把物价稳定的目标诠释为2%的通胀？第一章系统梳理通胀的成本，论证现代中央银行的首要任务是实现低而稳定的通胀，并以此促进经济增长。现代中央银行的理论基础是经济存在周期性波动和非自愿失业，带来较大的经济和社会成本。从长期看，通胀和失业之间不存在得失权衡（trade-off），但在短期内，这种成本可以通过总需求管理尤其是预期管理加以调节。货币政策"逆风而动"，要在盛宴开始的时候把酒杯撤走。虽然一国产出缺口和通胀之间的关系（菲利普斯曲线）不可否认地变弱，但这并未动摇央行宏观调控的理论基础。现代中央银行归根结底是信心的博弈，预期管理在通胀的决定和宏观调控中扮演越来越重要的角色。

现代中央银行有着鲜明的制度特点和独特的文化。央行是公共机构，其起源又曾是独立运作的私人银行，美国和日本的央行至今保留了公私合营的制度设计。主要央行的起源和职能演变有助于我们理解现代中央银行的制度基础和文化基因。第二章从货币、经济尤其是金融体系形态的演变出发，追本溯源，揭示现代中央银行如何从政府的银行和发行的银行，愈发演变成为政策的银行、银行的银行和做市商的做市商。这些职能演变不仅反映在央行资产负债表的规模和构成上，也体现在货币和财政的关系上。在经历过高通胀的20世纪七八十年代之后，央行逐渐获得了独立性，成为独立运作的公共机构。央行独立性的提升反过来催生问责的要求，进而改变了央行"从不解释，永不道歉"的保密文化。

在确定使命和目标之后，选择什么工具，如何使用这些工具是现代中央银行需要解决的问题。第三章从宏观经济学的三个基石性方程入手分析央行的决策：目标函数；面临的约束，也即影响供给的菲利普斯曲线；以及需要服从的经济规律，也即影响需求的产品市场均衡IS曲线。央行对货币政策工具的选择取决于冲击的形式和相对大小。利率作为政策工具胜出不是因为利率的支持者多么努力去争取，而是其他工具如货币总量在实践中随着金融创新和货币需求冲击的频发而不再可行。"不是我们抛弃了货币总量，是它抛弃了我们。"央行确定利率需要符合经济规律和逆周期宏观调控的需要。在短期，利率变动应符合宏观调控的要求，遵循一定的规则，如经典的泰勒规则，逆风而动。在长期，利率变动应符合经济规律的要求，货币利率需要向自然利率靠拢，自然利率是衡量货币松紧的标尺，货币应该松紧适度，试图把总需求控制在经济的潜在产出水平附近。

现实中的货币政策制定还会面临经济状态、经济结构和预期等多种不确定性，尤其是从自然失业率到自然利率等多种可能的结构性变化。稳健原则要求央行不过分依赖某一模型或某一参数的估计值，追求满意解而不是最优解，采取"缩减原则"，平滑政策反应，边走边看。在不确定性和金融稳定风险较大时，风险管理的方法要求央行判断和识别经济中的主要风险，采取"放大原则"，先发制人。到底是"缩减"还是"放大"取决于央行行动是否足够前瞻以及经济面临的冲击。规则和相机抉择之辩的结果就是央行实践总是表现为一定规则之下的相机抉择。有前瞻性的央行可以平滑政策反应，而落后于市场曲线的央行政策往往大起大落。

货币政策短端利率的短暂和小幅变动如何对实体经济产生深远影响？第四章系统梳理货币政策传导渠道，突出现代中央银行重视的"信用观点"。20世纪90年代中期"金融加速器"理论的提出打开了货币政策传导的"黑箱",弥合了理论和实证的分歧,实现了从货币到信用的飞跃。21世纪头10年主要央行的量化宽松(QE)实践进一步拓展了货币政策传导渠道,观察货币政策的窗口从利率到货币条件再到包含了更广泛资产价格的整体金融条件。即使在经济转轨、市场分割和政策转型的中国,金融加速器也让利率传导越来越明显。与此同时,货币政策的传导一直存在"长且不确定"的滞后。我国经济转轨和财政金融体制对货币政策传导的约束仍然存在,这些约束反过来又影响货币政策中介目标和操作工具的选择。通过比较货币政策传导渠道的理论与实践,可以辨别我国进一步疏通货币政策传导的市场化改革方向。

二、危机以来现代中央银行的新发展和新挑战

2008年全球金融危机的爆发打破了对央行宏观调控框架的共识。央行的目标和职责被显著拓宽,大部分央行都把金融稳定目标放到更加突出的位置。危机让央行意识到稳定的通胀和经济增长并不一定能带来稳定的金融。货币政策不一定是防范金融风险最有效的工具,应该主要由宏观审慎政策来实现金融稳定目标。在多元化目标的影响下,货币政策工具也由单一的利率调控拓展为包括资产负债表、宏观审慎和预期管理等多元化工具。旧的共识被彻底打破,新的共识尚未形成,尤其是新工具的效率和效果,不同工具之间如何协调配合仍处在争议之中。本书第二部分(第五至八章)详述危机以来央行的新发展与面临的新挑战,在政策利率触及零下限、传统货币政策失效的背景下,如何在理论和实践层面进行创新,完善货币政策框架,包括政策独立性、目标和工具的改变等。

"欲戴王冠,必承其重。"美联储在2008年全球金融危机后启动量化宽松政策,2020年更是无限量购买政府债券,而且首开主要央

行在一级市场上直接购买企业债券的先河。"人类历史上，从来没有那么多资源、被那么少几个人、在那么短的时间里决定并使用。"第五章讨论央行政治与市场独立性面临的挑战。20世纪90年代以来，主要经济体纷纷通过立法提高央行的独立性，因为理论和实践都证明独立性更高的央行能够以更低的成本控制通胀，也即"免费的午餐"。实际上，央行的独立性并不是"免费的"，它既需要央行不断以绩效来证明自身，也需要更广泛社会环境的呵护和制度基础的支撑。非常规货币政策工具比利率更加依赖资产价格传导，央行与金融市场的关系愈发"亲密"。市场是集体行动的，有时是有先见之明的智者，有时又是错得离谱的乌合之众，需要央行始终认真对待和不时地引导。不论是防范道德风险还是增强央行逆周期调节的能力，央行作为公共机构都要保持对金融市场的独立性。

央行会频繁地被困在利率零下限吗？利率持续下行是现代中央银行制度确立以来的显著现象。长期以来我们对利率的理解充满了争议和混淆，"利率理论是各类相左观点的大杂烩，没有任何一种观点能主导这一理论，但也没有任何一种观点甘愿屈服"。在2020年以前的主流观点是利率会永久低下去；2021年随着通胀在天量需求刺激和供给瓶颈共同作用下开始反弹，又有观点认为低利率的时代将一去不复返。正确识别周期性、趋势性和结构性因素尤其是货币在利率决定中的作用是理解利率下行的关键。第六章通过模型归因分析发现，20世纪80年代以来全球长端名义利率持续下行并不能简单归因于货币利率和通胀下行；相反，货币利率更有可能是在自然利率的牵引下同步下行，而自然利率又主要取决于技术进步、投资和储蓄偏好等结构性和真实变量。在自然利率下行的背景下，货币政策空间受限，应该更多运用结构性改革和财政政策来缓解自然利率下行，并通过宏观审慎政策熨平金融周期，避免低利率陷阱。

如果利率陷阱不可避免，央行应该怎么办？主要央行的政策创新能给我们哪些启示？量化宽松成为货币政策的新常态。量化宽松与传统政策工具的区别不仅在于它的进入，更在于它的退出尤为困难。在金融危机过去十余年后，不仅没有一家央行完全退出量化宽松，而且由于2020年新冠疫情的冲击，主要央行又开启了新一轮规模更大、速度更快的量化宽松。在梳理已有文献的基础上，第七章厘清量化宽松的传导渠道，提出研判量化宽松效果的一般性框架，通过历史与跨国比较的方法评估其效果。量化宽松降低长端利率效果显著，但呈现边际递减，向实体经济的传导效果可能不及传统货币政策工具。量化宽松在实践中主要通过资产组合平衡渠道起效，即以存量效应为主，同时具有一定的信号效应和流量效应。量化宽松的效果取决于金融市场的初始条件和经济结构。多轮量化宽松后，信号效应降低预期政策利率的效果，以及流量效应压低流动性溢价的作用均愈发受限。随着金融市场风险溢价的降低，资产组合平衡渠道的效果可能也在递减。量化宽松的易进难退使央行与市场的关系愈发紧密，产生财富分配的负面效应，损害央行的声誉和政策独立性。货币政策还是应尽量保持正常的政策空间，通过财政货币的协同配合助力经济和政策实现正常化；此外，货币政策应与宏观审慎政策相互配合，防范或化解超宽松流动性供给可能引发的金融风险以及财富不平等问题。

如果"大水漫灌"式的量化宽松副作用太大，那么通过结构性货币政策"精准滴灌"效果如何？2008年全球金融危机后，结构性货币政策因其精准性和针对性得到广泛使用，但是关于结构性货币政策有效性的理论和实证研究落后于央行的实践。第八章提出一个完整的框架，系统分析结构性货币政策的传导渠道、有效性和生效条件，辨析结构性货币政策与总量货币政策、财政政策的优劣，并对结构性货币政策的成本进行分析。在传统理论中，货币和结构这两个词并不兼容，货币是总量工具，在长期呈现货币中性，央行不应该直接分配信贷。结构性货币政策生效的关键在于使央行、银行和企业三者之间实现风险共担和激励相容，因此取决于银行和企业风险共担的能力，也即资产负债表的质量。本章通过对欧洲和英国的实证分析发现，在总量货币政策空间下降的背景下，当银行和实体经济终端资产负债表质量较好时，结构性货币政策能够发挥作用，而当银行和实体经济终端资产负债表受损严重时，应该首先使用财政政策修复资产负债表。结构性货币政策的使用还需要考虑它可能存在的成本，包括空转、套利和退出难等，尤其要警惕因过度使用结构性货币政策而延宕结构性改革。

三、现代中央银行的中国特色

现代中央银行不一定是发达国家主要央行今天的形态。在经济进入停滞阶段、利率陷入零下限后，西方主要央行都在超常规量化宽松、扩大资产负债表，有些甚至使用了负利率。我国央行（即中国人民银行）则有针对性地提出了要尽可能保持正常货币政策空间。我们为什么还要坚持西方一度奉为圭臬但在实践中被迫放弃的强调货币主导的政策框架？西方政府对经济的干预越来越多，我们为什么还要坚持市场化改革？这背后最根本的原因在于我们处在完全不同的经济发展阶段。本书第三部分（第九至十一章）立足我国"转轨"加"新兴"的国情，从建设现代中央银行制度的要求出发，聚焦如何健全现代货币政策框架，重点考察我国货币政策工具创新、利率市场化改革以及加强与金融市场沟通三个方面来完善货币政策传导。

在我国建设现代中央银行的制度起点和基础是什么？第九章通过梳理我国货币政策框架、工具创新和特点来明确走向现代中央银行的制度起点。自1984年中国人民银行不再向企业和个人提供金融服务而是专门行使央行职能以来，我国货币政策调控框架已经经历了两次重大转型。中国人民银行在1998年取消了信贷规模管理，并重启公开市场业务，实现了货币调控由对信贷直接行政控制转向数量型的间接调控。2015年放开存款利率上限，初步完成了利率市场化；2018年以来汇率双向波动、灵活性提升，货币政策逐步由数量调控为主向利率主导的价格型调控模式过渡，并形成了"货币政策＋宏观审慎"双支柱的金融调控政策框架。本章通过央行资产负债表规模和构成的变化来具象化理解我国的政策工具创新，突出货币政策从以汇率为锚到以利率为纲的转型，流动性从外汇占款被动投放为主到公开市场操作和再贷款主动投放。目前仍处在数量和价格工具并重的过渡期，且结构性政策工具使用较多。中国人民银行是在多重约束之下通过多样化工具创新实现多重目标的转型央行。

与传统中央银行制度相比，现代中央银行制度有五个基本特征：更加注重物价和币值稳定；更加注重运用市场化、价格型间接调控框架；更加注重独立性；更加注重公众沟通；更加注重金融监管与金融风险防范。第十章提出，在这五个方面中，我国央行与现代中央银行制度差距最大的，可能是利率的市场化传导和调控。利率是最重要的金融资产价格，利率市场化改革是经济金融领域最核心的改革。"利率是车，汇率是马"，在汇率市场化改革和汇率灵活性稳步提升之后，"马"已经动了，利率之"车"有了发挥的空间。与西方主要央行相比，处在正常货币政策区间是我们的优势，而短板在于货币政策传导仍有待疏通，在隐性利率双轨制、市场分割和流动性分层背后有着深层次的财政金融体制和机制约束。通过2019年LPR（贷款市场报价利率）改革和2020年新冠疫情危机应对两个案例分析，本章发现现阶段建设现代中央银行的主要矛盾仍是利率传导存在堵点，金融市场利率向贷款利率和存款利率传导不畅，重点领域和薄弱环节融资难、融资贵。结构性问题需要结构性改革来打破，未来需要继续在改革、直达和预期管理三个方面下功夫。在这一进程中，由于多重目标和体制机制的多重约束，求解非常困难，央行不仅是科学更是艺术，需要动态把握好四个平衡：松与紧、实与虚、做与说、内与外。

预期管理被视为现代中央银行的主要职责。伯南克甚至说"货币政策98%是沟通，只有2%是行动"。央行沟通这场静悄悄的革命在理念上受益于经济学理性预期革命和对货币政策传导"黑箱"的再认识，在实践中则是央行独立性不断提升的必然要求。第十一章聚焦于央行针对金融市场的沟通和预期管理，回答三个基本问题：央行为什么要沟通？央行沟通的边界在哪里？边界之内，央行如何实现有效沟通？我国货币政策空间较主要发达经济体更充足，央行的独立性相对偏低，因此央行加强预期管理的紧迫性和动力不及主要发达经济体。但是我国金融市场广度和深度显著不及发达经济体，金融市场非理性程度更高，预期变化更容易引发金融市场波动。探索央行如何通过沟通有效管理金融市场预期，对于实现货币政策传导、维护金融稳定、促进金融市场长期发展均有重大意义。本章基于案例分析提出了央行沟通的"六平衡"一般原则，并根据我国实际提出了基于沟通六要素（6W）的六条针对性建议。必须指出的是，多目标和多重约束下的央行沟通面临较大挑战。对货币政策的观点容易两极化。一种倾向是认为货币政策总是做得不够，什么事情都指望货币政策，将货币政策结构化和工具化。另一种倾向是认为货币政策总是做得太多，因为其独立性不够，总量属性和市场化传导不够突出。这些都是建设现代中央银行亟待解决的问题。

四、现代中央银行的金融风险防控体系

系统性金融风险防控体系是现代中央银行制度的另一重要组成部分。本书第四部分（第十二至十三章）从宏观审慎政策框架和金融危机的应对视角探讨构建与现代中央银行要求相适应的金融风险防控体系。

宏观审慎政策框架是对2008年全球金融危机反思的集大成者。第

十二章讨论宏观审慎政策框架的形成背景、内在逻辑与具体实践。长期以来，货币政策都遵循"逆周期调节"的思路，主要用于"填谷但不削峰"。然而，逆周期调节有重大的副作用：过于宽松的货币政策将导致繁荣－萧条的金融周期和泡沫破灭后的低增长。背后的机制在于货币政策的逆周期调节要通过金融加速器和银行的过度风险承担来实现，导致金融杠杆率的过度扩张和收缩，加剧金融顺周期行为。金融体系的过度风险承担行为还会催生旨在规避监管的影子银行，进一步放大金融周期。经济周期波动主要不是源自外部冲击，而是源自信用的内在波动。经济不稳定主要来自金融不稳定，没有金融周期的宏观经济学就像没有王子的莎士比亚剧作《哈姆雷特》。本章从货币中性之辩出发，探讨货币政策与金融周期之间的关系和作用机制，并以此为基础理解货币政策跨周期设计以及宏观审慎政策在熨平金融周期中的作用。由货币政策实现经济稳定，同时由宏观审慎政策实现金融稳定，"两个工具，两个目标"，看上去似乎足够。但是，我国的实践经验显示抑制金融周期需要货币政策和宏观审慎政策相互配合。资金是流动的，掌控好货币总闸门才能最终熨平金融周期。

有了宏观审慎也不一定能避免金融危机。金融危机源自金融内生的不稳定性，很难事前预防，它的根源在于人性。没有两次危机是一样的，但是会押着相同的韵脚。第十三章尝试探究金融危机演变的一般规律和现代中央银行的应对之道。自1873年提出以来，"白芝浩规则"（Bagehot Doctrine）就是应对危机的金科玉律，央行作为最后贷款人，应向银行体系提供充足流动性，同时收取罚息以减少道德风险，要求充足抵押物以防范信用风险。2008年全球金融危机暴露出传统白芝浩规则的不足：系统性危机时优质抵押物缺乏，罚息带来"污名化"，尤其是银行体系融资流动性向与实体经济更相关的市场流动性传导不畅。美联储通过一系列工具创新，突破了传统白芝浩规则的限制。2020年又更进一步，充分发挥最终做市商的职能，与美国财政部密切配合成立特殊目的实体，向包括非银行金融机构和企业在内的实体部门直接提供市场流动性，担保其债务价值。美联储的危机救助再次赢得金融市场的高度赞誉。但是，危机从来就没有被消灭，只是被转移了，每一次危机应对常埋下下一次危机的种子。大水漫灌的后果是高通胀和经济效率的下降，这些将在长期困扰主要央行。

五、现代中央银行的国际视角

国际金融协调和合作治理机制是现代中央银行制度的四个有机组成部分之一。本书第五部分（第十四至十五章）聚焦央行的对外金融关系，从汇率市场化改革和国际货币体系两个方面突出现代中央银行的国际视角。

汇率上关大国博弈，下关黎民百姓，是很多政策制定者和市场人士重点关注的指标。在新兴市场国家尤其明显，有些国家甚至把汇率稳定等同于金融稳定，存在着对汇率浮动的恐惧。可是，现代中央银行货币政策的独立性是以浮动汇率为前提的。第十四章从汇率的本质出发，提出把握汇率作为商品相对价格和资产相对价格的二重属性，有助于更好地理解汇率的决定和波动。影响经济竞争力的是实际汇率，影响汇率的是实际利率，作为实际变量，汇率很难人为操控，应该由市场力量决定，在长期也就是由经济基本面决定。汇率对基本面有反作用，汇率制度选择也应顺应经济基本面的变化，允许汇率发挥自动稳定器的作用。历史上，我国外汇储备大起大落的背后是资本的大进大出，资本大进大出的背后则是汇率制度的不灵活。随着汇率灵活性的提高，微观主体应该主动适应汇率双向波动。我们选择什么样的汇率制度最终取决于认知水平。实现汇率制度的平稳转型需要增强微观主体观察外汇市场的基本面视角，避免线性外推；增强周期观点，避免顺周期；增强逆向观点，避免情绪化。

全球所有经济体，即使采取浮动汇率制度和通胀目标制，都不能做到对美联储的政策免疫。美国货币政策具有极强的外溢性，带来资本的大进大出，容易导致一国国内经济和金融周期被全球金融周期主导，这是现行国际货币体系的结构性矛盾。第十五章从国际货币体系的演变视角观察现代中央银行的外部制度环境。"有时候几十年里什么都没发生，有时候几星期就发生了几十年的大事。"对于国际货币体系而言，用列宁这句话来描述2022年2月24日俄乌冲突爆发后的几周是再恰当不过了。欧美联手采取了空前的金融制裁措施，将金融基础设施和美元储备货币地位等公共产品武器化引发了激烈争论，有观点认为这从根本上改变了储备货币的功能和定位，对国际货币体系是重大分水岭。美元主导的国际货币体系一直存在不平衡、不协调、不充分和美元武器化四大结构性矛盾。俄乌冲突将是加速器和放大器，进一步加速国际货币体系的多元化和碎片化，同时还是格局转换器，引发国际货币体系的巴尔干化，甚至终结金融全球化。多元化能够缓解国际货币体系不平衡和不充分的问题，并在一定程度上约束美元武器化，但仍无法解决不协调问题。国际货币体系的缺位将加剧以美元周期为代表的全球金融周期的外溢性，全球经济和金融体系在效率和稳定两个方面都将面临前所未有的挑战。

提升人民币的储备货币地位有助于通过多种储备货币之间的竞争强化货币纪律，弱化核心国家对其他国家的溢出效应，增强国际货币体系的内在稳定性。储备货币地位对现代中央银行既是激励也是约束。回顾历史，在市场力量的基础上，适时的政治、经济政策可能助推储备货币地位出现跃升。当前人民币在全球外汇储备中占比还不到3%，仍有很大的提升空间。人民币会以市场化方式逐渐成为国际货币，在这一进程中，要尊重市场需求及时破除阻碍人民币发挥作用的障碍，但也不能拔苗助长。

六、现代中央银行的出路：从最后贷款人到最终做市商

现代中央银行将进入知命之年，50年来央行的使命、工具和角色都发生了重大变化。使命方面，从经济稳定到金融稳定，逆经济周期调控和跨周期设计相结合，熨平金融周期。工具方面，从常规工具到非常规工具，预期管理、量化宽松和结构性货币政策等非常规工具被常态化运用。角色方面，从最后贷款人到最终做市商，在危机时期不仅要向金融体系提供充足的融资流动性，还要直接担保实体经济的市场流动性。

这些变革引发不少争论。财政和货币的界限是否又在逐渐模糊而一统于现代货币理论（MMT）？新工具和常规工具比效果如何？央行是否可以控制整条收益率曲线？如何把握预期管理的"时、度、效"？我选取了十个有较大争议的问题汇总于第十六章，并提出自己的一孔之见。总的来看，非常规货币政策相比常规货币政策如利率工具存在四方面不足：边际效用递减和边际成本递增都更加突出；易进难出，致瘾性强；结构效应更加显著，有些政策本身就是结构性政策而非总量政策；对实体经济的传导不及常规货币政策。答案或许并不那么重要，因为问题本身已经告诉世人，央行或许做得太多，成了"唯一的玩家"，因而遭遇不可承受之重。

如何做到不松不紧是央行自诞生之日起就面临的最大挑战。金本位时代有维护货币金平价的外部硬约束，常常导致货币过紧；信用货币时代没有了硬约束，又导致宽松倾向和资产价格大起大落。自1898年维克塞尔（Knut Wicksell）提出自然利率假说，至2008年全球金融危机前夜，关于央行货币调控的经济和金融观点影响力不断上升，强调流动性的传统货币观点日渐式微。按照经济和金融观点，央行货币调控主要关注物价变动，并根据物价变动来调节货币利率，使之与自

然利率相符。这一思潮衍生出新的规则，如简便易行的泰勒规则，为央行提供行动指南。

按照泰勒规则行事的结果仍然是货币和信用弹性（elasticity）有余而纪律性（discipline）不足。梅林（Mehrling，2010）在《新伦巴第大街》中提出要回到传统的货币观点，央行不仅要做最后贷款人，还要做最终做市商，更多关注货币市场和信用市场的联动，不能只看物价。央行的一举一动必然影响货币市场上的融资流动性，而正是货币市场的融资流动性决定了资本市场的市场流动性和相应的资产价格。央行避而不谈资产价格是鸵鸟的做法，不仅不现实，还会影响金融市场的正常运行和货币政策的传导。

自20世纪80年代新凯恩斯革命以来形成的对于货币的经济学观点，把流动性完全抽象掉，认为流动性是必然的和免费的，从而忽视货币市场这一基础设施，认为央行只需要关注货币政策操作在货币市场之外的传导和影响，比如对信贷和实体经济的影响。殊不知，货币市场这一基础设施既是货币政策传导的起点，也是其起作用的终点，因为流动性的价格会瞬时影响从国债到信用债几乎所有资产的价格。也正因为此，金融基础设施服务体系是现代中央银行制度的四个有机组成部分之一。

对货币的经济观点还导致了长期宽松的倾向。通胀迟迟不来，央行就可以尽情宽松，信用扩张和资产价格高涨，催生繁荣 – 萧条的金融周期。但信用是内生不稳定的，要管理好信用，首先要管理好货币市场的流动性。回归货币的传统观点需要央行在提供流动性时平衡好松紧。一旦确定央行要在危机时发挥最终做市商功能，这就意味着在平时央行要尽一切可能避免这一情形发生。换句话说，信用和由信用决定的资产价格不能过于顺周期，尤其是没有做市商双向做市的资产（如房地产）市场，其流动性会瞬时枯竭，资产价格剧烈波动会危及金融稳定并外溢至实体经济。

对现代中央银行的认识经历了从货币到信用的飞跃,现在又要回到货币的传统观点,统筹货币和信用。央行不能依赖任何过于简化的规则行事,而是要通盘考虑从货币市场到债券市场再到信用市场等各个资产市场的流动性与资产价格。央行在危机时期充当最后贷款人和最终做市商,要求央行在平时更加注重防范道德风险,这条线划在什么地方考验央行的智慧。流动性措施和宏观经济稳定措施很难严格区分,概念上和操作上都是如此。简化会让经济理论变得更易懂,但不会让经济政策更合理。全景式的考量意味着央行把握松紧平衡不仅是科学,也不只是工程,更是艺术。

统筹货币和信用,做到松紧平衡,要求现代中央银行首先应珍惜和用好正常货币政策空间。短端政策利率仍是最优调控工具,央行应尽量避免落入利率零下限陷阱。保持正常的货币政策空间需要财政货币协同配合,合适的宏观政策组合有助于加快经济内在动能的恢复,帮助宽松政策实现退出,甚至还可以创造政策空间。其次,逆周期调控和跨周期设计相结合,平衡好实体经济与金融稳定。这需要货币政策和宏观审慎政策相互配合,共同熨平金融周期。最后,可能也是最重要的,用好预期管理工具,平衡好"做"与"说"。现代中央银行归根结底是信心的博弈。有声誉的央行会导致供给侧自发做出反应,企业、民众和金融市场信心上升,消费和投资增加,起到事半功倍的效果。但预期管理也是一把双刃剑,如何把握"说与听""言与行"的平衡考验央行的智慧,是科学,更是艺术。

第一章　央行为何重要？

那些自以为不受思想家影响的实干家，大多不过是一些过时思想的奴隶。

——凯恩斯，《就业、利息和货币通论》

在很多人相信通胀不会再来，就连美联储也认为通胀是暂时的时候，超过5%的高通胀在2021年5月不期而至。2022年6月，美国通胀率达到9.1%，是40年来的高点。面对高通胀，央行该怎么办？是以剧烈的加息来抑制通胀，承担经济可能陷入衰退的风险，还是期待通胀在油价上涨和供给短缺等"一次性"冲击因素消退后自行回落？怎样才能实现软着陆，也即以较少的失业和经济衰退来熨平经济周期的波动，是央行要解决的主要问题。围绕这一问题，首先需要回答的是，为什么高通胀不好？不好在哪里？为什么主要央行都实行了通胀目标制，且把通胀目标设在了2%？除了通胀成本之外，经济周期还有哪些成本？央行为什么可以解决这些问题？为什么不是财政政策来承担这些职能？本章对这些更基本的问题进行了讨论。

一、高通胀的成本

高通胀有成本，需要有专门的机构控制通胀，现代央行就是这样的专门机构。历史上，央行发挥着很多功能，诞生之初是政府的银行，为政府发行债券并代理国库，并逐渐垄断货币发行，成为发行的银行，收取铸币税。随着银行体系的发展，它又成了银行的银行，履行最后贷款人职能，维护金融体系稳定。但不论如何演变，现代中央银行首先是政策的银行，保持物价稳定一定是它最重要的目标，没有之一。

央行按目标的不同可以分为单目标制和多目标制。中国和美国的央行都是多目标制。中国人民银行的四大年度目标是维护价格稳定、促进经济增长、促进就业以及保持国际收支大体平衡。美联储是典型的双目标制：价格稳定和充分就业。即使是多目标，各国央行也都把物价稳定目标置于首位。典型的单目标制央行包括欧洲央行和最古老的两家央行英格兰银行和瑞典国家银行。央行的使命就是维持物价稳定，其他目标都从属于这一目标。通胀到底有哪些成本，以至于众多央行都将其置于工作目标的首位。

通胀分为预期到的通胀和未预期到的通胀，两种通胀均有成本，后者的破坏性要大于前者。

1. 预期到的通胀的成本

通胀相当于对实际货币余额（real money balance）征收的一种税。当通胀发生时，消费者剩余会减少，形成无谓损失（deadweight loss），即图1.1中的区域B和区域C。无谓损失的大小由货币需求曲线和通胀水平共同决定。

假设实际利率r是固定不变的，经济开始时刻处于0通胀状态，当价格水平由P_1上升到P_2时，实际货币余额供给相应由M/P_1下降到M/P_2。由于通胀上升，区域A原先属于消费者剩余，现在是消费者要承担的成本，因此属于持有实际货币余额带来的成本。不过，这部分福利损失被政府拿走了，没有带来无谓损失。区域B和区域C是由于通胀上升导致的福利减少，之前区域B是政府铸币税的一部分，区域C是消费者剩余的一部分，通胀上升后这两部分没有被消费者或政府利用，形成了无谓损失。

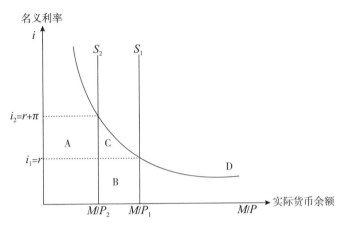

图1.1　通胀的无谓损失示意图

通胀会带来多大的福利损失不仅取决于货币需求的弹性，更取决于通胀本身的高低。货币需求对名义利率的弹性e可以表示为$e=-\dfrac{dm}{di}\dfrac{i}{m}$，其中$m$是实际货币余额，$i$是名义利率。则$-\dfrac{dm}{di}=e\dfrac{m}{i}$表示单位利率上升带来的实际货币余额减少。由于实际利率不变，即$di=\pi$，实际货币余额的变化量$dm=e\dfrac{m}{i}\pi$。因此，区域B+C的面积，即福利损失可以表示为$e\dfrac{m}{i}\pi(\dfrac{\pi}{2}+r)$。由此可见，福利损失和通胀的关系不是线性的，通胀上升，福利损失将呈指数上升。当通胀较低时，由于货币需求弹性e较小，一般是在–0.2左右（当利率上升1个百分点，实际货币余额减少0.2个百分点），福利损失通常较小。

人们持有实际货币余额，通胀会带来福利损失，这背后的经济学直觉是什么？货币供给的边际成本是0，而持有货币的机会成本是名义利率，通胀会提高名义利率，扩大机会成本和边际成本的差距，而在这一过程中消费者福利的减少并没有完全转化为政府收入，其至通过降低实际货币需求减少政府收入。如图1.1所示，区域 A 是通胀上升政府新获得的铸币税，区域 B 是货币余额下降政府损失的铸币税，一得一失，区域 A 和区域 B 的权衡就是通胀税的拉弗曲线（Laffer Curve）。通胀作为税拿走实际货币余额对商品的购买力，比较好理解。那实际货币余额下降又会带来什么福利损失呢？从居民的预算约束看，为保持实际货币余额不变，用于消费的资源就会减少。换句话说，通胀是当下的购买力损失，货币余额损失的是潜在购买力，这就是铸币税的两个来源。

菜单成本。在高通胀的环境下，需要频繁更新价格，但物价调整有成本，类似于餐馆改变价目表需要重新打印菜单，形成"菜单成本"（menu cost）。只有当调价的收益大于成本时，企业才会调整价格，否则菜单成本将导致价格黏性。菜单成本并不是价格黏性的唯一原因，约定俗成的工资年度调整也会导致价格黏性。给定价格黏性，通胀将使企业定价偏离最优：企业最优定价应该根据需求变动适时灵活调整，以实现利润和福利最大化。这一成本带来的福利损失较难量化。尤其是随着网上购物占比越来越高，价格随时调整，甚至针对不同的客户，同样的商品和服务价格也不一样，菜单成本是否真的有那么高或许值得更多探讨，不过曼昆（Mankiw，1985）最早以菜单的调整成本来论证存在价格黏性进而论证新凯恩斯主义和货币政策的有效性。

2. 没有预期到的通胀的成本

高通胀带来税收扭曲。税务系统不是按真实收入，而是按名义收入征税，这会带来扭曲。名义收入随着通胀上升，在累进税制下，收入越高，边际税率越高，通胀上升会增加按照名义收入征税带来的扭曲。除了边际税率更高以外，更高的名义收入有时还要再额外缴税。为避免高收入个人利用税收优惠项目避税，美国实行替代性最低税

（Alternative Minimum Tax，AMT），一些中产就是因为通胀的原因，名义收入提升，不得不缴更多的税。这里的问题是为什么不把税收系统真实化，按照扣除通胀后的真实收入来征收？这样做也有成本，如合同签订和执行的交易成本；名义合同虽然不尽合理，但是交易成本低。

高通胀带来交易成本。工资、劳务、房租都是按照名义量来定的，通胀高的时候，合同需要重新谈判，增加交易成本。

通胀导致收入和财富的再分配。收入分配方面，因为工资调整比较慢，通胀上升会导致真实收入下降，有收入再分配效应；财富分配方面，通胀上升使借钱的人和有真实资产的人受益，有财富再分配效应。

高通胀会带来更高的相对价格变动，导致资源配置的扭曲。通胀冲击发生后，不是均匀分布在各个行业，有的行业通胀上升快，比如能源行业，有的上升慢。如果货币供给量不变，能源冲击发生，会导致物价整体上涨吗？货币主义者认为，油价上涨了，居民会把钱更多地花在汽油上，导致其他商品的需求下降，平均下来物价不变。凯恩斯主义者认为，经济中存在价格黏性，短期内其他商品价格并不会下降，从而导致整体物价上涨。实际情况是怎样的呢？实际观察到的结果是物价会整体上涨，因为未受油价冲击的行业价格调整不够快，所以相对价格的频繁变动会导致信号紊乱，消费和投资决策都会受到扭曲。

高通胀通常是不确定的，抑制投资和增长。控制通胀是政府的目标之一，过高的通胀是政府调控能力减弱、经济不确定性上升的信号。高通胀之害不仅在于直接导致福利损失，更在于它带来的不确定性。资本厌恶不确定性，高通胀会导致投资下降。实证研究发现，通胀高的国家，经济增速低，影响渠道是高通胀下的高不确定性抑制了投资（Fischer，1994）。虽然低通胀不一定能导致高增长，但低而稳定的通胀是实现经济增长的前提。所以，1995年颁布实施的《中华人民共和国中国人民银行法》（以下简称《中国人民银行法》）规定中国人民银行的目标是"保持货币币值的稳定，并以此促进经济增长"。

综上，通胀成本的大小取决于以下三点。第一，通胀的成本首先取决于通胀的水平，它是非线性的，通胀水平越高，福利损失指数上升的幅度越大，如果通胀高于10%，会带来很高的成本。更高的通胀如恶性通胀更是和社会秩序崩溃联系在一起。中国是最早发明纸币的国家，宋朝发明了纸币，到了元朝货币频频滥发，民国时期也是如此（张嘉璈，2018），这两个短命的朝代都因货币超发而加速了其终结。虽然有元朝的教训，明朝初期还是禁不住货币超发的诱惑，最后不得不从明朝中期开始彻底禁止发行纸币。所以无论是从保持社会稳定的底线还是从促进社会繁荣的高线出发，都应该把通胀控制在合理水平。经验表明，5%或以下通胀的成本比较低。第二，通胀的成本也取决于通胀是否被预期到，一般认为，预期到的通胀成本要小于未预期到的通胀成本。因为未预期到的通胀不能写入合同，会带来相对价格的变动，会扭曲资源配置等。第三，通胀的成本还取决于经济体系的结构，包括税收系统，私人部门的合同系统等，这些部门越不灵活，通胀造成的扭曲越大。

总而言之，低而稳定的通胀是央行应该实现的目标。既然通胀这么有害，为什么政策不追求零通胀或者通缩呢？

通缩或者负通胀理论上有吸引力。弗里德曼就提出，最优决策要求持有货币的边际收益等于其边际成本。由于生产货币的边际成本为零，那么持有货币的边际收益也是零。名义利率为零意味着如果实际利率为正，由于通胀等于实际利率的负值，最优通胀率应该是负的。可是我们观察到现实中通胀并不是负的，原因之一是政府总是要征税，有人统计政府征税的方式多达27种，但不论怎么征税都会造成福利损失。只要政府征税，那铸币税就不应该是零。理论上，菲尔普斯（Phelps，1973）提出最优的铸币税率应该使不同税收手段获得的单位收入带来的扭曲均等化，一般而言，税率越高带来的扭曲和福利损失越大。政府在不同的税种之间比较和选择时会发现铸币税成本比较低，当通胀较低时，对实际货币余额征税造成的福利损失比较小，而且征收这种税几乎没有任何行政成本。关于铸币税的更多讨论，详见专栏1。

通缩还有一个坏处就是对预期的影响，持币待购，抑制总需求，进一步加剧通缩，如果还有大量债务要偿还，真实债务负担随着通缩进一步加剧，就形成了"债务–通缩"螺旋。不过也有学者提出，我们对通缩的恐惧主要来自一个样本点，也就是20世纪30年代的大萧条。通缩也有好坏之分，只要不形成"债务–通缩"负向螺旋，稳定的小幅通缩似乎并没有造成毁灭性的影响，比如20世纪90年代之后的日本，但这仍然是一个争议点。

既然负通胀并不可取，高通胀有扭曲，那可不可以把通胀设定为零呢？有两种通胀目标制可以实行零通胀，我们可以比较其优劣。第一种是价格水平目标制（Price Level Targeting），第二种是零通胀目标制（Zero Inflation Targeting）。这两者并不一样，我们先看价格水平目标制。把价格固定在一个水平上，每一期都要回补上一期带来的价格差别，上一期价格上升了，这一期就要跌下去，总之要保持价格水平不变。其特点是在远端的不确定性小，在近端的不确定性大，价格需要在通胀和通缩之间频繁切换。在21世纪第二个十年通胀持续低迷之后，学术界和主要央行开始讨论某种形式的价格水平目标制，通过引入回溯补偿机制，来避免通胀持续过低。如果市场和公众相信这一补偿机制，那么过去多年通胀低于2%，意味着未来通胀应该高于2%，这就会产生未来通胀上升的预期。美联储在2020年8月正式引入灵活平均通胀目标制（Flexible Average Inflation Targeting，FAIT），也可以将它理解成是价格水平目标制的一种形式，当然不是盯住一个固定的价格，而是盯住平均每年2%的价格上涨幅度。

零通胀目标制和流行的通胀目标制更为接近，差别在于是保证当期的通胀为零，而不是2%。当通胀为零时，物价形成过程可以描述成 $P_t=P_{t-1}+\varepsilon_t$，也就是一个随机游走过程。换句话说，如果当期经济中出现一个价格扰动，这个扰动会持续存在，导致误差累加。这种做法的好处是在短端的不确定性小，缺点则是在长端的不确定性大，因为过去的冲击会持续影响未来。费希尔（Fischer，1994）一度认为，应该降低短端通胀的不确定性，采取零通胀目标制。

那为什么在实践中各国央行采取了2%的通胀目标制，而不是零通胀目标制？原因有三。第一，通胀测量不准确。通胀是一篮子商品的价格，包含不同的商品，有些商品技术进步较快，质量有显著提高但仍被当成同一商品，也即物价指数的质量调整慢于技术进步，导致通胀会被高估，高估的量为1%~2%。格林斯潘认为，如果测量准确的话，通胀目标应该是零；耶伦认为，如果通胀测量不够精准，通胀目标应该定在比零更高一些的2%。

第二，更低的实际利率可以提供更多的刺激。实际利率等于名义利率减去预期通胀。如果预期通胀是零，实际利率的下限是零，不能再往下；如果预期通胀是2%，实际利率可以达到–2%，可以提供更多的刺激空间。

第三，更高的名义利率可以避免触及零下限。通胀越低，名义利率越有可能接近零下限，货币政策越没有空间。通胀目标定高一点，货币政策降息空间更大，名义利率不会那么快降到零。

如果是这些原因，问题就来了，通胀可以是2%，为什么不可以是4%？按照上面的逻辑，4%的目标不是能够提供更多的货币政策降息空间吗？在实践中，新兴市场国家的通胀水平与通胀目标通常都要高于发达国家。2015—2019年和2021—2022年我国《政府工作报告》都把通胀目标水平定在3%（2020年定在3.5%），高于美国等发达国家的通胀目标。在某些新兴市场国家是因为政府的税收能力不强，因而更倾向于以通胀来征税，同时这些国家央行的独立性也相对较弱。更重要的结构性原因是，新兴市场国家处于追赶过程之中，贸易部门技术进步更快，因而存在更强的巴拉萨–萨缪尔森（Balassa-Samuelson）效应，导致非贸易品价格上涨的速度要高于发达国家。

2011年，时任IMF首席经济学家布兰查德就提出，要把通胀目标从2%提高到4%，理由是通胀目标更高，短端名义利率可以更高，政策空间更大。伯南克当时正在美联储主席任上，他反对，理由是好不容易将通胀从两位数降到2%，今天提高到4%，明天就可以是6%甚至更高，动摇央行的声誉。我也反对这一提议，理由是市场和公众不一定相信一个数字的变动，除非央行和财政部拿出实实在在的行动。2013年重启量化宽松以来，日本央行虽然多次重申2%的通胀目标，但并未从根本上扭转通缩预期。也有其他支持的观点，认为只要能把通胀目标水平的变动解释清楚，并不会影响央行的公信力。比如，20世纪80年代德国央行的公信力很好，1999年欧洲央行成立，继承了德国央行的传统。提高通胀目标不仅短端利率可以更高，长端利率也可以更高，从而为非常规货币政策提供更多的空间。此外，在通胀目标制下，如果通缩冲击长期持续，会导致物价有很强的单边下滑趋势。

二、经济周期波动的成本及其争议

真实周期理论认为引发经济周期波动的都是真实冲击，如偏好、技术进步和劳动力供给等。这些真实冲击直接影响潜在产出，经济波动是因为潜在产出自身的波动，并不是因为市场机制不完善，故而无须使用政策干预，市场机制可以自发调整来实现充分就业的均衡。真实周期理论把所有冲击都看成"永久"冲击，它们会改变潜在产出，因而不需要政策应对。

现实经济面临的冲击既有供给侧与需求侧的真实冲击，也有货币需求的名义冲击，这些冲击并不都是改变潜在产出的永久冲击，更多是暂时的，尤其是在金融危机时期。20世纪80—90年代金融创新导致冲击多发生在货币需求侧，货币政策可以通过调节利率和货币供给来应对。1997年亚洲金融危机，2008年全球金融危机和2020年新冠疫情导致风险溢价急剧上升和金融条件快速收紧，进一步放大冲击，货币政策起效主要是通过调节风险溢价。即使对典型的供给冲击如油价上涨，货币政策也不是完全没有用武之地。对于通胀的暂时上升，政策可以先观望适应冲击，但如果通胀上升引发二次效应推升核心物价，则需要积极应对。

经济周期的波动是有成本的，失业就是其中比较明显的成本。有批评观点指出，所有失业都是自愿的，根本就不存在非自愿失业。关于非自愿失业，各种经济学派有不同观点，贯穿整个宏观经济思想史。凯恩斯认为，由于总需求不足，以及价格黏性，经济中存在非自愿失业；弗里德曼作为货币主义代表，不认为存在非自愿失业，由于工资是可以灵活调整的，劳动力市场能够实现出清；以1995年诺贝尔经济学奖得主卢卡斯为代表的新古典主义学者认为，非自愿失业从定义上就说不通，失业只能是自愿的，闲暇也会带来效用。然而实证结果并不完全支持这一点，在历次经济衰退中，很多人并非自愿失业；而且在衰退发生之后，失业的时间会更长，27周以上的长期失业占比会上升，很难用跨期权衡主动选择闲暇来解释。

失业首先会带来产出下降的成本。奥肯定律（Okun's Law）是将就业变动和产出变动联系起来的经验规则，失业相对自然失业率每增加1个百分点，产出相对潜在产出下降2个百分点。失业还存在其他成本，人权、移民运动和个人自由都会倒退；少数族裔受失业冲击更大，加剧不平等；失业者的社会和家庭地位下降；社会和谐程度下降。现代社会将职业和人的尊严联系在一起，没有工作，个人价值也会受到挑战。

以卢卡斯为代表的新古典经济学派还提出以消费波动来衡量的周期成本几乎可以忽略，消费的波动本来就很小，通过宏观调控进一步减少消费波动带来的福利提升非常有限。消费确实是所有GDP（国内生产总值）分项中波动最小的，经济波动最大的分项是投资，尤其是其中的库存投资。德龙和萨默斯（DeLong and Summers，2012）则认为，消费只是衡量社会福利的一个方面，宏观调控的目标不只是熨平消费的波动，还有其他更重要的方面，如经济增长和就业等。宏观经济调控能够发挥填平经济周期波谷、不影响波峰的作用，如果能维持2%以上的经济增速，每隔一代人生活水平就能翻番。[①]

三、宏观调控的理论思潮和实践选择

经济周期波动成本这么高，谁来熨平经济周期波动？以1936年凯恩斯的《就业、利息和货币通论》发表为标志，宏观经济学自诞生起，就一直是理论和实践高度互动。每一次经济和金融大波动都会催生理论上的大反思，而理论上的反思又会推动实践的变革。宏观经济调控政策实践历经不同阶段，每一阶段看上去都有"新"的理论支撑，因而宏观调控的主要抓手在财政和货币之间来回摆动。我们可以将宏观调控大体分成以下七个阶段。

第一阶段（1936—1945年）：大萧条之下的财政宽松

这一阶段以财政刺激为主，最典型的实践就是罗斯福新政。主流思想是经典的凯恩斯主义，即当总需求不足时，政府需要增加支出扩大总需求，基准模型是IS-LM模型。1914年一战爆发之后金本位逐渐解体，货币政策开始越来越关注国内经济目标，而不再只是为了维护金平价。20世纪30年代大萧条之后，名义利率降到零，经济落入流动性陷阱，即LM货币需求曲线上水平的一段（图1.2）。此时，货币需求

[①] 按照"72"规则，年均增速和年限相乘达到72时，经济规模就会翻番。当增速为2%，翻番需要36年，当增速达到3%，翻番只需24年。

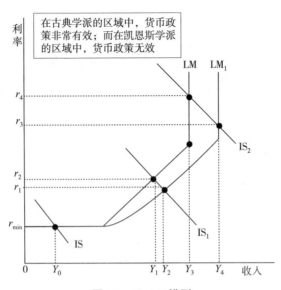

图1.2　IS-LM模型

资料来源：Economicsdiscussion Website。

弹性无限大，利率稍有变动，货币需求变动就很大。货币需求包括交易需求、预防需求和投机需求，当经济处于流动性陷阱时，后两者比较大，哪怕增加货币供给，也无法再降低利率，扩大货币供给效果有限。此时对货币的需求无穷大，货币宽松就像推绳子，不能促进产出，"牵马河边易，强马饮水难"。

　　LM曲线的垂直阶段对应古典经济学和之后由马歇尔开创的剑桥学派（又称新古典学派）。凯恩斯学派认为货币的预防需求和投机需求与利率负相关，但古典经济学认为货币需求与利率没有关系，持有货币只是为了交易需求，因此货币持有量只与总产出有关系，与利率没有关系，所以是垂直的曲线。财政扩张只能推升利率，货币政策此时更有效，因为古典学派认为货币决定名义需求，$M=\alpha PY$，α 是货币流通速度的倒数。以亚当·斯密为首的古典经济学家认为，货币的存在降低了交易成本，从而促进交易的发生，促进了专业化和分工的发生。不过"真理向前迈进一步便是谬误",不能进一步延伸为发行更多的货币就能促进更好的分工和更多的增长。古典经济学也认同在长期货币仅通过通胀影响名义产出,并不影响实际产出,即货币是中性的。

第二阶段（1946—1966年）:"大战争"之后的货币和财政双宽松

这一阶段货币政策的重要性不断上升。二战后建立布雷顿森林体系试图恢复固定汇率制度,在这一体系下,因为战后各国政府债务高企,货币刺激逐渐取代财政成为主要的宏观调控手段。也就是在这一时期,许多私人央行被国家接收。1946年英格兰银行被收归国有,并隶属于财政部。1958年菲利普斯研究了英国1861—1913年间失业率和货币工资增速之间的关系,发现当失业率较低时,货币工资增速较高;失业率较高时,货币工资增速较低,失业率和货币工资二者之间存在负相关关系。菲利普斯曲线的横空出世为货币刺激经济、以更高的通胀换取更多的就业和产出提供了理论基础。在IS–LM模型中物价水平被假定不变,有了菲利普斯曲线,凯恩斯模型才变得完整,通胀和产出同时被决定（Blinder, 2022）。菲利普斯曲线一经诞生就大受欢迎,据说每位中央银行家,如果不是在他的心里,就是在他的脑海里一定会有一条菲利普斯曲线:失业减少,工资和通胀会上升,至少在短期内是这样。

萨缪尔森和索洛（1960）研究了美国1934—1958年失业率和通胀的关系,提出修正的菲利普斯曲线,将工资增速与失业率之间的关系改为通胀与失业率的关系,发现失业率与通胀之间存在权衡关系,这意味着政府可以通过提高通胀来减少失业。不过到了70年代,美国失业率和通胀之间的负相关关系消失了,失业率和通胀同步上升,经济陷入"滞胀"（见图1.3）。到80年代初失业和通胀都达到两位数,两者相加被称为经济的"痛苦指数"（misery index）。

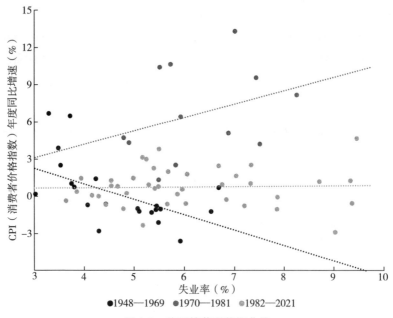

图1.3　美国的菲利普斯曲线

　　这一时期，货币政策的作用上升，但是财政政策仍然是主要抓手。实际上一直到60年代，熨平经济波动的主要职责还是在财政政策。比如，1968年2月的美国总统经济报告就称，"政府和美联储都认为我们国家应该主要依靠财政政策而非货币政策，来进一步遏制1968年总需求的增长"（CEA，1968，第84—85页）。

第三阶段（1966—1979年）："大通胀"下的理性预期革命

　　这期间发生了1973年和1979年两次石油冲击，通胀上升的同时失业率也往上走，菲利普斯曲线失效，经济陷入"滞胀"。1968年，弗里德曼和菲尔普斯分别提出，菲利普斯曲线也许不是倾斜的，而是垂直的；并且认为通胀预期对通胀形成很重要，工人们会基于通胀预期进行工资议价，通胀预期越高，工人们要求的名义工资越高。此外，卢卡斯在穆斯（Muth，1961）研究的基础上提出理性预期革命，认为宏观政策没有太多作用，主张政府减少经济干预。理性预期理论和动态跨期决策等其他理论结合在一起，得出政府干预无效。比如巴罗－李嘉图等价定理就认为财政政策无效，原因是政府今天减税，公众预期未来会增税，增税额的净现值等于今天获得的收入增加，导致财政支出乘数效应为0。

理性预期革命在学术界产生了持续深远的影响，但布林德（Blinder，2022）认为，其影响主要是在学术界，其背后隐含的假设市场能够瞬时出清（instantaneous market clearing）与实际相差太远。在实践当中，政策制定者仍然坚持财政支出乘数大于0，因为真实世界存在很多摩擦，不一定满足理性预期模型的条件。比如，（1）流动性约束，有些个体当下借不到钱来平滑消费，消费水平是被压抑的，不能按照持久收入假说来平滑消费。我就经常建议有条件的同学在学生时代适度举债投资自己，同学们毕业后的收入会大幅上升，可以通过借贷将未来收入平滑至当前消费从而提高效用。（2）个体不会永久活下去，永久收入假说假定人长生不死，适用性比较差。（3）消费者是短视的，消费时不会考虑一生的收入。

理性预期理论中的行为人都太聪明了，是一种理想状态下的决策。根据凯恩斯选美理论，想要赢得选美比赛，并不是选自己认为最美的，而是选大家认为最美的，因此在做预测时需要有对大家的预期，如此反复循环，也被称为第K层次思维。以数字游戏为例，在游戏中请全班同学从0~100中任选一个数字，最接近全班同学所写数字中位数的三分之二的同学将获得奖品。在理性预期下，这个数字应该是0，这样所有同学都是获胜者。然而在实际中，最后的结果通常要大于0，我在北大和清华的课堂上都做过实验，这个获胜数字一般是20左右，说明人们的预期并不是理性的，就连最聪明的一群人也只能做到第二层次的思维。不过也有一种观点认为，人们在写自己的数字时，预期到了这种非理性，故意写大于0的数。

第四阶段（1979—1983年）："大通胀"之后的货币主义反革命

这一时期的主流政策实践是里根的供给经济学，强调财政政策的作用，但不是凯恩斯式的财政刺激，而是通过减税来刺激经济；货币政策则受弗里德曼货币主义影响，主张通过控制货币供给量增长，实行稳定的货币政策。1979年8月沃尔克就任美联储主席，不久他就宣布美联储将实行货币总量规则。货币主义"反革命"反的是凯恩斯主义的积极货币干预，提出要回到货币中性，强调只要能管控住货币，就已经是很大的成功。

货币主义可以总结为一个公式、一个结论、一个事实。一个公式为 $MV=PY$。一个结论是，货币能够决定名义收入，货币政策有用，但是不能搞错，如果搞错，会造成名义收入下降和通缩。比如，大萧条持续时间很长，原因之一是实行了从紧的货币供给政策。一个事实是，货币流通速度 V 的变动是非常稳定的。如果货币供给 M 的变动也是稳定的，那名义收入也是稳定的，因此，合理的货币政策规则是保证货币供应量匀速上升。不过从1982年之后，货币流通速度不再稳定，甚至往下走，货币政策规则较难实施。事实上，货币流通速度本身也不是外生的，利率持续走低的环境下，持有货币的机会成本下降，货币流通速度也随之放缓。

第五阶段（1983—2007年）："大缓和"年代的货币主导

这一时期的主流理论是新凯恩斯主义，融合了理性预期革命和价格黏性，这样即使市场参与者的预期是理性的，货币政策仍能够熨平经济波动。货币在长期虽是中性的，但在短期非中性，即使有理性预期，货币还是能够影响就业和产出等实际变量。

正是20世纪70年代大通胀催生了央行独立性的提升，80年代各国开始强调央行独立性和财政纪律约束，在货币主导下全球经济进入"大缓和"时代。这一时期央行纷纷获得法定独立性，1997年英格兰银行、1998年日本银行从各自财政部独立出来。通胀和增长的波动下降，正常货币政策以利率调控为主，形成了"一个目标（通胀目标），一个工具（政策利率）"的共识，这一范式一直延续到2008年"大危机"。这一时期货币政策即便不是熨平经济波动的唯一工具，也是主要工具，财政政策专注于减少赤字。

第六阶段（2008—2019年）："大危机"之后的新货币政策

2008年全球金融危机后为刺激经济，央行利率迅速降到零下限，货币政策刺激效果有限，不得不大规模购买政府债券，货币政策开始被财政需要主导，负责平衡跨期预算。21世纪第二个十年之初，财政政策受限于债务上限和财政纪律，并不是很积极，而货币政策则非常积极，创造了很多新的货币政策工具，比如量化宽松、负利率、收益率曲线控制等。这些新货币政策的作用和副作用，后续会有专门的章节予以评析。

第七阶段（2020年至今）："大流行"之后的财政主导

2020年新冠疫情"大流行"之后，天量货币和财政宽松在主要发达国家上演，美国2020和2021两个财年的联邦赤字都接近或超过15%，"现代货币理论"呼声渐高。所谓现代货币理论，其实既不"现代"，也不"货币"，更不"理论"①，它就是央行诞生之初为政府融资的实践。

当然新冠疫情对宏观政策的正面冲击是让大家重新重视财政工具的作用，它是天然的结构性政策，比货币政策更有针对性和更加直接，不需要通过银行体系。直接给老百姓发钱，能够起到立竿见影的效果，但也有很多副作用，比如通胀和对劳动力供给的反向激励。

回顾宏观经济学的历史不难发现，货币和财政谁来熨平经济波动

---

① 我2019年从博士论文导师斯坦利·费希尔那里首次听到这一说法。

在实践中是随着经济思潮的变动而变的。主流经济学界和政策界一度低估财政政策的作用，在欧债危机期间表现尤为突出，认为欧洲是因为债务太多导致危机，所以坚决压降债务，并据此反对央行量化宽松购买政府债。这些教条认识加剧了欧债危机。凯恩斯说："那些自以为不受思想家影响的实干家，大多不过是一些过时思想的奴隶。"最好的政策组合是财政和货币相互配合，发挥各自的比较优势，相互为对方创造政策空间。

德龙和萨默斯（2012）发现，财政支出乘数很大程度上取决于货币宽松的程度，货币宽松降低利率，财政刺激的挤出效应就少，如果只是财政宽松，而货币政策不予配合，则挤出效应大。其次，财政紧缩还会产生磁滞效应（Hysteresis Effect）[1]，影响潜在产出。当经济处于衰退期时，投资比较低、资本存量增长缓慢、劳动者技能衰退，这些都会减少未来的潜在产出。换句话说，当期产出的减少还会影响未来的产出。在劳动力市场上，如果失业时间长，劳动者会丧失一些技能，很难重新回到劳动力市场；在资本形成方面，经济长时间下滑会影响公众对未来的预期，又会影响资本积累，导致资本存量下降。磁滞效应集中体现在三个历史案例中：20世纪30年代美国大萧条；80年代西欧的通胀和失业居高不下；90年代以来日本经济持续低迷。

不过，货币政策因其特点仍然为很多政策制定者优先选择：一是为总量政策，不直接分配资源来创造赢家和输家，而财政政策是典型的结构性政策；二是决策快，不需要经过议会和政府等多重审议，不需要有很多的幕后交易；三是专业性强且有专业的机构央行来负责制定和执行；四是货币政策常给人"免费的午餐"的感觉，财政刺激之

---

[1] 也译作阻滞效应或伤痕效应。最早于1881年由苏格兰物理学家阿尔弗雷德·尤因提出，用于描述磁性材料的特性，在经济学中通常指严重的周期性负面冲击不仅影响当期产出，还会对长期增长造成滞后的负面影响。

后赤字和债务一般会增加，只有在少数情况下赤字支出能够自我融资，而使用货币政策更像是"免费的午餐"。

四、央行是信心的博弈

货币政策真的是"免费的午餐"吗？货币政策依靠的是央行的声誉，是信心的博弈。如果市场相信央行是有声誉的，就业不断增加，通胀并不立即上行；等通胀上行，只要通胀预期被锚定，央行仍能够以较低的代价使经济软着陆。如果市场不相信央行是有声誉的，通胀预期脱锚，这时央行只能以剧烈的加息甚至以衰退为代价迫使经济硬着陆。在20世纪70年代和80年代初，美国出现过三次通胀失控，最后都是以接近或超过1 000个基点的加息迫使经济出现严重衰退才控制住通胀。

央行如何做到有声誉？除了历史记录以外，更重要的还是行动和与之相配合的预期管理，不仅让以华尔街为代表的金融市场，也让主街（main street）上的普通老百姓相信央行有意愿和能力控制住通胀。有声誉的央行会导致供给侧自发做出反应，企业和居民的信心上升，投资增加，而不只是依靠紧缩需求来抑制通胀。我们国家在改革开放之初也有过两位数的高通胀（1988年和1993—1995年），中国人民银行采取了非常严厉的信贷配给和管制措施来调控价格。

20世纪80年代之后，美联储获得了较好的声誉，通胀预期被锚定，打压通胀的成本降低，加息幅度远远小于之前。一个体现是菲利普斯曲线正在变平，这意味着，即使失业率不断下降到5%、4%甚至3%的历史极低水平，通胀也没有上升。1982—2019年，美国通胀和失业率之间没有明显的关系（见图1.3）。就连工资与失业率之间的负相关关系也在逐渐变小。这里涉及从劳动力市场到工资再到工资与通胀的关系。从工资变动到通胀的传导与企业定价权有关，企业定价权不仅取决于国内的劳动力市场，还与国际劳动力市场、全球价格有关，而工资主要取决于国内的劳动力市场。工资上涨，企业不一定能把成本转嫁给终端消费者，如果总需求不足，企业就没有定价权，而是更可能选择"稳价保份额"。如果总需求很旺盛，企业则有可能会选择"提价保利润"，也就有可能发生"工资－物价"的螺旋上升。

尽管戈登（Gordon，2011，2013）坚持认为结构性的菲利普斯曲线仍然成立，但一国产出缺口和通胀之间的关系不可否认地变弱，也即曲线在变平，变平的原因包括：（1）通胀预期对通胀形成更加重要，通胀预期被锚定，通胀就会比较稳定；（2）成功的货币政策稳定了通胀；（3）就业结构的变化，由于人口老龄化，老年人延迟退休形成了大量的"产业后备军"；（4）自然失业率变得越来越低；（5）全球化的影响越来越大，全球产出缺口正在取代一国之内的产出缺口决定通胀。

问题是越来越平的菲利普斯曲线是否意味着等高通胀起来时，央行需要以更多的失业和衰退为代价才能把通胀打压下来。这首先取决于通胀预期能否被很好地锚定，也就是市场和公众是否相信央行能够控制住通胀。有声誉的央行达成目标可以事半功倍。奥肯（1978）的测算显示，在20世纪70年代由于美联储的声誉丧失，降低1个百分点的通胀需要经济收缩6~18个百分点。等到了80年代沃尔克强势控通胀重建了声誉，古德弗兰德和金（Goodfriend and King，2005）测算降低1个百分点的通胀只需要经济收缩3个百分点。

现代中央银行的首要任务是控制通胀，并以此来促进经济增长，货币政策要"逆风而动"，要在盛宴开始的时候把酒杯撤走。现代中央银行的两个理论基础：一是高通胀有害，低而稳定的通胀有益，央行最重要的目标是实现低而稳定的通胀；二是经济的周期波动客观存在，非自愿失业客观存在，并且有较大的经济和社会成本。虽然不存在长期的权衡，但在短期内，这种成本是可以通过总需求管理尤其是预期管理加以调节的。

专栏1　铸币税的概念、测算和意义

一、铸币税的概念

铸币税，最早应该称为铸币费。19世纪金本位时代或者更早，私人部门持有的贵金属可以被自由转换成金币，国家铸币当局收取一定的费用，这就是铸币税的起源。随着次级币和代币（subsidiary or token coin）逐渐兴起，货币的真实价值（成本或含金量）要远远低于其面值，货币面值与其真实价值之间的差被统治者/领主（Seigneur，源自拉丁语和中世纪法语，英文为Senior）获取，因而被称为铸币税。到了纸币时代，货币本身的价值和发行成本很低，国家发行货币就可以获得等值实物资产。当然货币发行也并不是完全没有成本，据美联储官方网站介绍，2021年美联储发行100美元面值纸币的成本是14美分，1美元和2美元纸币的成本是6.2美分。此外，央行的运营、支付清算系统的维护等也都有成本，我们仍然可以从收入而不是净收益的角度理解铸币税。

铸币税的税基不只是公众持有的现金，还应包括准备金，也即整个基础货币都是收取铸币税的税基。其原因在于现代中央银行和银行体系的货币发行机制。央行发行创造的外生货币有别于银行体系创造的内生货币，外生货币由国家垄断发行。当央行通过公开市场操作或量化宽松等手段发行基础货币时，私人部门把国债等生息资产交给央行，转而持有准备金等非生息资产。值得注意的是，2008年起美联储开始对超额准备金付息，除了在加息周期后期（如2019年年中）曲线出现倒挂，其利息一般要远低于长期国债；欧、日等央行则对超额准备金征收利息。政府支出的融资可以来自税收、铸币税和发债，央行量化宽松在二级市场上从私人部门手中购买国债，虽然有别于一级市场上直接购买政府债的债务货币化，仍然是以基础货币这一非生息资产替代了国债这一生息资产。区别在于把一步可以完成的工作分成了三步：先是发行货币增加准备金，然后在二级市场购买国债，最后再把实现的盈利上缴国库。

铸币税的税基是否应该包括内生货币等广义货币？如果只是从一国内部和政府所得角度来讲，不需要。从国家政府的角度来讲，铸币税是其发行货币所获得的收入，征税人和受益人是政府部门，被征税的对象则是包括银行体系在内的私人部门。税是归属于政府的收益，私人部门之间的利益再分配不属于税，比如银行借短投长，承担信用风险、期限错配风险和流动性风险，从而获得超过存款利率的贷款利率。这里，银行赚取的息差并不是从存款人而是从企业家那里获得。所以熊彼特说，利息是依附于企业家的，有了企业家利润，才有利息。因为税基仅是基础货币，铸币税规模一般较小。

二、铸币税的测算

铸币税有各种不同的定义，基础货币除了可以换来国债，还能买入外汇和国债以外的其他资产，这些资产也会产生收益和资本升值。比较通用的定义是用基础货币的变动除以价格水平，即 $S=\dfrac{dM}{P}$。这又可以分解成两部分：第一部分是实际货币余额的变动；第二部分是通胀税，即通胀率乘以上一期的实际货币余额。从定义出发，铸币税可分解成两个部分：

$$\text{铸币税：} S=\frac{M_t-M_{t-1}}{P_t} \tag{1}$$

通胀：$\pi_t = \dfrac{P_t - P_{t-1}}{P_t} = 1 - \dfrac{P_{t-1}}{P_t}$ （2）

实际货币余额：$m = \dfrac{M}{P}$ （3）

因此，$S = \dfrac{M_t}{P_t} - \dfrac{M_{t-1}}{P_{t-1}} \cdot \dfrac{P_{t-1}}{P_t} = \left(\dfrac{M_t}{P_t} - \dfrac{M_{t-1}}{P_t} \right) + \pi_t \cdot \dfrac{M_{t-1}}{P_{t-1}} = \dot{m} + \pi_t m_{t-1}$ （4）

（4）式中的 $\pi_t m_{t-1}$ 部分即为通胀税，是对实际货币余额征的税，没有通胀就没有通胀税。另一部分 $\dot{m}$ 是实际货币余额的变动，即持有现金和类现金资产的变动，没有通胀，铸币税仍可以被征到，它是政府垄断货币发行获得的垄断租金。通常情况下，货币发行增加，物价会上涨，但物价涨幅一般不及货币发行增速，因为经济增长以及金融与货币化进程会吸收一些货币，实际货币余额会随着经济增长或利率下降而增加。特殊情况下，比如发生恶性通胀，政府货币发行越多，老百姓花钱就越快并开始抛弃这一货币，物价涨幅甚至会超过货币增发幅度，实际货币余额反而会减少，这就是经典卡甘模型（Cagan model）里描述的恶性通胀。

通胀税是实际货币余额和通胀的乘积，可以理解成私人部门为保持实际货币余额即购买力不变而增持的名义货币量，这个增持量恰好抵消通胀上升对实际货币余额的侵蚀。政府为满足这一需求，增发货币，既可以获得相应的商品和服务等实物资源，也可以用于降低其他税负。对美国等发达国家，现金占GDP比重低于10%，这还是因为美元在全球流通。2008年全球金融危机后，由于实行量化宽松，央行资产负债表和银行体系的准备金迅速扩张，基础货币占GDP比重上升，但在欧美等发达国家也都不超过40%，乘以不到2%的通胀率，铸币税的规模因而不超过GDP的1%，平均在0.5%左右。

货币区别于债券等资产的地方在于货币不付息。因为不付息，所以通胀不论是否被预期到，都会降低其购买力。由于债券付息，所以对于预期到的通胀，私人部门会要求更高的利率，以弥补通胀，只有未预期到的通胀才能将债务货币化。对于债券投资者而言，应该时刻警惕可能的通胀风险。货币和债券的这一本质区别也为理解铸币税提供了另一个视角，即机会成本的视角。货币和债券都是政府的负债，铸币税就是政府发行无息或利率极低的货币而不是债券所节省的融资成本。以美国为例，2021年末美联储资产负债表规模达8.7万亿美元，其中基础货币为6.4万亿美元，货币市场基金在美联储隔夜逆回购（ON RRP）项下的存款达1.9万亿美元，由于该项目可以和准备金切换，也可视作基础货币。在2022年加息之前，美联储负债端平均成本是8个基点，资产端债券平均收益超过100个基点，两者之差乘以资产负债表规模得到美联储发行货币每年为美国联邦政府节省债务成本超过800亿美元，约为GDP的0.4%。美联储财务报告显示其2020年的净收入为870亿美元，与上述估算基本相符。

三、最优铸币税率

铸币税在现代经济中的占比和作用越来越低。政府发行货币也不只是为了获取铸币税。货币流通首先大大节约了交易成本，有了货币这一般等价物，人类才能够摆脱以货易货的物物交换，专业分工才有了可能。人们持有货币，首先是因为有收益，或大量节省交易成本，或作为价值储藏手段。这就是货币的需求曲线。当然，持有货币也有成本，机会成本就是名义利率，通胀越高，持有货币的机会成本越高，货币需求曲线向下倾斜。美元作为国际储备货币，首先是因为它提供了便利，这是美元能够收取国际铸币税的基础。

可以从货币的需求曲线出发来理解通胀税（见图1.1）。货币发行首先产生了大量的社会效益，节省了交易成本，如果通胀是零，那么在货币需求曲线以下部分的收益都被货币持有者获得，也即消费者剩余。现在通胀不是零，原有的剩余被重新分配，被政府拿走的那部分就是铸币税（其面积等于通胀率乘以实际货币余额），仍然被消费者拿走的那部分是新的消费者剩余，两者之间的那部分，没有被任何人获得，也就是社会福利净损失，是通胀税带来的扭曲。

既然通胀税有扭曲，那最优税率是不是零？也就是按照弗里德曼所说的货币供给（增速）固定不变，物价水平也固定不变。不是的！因为其他税收也会产生扭曲。既然政府必须在发债、征税和铸币税三者之间选择为支出融资，只要其他税收存在扭曲，那铸币税就不应该是零。理论上，菲尔普斯（1973）提出最优铸币税率应该使不同税收手段获得的单位收入导致的扭曲均等化。只要还有其他税种，只要这些税种存在扭曲，那最优铸币税率就不是零。

通胀率也不是越高越好，通胀还会带来其他扭曲。单就铸币税而言，通胀虽然能提高铸币税的税率，但同时也可能降低铸币税的税基，即实际货币余额。货币供给总量是央行控制的，实际货币余额却是老百姓控制的，这两者之间有一个博弈过程，博弈的结果就是物价水平。正常情况下，央行提高货币供给，实际货币余额随着经济增长和交易需求的增加而上升；但是在高通胀时期，老百姓预期高通胀，花钱的速度会变快，货币流通速度提高，通胀上升，实际货币余额反而会减少。在恶性通胀的极端情形下，通胀趋于无穷大，实际货币余额趋于零，铸币税也就无从征起。通胀税因而也有显著的拉弗曲线特征。经验证据表明当通胀超过7%时，铸币税收入不增反减。

铸币税的存在使央行成为非常独特的公共机构。央行相对独立的预算为其独立性提供了政治经济学基础，世界各国央行因而能够保有专业素质较高的人才队伍，这在公共机构中比较少见。从资产负债表的角度看，央行能够以零或低成本的现金和准备金获取国债和外汇储备等生息资产。央行资产端的收益高于负债端的成本，两者之差就是铸币税，在扣除运营成本之后，央行再将盈利上缴国库。这一运营成本与熨平经济波动与防范金融风险所能获得的收益相比有量级上的不同。

以上讨论是关于国内铸币税的，发生在一国政府和私人部门之间。国际铸币税则是发生在不同国家之间，获得国际储备货币地位的国家，如美国，通过印钱和发债就能获得其他国家的商品和服务，其他国家获得资金后购买美国国债实现回流。国际铸币税通俗的理解就是"薅羊毛"，美国刺激，增发货币，全球买单。如果通胀随广义货币供给上升，则美国在全球范围内征了通胀税，国债等储备资产的购买力被稀释。如果通胀稳定，货币宽松持续，这时实际货币余额的供给大幅上升，美元储备等非实物资产的购买力仍然会被大幅稀释。储备资产的特点决定了它既不能用来消费，也不能过多地投资高风险产品如股票，主要集中在国债等固定收益类产品。对于储备发行国而言，"薅羊毛"主要来自两方面的优势：一是流量上由于储备货币需求带来的低发债成本；二是存量上可以借助通胀消化已经积累的债务，降低实际债务负担。

第二章　央行的起源、演变和文化

自开天辟地以来，有三个伟大的发明：火、轮子、中央银行。

——威尔·罗杰斯（Will Rogers）

央行是一个独特的政策制定机构，说其独特都有可能低估了。央行是公共机构，其起源又曾是独立运作的私人银行，在制度设计上有鲜明的特点，美国和日本的央行至今保留了公私合营的特点，拥有独特的央行文化。诞生之初，央行都担负了为政府融资的职能，是政府的银行和发行的银行。随着货币、经济尤其是金融体系形态的演变，现代中央银行愈发成为政策的银行、银行的银行和做市商的做市商，这些职能演变不仅反映在央行资产负债表的规模和构成上，也体现在货币和财政的关系上。由于在筹款和减轻债务负担上的突出作用，央行曾隶属于财政部，比如日本银行、英格兰银行和中国人民银行，在经历过高通胀的20世纪七八十年代之后，又都逐渐获得了独立性，成为独立运作的公共机构。央行独立性的提升反过来催生问责的要求，进而改变央行文化。从主要央行的起源和职能演变出发有助于我们理解央行的独特性及其发挥的重要作用。

一、主要央行的起源及其特点

央行的形成有两种模式（易纲和吴有昌，2013，第193页）：一种是由一般的商业银行演变而成，早期的央行主要源自私人银行；另一种则是顶层设计直接为担负央行职能而设立的，包括美联储和二战后许多发展中国家成立的央行。

1668年，公认的第一个央行瑞典国家银行成立，其前身是1656年成立的瑞典银行，是一家普通的私人银行，由国会授权改组建立瑞典国家银行，并由国会任命的执行委员会（委员包括议会中的贵族、神职人员和市民）负责管理运营。瑞典国家银行为政府提供融资，同时为商业银行提供清算服务。早期的央行虽然为政府提供融资，但也是私人机构，仍从事商业银行存贷款业务。

第二古老也是最早全面发挥央行各项职能的英格兰银行成立于1694年，是世界第八家成立的银行，股东包括当时的威廉国王和玛丽女王，成立的目的是筹集与法国作战的资金。英格兰银行首先引入金本位，是1871—1914年经典金本位时期的全球央行。英格兰银行长期由私人拥有，直到1946年被收归国有，并隶属于财政部。1997年，英国财政部宣布英格兰银行独立的计划，1998年英国国会颁布《英格兰银行法案》，正式授予英格兰银行制定货币政策的独立性。英格兰银行的使命是通过保持货币和金融稳定来提升社会福利，其具体职能包括制定货币政策，对其他银行进行监管，管理国家的黄金和外汇储备。

日本银行成立于1882年，它是独立的机构，但需要接受日本财务省（改组前为大藏省）的领导，1997年的《日本银行法》进一步加强了日本银行的独立性。日本银行的资本金为1亿日元，其中55%由政府认购，45%由私人部门认购，并且可以公开交易。日本银行在行长黑田东彦的领导下于2013年4月开启质化和量化宽松政策（QQE），与其他央行的量化宽松做法不同，日本银行是唯一一家购买股票的央行，它是日本股票市场的最大持有者。

欧洲央行体系由欧洲央行（ECB）和欧盟成员国的央行组成。欧洲央行根据《马斯特里赫特条约》成立于1998年6月。其主要目的是保持欧元区价格稳定。在众多央行中，欧洲央行具有最高的独立性。第一，虽然欧元区成员国众多，但欧洲央行在政治上是独立的，不受任何单一国家或政治实体控制，要改变欧洲央行的独立性需要首先改变国际条约。第二，欧洲央行实行单目标制，维持价格稳定、实现2%的通胀，在货币政策制定上具有很高的独立性和自由度，并且欧洲央行有权力发布具有法律约束力的条例。第三，欧洲央行执行委员会成员的任期长达8年但不能连任，避免了央行高层为连任而屈服于政治压力。第四，欧洲央行有条约赋予的预算独立性，有足够的资源来保证财务独立。

美联储是当今世界最重要的央行，全称为"美国联邦储备体系"，1913年成立，晚于其他主要央行。美元是世界货币，美联储的一举一动影响全球金融市场和各国政策取向，甚至可以说全球金融周期就是美元周期。美国央行的建立反反复复经历一百多年，美国的国父们在这个问题上争论不休，就是同一个人青年时和老年时的观点也不一致。以首任财政部长汉密尔顿为代表的联邦党人主张对银行业实行高度中央集权管理，推动在1791年设立第一合众国银行，但是20年期限到期后没有再续。因为1812年战争和各州银行的乱象，国会于1816年成立第二合众国银行，期限也是20年。1832年强烈支持州权的杰克逊当选总统，否决了把第二合众国银行执照展期并作为国家银行的提案。1836年到1863年是美国的自由银行时代（Free Banking Era）：没有央行，各州自行颁发银行执照；没有统一的货币，各银行发行的银行券（Banknotes，可以兑换黄金）泛滥，银行危机频发。1863年美国内战期间通过了《国家银行法案》，规定由联邦批准注册设立银行，美国开始有了国家银行体系（National Banking System）和统一的货币，也即为战争融资而发行的用绿色墨水印刷的美钞（Greenback），但是还没有最后贷款人和真正意义上的央行，直到1907年发生严重的银行业危机，最后贷款人不可或缺，才催生了1913年的《联邦储备法案》和美联储。

二、央行职能的演变

现代中央银行的演变取决于其运行的货币、经济和金融环境的形态和演变。在央行成立之初一直到金本位乃至二战之后的布雷顿森林体系，央行主要是政府的银行、发行的银行和银行的银行。1973年布雷顿森林体系解体，全球开始进入信用货币时代，央行制度随之迈入"现代化"的发展阶段。

政府的银行，帮助政府融资和代理国库。最早的两家央行——瑞典国家银行和英格兰银行——成立的目的都是为皇室及后来的战争提供融资。皇室或政府以自身信誉背书，以未来的税收还本付息，从银行募资。瑞典皇室将日常收入存入瑞典国家银行，借钱则需经过执行委员会同意，并以未来税收及大炮交易的收入作为担保。1694年英格兰银行成立，恰逢英法百年战争，其目的就是为战争筹集资金。英格兰银行日常帮王室转移海外财富、从事金银贸易、给政府提供贷款或为政府债券兑现，作为回报获得了部分关税的包税权。由于最主要客户是皇室或政府，主要职责为经理其存贷款、管理部分税收，因此这两家央行实质上承担了代理国库的角色。

发行的银行，垄断货币发行收取铸币税。在商品货币和本位货币阶段，央行和私人部门发行的货币并存。除了服务对象不同，上述两家央行成立之初与其他商业银行无异，均凭信用发行并交易银行券，未获得发行银行券的专有权。因为担忧过量发行，瑞典国家银行一度还被禁止发行银行券，直到1701年重新被允许发行银行券。由于央行发行的银行券有政府税收作为担保，其信誉天生就优于其他银行券，安全性及流动性也更高。政府意识到货币带来的直接铸币收入和间接好处之后，逐渐垄断了货币发行。1897年，瑞典国家银行获得了发行银行券的垄断权，因此也有学者认为瑞典国家银行真正成为央行的时点是1897年。1844年《英格兰银行条例》（又以时任首相冠名为《皮尔条例》）限制英格兰银行以外的银行发行银行券，英格兰银行券在市场中的垄断地位日益强化，1928年《通货和钞票法案》在法律上确认了英格兰银行为英国货币发行的唯一机构。

银行的银行，发挥最后贷款人职能维护金融稳定。随着英格兰银行地位的提高，许多商业银行便把自己的一部分准备金存入英格兰银行，并利用该部分准备金来结清同其他银行的债权债务关系，逐步确立了英格兰银行清算银行的地位，并在1854年成为英国的银行票据交易中心。1872年，它又担负起银行体系最后贷款人的角色，成为真正意义上的第一家现代中央银行。在此之前，当商业银行发生挤兑危机向英格兰银行借钱时，它首先想到的是保护自己的黄金储备，不愿意向出问题的银行放贷。结果就是在18世纪和19世纪前半叶英国的银行业危机频发。在总结之前错误的基础上，1873年白芝浩在《伦巴第街》中提出了著名的"白芝浩规则"，也被称为"责任规则"，要求央行面对银行业危机时"慷慨放贷，充足抵押，高息惩戒"。慷慨放贷可以保证危机时的流动性供应，充足抵押能够区分流动性危机和偿付危机，高息惩戒则能够防范道德风险、促进银行自律。这一规则一经诞生便被奉为央行的金科玉律。在白芝浩规则提出并被贯彻之后的近150年里，英国再也没有出现过银行业危机，一直到2007年9月北岩银行挤兑。

央行的演化首先取决于货币的形态及其演变，信用货币要求央行寻找货币发行的"锚"。货币形态大体经历了三个阶段。第一阶段是商品货币，实物或贵金属充当货币。马克思说"货币天然是金银"，它本身有价值。第二阶段是本位货币，历经金银复本位、金本位，再到两次世界大战之间的金汇兑本位，二战后布雷顿森林体系下的"黄金－美元"本位。第三阶段是1973年布雷顿森林体系解体后进入纯信用货币，各国货币币值不再和美元挂钩，美元也不再和黄金挂钩。金本位的形成具有一定的偶然性，1717年牛顿当铸币局局长，一次错误的定价，把白银兑黄金的相对价格定得比国际市场低，居民有动机把银币储藏起来或输出到国外换成金币，银币退出流通，金本位在英国首先形成。金本位在全球的推广则是随着工业革命，英国全球经济和贸易中心地位巩固，很多国家将货币与英国的金本位制挂钩。此外，金银复本位下银币的流通虽然解决了金币不便于小额交易的难题，但经常发生劣币驱逐良币。19世纪中叶美国内华达州银矿大发现更是让银币泛滥，金币退出流通，最后不得不废除银币的法定货币地位。金本位一直持续到1971年8月"尼克松冲击"，美元与黄金脱钩，全球开始进入信用货币时代，有了现代货币才有了现代意义上的央行。信用货币没有贵金属支撑，需要靠规则来约束其发行。现代中央银行各种关于规则的争论都来自信用货币超发的自然倾向和物价稳定之间的张力。

实际上，信用货币最早在政府信用较为强大的中国诞生，宋朝就有世界上最早的纸币"交子"，元、明两代也曾发行纸币，但都没有解决信用货币超发导致恶性通胀的问题。明朝中期禁止纸币发行，转向银本位制，直到1934年美国实施《白银保护法案》，终结了中国的银本位制，1935年国民政府进行币制改革，发行法币。

金融体系的形态及其演变也决定了央行的演化。希克斯在《经济史理论》中讲述了西方银行业的三个发展阶段：银行一开始作为中介，匹配资金的供给和需求；之后过渡到一个短暂的中间阶段，随着技术的发展开始写支票，并以电报和电子形式传送；最后在部分准备金制度下形成银行体系，创造货币，也就是所谓的内生货币。银行体系不仅催生各银行票据的清算和结算需求，更重要的是在部分准备金制度下，需要有一家"银行的银行"充当最后贷款人，为出现流动性问题的银行提供融资帮助。中国最早的银行是明清之际出现的票号，主要做汇兑，也就是中介业务，并不吸纳存款和放贷，没有形成银行体系，所以我们的央行出现较晚。1904年清政府先成立户部银行，1908年改成大清银行。也正是随着金融体系的发展，央行认识到相比于发行货币收取铸币税，维护经济和金融稳定更加重要。进入21世纪，随着影子银行和直接融资占比上升，做市商的重要性突显。金融成为现代经济的核心，央行维护金融稳定，不仅要做最后贷款人，还要充当最终做市商。

实体经济的演变对央行也很重要。19世纪经典金本位下，工资和物价高度灵活，能够自发调节经济波动，央行以维护货币的金平价和外部平衡为主要目标。一战后，随着选举权和工会的普及，劳动力市场灵活性下降，实现充分就业的重要性上升，经济稳定等内部平衡目标被置于外部平衡目标之上，央行的使命和工具也发生相应变化。央行维护实体经济和充分就业的职能被不断提升，外部冲击被更多汇率波动吸收，利率调整主要是为了熨平国内经济周期波动而非吸引资本流入来实现对外平衡。

总的来看，现代中央银行的独立性上升，不再是为政府融资的银行，而更多是政策的银行、银行的银行和做市商的做市商。现代中央银行发挥三大职能：首先是币值稳定，实现低而稳定的通胀；其次是经济稳定，实现尽可能多的就业和尽可能少的经济波动；最后是金融稳定，发挥最后贷款人职能。这方面的典型案例就是影响力最大的央行，即美联储。

三、美联储的货币政策框架和工具演变

美联储是公私合营的产物，由三个实体组成。首先是位于华盛顿的美联储理事会，理事会的七位理事都由总统提名，需要国会批准，每位理事的每个任期14年，可以连任一次，为保证政策连续性和分散权力，理事的任期交叉。理事会主席任期4年，期满后可以连任。其次是实行公司制的12家联邦储备银行，分别位于波士顿、纽约、费城、克利夫兰、里士满、亚特兰大、芝加哥、圣路易斯、明尼阿波利斯、堪萨斯城、达拉斯和旧金山。每一家联邦储备银行都在所在区域经营，并且都有自己的董事会，主席由各自的董事会选择，经由在华盛顿的美联储理事会批准任命。美联储理事会直接对国会负责，并监管12家联邦储备银行。美联储在经营上并不是由国会拨款支持，隶属联邦储备系统成员的商业银行是其股东，日常经营的费用主要来自利息收入和接受的费用，在扣除支出和运营成本后，联邦储备银行的净收益都会移交给美国财政部。

第三个实体是联邦公开市场委员会（FOMC），是联邦储备系统中制定货币政策的主体，联邦公开市场委员会由12位投票委员组成，包括美联储理事会的7位理事和纽约联邦储备银行主席，剩余的4名委员由其余11家地方联邦储备银行的主席轮流担任。联邦公开市场委员会主要负责公开市场操作，这是美联储执行货币政策的主要工具。

美联储将国会赋予的最大化就业、稳定价格、适度的长期利率三个目标诠释为双目标：充分就业和物价稳定。因为适度的长期利率只有在充分就业和物价稳定的经济环境中才能实现。此外，美联储还需要维护金融稳定，避免银行恐慌，监管银行和保护消费者，发挥最后贷款人和最终做市商角色，保持国内和国际合作与协调。为实现这些终极目标，美联储选定金融市场条件为中介目标。它使用哪些工具来实现这些中介目标呢？在利率降到零下限之前，正常货币政策仍是以利率工具为主。在2008年之后，美联储的货币政策工具分为常规货币政策和非常规货币政策。常规货币政策包括公开市场操作、准备金要求、贴现窗口；非常规货币政策包括前瞻指引和资产购买（QE），以及2008年10月创设的超额准备金利率（IOER）和2014年9月创设的隔夜逆回购（ON RRP）利率（图2.1）。

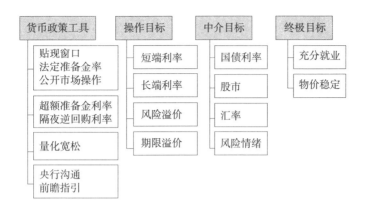

图2.1 央行货币政策工具与传导

资料来源：纽约联储，作者整理。

超额准备金利率最初是作为利率的"地板"设立，量化宽松导致流动性泛滥，美联储担心重启加息后利率加不上去，以提高超额准备金利率来配合加息。实际上超额准备金利率成了联邦基金有效利率的"天花板"，因为只有商业银行才有资格享受这一工具，其他一级交易商以及货币市场基金和政府资助企业[房地美（Freddie Mac）、房利美（Fannie Mae）和联邦住房贷款银行（FHLB）]都没有资格，它们把过剩流动性借给商业银行实现套利，压低了联邦基金利率。鉴于此，美联储不得不在2014年9月结束第三轮量化宽松和重启货币政策正常化的前夜创设隔夜逆回购，并将其打造为利率的"铁底"，所有的机构都能够享受隔夜逆回购。波萨尔（Pozsar，2014）认为隔夜逆回购的创立使得在美国货币史上，货币市场基金等影子银行第一次和银行一样拥有了在央行的支票账户，它们的现金流动性可以直接存在美联储，不再需要经过其他交易对手方。

2021年7月美联储又创设了常备回购便利（Standing Repo Facility，SRF），所有的一级交易商和银行都能从美联储借钱以满足做市需求，这是美联储迈向最终做市商的关键一步。类似于央行对银行的常备贴现窗口，常备回购便利是央行对一级交易商提供流动性的常备窗口。贴现窗口是按照白芝浩规则创设的，目的是让央行在银行危机时发挥最后贷款人职能，但是因为有很强的"污名效应"，银行使用都很谨慎，即使在2008年全球金融危机期间银行都避免使用贴现窗口，美联储不得不创立匿名和更优惠的定期拍卖便利（Term Auction Facility，TAF）。美联储主动拍卖能够克服污名效应，因为量是给定的，必须卖出去。与定期拍卖便利不同的是，常备回购便利是常备窗口，一对一交易，虽然回购融资被视作公开市场操作而非紧急流动性救助，对银行而言仍有风险，其实际效果如何还有待观察。

四、央行资产负债表及其变迁

理解央行货币政策操作的窗口是央行资产负债表，它是央行全部业务活动的综合会计记录。央行正是通过调整自身资产负债表的规模和构成来调节商业银行的资产负债和社会货币总量，以实现宏观金融调控目标。央行资产负债表由于金融体制和信用调控方式等方面的差异，在不同国家差异较大；即使是同一个国家的不同时期，其规模和构成也随着央行职能的演变而变化。

由于央行需要进行信心的博弈，所以从诞生之日起，央行就注重资产负债表的安全和稳健，一般都要求资产端持有高质量和高流动性的资产。最开始实物货币本身就有价值，在金本位时代，央行发行的银行券要有黄金背书。进入信用货币时代，货币发行仍然需要有好的资产负债表作为支撑，资产端以高流动性的短期国债为主，因而央行不承担信用风险，甚至不承担利率风险。在2008年全球金融危机之前，美联储的资产主要是短期国债，占比超过80%，负债主要是现金，占比接近90%，准备金可以忽略不计（见表2.1）。

理论上，央行净资产为负时仍可以运行，但这需要满足一定的条

表2.1 美联储的资产负债表（2007年） （单位：亿美元）

资产		负债	
短期国债	7 546	现金	7 918
机构债/MBS	0	准备金	114
其他	1 360	逆回购	405
		财政存款	45
		其他负债	52
		权益	372
合计	8 906	合计	8 906

注：数据截至2007年12月。

件。一是财政部最终会兜底注资，所以要看财政部和央行并表之后的资产负债表是否稳健。二是央行未来会获得铸币税收入，所以可以暂时以负的净资产运行。如果财政债务高企，或者公众认为货币不靠谱，不再使用，央行就收不到铸币税。

不仅货币发行，货币政策传导也需要依靠央行的声誉。好的声誉可以让货币政策更加有效，事半功倍。在金本位下，央行不惜一切代价维护金平价，正是这个承诺的可信度驱使资本流动和汇率自动向金平价靠拢。金本位之后，各种货币规则也是为了提高货币政策框架的可信度，比如2%的通胀目标制，就是为了更好地锚定通胀预期。

维护金融稳定也是信心的博弈。自诞生之日起，因为存贷款期限不匹配，银行最担心存款被挤兑，所以银行的建筑在西方都是希腊式大理石柱结构，是当地最好、最坚固的建筑。在当代中国也能看到银行拥有城市里最高的大楼和富丽堂皇的大厅，以赢得客户的信任。央行也概莫能外，在金融危机时，发挥最后贷款人和最终做市商职能，本质上起到稳定金融市场信心的作用。央行发行本币的救助能力是无限的，但以公众和市场对本币的信心为前提。

在现实中，发达国家央行的资产负债表显著不同于发展中国家。发达国家央行资产端都以本国国债和本国资产为主，发展中国家主要以外汇资产或者黄金等硬通货为主。以美国和俄罗斯的央行资产负债表为例。我们将在第九章对中国人民银行资产负债表进行专门分析。

俄罗斯央行资产负债表按2022年2月24日俄乌开战前的汇率计算，约为7 000亿美元，其中90%是黄金和外汇储备（见表2.2）。被禁止交易的美元、欧元、英镑和日元等外汇储备共计约3 500亿美元，正好是央行资产的一半。这些都算坏账，资产端损失一半，如果不实行资本管制，那么负债端的货币卢布需要贬值50%，也就是从战前的1美元约兑80卢布贬值到黑市1美元约兑160卢布的水平。

表2.2　俄罗斯央行的资产负债表　　　　　　　　（单位：亿美元）

资产			负债	
国际储备	外汇储备	4 630	基础货币、IMF负债等	3 050
	黄金储备	1 300	财政账户	1 650
	SDR等	370		
政府债券、固定资产等其他资产		700	权益	2 300
合计		7 000	合计	7 000

注：数据截至2021年11月，以77卢布兑1美元估算。

推动资产负债表规模变动的，主要是央行在资产端的主动操作，比如公开市场操作或者量化宽松买卖政府债券。在央行负债端，商业银行之间、商业银行和财政部之间的资金往来不改变资产负债表的规模，只是准备金在财政账户存款和商业银行存款之间的结构发生变动。我们可以从两个恒等式出发，更好地理解央行资产负债表尤其是商业银行流动性是如何被决定的。央行资产负债表总资产总是等于总负债，派生出以下两个恒等式：

资产总额 = 存款机构准备金存款 + 其他负债 + 权益项目

存款机构准备金存款 = 资产总额 − 其他负债 − 权益项目

假定资产负债表的其他项目不变，可以得出，央行资产的增加（或减少），会使存款机构准备金存款增加（或减少）；而央行其他负债的增加（或减少），会使存款机构准备金存款减少（增加）。

2008年之后，美联储的资产负债表不断扩张，资产端表现为国债、机构债和抵押贷款支持证券（MBS）的扩张，负债端表现为现金、准备金的扩张（见表2.3）。准备金迅速扩张，但是信贷规模的扩张有限，货币乘数下降，从一个侧面表明货币扩张并没有全部转化为对经济的拉动。2020年新冠疫情之后，美国祭出天量财政和货币双宽松，资产端依然是购买国债和机构债，但是负债端出现了新的变化。最开始是财政存款（TGA）的规模大幅上升，财政部以发债刺激经济，商业银行动用准备金购买（准备金账户 −1），财政部把发债融到的钱存回美联储（TGA账户 +1），所以财政存款的增加和减少并不会改变美联储的资产负债表规模，财政存款的增加和减少会使准备金的规模相应反向变动，也就是减少或增加流动性。

美联储负债端的另一重要变化是隔夜逆回购规模迅速上升，2021年末达到1.9万亿美元。2021年3月对补充杠杆率（SLR）的豁免到期后，不仅国债就连超额准备金也占用一级资本，银行不再以超额准备金的形式接受过度的流动性。为避免短端利率继续下行，美联储提高隔夜逆回购的单个交易对手限额，扩大对货币市场流动性的吸纳能力，这些过剩的流动性最后都以隔夜逆回购的形式回到美联储的资产负债表上（见表2.3）。

中国人民银行也在使用数量工具，比如在2020年新冠疫情暴发后多次降低存款准备金率。理论上，降准是不会影响央行资产负债表规模的，因为商业银行向央行缴纳的准备金等于广义货币（M2）乘以存

表2.3　美联储的资产负债表（2022年）　　　　　　　　　　（单位：万亿美元）

资产		负债	
国债	5.7	现金	2.2
机构债/MBS	2.7	准备金	3.8
其他	0.5	逆回购	1.8
		财政存款	0.7
		其他负债	0.4
		权益	0.04
合计	8.9	合计	8.9

注：数据截至2022年2月。

款准备金率（RRR），广义货币（M2）等于基础货币（MB）除以存款准备金率（RRR）。因此，将上述两式结合可以得到，准备金率的变动不会影响央行的资产负债表规模。然而在实践中，降准以后，商业银行会把释放出来的部分准备金用于偿还对央行的有息借款，因此降准可能减小央行的资产负债表规模。

　　必须强调的是，货币供给并不完全取决于基础货币或者央行资产负债表的规模。货币创造过程涉及央行、银行和储户三个部门，三方参与者的行为都有可能影响货币供给。无论是2008年全球金融危机后美国的银行持有大量超额准备金，还是1930年大萧条后储户大量提取现金导致银行脱媒、准备金减少，都会降低货币乘数，减少货币供给。居民集中提现的行为还会导致银行大幅增加超额准备金以自保，实际上正是这两者的叠加和共振才导致了美国历史上最严重的货币紧缩和衰退。弗里德曼和施瓦茨在其经典名著《美国货币史（1867—1960）》中发现，从1929年8月到1933年3月，央行基础货币增加了17.5%，但是货币供给量（M1）却萎缩了35%。

五、央行的文化及其变迁

央行历经百年历史演变，逐渐发展成为无比重要却又极其独特的机构。央行虽是公共机构，但和一般政府机构相比有较大的不同。第一是其财务的独立性。央行有发钞权，收取铸币税。很多央行还经营大规模的外汇储备，有经营收益。虽然这些收入最终会上缴国库，但一般是在扣除经营成本之后，而经营成本的线可以划得比较模糊。第二是其政策的中立性。央行的政策是总量政策，影响面非常广，但又不针对任何单个行业、机构或个人。一般来说，央行不直接分配信贷，不同于信贷政策和财政政策，处于比较超脱的地位。第三是其权力的隐形性。央行虽然不直接分配资源，但是影响力巨大，决定币值和资产价格，维护和运营支付系统，监管系统重要性金融机构。央行对金融市场的影响力集中体现在一句俗语"不要和美联储作对"（Don't fight the fed）中。最后是其工具的独立性。央行要达成的目标由各国国会立法确定，所以央行不具备目标独立性，但是在这之下央行要有"工具独立性"（Blinder，1998），以确保按照经济规律、政策决策规程来熟练地运用政策工具达成目标。央行独立性的另一个重要标志是央行决策一般情况下是不可逆的，这一点更为重要，可以避免央行政策的摇摆。除非美国国会出面，美联储的政策不可逆转，对美联储的制衡是每半年要向国会提交货币政策报告。在这方面，欧洲央行的地位更加特殊，由政府间的条约规定其独立性，不需要向任何政府报告。

由于机构的独特性和目标的高度相似性，央行官员通常有共同语言和行事风格，形成了"央行文化"。著名的人类学家克利福德·格尔茨（Clifford Geertz）将文化定义为"以符号形式遗传下来的概念系统，通过这种系统，人们可以交流、固定和发展他们关于生活的知识和态度"。我们可以从多个维度来理解央行的文化。首先是外化于行的日常行为规范，比如语言和着装等。央行官员多偏于保守，不但说话谨慎，穿衣服也比较保守，和金融市场人士有所区别，行事就更加保守，我见到的中央银行家坐在汽车后排都会系上安全带。其次是社交方面，比如央行职员的训练、招聘、职业生涯和国际同行之间的交流。央行职员通常都经过标准化的宏观经济学训练①，选择进入央行供职的一般都相信政策能够起到作用。再次是央行与市场、公众和其他公共机构之间的互动。央行职员对金融市场了解较多，央行政策和金融市场联系紧密，但也有很多人在央行干一辈子，不需要去金融市场。央行是各国政府机构中相对较为专业和收入较高的，可能会遭受其他公共部门的"羡慕嫉妒恨"。而央行和普通公众的关系由于央行的"不愿开口"一度被诟病与公众沟通不足。当然还有更广阔的政治经济和文化背景，不同央行之间的文化差异也很大，取决于大环境。

一般而言，央行文化有以下特点。第一是技术官僚文化，即专业、廉洁，没有太大的行政权力。央行官员不是政治家，而是由政治家任命的技术官僚。在实践中，有一种说法是央行永不犯错，地位相当于教宗，谁会去挑战教宗呢？因此传统上央行官员较少说话，只要不说话，就永远不会犯错，也不会有任何责任。央行不谈政治，至少在公开场合，但中央银行家也需要高超的政治技巧，无论是在平时改变货币政策框架和工具，比如2006年美联储引入通胀目标制；还是在危急时刻动用紧急权力，比如2008年危机期间援引《联邦储备法案》第13-3（c）条款紧急向非金融机构注资。第二是工程师文化，而非纯粹

---

① 经济学有很多流派，但是近年来，美国东海岸的"咸水"经济学和五大湖区以芝加哥大学为代表的"淡水"经济学出现了融合的趋势。无论"咸水"还是"淡水"，宏观经济研究方法论都统一建立在微观主体基于理性预期动态决策、宏观经济通过市场机制实现一般均衡等共同基础之上，区别只是对产品价格黏性、劳动力和金融市场摩擦等市场"不完美"程度的评估有差异。教授在"咸水"和"淡水"学校间自由流动，博士毕业生寻求教职也没有"门派"限制。

的经济学家文化，因为经济学家也可以是科学家文化。宏观经济学就有科学和工程之争（Mankiw，2006），学院派想把经济学发展成为科学，央行的经济学家则更像工程师，解决实际问题，或是遏制通胀，或是刺激经济，如何让货币政策传导更加有效。第三是俱乐部文化。央行官员经常与国际同行保持交流，聚集场合包括IMF、国际清算银行和美联储的杰克逊霍尔（Jackson Hole）会议等。央行的官员在一起共同语言很多，没有沟通障碍。一位日本央行的官员这么说："当我和其他国家央行的同僚在一起时我感觉要比和自己的同胞在一起更加自在。"（Riles，2018，第22页）有的央行行长，碰到问题拿不定主意，更愿意和同行交流，而不是本国的同僚，尤其是财政部长。

　　随着央行职能和政策框架的演进、独立性的提升，央行的文化也会发生改变。一个最直观的体现就是央行的语言也即央行沟通的演变。总体上，我们可以将央行沟通的理念和实践划分为三个历史阶段。

　　第一阶段是20世纪90年代以前，"神秘的央行永不败"。自20世纪20年代时任英格兰银行行长蒙塔古·诺曼提出"永不解释，永不致歉"之后，各国央行均将这一法则奉为圭臬。央行业务被认为是一门深奥的艺术，能真正掌握并运用这门艺术的仅限于少数精英，而且这门艺术的深奥本质还在于它的内涵天生就不可能用直白、大家都能理解的词语来阐述（Brunner，1981）。央行因而长期保持神秘，保密一度成为其格言（Blinder，2004）。[①]主要央行对其货币政策目标、经济预测甚至利率决议都保持模糊。一直到1993年，美联储都不会立刻公布其货币政策决议，市场参与者不得不猜测美联储是否调整了政策利率。央行的保密文化甚至还得到了最高法院的豁免。1975年美联储被

---

① 其中最有代表性的莫过于美联储前主席格林斯潘的名言，"如果你觉得听懂了我说的话，那你一定是误解了我的意思"。

起诉未执行1966年的《信息自由法案》，被要求及时公布货币政策决议和会议纪要，该案最终上诉至美国最高法院，但美联储赢得了终审诉讼。

央行奉行"模糊"传统的主要原因在于寻求最大决策自由度以及避免问责。首先，保证最大的决策自由度。在没有言论和清晰的承诺时，央行可以不受自己之前言论的限制，根据经济情况实施相机抉择的货币政策。根据理性预期理论，只有未预期到的货币供给才能影响实际产出。为了制造"意外"，央行应该保持神秘（Cukierman and Meltzer，1986）。其次，行动不透明就不需要承担责任，不独立的央行也无法承担责任。20世纪80年代以前，主要央行决策都容易受到政治干预的影响，独立性较低。美联储成立于1913年，但是直到1951年美联储才与财政部达成协议，结束了二战时美联储压低利率以支持财政部低成本融资的安排。美联储虽然可以自由设定利率，但在调整利率时仍需与财政部积极沟通（Bernanke，2012a）。再次，神秘有助于增加央行光环，营造"央行永不败"的氛围。弗里德曼就曾不无讽刺地说，央行维持神秘一方面是避免被问责，另一方面是为了获得公共声誉。

第二阶段是20世纪90年代初至2008年全球金融危机，"透明的央行更有效"。布林德等人（2008）指出，央行在20世纪90年代后的"大缓和"时代经历了理念上的革新，抛弃了保密文化，透明度显著提升，不再坚守"沉默是金"的信条。以美联储为例，1994年起美联储逐渐增加了与市场的信息沟通，提高其透明度和政策的可预测性：1994年，联邦公开市场委员会首次在会议之后公布联邦基金目标利率；1999年，公布关于货币政策未来变化的倾向性评估；2002年前后，在每次会议结束后立即公布联邦公开市场委员会会议投票记录；2005年2月起公布会议纪要；2007年起增加了经济预测发布频率，并拓展预测内容和期限（Blinder et al.，2008）；2012年引入联邦公开市场委员会内部对未来利率路径预测的点阵图。其他央行，比如英国央行、挪威央行、瑞典央行和欧洲央行比美联储更早提升其透明度。

提高货币政策传导效果以及央行独立性的提高和随之而来的问责要求是央行加强沟通的重要原因（Blinder et al.，2001）。首先，"模糊"传统虽然给予央行最大的决策自由度，但相机抉择会产生"时间不一致性"问题（Kydland and Prescott，1977；Calvo，1978；Bernanke，2012a）。理论上，试图通过相机抉择，用不断的货币宽松来刺激经济和降低失业，在长期只会导致更高的通胀水平和波动率，经济产出和就业并不能增加。美国20世纪70年代的滞胀恰好印证了这一点。解决时间不一致性问题主要依靠央行沟通，由此可以引入某种形式的货币或利率规则，央行宣布这一规则然后依规行事。[①]不过引入规则也有很多缺点，包括经济中存在大量的不确定性和冲击，央行也不一定有完美的经济模型，实际货币政策制定更多是一定规则之下的相机抉择。通胀目标制就是这样一个规则和相机抉择权衡的产物，通过明确通胀目标约束央行的行动，同时也给私人部门稳定的预期，便于投资和消费决策。20世纪80年代以来，通胀目标制在主要国家推广取得巨大成功，通胀水平和波动率均出现下降。

其次是央行对货币政策传导渠道的再认知。20世纪90年代以来，央行政策制定者认识到影响经济的不仅是短期利率，长期利率更为重要，而政策透明度的提高有助于增强央行对长期利率的控制。央行让公众理解货币政策反应函数，向公众提供其对基本面的判断，可以引导公众对未来实际政策利率的预期，并有助于央行更好地预测市场对货币政策的反应（Blinder et al.，2008）。除了利率传导渠道外，央行货币政策传导机制的"黑箱"被打开，货币政策信贷渠道和财富渠道的重要性得到重新认识。根据伯南克、格特勒和吉尔克里斯特

---

① 例如，为克服两位数的高通胀，沃尔克就曾在1979—1982年引入货币数量规则。

（Bernanke、Gertler and Gilchrist，1994）提出的金融加速器理论，货币政策变化会改变企业和居民资产负债表的净值以及抵押物价值，再通过信贷渠道强化货币政策对实体经济的影响。资产价格变化还会带来财富效应，影响居民消费倾向。而央行沟通能够提高政策可预测性，降低经济以及金融资产价格的波动，通过风险溢价影响资产价格（Poole and Rasche，2003；Lange、Sack and Whitesell，2003；Swanson，2006）。

此外，通胀目标制下，政府为央行设定数量化的通胀目标或者更明确的价格稳定要求，央行独立决定货币政策以实现价格稳定目标。[①]独立性的提升客观上要求加强对央行的问责，也即独立的央行有义务对公众解释其目标，并对其货币政策操作保持透明。

第三阶段是2008年全球金融危机之后，"零下限的央行98%是靠预期管理"。2008年全球金融危机以来，央行沟通频率进一步提高。2008—2010年，美联储官员讲话频率明显上升，美联储主席每年公开演讲的次数由2008年前每年约40次上升为约50次，地方联储主席的讲话频次也大大增加（Kliesen et al.，2019）。危机后，央行的沟通仍然持续，甚至更加频繁。例如，美联储联邦公开市场委员会的会议声明字数不断增加，会后记者会次数自2018年底由一年四次增加至一年八次。危机前仅偶尔使用的沟通工具前瞻指引，在危机后成为常备的货币政策工具。除了沟通频率上升，央行沟通的重点也由危机前的提高政策透明度、明确货币政策目标和规则，转向加强金融市场预期管理、调控整体金融条件。2013年以来，主要央行缓慢开启货币政策正常化进程，央行在政策行动前均小心预热，待市场充分预期后再行

---

① 例如，1997年美联储的货币政策目标被明确为最大化就业和价格稳定。通胀目标制的实施也伴随着主要央行独立性的不断上升。英格兰银行1998年从财政部中独立出来，获得独立性；日本银行1998年获得操作独立性，降低了日本财务省对货币政策的干预程度，提高日本银行货币政策的自主性。

动，极力避免货币政策行动给金融市场带来较大扰动。而随着央行和市场的关系越发紧密，还发生过多次在金融条件剧烈收紧时，央行或主动或被市场"倒逼"出面沟通稳定市场情绪甚至调整货币政策行动的案例。

利率零下限对传统货币政策空间的约束，是央行加强沟通并转换沟通重点的重要原因之一。在零下限下，短期利率被锚定在零，传统的短期利率变动向长期利率传导的路径受限。在零下限初期，货币政策通过影响未来利率预期降低长期无风险利率的效果相对显著，但随着零下限时间持续，市场逐步形成了利率长期位于低位甚至永久位于低位的预期，政策利率预期下行的空间越发受限，前瞻指引效果呈现边际递减。与此同时，随着金融深化的加剧，金融加速器作用更为明显，实体经济对信用利差、股票市场等风险资产的敏感度上升（Bernanke et al.，2004；Eggertsson and Woodford，2003）。在此背景下，央行货币政策更加依赖通过沟通压低期限溢价、利差、风险溢价或汇率贬值等渠道影响实体经济。此外，政策界和学术界对金融不稳定的成本以及理性预期范式的再思考，也进一步推动央行加强了对通过沟通管理金融市场预期的关注。

回顾以上历史，央行沟通实践在过去30年经历了两次重大转变，从永不解释到谨慎发声，再到主动频繁沟通，沟通的重点从注重基本面转向注重金融市场。央行沟通的演进，理念上受益于经济学理性预期革命和对货币政策传导"黑箱"的再认识，在实践中则是央行独立性不断提升的必然要求。对于央行沟通演变的更多细节，央行沟通理论上的传导渠道、实践效果，以及央行沟通的挑战和出路，我们将在第十一章中进行更为深入和系统的分析。

第三章 货币政策的框架、工具和规则

> 不是我们抛弃了货币总量，是它抛弃了我们。
>
> ——时任加拿大央行行长杰拉德·布伊（Gerald Bouey，1982）

2022年3月11日，中国人民银行公布2022年2月社会融资规模数据，报告显示2022年2月末社会融资规模存量为321.12万亿元，同比增长10.2%，较上月放缓0.3个百分点；社会融资规模增量为1.19万亿元，比上年同期少5 315亿元；广义货币（M2）余额244.15万亿元，同比增长9.2%，增速比上月低0.6个百分点。尤其差于预期的是居民中长期贷款出现有数据（2007年2月）以来的首次负增长。在稳增长的政策背景下，社会融资增量不及预期，政策是要加码宽松，还是保持耐心"让子弹飞一会"，等降息和降准政策起作用？经济和金融市场面临的逆风和不确定性在增强，但货币宽松也面临高杠杆等其他约束。如何在不确定的环境下，选取合适的政策框架、工具和规则来实现政策目标是本章要讨论的问题。

一、宏观经济学的三个方程

中级宏观经济学教材大部分是以 IS–LM、总供给和总需求曲线为主要分析框架。这些工具非常实用，有助于在概念层面清晰思考货币财政政策组合和预期效果。汉森和希克斯创造这一模型将两种流传最广的利率理论统一起来。古典经济学的可贷资金理论认为资金的供给与需求决定利率，强调经济中的实际变量和市场力量决定利率，讲的是实际利率。凯恩斯的流动性理论认为，对流动性的需求和供给决定利率，讲的是名义利率，是均衡的实现过程，是短期现象。LM曲线是货币市场均衡，对应不同的利率和产出组合；IS曲线是资金供给和需求的均衡，也对应不同的利率和产出组合，两者相交，利率和产出同时被决定。IS–LM是短期分析，给定价格水平不变，名义利率变动就是实际利率变动，模型突出货币政策传导主要靠增加货币供给量来降低利率。

不过，上述理论框架和现代中央银行政策实践差别较大，也和前沿理论中的新凯恩斯革命相去甚远。前沿理论强调跨期动态分析、预期的作用和价格黏性的微观基础；前沿实践引入通胀目标制，使用利率工具，在货币政策传导中更加强调借贷和信用的作用。央行的目标是什么，面临什么样的约束，采取什么样的工具去实现这些目标，这三个基本问题可以被高度抽象为三个方程，集中体现为21世纪初以来中央银行理论和实践的进展。

首先，从货币政策的目标开始。货币政策存在多目标，包括高增长、充分就业、低通胀、国际收支平衡和金融稳定等。有些央行，如欧洲央行，只有通胀一个目标。在所有的货币政策目标中，都有物价稳定这一目标。单目标以稳定通胀为主，不是说其他目标不重要，而是在实现通胀稳定的前提之下，兼顾其他目标，也就是层级式的多目标。此外，金融稳定一直都是央行作为监管者的目标，但不一定是狭义上的货币政策目标。

不失一般性地，我们可以将央行的目标归纳为尝试最小化通胀波动和产出波动带来的损失：

$$\min L = (y - y^*)^2 + \lambda (\pi - \pi^*)^2$$

其中 λ 是央行赋予通胀波动的权重，λ 越大代表央行越不喜欢通胀波动，货币政策立场更加鹰派。单一目标制的央行，如欧洲央行和英格兰银行赋予通胀稳定更大的权重。

这一目标函数形式也被称为"二次损失函数"（quadratic loss function），其优点在于体现高通胀和高失业带来的痛苦都是非线性的。因此，央行目标函数需要最小化两部分，第一部分是产出相对于潜在产出的偏离。经济中没有不平衡、没有扰动时的产出为潜在产出。在实际中，央行是最大化就业，根据将就业和产出联系在一起的奥肯定律，GDP每增加2%，就业率就上升1%。第二部分是通胀相对于通胀目标的偏离，通胀目标有的是政府定的，也有央行自己定的。

在长期，产出和通胀水平之间并不存在权衡取舍，但在通胀和产出的波动之间则不然。如果要降低通胀的波动，就要提高产出的波动。

20世纪70年代以前，人们一度认为通胀水平和就业水平之间存在取舍。20世纪30年代大萧条期间，紧缩的货币政策让美国失业率超过25%。通缩会推高失业，那么通胀能否持续降低失业？弗里德曼（1968）和菲尔普斯（1968）提出长期菲利普斯曲线是垂直的，即劳动者关心的是实际工资，通胀上行工资也要相应增加，保证实际工资沿劳动生产率趋势增长。理论上，工资增速在长期只和通胀有关，和就业市场无关。70年代的滞胀证明长期菲利普斯曲线不仅在理论上而且在实践中也是垂直的，央行以容忍更高的通胀为代价并不能换来更多的就业。当时美国、加拿大和西欧各国通胀都在上升，但是失业率并没有下降。80年代沃尔克领导美联储成功地去通胀（disinflation）进一步证明，加息把通胀压下来，失业率也没有一直上升。央行的理论和实践都证明在长期，通胀和就业水平之间的取舍并不存在，潜在产出和充分就业更多取决于货币政策之外的因素。

于是，央行目标从通胀和就业水平之间的取舍变成通胀波动率和就业波动率之间的取舍。伯南克（2004）认为通胀和产出波动率之间存在取舍的根源在于经济中有供给冲击。负面供给冲击导致供给曲线左移，通胀上行，产出下行，货币政策陷入两难。如果收紧货币政策抑制通胀，会减少通胀波动，但会加剧产出波动。如果是需求冲击，则不会存在这样的两难。面对负面需求冲击，货币宽松能够同时稳定通胀和产出，也即"神圣巧合"（divine coincidence）。

泰勒（Taylor，1998）则指出，即使需求冲击也会有通胀波动和产出波动之间的取舍。其原因在于：需求冲击发生后，产出的反应快但通胀的反应慢，且货币政策起效也需要时间。也就是说，当经济面临正的需求冲击，产出立即上升，而通胀缓慢上升。此时，如果要打压通胀，迅速收紧货币政策，减少通胀的波动，则产出的波动加大（先升后降）；而如果容忍通胀，减少产出的波动，则通胀的波动变大（持续上升）。正是因为短期存在通胀波动和就业水平之间的权衡，在长期就变成了波动率的取舍。这里波动率测度的是稳定性，是产出稳定和通胀稳定之间的取舍。面对正的需求冲击，从紧的货币政策减少了通胀波动，但是以更大的需求波动为代价。

确定了央行目标之后，就有了衡量央行绩效的基准。怎么才算成功稳定了产出波动和通胀波动？考虑到两者之间存在取舍，不妨把通胀波动和产出波动之间的取舍关系以曲线形式表达，类似于生产可能性边界，又称为泰勒曲线（Taylor，1987）。在同一条曲线上，通胀波动的下降必然以产出波动的上升为代价。如果通胀和产出波动同时上升，政策就不在有效边界上，需要改善。1983年到2007年，发达国家的产出波动和通胀波动同时下降，被称为"大缓和"时代。美国人均GDP波动率从之前25年的2.6%下降到这25年的1.5%。通胀波动率同期降幅更大，从3.7%降到0.9%。"大缓和"在2008年全球金融危机之前被认为是央行的胜利，货币政策和央行声誉的提高让两者的波动率同时下降。从图形上看，整条泰勒曲线发生了位移，从曲线TC_1移到了效率更高的TC_2（见图3.1）

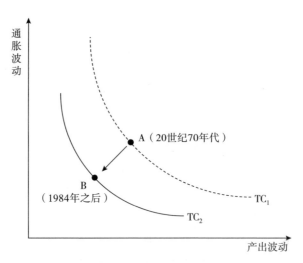

图3.1 衡量央行绩效的泰勒曲线

其次，央行面临的约束是什么？央行的约束在供给端，如果企业每期都可以调整价格，商品价格应该等于当期生产的名义边际成本再乘以成本加成率（成本加成反映了企业的垄断地位）。现实中，由于工资黏性的存在，当冲击发生时，企业通常不能灵活地调整价格，企业调整价格，不仅会考虑当期的生产，还会基于对未来的预期考虑将来的情况。因此，当期的通胀取决于未来的通胀预期，以及当期产出相对于潜在产出的偏离，产出缺口越大，企业生产的边际成本越高，价格水平相应越高。菲利普斯曲线说明，就业不能被无限地推高，通胀是约束。当产出达到潜在产出时，货币宽松只会推高通胀而非产出。最传统的菲利普斯曲线假设通胀预期会把过去的通胀水平线性外推：

$$\pi_t = \pi_{t-1} + \beta \left(y_t - y_t^* \right) + \varepsilon_t$$

这一曲线又被称为通胀的三角模型（triangle model）。它既包括了预期，又有需求拉动和供给冲击。2021年12月，中央经济工作会议指出我国经济发展面临需求收缩、供给冲击、预期转弱三重压力，这三重压力恰好对应三角模型的三个角。

前文已经提到在长期菲利普斯曲线是垂直的，通胀和产出之间不存在取舍或替代。如果菲利普斯曲线在短期也是垂直的，那就失去了以总需求调控稳通胀的基础。如何能把菲利普斯曲线在长期垂直但在短期虽然扁平却仍然向下倾斜的不同特征统一起来？在经济学中，长短期的区别不完全是时间概念，更多是看价格能否灵活调整。通胀越高的时候，工资和物价越能灵活调整，所以实证上我们能观察到，当通胀超过7%时（Gordon，1972），菲利普斯曲线就是垂直的。在通胀较为温和时，比如20世纪60年代前期和90年代以后，菲利普斯曲线是向下倾斜的。换句话说，菲利普斯曲线是非线性的，斜率取决于通胀水平的高低，当通胀预期较好地锚定时，曲线趋于扁平化。越来越扁平的菲利普斯曲线指向宏观调控要更多依赖预期管理，是双刃剑。在通胀预期较好地锚定时，失业率不断下降，通胀仍然稳定，给了宽松政策更多空间。可是一旦通胀预期脱锚，可能需要以更大的代价来重新锚定通胀。

再次，经济按照什么样的规律运行，央行的货币政策如何影响经济运行？如果选取利率作为工具，利率影响商品市场出清的投资和储蓄曲线（IS curve），利率工具可以起到调节总需求的作用。IS曲线：

$$y_t - y_t^* = \alpha - \gamma\,(i_t - \pi_t) + u_t$$

其中，α 是经济中的自发需求，取决于技术进步、人口总量与结构等因素。γ 是总需求对利率的敏感系数，老龄化社会对利率敏感度下降。当产出位于潜在水平时，自然利率 r^* 由 $\frac{\alpha}{\gamma}$ 给出，即取决于经济中的结构参数，不受宏观调控影响。自然利率不取决于资本家而更多取决于企业家，熊彼特认为资本家的利息依附于企业家的利润，两者有本质的不同，利息更像是对利润的一种课税。有了技术进步和利润才有利息，没有发展就没有利息。正利率意味着今天的钱比明天的钱更值钱，企业家是少有的能看到这样的机会并创造价值的人。然而企业家没有资本，从一般和平均意义上看也从来不是风险承担者，需要从资本家那里借得购买力用于生产。企业家和资本家都不可或缺。

所以，上述三个方程分别是央行的目标函数，央行面临的约束也即影响供给的菲利普斯曲线，以及利率如何影响总需求的IS曲线。由此可求解央行的最优决策行为，得出央行的行为规则。

在求解最优决策之前，央行首先要决定选取怎样的货币政策框架和工具来实现政策目标。从1945年到1971年，在布雷顿森林体系下，实行的是美元盯住黄金、其他国家货币盯住美元的"双挂钩"固定汇率制度，货币政策的锚是汇率。1973年布雷顿森林体系解体后，德国和瑞士开始实行货币总量控制，货币政策的锚是货币供给量。自1989年新西兰率先实行通胀目标制以来，主要央行纷纷加入，货币政策的锚变成低而稳定的通胀，通常定在2%。货币政策的锚决定了货币政策的目标和框架，在这之下仍然需要选择合适的货币政策工具。

二、货币政策工具选择

货币政策工具至少有利率、汇率、货币总量和准备金等多种形式。如何选择货币政策工具，取决于冲击的形式和相对大小。普尔（Poole，1970）提出，当货币冲击比较大或者不稳定时，应该选取利率作为货币政策工具。

在确定性模型里，以利率作为工具，那么货币总量就是内生的。以货币总量作为工具，那么利率就是内生的。量和价两者不可能兼得。利率工具和货币工具是互相对应的，只要选择其中之一即可，二者都能达到相同的政策目标。

在不确定性模型里，产品市场和货币市场都面临不确定性冲击，

$$Y=a_0+a_1r+u, \ a_1<0$$
$$M=b_0+b_1Y+b_2r+v, \ b_1>0, \ b_2<0$$

当货币需求冲击的波动 σ_v 较大时，货币需求本身就不稳定，波动较大，如果货币供给量固定在某一水平，当货币需求冲击发生时，利率需要发生较大变化来实现货币市场出清，较大的利率变化会带来较大的产出波动，导致福利损失较大，此时选取利率作为货币政策工具比选取货币供给量作为工具更好，即盯住利率比盯住货币存量要好。在IS–LM模型里，货币需求冲击比较大，货币需求曲线不稳定，此时如果将货币供给量固定在 M^*，LM曲线有较大的波动，与IS曲线相交决定的均衡产出波动范围也较大，如果采取利率工具将利率固定在 r^*，就能将产出固定在合意的水平上，政策效果更好。

在20世纪70年代出现滞胀之后，凯恩斯主义遭到攻击，货币主义的影响力上升。1979年8月沃尔克就任美联储主席，10月6日即宣布美联储政策框架将转向控制货币总量而不是短期利率。40年后沃尔克在自传中坦言（Volcker，2018，第118页），选择货币主义主要是想增强美联储的内部纪律，把自己"绑在桅杆上"，不管利率上升到多少，美联储都不能放弃以控制货币供给量增长为目标的政策措施，否则就有可能丧失声誉，这也是为了更好地与公众沟通打压通胀的政策。货币和价格水平之间的关系是经济学中最古老的命题之一，早在18世纪50年代苏格兰哲学家大卫·休谟就提出过。以弗里德曼为代表的货币主义者成功地向公众普及了这个（过分）简单的命题："通胀何时何地都是货币现象。"虽然过于简单，但是通俗易懂，且为公众接受。

美联储的货币主义实验只持续了三年，1982年10月9日沃尔克在商业委员会年会上宣布货币供给量指标不稳定且不可靠，美联储不再紧盯货币供给量，同时强调货币政策工具变了，但是反通胀的政策没有变。事实上，利率作为货币政策工具胜出，不是因为利率工具的拥护者多么努力去争取，而是其他工具如货币总量在实践中不行。正如时任加拿大央行行长杰拉德·布伊（1982）所言："不是我们抛弃了货币总量，是它抛弃了我们。"货币主义可以说是自己垮掉的，它因通胀而兴，也因通胀而逝。20世纪70年代的高通胀催生了货币主义，但是高通胀同时催生了对金融创新的需求，以绕开利率上限等监管措施，这就带来了货币需求的不稳定。

第一，货币需求很不稳定，LM曲线很难估算，频繁的货币需求冲击使盯住货币供给量不再可能。金融创新频繁冲击货币需求。20世纪60—70年代美国Q条例限制存款利率，通胀上升，过低的实际利率使居民对存款失去兴趣，货币市场基金等新的金融产品出现导致大量存款转移和金融脱媒。金融创新降低了把货币市场基金转化为现金的交易成本，交易成本越低，货币需求也越少。21世纪第二个十年余额宝在中国的出现起到了同样的效果，居民把银行存款转移到货币市场基金，在获取更高利息的同时不损失流动性。

第二，货币总量和经济总量的关系也不稳定。$MV=PY$意味着货币总量和名义总收入应该存在某种程度的协整关系。20世纪80年代以前，美国的货币总量与GDP的关系比较稳定，货币流通速度保持平稳，但是80年代以后这种关系不复存在，货币流通速度开始下降。实际上，货币流通速度是内生于货币供给的。货币流通速度是货币的换手率，当利率低时，持有货币的机会成本比较低，换手率也低。中国从计划经济向市场经济转轨时期，由于从计划经济时代的凭票供应转向市场经济的以货币为媒介的自由交换，对货币的需求迅速上升，货币的流通速度下降，这一过程被称为中国的货币化进程（易纲，1991，2003）。影响货币流通速度的因素除了利率和货币化还有支付体系的效率，支付体系越有效率，则货币流通速度越快，需要持有的货币越少。

第三，各国的货币主义实践证明货币主义难以行之有效。各种金融创新不仅影响货币需求，还频繁改变货币的定义，导致货币总量和实体经济的关系越来越弱，盯住货币总量的可操作性越来越差。新的金融产品比如余额宝，在提供很好的流动性使货币需求下降的同时，其产品本身并不符合传统广义货币的定义，但是实际上起到了货币的作用。中国人民银行因而相应调整 M2 的定义，将余额宝等货币市场基金纳入，为避免重复计算又排除了银行持有的货币市场基金。如果说金融创新的速度较慢，还有可能通过修改货币的定义测准货币总量，但随着金融创新速度不断加快，频繁修改货币的定义不太现实，准确测度货币需求也就更加困难。

货币主义的阿喀琉斯之踵在于当货币需求出现变化（增多）时，按照货币主义盯住货币总量的原则仍要求货币供给不变，只能通过减少准备金的办法来抑制货币需求，否则货币自动通过银行体系扩张。这样做的后果是实际利率上升，产出变少，只有如此才能把货币需求降下来，但带来实体经济的不稳定。面对货币需求的扩张，正确的做法是扩大货币供给。

相比盯住货币，盯住信贷则不会产生这样的内生不稳定问题。货币需求上升，利率上升，信贷供给会下降，盯住信贷要求扩大货币供给，进而保持信贷和产出水平不变，经济重新被稳定住。最终影响总需求的是信用而非货币，影子银行体系也能创造信用，随着影子银行体系和直接融资的崛起，货币对实体经济的指示作用越来越弱，这也能部分解释中国人民银行从 2018 年后就不再公布货币供给总量目标而更多依赖社会融资总量目标。

三、规则还是相机抉择？

在确定了宏观调控的工具之后，接下来的问题是应该给央行多大的自由裁量权运用这些工具，也就是规则和相机抉择之争。这方面最早的辩论是在不完美的经济和不完美的政府之间怎么选？弗里德曼等人认为应该选择不完美的经济。尝试平滑经济波动的各种努力理论上可能会提高经济表现，但实践中受制于知识、能力和信息不完备等各种因素，结果并不完美。所以弗里德曼很早（1948）就提出要让货币政策依规行事，货币供给量每年只能固定增长若干个百分点（k percent rule）。实践证明这种做法并不可取。约翰逊总统的经济顾问委员会主席奥肯（1972）说货币主义者提出了好的问题，但是给出了坏的答案。

货币主义在实践中失败了并不代表其背后的道理没有可取之处。货币主义者反对积极的宏观调控，是因为政策制定的局限和信息不完备。这些因素都是客观存在的，央行的实践也证明做得过多结果并不一定好，在一些新兴市场国家还出现央行不可承受之重的现象。弗里德曼本人就反对沃尔克的政策，不仅没有因为美联储走向货币主义而高兴，反而批评美联储不是真正的货币主义者，做得不够好，导致过多的失业。

把这一辩论推向新高度的则是基德兰德和普雷斯科特（Kydland and Prescott，1977）。他们提出，即使所有人的知识都是完备的，预期是理性的，政府也完全是以为人民服务为目的的，积极的货币干预仍有可能适得其反。主要证据是从20世纪60年代中期到80年代初在主要工业化国家，通胀都是加速上行的。这从一个侧面证明央行很难克制短期内制造通胀以降低失业率的冲动。然而在长期这样做并不能降低失业，只是提高了通胀，所以央行的行为表现为通胀偏好（inflation bias），也被称为"时间不一致性"。央行的长期目标是反通胀的，但是在每一期决策的时候，如果给央行空间，央行总是会经不住诱惑，想以突然的通胀来降低失业率。解决办法是规则，限制央行自由决策的空间。

支持货币规则的观点认为相机抉择会导致货币政策频繁调整，加大经济不稳定（Friedman and Schwartz，1963）；相机抉择会导致政策存在"时间不一致性"（Kydland and Prescott，1977），如果不限制央行的权力，央行短期面临诱惑，通过容忍通胀来提高产出，使得通胀短期偏离政策目标，在长期的均衡过程中，导致均衡通胀水平要高于动态一致下的通胀水平。

支持相机抉择的观点则认为相机抉择在经济发生结构性变化时更具灵活性、适应性。在实践中也不是所有央行都有通胀偏好，比如20世纪80—90年代沃尔克和格林斯潘时期的美联储成功驯服高通胀，建立良好声誉，并没有采用货币规则。

更重要的是，时间不一致性问题并非没有解决之道。这一问题在日常生活中也经常发生，不做作业要吃冰激凌的孩子，好了伤疤忘了痛仍在洪水区建房的居民，平时不努力学习的学生等。社会解决这些问题的办法不是一棍子打死，完完全全约束住，而是提供一定的激励和约束机制，引导和规范其行为。比如要求小朋友做完作业才有冰激凌作为奖励；要求在洪水区建房的居民购买洪灾险，自担部分风险；对于央行就是声誉的约束和对是否达成货币政策目标的问责。

规则和相机抉择之辩的结果就是央行实践总是表现为一定规则之下的相机抉择。主要央行都引入了通胀目标制，以2%的通胀目标限制其通胀倾向。在通胀目标制下，部分央行引入了泰勒规则，要求政策利率对通胀和失业上升按一定规则做出反应，以实现通胀目标。基于结果的规则不是真正的规则，比如要求央行实现2%的通胀目标或者保持名义GDP一定的增速，央行需要也应该被授予政策自由裁量的空间。这些规则与其说是规则，还不如说是需要很多相机抉择去努力实现的目标（Blinder，1998，第37页）。关于规则还是相机抉择的争论仍在继续。

四、利率规则与通胀稳定

规则还是相机抉择之辩并没有给出可供操作的政策方案。货币政策的目标是实现稳定的通胀。如何按照经济基本面的变化，调整货币政策操作工具，如利率，以实现货币政策目标？在实践中，如果没有一定的规则指引，只是凭着感觉，央行调利率就像调一个不准的温度控制器，再根据体感温度来微调，结果就会表现为货币政策启动和停止都落后于市场曲线（behind the curve），开始时反应不足，停下时又有可能太迟，变成用力过猛。

我们首先来理解通胀的动态，再以此为基础推导怎样的规则才能带来稳定的通胀。面对冲击，通胀有三种可能的表现形式：发散、单位根和收敛。单位根意味着冲击会一直存在，大于单位根意味着冲击不仅一直存在，还被放大。

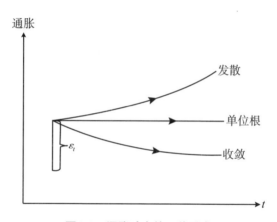

图3.2　通胀动态的三种形式

注：ε_t 为通胀冲击。

通胀预期 π_t^e 的形态不同，菲利普斯曲线也表现出不同形态：

$$\pi_t = \pi_{t+1}^e + \beta\left(y_t - y_t^*\right) + \varepsilon_t$$

（1）传统形态，对通胀的预期就是已经发生的通胀 π_{t-1}；则

$$\pi_t = \pi_{t-1} + \beta\left(y_t - y_t^*\right) + \varepsilon_t$$

（2）理性预期形态和价格灵活调整，则有垂直的菲利普斯曲线，通胀和就业之间不存在权衡；此时，$\pi_t^e = \mathrm{E}[\pi_t]$，即 $\beta\left(y_t - y_t^*\right) = 0$，产出

处于潜在水平，不随通胀变动。

（3）适应性预期，对通胀的预期取决于过去预期的误差，即

$$\pi_t^e = \pi_{t-1}^e + \theta(\pi_{t-1} - \pi_{t-1}^e)$$

如果 $\theta=1$，对未来的通胀预期就是已经发生的通胀，是向后看的传统菲利普斯曲线，又称加速曲线。如果 $\theta=0$，$\pi_t^e = \pi_{t-1}^e$，在上一时期发生的事情完全不影响经济主体在 t 时的通胀预期，是完全的理性预期。当 θ 介于 0 和 1 之间时，是已发生通胀和上一期通胀预期的加权平均。

我们从传统形态的菲利普斯曲线出发，研究通胀形态和利率之间的关系。通胀形成机制里内嵌有单位根，也就是通胀冲击一旦发生就会持续，甚至加速。如何消除单位根？

有三种可能的利率规则，其效果迥异。一是盯住名义利率，这时通胀是发散的，从单位根变成超单位根。因为当通胀上升时，盯住名义利率会导致实际利率变低，推动经济进一步扩张，导致通胀往上走。因此，如果盯住名义利率，经济会处在发散的路径之上。我国 20 世纪 80 年代名义利率变动就很少、很慢，宋国青教授多次呼吁要根据通胀调整名义利率。二是盯住实际利率，让实际利率处于自然利率水平，从 IS 曲线可以得知，自然利率 $r^* = \dfrac{\alpha}{\gamma}$，其中 α 是经济中的自发需求，γ 是总需求对利率的弹性。1993 年格林斯潘在国会证词中提出美联储要看的是实际利率，尤其是实际利率和自然利率的相对水平，这在当时引起了很大争议，大家还是习惯看名义利率。让实际利率处于自然利率水平意味着经济处在潜在产出水平，产出一直是稳态的。问题是通胀仍然存在单位根，即 $\pi_t = \pi_{t-1} + \beta(u_t) + \varepsilon_t$，即并不是稳态的。三是面对通胀冲击，名义利率的提升要高于通胀的上升，这样才能消除单位根，才能让通胀恢复稳态，也即各种形态的泰勒规则（Taylor，1993，1999）。

在泰勒规则的指导之下，名义利率为 $i = \dfrac{\alpha}{\gamma} + (1+\rho)\pi$，$\rho$ 大于零，即名义利率上升超过通胀上升。此时实际利率 $r = \dfrac{\alpha}{\gamma} + \rho\pi$ 高于自然利率 $\dfrac{\alpha}{\gamma}$，

适应性预期下的通胀过程变为 $\pi_t = \dfrac{1}{1+\gamma\beta\rho}\,\pi_{t-1}+\varepsilon_t$，是收敛的。

泰勒规则要求当通胀上升1个百分点，名义利率提升不止1个百分点，而应提升1.5个百分点，即 $\rho=0.5$，这样实际利率才能提升，才能有稳定根，也即遏制住通胀。这样，即使在向后看的加速通胀预期之下，通胀过程也不再有单位根，而是稳定根。

在实际中，美联储也不是完全按照泰勒规则来制定货币政策的。但是泰勒规则及其变体为评估货币政策提供了很好的基准，受到众多学者和货币政策制定者的青睐。美联储官方网站上列出了货币政策决策时参考的五种货币政策规则（见表3.1），每种规则在通胀和就业两个终极目标之间的侧重有所不同，其中最常用的是泰勒规则和更多兼顾就业目标的平衡规则（Balanced-approach rule）。

表3.1　泰勒规则的不同形式

泰勒规则（T93）	$R_t^{\mathrm{T93}} = r_t^{\mathrm{LR}}+\pi_t+0.5\left(\pi_t-\pi^{\mathrm{LR}}\right)+\left(u_t^{\mathrm{LR}}-u_t\right)$
平衡规则（BA）	$R_t^{\mathrm{BA}} = r_t^{\mathrm{LR}}+\pi_t+0.5\left(\pi_t-\pi^{\mathrm{LR}}\right)+2\left(u_t^{\mathrm{LR}}-u_t\right)$
补缺平衡规则（BAS）	$R_t^{\mathrm{BAS}} = r_t^{\mathrm{LR}}+\pi_t+0.5\left(\pi_t-\pi^{\mathrm{LR}}\right)+2\min\{\left(u_t^{\mathrm{LR}}-u_t\right),0\}$
调整后的泰勒规则（T93adj）	$R_t^{\mathrm{T93adj}} = \max\{R_t^{\mathrm{T93}}-Z_t, ELB\}$
利率平滑规则（FD）	$R_t^{\mathrm{FD}} = R_{t-1}+0.5\left(\pi_t-\pi^{\mathrm{LR}}\right)+\left(u_t^{\mathrm{LR}}-u_t\right)-\left(u_{t-4}^{\mathrm{LR}}-u_{t-4}\right)$

泰勒规则：货币政策发挥逆周期调节的作用，按通胀缺口和失业率缺口逆风操作。当通胀上升一单位时，名义利率上升幅度超过一单位，从而使得实际利率上升；当失业率上升一单位时，名义利率降低一单位。当通胀和就业都处于长期均衡状态时，名义利率就等于自然利率加通胀。

平衡规则：相比于泰勒规则，平衡规则需要在通胀和失业之间做出取舍，如面对供给冲击时，更加平衡，更加关注就业，当失业率高于自然失业率时，失业率每上升一单位，名义利率降低两单位。为应对失业，名义利率下调的幅度是泰勒规则的两倍。

补缺平衡规则：货币政策对失业的反应存在不对称性。当失业率低于自然失业率、经济过热时，央行不关注失业，不会因此加息，即填谷但不削峰；当失业率高于自然失业率、经济衰退时，货币政策对失业做出反应，并且反应力度较大，是泰勒规则的两倍。

调整后的泰勒规则：模型中的 ELB 是利率的有效下限，为 12.5 个基点。Z_t 是指当泰勒规则设定的利率低于 ELB 时，联邦基金利率相对于它的偏离的累加。通常在经济衰退时期，合意的政策利率要低于 ELB，因此，调整后的泰勒规则要求经济恢复期的利率减去 Z_t，对衰退时期因零下限而高于合意水平的利率进行补偿。

利率平滑规则：和泰勒规则相比有两大变化。首先，在这一规则下，上期利率的影响会延续到这一期，具有较强的政策连续性；其次，货币政策规则不是盯住失业率缺口，而是失业率缺口的同比变化。

按照这些规则，2007 年以前，实际的联邦基金利率水平和这些政策规则蕴含的水平差不多，但是在 2007 年以后分化较大（见图 3.3）。2007—2009 年美联储应该急速降息，但受到零下限的限制。2010 年以来美联储先后采取了"长期低"和"更低更长期"的策略，让利率水平保持在低位以弥补因为零下限导致的利率偏高。

实证研究还发现，20 世纪 70 年代爆发大通胀，原因在于名义利率的变动小于通胀，实际利率下降，通胀没有被遏制住。在沃尔克和格林斯潘时代，名义利率变动符合泰勒规则，大于通胀变动，实际利率上升，通胀下行。不过有研究（Orphanides，1998）通过复原实时数据，发现央行按 70 年代当时的数据决策没有问题，也符合泰勒规则，用修正后的数据则不符合。问题是政策制定者只能根据他做决策时的数据进行决策，因而没能遏制住通胀机制中的单位根（惯性），通胀越来越高，呈现自我加速倾向。

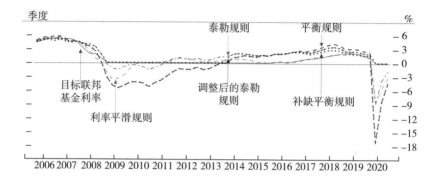

图 3.3　不同政策规则指示的政策利率水平

注：这些规则使用了联邦基金利率，个人消费支出核心通胀率以及失业率的历史数值。联邦基金利率和失业率长期值的季度预测来自 Blue Chip Economic Indicators 一年两次预测的外推值。通胀的长期值取 2%。

资料来源：Federal Reserve Bank of Philadelphia；Wolters Kluwer；Blue Chip Economic Indicators；Federal Reserve Board 工作人员的估计。

当经济状况、经济结构和经济主体对政策的反应（预期）都存在不确定性时，还要考虑货币政策完全起效有一定的滞后，货币政策又该如何决策呢？

五、不确定性下的货币政策制定和风险管理

不确定性是一种常态，货币政策制定至少面临三种不确定性：（1）经济状态和运行环境的不确定，测不准，宏观数据有时滞；（2）经济结构包括货币政策传导的不确定；（3）经济主体对未来经济状况和政策预期的不确定。

如何在不确定的环境下制定货币政策？一种做法就是以确定性应对不确定性，不求有功（稳定经济），但求无过（不犯货币政策错误）。正是基于这种思路，弗里德曼早在 1948 年就提出固定货币供给的增速，以简单规则避免尝试微调经济可能犯下的错误。另一种做法就是

忽略不确定性的鸵鸟政策，把不确定的经济状态、政策传导和预期当作确定的，以此制定政策。

第三种做法是这里要讨论的，如何在不确定性的环境下尽可能好地开展工作，按照风险管理的原则来制定货币政策。布林德和雷斯（Blinder and Reis，2005）把央行面对的风险分成两大类：宏观经济风险如通胀和失业率上升，金融稳定风险如银行、信用和股市风险。面对各种不确定性，货币政策不可能是最优解，只能是满意解，首要任务是"灭火"，不要让小火星变成燎原大火。

第一，应对经济状态的不确定性。普尔（1970）提出不同的经济冲击来源需要不同的货币政策工具应对。如果对货币需求的名义冲击大于总需求的真实冲击，则应选择利率工具。如果总需求的波动大于货币需求，则应选择货币供给总量工具。

第二，应对经济结构和政策传导的不确定性。布雷纳德（Brainard，1967）提出货币政策应该遵循保守原则，因为效果存在不确定性，需要小幅逐步调整，又被称为"缩减原则"（attenuation principle）。"缩减原则"尽量使利率平滑，减少货币政策的波动，小幅、缓慢地加息，不让货币政策成为经济波动的源泉。布林德（1998）赞成这一原则，并提出了先少做，再观察，进而根据经济变化调整方案的三步走计划。这一规则得到普遍接受，中央银行家总体上偏保守，预留"子弹"应对不确定性。

第三，预期的不确定性。弗里德曼（1968）和菲尔普斯（1968）强调私人部门的预期会随央行政策而调整，因而长期并不存在失业和通胀之间的权衡，更多的通胀并不能带来更低的失业。卢卡斯（1972）则更进一步，提出政策根本不能熨平经济波动，只有完全没被预期到的政策调整才有可能影响实体经济。如果不是，理性预期让所有政策活动都被预期到了，不会影响经济活动。20世纪80年代崛起的新凯恩斯主义证明即使理性预期，只要有价格黏性，央行政策仍能够影响就业和产出等实际变量。21世纪初以来行为经济学的进展证明预期并非完全理性,金融市场的预期呈现诊断型预期的特征,有选择地放大特定信息的权重。2008年金融危机也被称为"预期的危机"(Gennaioli and Shleifer,2018),为央行积极管理预期提供了理论基础。

实时准确评估经济状态迄今仍然是挑战。经济总是处于变动过程之中。比如20世纪50—60年代,直到80年代,货币需求相应保持稳定,大多数央行采取了盯住货币总量的做法。可是到了80年代以后,随着金融市场和银行技术创新,货币需求不再保持稳定,主要央行都改用利率工具。计量经济学家利用动态因素模型(Dynamic Factor Model)尝试从实时和高频数据中提取有价值的关于经济基本面的信息。面对经济结构不确定性包括模型和参数不确定性,汉森和萨金特(Hansen and Sargent,2007)开发出稳健控制(robust-control)方法,降低小概率但是高风险事件的伤害,与之类似的还有贝叶斯最优控制模型(Bayesian optimal-control method)。最前沿的进展是利用人工智能和机器学习实时监测宏观经济指标,优点是可以非线性拟合,缺点则是可能会过度拟合。

"稳健原则"要求不过分依赖某一个模型或某一个参数的估计值,追求满意解而不是最优解。面对可能的小概率极端事件,货币政策应对可能不再是"缩减原则",而是"放大原则"。当冲击不再是常态的供给需求冲击,而是供给和需求叠加的极端冲击,如2020年新冠疫情,做得不够的后果要远大于做得过多。

面对不确定性,政策还有一种选择就是早出手,走在市场曲线的前头(ahead of curve),预防性加息或减息。2015年7月耶伦在美国国会证词中提出,"如果美联储早启动加息就可以放缓加息步伐"。早加息能够放缓加息的前提是加息终点给定不变,这样才能获得更多的观察时间和调整政策的空间。历史上美联储三次在不确定性大的时候买保险,对小概率但影响大的负面冲击预防性减息。第一次是在1995年

7月，格林斯潘减息25个基点到5.75%，当时失业率5.7%，低于普遍估计的自然失业率，也低于之前10年平均的6.3%，但是格林斯潘认为技术进步在加速，通胀会继续放缓，可以提前减息。第二次是1998年10月15日美联储在两次议息会议之间紧急降息25个基点。当时美国经济增长依然强劲并不需要货币刺激，联邦公开市场委员会的几位委员自1996年就一直要求格林斯潘加息。1998年8月俄罗斯债务违约和长期资本管理公司（LTCM）倒闭导致风险溢价上升，降息是为了防止金融危机传导到美国。2019年7月鲍威尔治下的美联储在2018年四次加息之后启动了三次预防性减息，当时失业率和通胀都处于低位，减息主要是为了应对中美贸易摩擦冲击。

不管是采取"放大"、"缩减"还是"预防"策略，风险管理的稳健原则要求央行判断和识别经济中的主要风险是经济失速还是金融稳定风险。在2008年全球金融危机之后，央行的目标函数中也应包括金融稳定，而不再是一个间接目标。2020—2022年3年间中国经济面临下行压力的同时也面临高杠杆风险，这时的政策异常艰难。什么是主要风险和主要矛盾？对这一问题的不同回答决定了政策取向。

专栏2 经济的结构性变化与货币政策制定

自布雷顿森林体系解体以来的50年里，美国经济发生过几次大的结构性变化。这些变化都对货币政策决策造成了挑战。第一次是在20世纪90年代后期，失业率降至4.3%，远低于5.5%的自然失业率估计值，而通胀却不到2%，被称为"消失的通胀"。第二次是在2008年大危机引发大衰退之后，通胀并没有大幅下行，被称为"消失的通胀下行"。第三次是在2015—2016年启动货币政策正常化时，因为美国经济受全球经济的影响越来越大，被迫数次推迟加息并放缓节奏。这些变化主要是经济的供给侧原因所致，包括自然失业率因为人口结构变化而持续下行，技术进步和中国融入世界带来的供给冲击，以及自然利率的持续下行。这些冲击既改变菲利普斯曲线的斜率，也改变其截距项（NAIRU），还改变货币政策的准星（自然利率），因而冲击货币政策制定的基石。

一、前瞻的货币政策需要理解经济的结构性变化

货币政策需要前瞻。货币政策起效有较长且不确定的时滞，6~12个月甚至更久，制定货币政策时需要往前看。当期货币政策不影响当期就业和通胀，但是影响市场，金融条件的变化会加速货币政策的传导。货币政策和市场都是往前看的，央行的利率影响市场定价中未来现金流的贴现率，还影响风险溢价。

货币政策数据的决定需要按经济状况调整。克拉里达（Clarida，2020）强调了两种不同的数据决定。一是根据经济现在何处调整政策。经济现状是货币政策决策的重要输入变量，如典型的泰勒规则（Taylor，1993）要求名义利率随通胀率和失业率的变动而动。二是经济将去往何方，最新的经济数据或指示经济正在发生的结构性变化导致均衡（自然）状态下的利率、失业率和通胀预期发生改变。

相较而言，经济将去向何方对货币政策决策更加重要。把握经济的脉搏需要依赖三把标尺，这三把重要的标尺都不可观测且是时变的，只能从数据中估算和推测，不同来源之间的数据要相互印证。

衡量货币政策松紧的标尺：自然利率 r^*。自然利率自20世纪80年代以来持续下行，到21世纪第二个十年加速下行。自然

利率的估算存在较大不确定性。

衡量经济运行冷热的标尺：自然失业率 u^*。它对应经济的潜在产出 y^*。20世纪90年代以来，美国的自然失业率持续下行，之前估计在5%以上，现在估计低于4%。

衡量通胀风险的标尺：通胀预期 π^*。通胀预期的衡量可以从金融市场也可以从调查数据中获取。这些指标都有可能滞后，比如20世纪70年代大通胀时发生了通胀预期脱锚，在数据和金融市场调查中并未体现。2021年美国通胀持续上行，超过7%，也没有在市场指标中得到体现，美联储和金融市场都认为通胀是暂时的。

这些结构性变化和不确定性对机械依靠泰勒规则制定货币政策造成了挑战。泰勒规则一共只有三个基准变量，失业对自然失业率和通胀对通胀目标的偏离共同决定了利率对自然利率的偏离，如果自然利率、自然失业率和通胀预期都在发生变化，货币政策就像在瞄准一个不断移动的靶子，很难打准。有感于此，鲍威尔（2018）说货币政策制定就像在黑暗的房间里摸索。问题是货币政策制定不能全凭感觉，如果没有这些准星，就很难有前瞻性，鲍威尔本人也因为货币政策的频繁和快速转向被抨击为"眼前宏观"（spot macro）。货币政策制定不是纯粹的科学，更像是科学和艺术的结合。

二、忽视结构性变化代价巨大

忽视经济中的结构性变化，过分依赖不准确的实时估计代价惨重。货币政策失误被认为是导致20世纪70年代大通胀的重要原因。部分原因就错在对自然失业率的实时估计。现在来看，美国20世纪60—70年代的自然失业率为5%~6%，且缓慢上升。而当时的估计认为在4%左右，60年代甚至认为低于4%（见图

3.4）。所以60年代货币政策的目标是把失业率降到5%以下甚至更低的水平，从当时估计的自然失业率看，货币政策并不算太宽松，甚至符合今天的泰勒规则。按照今天的估算，1965年以后劳动力市场就已经非常紧张，失业率低于自然失业率两个百分点以上，且持续数年，直到通胀上升，通胀预期脱锚。

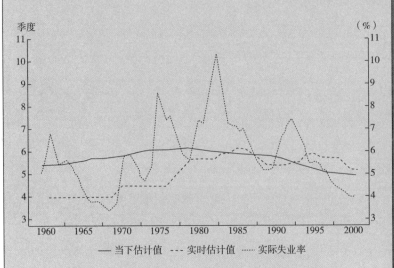

图3.4　20世纪60—70年代美国自然失业率被大幅低估

注：数据延长至2000年第四季度，实时估计值数据始于1961年1月。

资料来源：Bureau of Labor Statistics（retrieved from Federal Reserve Bank of St. Louis, FRED）；Congressional Budget Office（*The Budget and Economic Outlook*）and Federal Reserve Band of St. Louis（ALFRED）；Athanasios Orphanides and John C. Williams（2005），"The Decline of Activist Stabilization Policy: Natural Rate Misperceptions, Learning, and Expectations," *Journal of Economic Dynamics & Control*, vol.29（November），pp. 1927–50.

　　到了20世纪90年代，格林斯潘避免了过分依赖于单一估算的错误，敏锐地察觉到经济中正在发生的结构性变化。"新经济"下失业率不断下行，最低在1999年到了4%以下，但通胀并没有上升，反而一路下行至1.5%。格林斯潘做对了什么？简单地说，就是他采取了风险管理的方式，边走边看。要不要加息，我们多等一次会议后再做决定。如果下次会议时有明显的通胀，我们就开始收紧货币。一次又一次的会议，美联储都觉得通胀要来了，但通胀不仅没来，反而逐渐下降了。格林斯潘一战封神，比其他任何人都更早更敏锐地察觉到美国经济在20世纪90年代因为信息技术革命而发生的结构性变化。

三、如何观测经济中正在发生的结构性变化

衡量经济的结构性变化需要依赖数据，根据实时数据更新之前的预测。至少有三种数据来源：金融市场、专家调查和经济模型。当这三个来源的数据都出现同方向变化，那就要警惕经济中可能正在出现结构性变化。比如自然利率在过去30年来的走势。布林德（1998）把自然利率定义为实际产出和潜在产出相等时的利率，劳巴赫和威廉姆斯（Laubach and Williams，2003）沿用了这一定义。当经济处在潜在产出时，货币政策应该不松不紧，政策利率应该等于中性利率。之前认为自然利率在2%，也即名义中性利率在4%。21世纪第二个十年以来的大多数估计认为中性利率在0%，也即名义利率在2%。

金融市场数据的优点是及时、高频和前瞻，缺点是噪声大，包含流动性和不确定性等多重溢价，并不是纯粹的估计，比如货币市场对联邦基金利率的估算就包含风险溢价，通胀补偿债券对通胀预期的估算就包含流动性和通胀不确定性的溢价，因而只能称作通胀补偿而不是通胀预期。金融市场数据需要和专家调查相互印证并通过模型估算等方法剔除这些噪声，不能把金融市场中的噪声当成信号来指导决策。金融市场如果出现持续同一个方向的变动，有可能意味着经济中的结构性变化。

模型预测的缺点是基于历史数据往后看和对假设敏感，优点是中立不受当前市场情绪影响。专家调查数据的优点是不包含风险溢价，缺点是测量误差大、调整慢且容易受市场数据影响。因为专家往往都是在市场上的。这些数据如果完全相关，那互相印证的作用就会下降。在验证数据时要注意不同数据来源之间的相关性，不然有可能听到的就是自己的回声，或者看到的就是自己的镜像。

四、结构性变化下的风险管理

美国最近的三次衰退（2001年、2008年和2020年）都不是通胀引起的，等通胀起来才行动的美联储就像总在打上一场战争的将军。历史上把通胀作为经济不平衡的指标，劳动力市场如果过热，通胀就会上来。但随着货币政策成功驯服通胀，以及经济中的结构性变化，菲利普斯曲线正在变平，通胀已不再是好的劳动力市场指标。此外，货币政策传导愈发依赖金融条件，更多的不平衡也来自金融市场，正是资产价格泡沫的破灭引发了上两次衰退。理解经济中的结构性变化要求扩大观察范围，不仅要看总量，也要关注结构性变化。21世纪第二个十年中期，美联储对就业状况的监测从非农就业、失业率等少数指标，扩大到包含劳动参与率、广义失业率、岗位空缺率、主动离职率等在内的一系列劳动力市场指标。美联储对劳动力市场的关注越来越深入细致，既是对2008年金融危机后劳动力市场长期低迷、复苏乏力的自然反应，也是耶伦这位劳动经济学家担任美联储主席后大力推动的结果。

经济结构的不确定性一般情况下意味着谨慎行事，边走边看。这也是风险管理的要义，不犯错误。不过，在两种情况下，这样做行不通：一是金融危机的时候，二是通胀预期脱锚的时候。这时需要不惜一切代价。换句话说，货币政策的风险管理要求在风险大的时候先发制人出重拳。

央行谨慎行事，等一等再看，让"子弹"飞一会，会被批评为落后于市场曲线。在20世纪70—80年代，美联储为压制通胀先后三次剧烈加息，那时加息和减息都是快节奏进行。但是90年代之后就出现明显的不对称：加息周期大多步伐缓慢，一次议息会议加息25个基点，类似于自动驾驶式加息；但是每次减息周期，都是快速加码减息，一次降息50甚至75个基点。慢加息的好处是实际利率上升比较慢，容易实现经济和市场的软着陆，快降息则是为了快速应对经济衰退和外部冲击。换句话说，美联储不对称的加息和降息，在于它认为在通胀风险及经济和金融稳定风险之中，通胀风险比较容易控制，经济和金融稳定风险更难应对。

然而缓慢加息也不是没有隐患。2004年6月启动加息周期时，美国经济已经明显过热，房地产价格持续加速上涨，美联储每次只加息25个基点，花了两年时间连续加息17次，到2006年6月才把利率抬到5.25%，最后被指埋下了2008年金融危机的隐患。2021年高通胀再起，按照沃尔克制服通胀的传统智慧，政策制定者需要采取"先发制人"的策略来遏制通胀，美联储仍然没有这么做。它的底气在于长期通胀预期被比较好地锚定了，相信即使通胀起来，也能很快把它压下去。这正是风险所在，只有当美联储不全力控通胀的时候，通胀才可能起来。如果美联储不断发现通胀比想象的更难克服，就意味着通胀预期已经脱锚。

第四章　货币政策传导的理论与实践

货币政策是否以及如何影响实体经济是宏观经济学最重要也最具争议的两个命题。

——伯南克和布林德，《美国经济评论》（1992）

2022年1月中国人民银行降息，1年期中期借贷便利（MLF）和7天公开市场操作（OMO）利率均下降10个基点。货币政策短端利率的短暂和小幅变动是否会对实体经济产生深远影响？对货币政策传导的认识经历了从货币到信用的飞跃。20世纪90年代中期"金融加速器"理论的提出打开了货币政策传导的"黑箱"，弥合了理论和实证的分歧，确立了信用的观点。21世纪初主要央行量化宽松的实践进一步拓展了货币政策传导的渠道，观察货币政策的窗口从利率到货币条件再到包含更广泛资产价格的整体金融条件。即使在经济转轨、市场分割和政策转型的中国，金融加速器也让利率传导越来越明显。与此同时，货币政策的传导一直存在长且不确定的滞后。我国经济转轨和金融体制对货币政策传导的约束仍然存在，这些约束反过来又影响货币政策中介目标和操作工具的选择。在信用货币制度下，货币和信用创造需要经过中央银行和商业银行两个环节。货币政策的顺利传导需要有微观基础，也即在市场经济条件下自主决策、自负盈亏的商业性金融机构和企业。通过比较货币政策传导渠道的理论与实践，我们可以得出进一步疏通货币政策传导的市场化改革方向。

一、从利率到货币条件

传统货币政策传导渠道被称为货币的观点，强调货币供给的变化会影响利率、汇率和股票等资产价格，进而影响消费和投资。因为没有考虑信息不对称或市场不完善，也被称为新古典渠道。

1. 传统利率渠道

实际利率改变经济活动，货币政策调整名义利率，意在改变实际利率。货币供给增加，短期名义利率下降，在预期期限结构理论的作用下，短端利率能够影响长端利率，而由于价格黏性的存在，实际利率随名义利率下降，资金成本下降，企业投资和居民耐用品消费增加。这是自新古典经济学以来包括以 IS–LM 模型为代表的经典凯恩斯理论强调的主要渠道。不仅企业投资，居民耐用品消费和房地产购买等消费行为（在 GDP 统计中被记为投资）也都受长端利率影响。值得指出的是，利率渠道在零下限时仍有效，只要货币供给增加能够推动通胀预期上升，实际利率就会下降（Mishkin，1996）。

影响消费和投资决策的是长端利率，这就涉及货币政策如何通过调控短期政策利率影响长端利率的问题。关于债券收益率的预期期限结构理论认为，在长期国债市场和短期国债市场之间的套利行为将使长端利率等于预期未来短端利率的平均值。预期理论没有考虑期限溢价，期限溢价背后的原因包括市场分割和期限偏好（preferred habitat）等，导致不同期限的国债不完全可替代。实践中，预期理论也并不总是成立，债券收益率曲线可以向上、扁平或者向下倾斜（见专栏3）。在期限溢价较为稳定的情况下，利率变动通过信号效应改变对未来利率路径的预期，进而传导到长端利率。

2. 汇率渠道

汇率渠道的理论基础是利率平价。央行降息，则货币贬值，刺激净出口。和预期期限结构理论一样，利率平价也有较强的假设如资本自由流动等，并不总是成立，因而从货币政策到汇率变动存在不确定性。总体上，如果央行都是按照泰勒规则对经济基本面做出反应，那么增长好的经济体政策利率高，货币面临升值压力；增长弱的经济体，货币宽松和汇率贬值压力大，也即汇率还是会对货币政策变动做出反应，两者都取决于经济基本面。从汇率到实体经济的影响相对更加确定，一般认为小型开放经济体对外依存度高，主要是汇率渠道在起作用。如果汇率不浮动，实行固定汇率制，利率必须服从于汇率目标，就等于放弃了货币政策，除非按照蒙代尔不可能三角要求的实行资本管制。

货币政策制定也会受到汇率走向的影响，汇率作为市场价格可能会先于政策对基本面变化做出反应。以美国为例，传统上美国被视作一个典型的大国和相对封闭的经济体，美国货物和服务出口占GDP之比长期不到10%，不到全球平均水平的2/5，但美国经济也越来越受汇率的影响。美联储在2015年发现美元对美国经济的影响越来越大，甚至能够改变政策走向。首先，美元升值压低通胀，使加息时点推迟、路径变平。实证研究显示，美元汇率领先核心通胀9个月，传导系数约为1/24，意味着美元升值10%，9个月后将压低核心通胀约0.42个百分点。传导方式如下：美元领先进口物价2~3个月，传导系数约为1/2[1]；非油进口物价领先核心商品通胀6个月，传导系数1/3[2]；核心商品通胀

---

① 美元汇率变动对美国进口物价影响较小的原因通常被归结为美元标价（invoicing in dollar）和针对美国市场定价（pricing-to-market）。美国进口商品中有93%是以美元计价的，参见 Gita Gopinath, "The International Price System," Jackson Hole Economic Symposium 2015。

② 非油进口商品约占美国国内核心商品消费总额的三分之一。

在核心通胀中占比1/4，总传导系数即为三个分系数相乘。而美联储副主席斯坦利·费希尔教授2015年11月引用的模型[1]测算显示，美元升值10%对核心通胀最大拖累发生在半年后，略早于我们估计的时点；最大拖累幅度为0.5个百分点，与我们估计的相当。其次，美元升值拖累经济增长，同样有推迟、减缓加息的效果。美元实际有效汇率（REER）每升值3%，将通过出口渠道拖累美国GDP增速约0.1个百分点。

由于汇率对实体经济的影响增强，观察货币政策立场不仅要看利率，还要看汇率，也即结合利率和汇率指标的货币条件指数。实际上，美联储在2015年初原计划加息四次，最后只是在2015年12月加息一次，最重要的原因是自2014年6月以来美元DXY指数快速升值近20%。美元升值导致货币条件显著收紧，减少了美联储的加息空间。

3. 其他资产价格渠道

利率和汇率都是资产价格，其他资产价格渠道是指股票市场和房地产市场价格受货币政策影响，进而影响消费和投资。首先是影响投资的托宾q理论：货币宽松，资本市场价格上涨推动投资增加。托宾将q定义为企业市场价值与资本重置成本之比，公司的股票价格越高，重置资本越容易，企业就越愿意发行股票，增加投资。如果股票便宜，甚至低于公司的重置成本，公司就不愿意新增投资，而是倾向于购买其他企业和旧的资本品。当货币供给上升，股票价格上涨（凯恩斯主义认为是利率下降导致债券的相对吸引力下降，股票价格上升；货币主义则认为是货币供给上升多于对货币的需求，过剩的货币资金流入股市），托宾q上升，公司投资增加。其次是财富效应，推动消费。股票、房产和土地等价格上涨，居民感觉富有，消费增加。实证研究发

---

[1] Stanley Fischer, "The Transmission of Exchange Rate Changes to Output and Inflation," November 2015, http://www.federalreserve.gov/newsevents/speech/fischer20151112a.htm.

现，美国股价每上涨1美元，消费增加约3美分。可是，中国是否存在财富效应争议比较大，甚至有研究发现房地产价格上涨的挤出效应要大于财富效应，消费反而会下降。背后的原因既有代际财富不平等导致有房者对无房者的挤出，也包括金融信贷工具缺乏，房地产纸面价格的上涨不易套现为消费支出。

二、信用的观点

我们对货币政策传导的理解长期偏重货币而轻视信用。伯南克和布林德（1988，1992）将货币传导的焦点引向银行信贷。而真正改变这一局面的是金融加速器理论的提出。1994年，伯南克、格特勒和吉尔克里斯特将信息不对称引入货币政策传导从而正式提出金融加速器理论（Bernanke、Gertler and Gilchrist，1994；Bernanke and Gertler，1989，1995）。该理论强调，由于金融市场存在信息不对称等摩擦成本，除非企业外部融资全部有抵押担保，否则企业外部融资（发行债券或股票）的成本将高于内部融资（留存收益）的成本，即存在外部融资溢价（EFP），该溢价的大小主要取决于企业净值和抵押物价值。金融机构按照资产负债表质量放贷，在企业遭受经济波动冲击时，其净值和抵押物价值也会发生改变，影响外部融资溢价和信贷成本，并最终影响生产和投资决策，这些决策反过来又影响经济基本面和企业自身的资产负债表，因此信贷和实体经济之间形成了一个正反馈的机制，顺周期波动。比如经济形势向好时，居民和企业资产负债表改善，净值上升，外部融资溢价降低，信贷进一步支持更多的投资和消费。这种由信贷渠道带来的周期放大效应被称为金融加速器机制。根据金融加速器理论，货币政策不仅能够直接降低无风险利率，还能同方向降低外部融资溢价，也即广义上的融资成本，改变企业和居民资产负债表的净值以及抵押物价值，通过信贷渠道放大对实体经济的影响。

信贷渠道又可以分为狭义信贷渠道（即银行信贷渠道）和广义信贷渠道（即金融加速器渠道）。狭义信贷渠道强调货币政策通过影响信贷供给方（即银行）的资产负债表来实现传导。广义信贷渠道则强调货币政策通过改变信贷需求方如企业和居民部门的资产负债表进而改变融资溢价来实现传导（见图4.1）。两者共同的思路是货币政策传导、金融加速器发挥作用要以资产负债表的修复为前提，不论是在供给方的银行，还是在需求方的企业和居民。2008年美国金融危机之后，货币宽松效果有限主要是因为房地产泡沫破灭后居民和企业去杠杆，资产负债表修复仍需时间。而2010—2013年欧债危机期间欧洲货币宽松效果受限，主要是资金供给方银行的资产负债表迟迟没有得到修复（缪延亮，2018）。

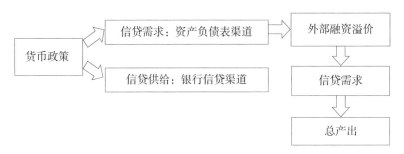

图4.1 货币政策传导示意图：信贷渠道

4. 传统银行信贷渠道

央行调整货币供给如何影响银行贷款供给？传统IS–LM模型只考虑银行的负债端（存款和准备金），只有一个利率，即货币或债券的无风险利率，货币政策只影响LM曲线和无风险利率。伯南克和布林德（1988，1992）进一步考虑了银行的资产端，不仅包括准备金和债券，还包括银行贷款，并引入了贷款利率，这样银行资产端的规模和构成都会影响总产出。央行扩大或减少货币供给，不仅能够影响LM曲线的移动，还能够移动IS曲线，因为IS曲线上的总产出不仅取决于债券利率，也取决于银行的贷款利率。伯南克和布林德把IS曲线升级改造为商品和信贷（commodity & credit）的CC曲线，提出了信贷市场、货币市场和商品市场均衡的CC-LM模型，突出货币政策传导的信贷渠道。货币宽松，银行准备金和存款增加，可贷资金的增加推动贷款（信用）增加，总产出增加。

银行信贷渠道对中小企业尤为重要。大企业可以发债或在股票市场融资，中小企业更加依赖银行贷款。遇到负面冲击时，大企业可以通过发行商业票据融资来维持生产和工时，库存短期内会上升，但变动相对较小。中小企业则没有直接融资能力，遇到冲击时信贷收紧，就只能减少生产和工时，库存会下降。因此，小企业库存的变动要大于大企业，不能低估小企业的宏观影响，制造业库存变动很大程度上是由小企业带来的。

银行信贷渠道的作用与监管政策和金融创新密切相关。在部分存款准备金制度下，商业银行在央行缴存准备金原是为了满足相互之间支付与清算的需要，之后才演变为货币政策工具。由于中小企业更加依赖银行贷款，监管越是限制银行准备金，银行信贷渠道作用就越重要。美国在20世纪80年代废止管制存款利率的Q条例之前，定期存款不仅利率受限还要缴纳存款准备金，传统银行信贷渠道作用显著。80年代金融自由化之后，西方主要国家没有或只有极低的准备金要求，银行以市场利率发行定期存单且不必缴纳法定准备金，传统银行信贷渠道的作用下降。此外，金融创新也削弱了银行信贷渠道。在Q条例被废止之前的70年代，通胀和政策利率不断上升，银行存款利率低于市场利率，大额存单和货币市场基金兴起，导致存款流失、金融脱媒，银行的作用下降。

我国货币调控仍然较频繁使用存款准备金率。2015年以前，人民币长期盯住美元汇率，经常账户和资本账户双顺差持续，央行购汇，外汇占款成为创造基础货币的主要渠道，央行通过提高商业银行的准备金要求来深度冻结外汇占款带来的过多流动性。我国自2004年4月25日起实行差别存款准备金率制度,将资本充足率低于一定水平的金融机构的存款准备金率提高0.5个百分点到7.5%。之后,准备金率一路提高,最高点是在2011年,大型金融机构的准备金率达到21.5%。2015年后顺差下降,资金流出,经济面临下行压力,又通过不断降低准备金率来释放流动性。

5. 风险承担渠道

随着金融市场的发展(资产证券化)和监管的变化(银行不再受存款利率上限和可贷资金约束),货币政策越来越多地通过风险承担渠道,也即银行的风险承担行为被放大(Borio,2005;Borio and Zhu,2008)。传统银行信贷渠道更多强调银行负债端可贷资金的多寡会影响其资产端的放贷行为。风险承担渠道则强调货币宽松会在资产和负债两端同时改变银行的风险承担行为,这些改变在低利率环境下尤为明显。在资产端,低利率压低银行利润空间,银行为保收益会持有更高风险的资产(Rajan,2006),低利率不仅改变贷款的数量还改变其质量。在负债端,宽松的货币政策让银行更加依赖短期融资。银行的风险承担行为内生于货币政策,表现出很强的顺周期性。资金供给方银行和资金需求方的顺周期行为相互叠加,形成金融周期。借债方企业和居民的杠杆也是顺周期的,资产价格越高,能借到的钱越多;资产价格上涨,信用风险下降,保证金要求降低,抵押物折扣下降,杠杆率进一步提高。风险承担渠道是双刃剑,在放大货币政策传导的同时,催生杠杆率和金融周期,更多讨论见第十二章。

6. 企业资产负债表渠道

货币宽松通过影响企业的净资产、现金流和实际偿债成本三方面来影响信贷。首先,宽松货币提高股票价格从而改善企业的净资产;

其次，货币宽松降低短期名义利率即负债成本，从而提高现金流；最后，未预期到的价格上涨导致企业实际债务负担下降，减少逆向选择问题，刺激贷款。逆向选择文献特别强调，道德风险和逆向选择问题在利率越高时越严重，高息还要拼命借钱的很有可能是问题机构，即"你图我利息，我图你本金"的"跑路党"。从这个意义上讲，降低利率能够减少逆向选择问题。

7. 居民资产负债表渠道

居民的耐用品消费和住房投资高度依赖银行信贷，居民的净财富取决于其拥有的资产的价格，当资产价格下降，银行惜贷，导致消费和投资下滑。米什金（Mishkin，1978）提出流动性效应，不是银行不愿意放贷，而是在预期不好时居民更不愿意借钱投资和消费，这些大件资产和房地产的流动性比股票和债券等金融资产的流动性要差很多。如果居民预期未来会有金融风险，就不会持有这些资产，这一点在20世纪30年代大萧条时表现特别明显。房子缺乏流动性，越没有流动性就越没有人要。货币政策可以通过提高资产价格和市场流动性来展现耐用品和大件投资的真实价值，削弱信息不对称带来的扭曲。

三、打开黑箱

短期利率的短暂变动如何给实体经济留下深远的影响？货币政策传导被认为是一个"黑箱"，直到伯南克和格特勒（1995）打开了它。关于实体经济如何对货币政策冲击做出反应，伯南克和格特勒（1995）提出了以下几个典型事实。第一，在货币政策突然收紧后，总需求（real GDP）在4个月左右即开始快速下降，而物价水平则表现出黏性，反应滞后，GDP平减指数12个月后才开始转负。尽管利率抬升是短暂的，仅持续数月，但GDP和物价的下降却是持续的，甚至超过两年。

第二，总产出分为终端需求和库存，这两部分在最初几个月表现并不同步：终端需求快速下降，库存则先增加以对冲终端需求的下滑，之后再随着终端需求开始下降，也即从被动加库存到主动去库存。布林德和麦奇尼（Blinder and Maccini，1991）证明库存的波动，尤其是衰退时的去库存，能解释大部分的经济波动。第三，终端需求中住房投资下滑最快最深，居民消费（包括耐用品和非耐用品）紧随其后。第四，企业投资下滑远远滞后于货币冲击，设备投资对货币政策敏感，而厂房等固定投资基本不受货币冲击的影响。

在这些典型事实中，有些符合经典理论的假设，比如价格黏性，以及耐用品支出（如住房）和耐用品消费对利率的高度敏感，但有些与经典理论并不相符。伯南克和格特勒（1995）提出，传统的利率或者资金成本渠道与实证数据存在三个不匹配的"谜团"。一是反应程度不匹配。量级上，即使货币冲击仅带来利率的小幅和短暂变动，实体经济仍然非常敏感，其敏感程度并不能由传统的利率渠道解释。实证研究表明，住房和耐用品投资等总需求对新古典的关键传导变量"资金成本"并不敏感，反倒是新古典模型之外的因素，尤其是加速器因素，如滞后的产出、销售和现金流对总需求影响更大。二是反应时间不匹配。利率冲击是暂时的，数月之后就会消退，加息对利率的冲击在8~9个月后就消失了，而总支出的重要组成部分，如企业设备投资，在6~24个月内才出现变化，存货在加息前3个月反而是增加的，在7~8个月后才开始下降。三是反应构成不匹配。理论上讲，货币政策对短端利率的影响要大于长端利率，对短端利率敏感的总需求应该反应更快、更明显。然而实证研究结果则显示，加息后反应最快、变动最大的，反而是不应对短端利率变动太敏感的居民房地产投资。相比之下，同样受长端利率影响更大的企业工厂投资则对短期货币冲击不做反应。

金融加速器理论通过引入金融摩擦之下的外部融资溢价这一关键变量，解释了三个不匹配的"谜团"。对反应量级不匹配的解释是总需求对"外部融资溢价"更敏感。货币政策不仅改变短端利率，还改变企业的外部融资成本，总需求、资产负债表净值和外部融资溢价三者相互影响和叠加，形成加速器效应。对反应时间不匹配的解释是，即使加息对利率的冲击消失，企业之间的产业链上下游关系使得上游企业受到冲击后，资产负债表质量下降，获取信贷的能力下降，只能减少存货和投资，一步步传导到下游企业。因而企业的库存和投资支出存在滞后影响和外溢效应，并将持续较长时间。对反应构成不匹配的解释则是房地产投资对居民财务状况较为敏感，当央行降息时，股票上涨，购房的过户结算费用（closing fee）和利率点数也会下降，居民偿付能力提高，货币政策影响居民的资产负债表，从而导致房地产投资快速、大幅反应。

金融加速器的提出意义重大。首先，它洞察了金融摩擦的重要性，直抵现代货币政策传导的主要矛盾，那就是应对风险溢价冲击。在没有金融摩擦的世界中，借贷成本主要取决于短端利率和利率的预期变动，期限溢价和信用利差不会对货币政策变动产生反应。然而在真实世界中，不仅新兴市场国家存在市场分割和信息不对称，就是美国等发达国家也存在金融摩擦，而且风险溢价冲击日益成为主要的冲击来源。对美国的研究发现，信贷渠道的存在能放大货币政策效果，货币紧缩导致金融条件收紧，信用利差扩大，企业外部融资溢价上升（Gertler and Karadi，2015）。

其次，金融加速器效应是非线性和非对称的，在经济衰退时更加明显，为货币政策应对危机提供理论基础。当经济处于上行期时，企业现金流充沛，资产负债表较好，外部融资溢价变动不大；而当经济陷入衰退时，资产负债表恶化，外部融资溢价上升，企业减少生产和投资，而这又会进一步恶化企业的资产负债表。因此在经济衰退时，金融加速器渠道比经济繁荣时更加显著，更需要货币政策干预。

此外，金融加速器放大海外利率波动对本国经济的影响，突出了灵活汇率的重要性。格特勒等人（Gertler、Gilchrist and Natalucci，2007）将金融加速器模型扩展到小型开放经济体，发现金融加速器渠道在固定汇率制度下更显著。固定汇率的经济体为维护汇率需要被动调整本国利率或货币供给量，从而影响企业的净值及外部融资成本。如果国外名义利率上升，国内名义利率也会相应上升，从而导致实际利率上升，企业净值下降，外部融资溢价上升，放大国外利率上升对国内经济的冲击。浮动汇率制度下，国外名义利率上升，本币汇率贬值，本国出口增加，通胀上升，部分抵消实际利率的上升。如果国内央行加息抗通胀，外部融资溢价同样会上升，但是幅度显著小于固定汇率制度下的情况。

金融加速器并不是一个独立于利率渠道的全新渠道，它是传统利率渠道的放大器，突出了货币政策调节风险溢价的重要作用。金融危机首先是风险溢价危机，金融市场的所有资产价格都可能会影响货币政策的传导。金融市场越发达，财富效应和金融加速器效应就越明显，衡量货币政策传导的中介和货币政策松紧的标尺也相应地从均衡利率扩展到货币条件，再发展到更加广泛的金融条件指数。货币政策多种传导渠道可以浓缩为金融条件，各国金融条件指数的构成，我们将在第七章表7.2中具体介绍。经验规则是金融条件收紧1个百分点，经济增速下滑1个百分点。2009年美国快速复苏就是通过长端收益率（占金融条件45%）的迅速下滑和企业信用利差（占比40%）的快速收窄来实现的。

四、量化宽松政策下的新渠道

2008年金融危机以来，全球央行纷纷下调政策利率至零附近，触及所谓的零下限，短端名义利率被固定，货币政策难以进一步宽松。在此背景下，央行开始创新使用量化宽松政策。所谓"量化宽松"，是以改变央行资产负债表的规模和构成为手段，以提供流动性和改善信贷条件为目标的宽松货币政策。单纯扩大资产负债表规模是狭义上的量化宽松，而保持资产负债表规模不变但改变其构成，以信用产品等非传统资产替代国债等传统资产，则是狭义上的信用宽松。央行可以同时改变资产负债表的规模和构成，涵盖狭义上的量化宽松和信用宽松。

　　量化宽松扩充了货币政策传导渠道，包括"信号效应""资产组合平衡渠道""流动性渠道""信心渠道"等（见图4.2）。"信号效应"是指央行推出量化宽松会强化投资者对货币政策在较长时间内维持零利率的预期，使无风险利率下降。无风险利率是主要金融资产的定价"锚"，其下降有助于放松整体金融条件，进而提振实体经济。"资产组合平衡渠道"是指央行在公开市场大量购买证券资产会使该资产在私人部门中的净供给显著减少，而由于金融市场分割的存在，金融资产之间不可完全替代，特定资产净供给下降往往意味着私人部门对其相关风险敞口减小，资产稀缺性上升，因此私人投资者愿意降低对该资产风险补偿的要求，风险溢价下降。"流动性渠道"是指央行持续、大量买入证券资产从而承担了最终做市商角色，可帮助陷入流动性危机

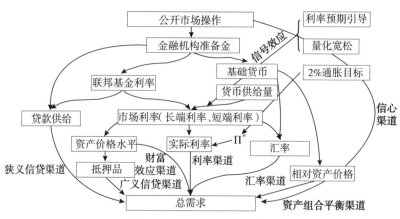

图4.2　货币政策创新后的美联储政策传导机制
资料来源：纽约联储，作者整理。

的金融市场快速恢复运行。此外，量化宽松还有"信心渠道"，若购债支持的部门正是危机的"风暴眼"，量化宽松能降低相关实体部门的违约风险，缓解该部门的融资压力，强化金融市场和实体部门对整体经济的信心（Krishnamurthy and Vissing-Jorgensen，2011）；量化宽松对长期通胀预期的提升也可以进一步压低实际长期利率，缓解家庭和企业对通缩风险的担忧，从信心层面提振消费和投资。

量化宽松虽然在实践中已被广泛使用，但有效性一直备受争议。货币政策制定者对量化宽松普遍评价积极，认为量化宽松有效降低了长端利率、改善了整体金融条件，对提振实体经济以及预防通缩意义重大，否则金融危机将会造成更长、更深的损害。质疑量化宽松有效性的观点则认为量化宽松与传统政策工具相比，向金融市场和实体经济的传导效果均偏弱，对长端利率虽有影响但持续时间短暂，而其成本与风险则可能比传统工具更大。关于以上量化宽松的传导渠道在实践中效果如何，金融市场和经济体的初始条件与结构特征如何影响量化宽松的效果，以及量化宽松有哪些成本与风险，又如何退出，需要实证研究的定量评估，详细内容我们将在第七章中展开。

五、中国实践

货币政策在中国是如何传导的？金融加速器效应明显吗？我们的经济和金融体制对货币政策传导造成怎样的约束？这些约束反过来又如何影响货币政策中介目标和操作工具的选择？货币政策传导的渠道和效率依赖金融体系，有什么样的金融体系就有什么样的货币政策传导。分析货币政策传导，首先要从金融体系的特点入手。

中国经济和金融市场的特点可以概括为经济体制"转轨"，增长和调控方式"转型"，金融市场"新兴"。"转轨"是从计划经济转向社会主义市场经济体制，集中体现为国企和民企二元。"转型"是经济增长模式从高速增长转为高质量发展，相应要求宏观调控方式从直接行政命令干预为主转向间接市场化调节为主。"新兴"意味着金融市场发展尚不成熟和完善，银行间接融资主导，资本市场直接融资尚不发达，市场结构和投资品种单一，市场分割，货币调控转型面临约束。

中国金融体系的第一个特征是"银行主导"。银行贷款在存量和增量上均处于主导地位。2021年末，人民币贷款存量192万亿元，占314万亿元社会融资总额的61%，而企业债券占比为10%，非金融企业境内股权融资只有3%。经过2017—2019年3年影子银行治理，狭义影子银行（委托贷款、信托贷款和未贴现银行承兑汇票）占比已经从2013年的高点18%降到6%。增量方面，2021年全年，银行贷款仍贡献了全部社会融资净增量的64%；直接融资的占比近年来有所上升，2021年企业发债和股权融资加起来仍只有14%。

第二个特征是"市场分割"。中国的金融市场尚在建立和完善过程中，贷款市场、债券市场等不同市场的参与者不同，融资利率也不一样，仍然存在一定的市场分割。银行贷款偏好国有企业和地方融资平台，民营企业因为没有很好的抵押物或者没有地方政府的背书难以获得银行贷款（纪洋等，2016）。对于债券市场，也仅有一部分资质较高的民营企业可以进入企业债券市场。我国金融体系不仅存在着贷款市场与债券市场的分割，也包括其他市场分割，例如货币市场和债券市场一直存在着银行间和交易所两个市场。由于两个市场准入和监管存在明显差异，市场价格分化明显，这进一步助长了市场的监管套利。

第三个特征是货币调控"制度转型"。数量和价格在货币政策传导中的相对重要性随汇率制度转型发生根本变化。2018年以来汇率灵活性显著增强，尤其是2019年8月人民币破"7"又回到"7"，突破了天花板，实现了货币政策从以汇率为锚到以利率为纲的转变。自1994年汇率并轨盯住或者爬行盯住美元，货币政策主要通过积累外汇储备，由外汇占款被动投放流动性，并通过发行央行票据和提高商业银行存款准备金率要求来回收流动性。在固定汇率制下，货币数量和流动性是主要的传导渠道，主要的货币政策操作工具是存款准备金率。随着汇率灵活性的提高，货币政策的自主性增强，基础货币通过公开市场操作自主投放，利率调控成为可能。

这三个基本特征决定了我国货币政策传导的渠道与效率和经典理论有一定差异，突出表现为货币政策传导以数量为主、价格（利率）为辅，但利率的重要性不断上升。第一，银行主导融资，银行信贷规模虽然不再有行政性指令，但窗口指导和合意贷款规模仍然存在。第二，国企、民企的二元结构导致银行表内贷款偏好国有企业和地方政府融资平台，这些企业自身对利率也不太敏感。第三，债券市场分割且整体规模有限导致利率从货币市场到债券市场的传导不够畅通。

货币政策调控仍在转型，数量管制和价格双轨制并存。2013年7月基本取消贷款利率管制，存款利率浮动上限也于2015年10月放开。贷款利率定价锚转为LPR，但存款基准利率依然存在，并通过行业自律继续引导银行定价。2018年后我国不再公布货币供给量增长目标，但是贷款总量的窗口指导仍然存在。总之，存款利率的价格管制和贷款总量的数量管制从显性转为隐性，但没有完全消除。究其根本，还是由于银行存款利率低于均衡利率，因此信贷管制必须是紧约束，即利率的价格管制需要由数量管制来纠正（何东和王红林，2011；He and Wang，2013）。在计划经济时代为加快资本积累和投资，我国实行工农业产品价格的剪刀差，人为压低农产品价格，以农业补贴工业，并实施严格户口管理制度保证农业生产。改革开放之后，对国有企业的补贴不再是财政明补和农产品低价格，而是在资本管制之下实行金融抑制，显著压低存款利率（相当长的时间里存款实际利率为负），以压低贷款利率。低贷款利率叠加软预算约束，如果不进行总量控制，就会出现投资饥渴症，所以不得不同时限制贷款投放的总量。

在转型过程中，如何准确衡量货币政策取向？是数量还是价格？已有研究的结论是，传统上中国货币政策主要是通过信贷量而非利率来传导。何东和王红林（2013）的实证研究结果显示，贷款的规模与利率无关，而是由窗口指导下的隐含数量指标（implicit quota）决定的，这是信贷配给的表现。宋国青（2017）也指出："大多数时间央行通过数量型管理来实现货币政策，只有很少的时间是通过利率进行调控。过去主要是通过直接控制贷款，现在是间接控制，在给定准备金率的前提下，通过央行的公开市场操作，使用一些流动性工具。政府支持的融资短期内基本不受实际利率影响，而住房贷款在限购严厉的情况下对短期实际利率也不敏感。边际上控制居民购房行为的主要是限购政策。在一线和大部分二线城市，限购政策是主要的约束条件，利率并没有很大的作用。"总体而言，信贷额度通常是一个紧约束，这是分析中国货币政策传导机制的出发点。

不过，随着利率市场化和汇率市场化改革相继推进，利率渠道的重要性在逐渐上升。孙荣荣（2015）认为没有一个单独的指标可以全面和持续地刻画人民银行的货币政策，存款准备金率和利率是比数量目标更好的政策信号。坎伯和莫汉蒂（Kamber and Mohanty，2018）也发现，利率冲击可以显著影响增长和通胀，我国的货币传导机制与西方经济体愈发相似。弗纳尔德等人（Fernald et al.，2014；孙荣荣，2015）发现，在给定利率和存款准备金率以后，广义货币M2和贷款量对增长和通胀没有影响。2016—2017年，在存贷款基准利率保持不变的情况下，货币市场利率明显上行，并成功对贷款利率产生引导，可以看作货币市场传导机制不断进步的标志。2018年以来又逐步形成了以公开市场操作利率为短期政策利率和以中期借贷便利（MLF）利率为中期政策利率的央行政策利率体系，我们将在第九章展开讨论。

在实施数量管制的前提下，货币政策传导却越来越接近市场化的价格间接调控，这里有三个悖论值得研究。

悖论一：数量调控为主，为什么利率仍然重要且重要性不断上升？

利率的重要性上升，首先是因为金融加速器和利率敏感部门占比上升。经济转轨和市场分割对金融加速器有正负两方面的作用。一方面强大的国有企业和软预算约束部门对利率不够敏感，这似乎会影响利率渠道发挥作用；另一方面，因为对利率不敏感的部门挤占资金，部分民营企业得不到资金，所以金融摩擦就更加突出。金融摩擦越重要，企业越缺资金，反而会提高信贷渠道也即金融加速器的重要性。这两个方向的力量，从理论和直觉上是反方向的，这种二元分割对我们的利率传导，尤其是金融加速器这个放大渠道，是净的提振，还是让它变得不如发达国家明显？国际清算银行的研究发现，中国的利率传导越来越接近发达国家，主要是其中的信贷渠道在起作用（Kamber and Mohanty，2018）。我们推测可能的原因包括影子银行的崛起，一些融资需求通过影子银行体系得到满足，影子银行对利率更为敏感。同时，国有企业因为竞争的加剧和监管的加强，对利率也较之前更为敏感。

其次，我国名义利率黏性较大，也是放大利率传导的一个渠道。贷款利率黏性较高有两个可能的原因（宋国青，2017）。第一，银行和企业之间存在着长期合作关系，银行对利率的调整不是很频繁。第二，虽然名义贷款利率的变动不频繁，但有效贷款利率可以通过调整贷款质量来调控。在借贷需求好时，银行可以选择贷款给质量好的企业，此时，虽然表面上贷款利率未调整，但由于坏账比例低，有效贷款利率较高；相反，当贷款需求小时，银行也会将贷款发放给质量较差的企业，此时，坏账比例高、有效贷款利率低。名义利率黏性会通过物价变动放大实际利率的变动，类似于"债务－通缩"加速机制。我国GDP的主要驱动力是投资，投资虽然有些是规模驱动的，不完全取决于实际利率，但是经济过热带来的通胀效应压低了实际利率，进一步放大了投资回报和投资需求，也就是通常所说的"易热难冷、易放难收"。

在正常货币政策空间下，利率调控更多依靠未来利率预期而非风险溢价。金融加速器是把双刃剑，放大利率杠杆效应的同时，也通过房产和土地等天然抵押物埋下高杠杆的隐患。所以主流办法是通过宏观审慎，即独立于利率的政策工具来防控金融稳定风险。我国仍拥有正常货币政策空间，和发达国家在利率零下限的政策传导侧重点可能并不一样：零下限只能靠调节风险溢价，而顾不上杠杆率；正常货币传导主要靠收益率曲线，通过未来利率预期来改变长端利率。当房地产和地方政府融资平台融资受限、金融加速器被抑制时，利率预期渠道更加重要。此外还有第三种思路，就是直达，也即不依赖市场传导的结构性货币政策，这实际上是信贷政策，我们将在第八章专门讨论。

悖论二：既然利率重要是因为金融加速器重要，为什么易热难冷，存在不对称的金融加速器？

所谓易热难冷是指货币政策一放松，资金就流向房地产。这个时候收紧货币政策也很难把投资和房价降下来，只能调杠杆率、首付比例和限购，或者直接动用行政手段管控信贷规模和投向。货币调控易热难冷的背后是什么？如果说"易热"是因为利率渠道和金融加速器作用很明显，地方政府投融资平台、企业和居民都可以拿着房子和土地作抵押，那么"难冷"则是因为金融抑制政策下必须实行信贷配给，信贷配给之下，软预算约束和投资饥渴症依然存在。这些原因导致货币政策收紧时反向的金融加速器不如宽松时那般强大。

换句话说利率价格机制出现不对称传导，可能主要是因为数量管制和数量工具的使用。数量工具带来的扭曲不仅体现在经济上行周期的"易热难冷"，也可能体现在经济下行周期的"易冷难热"。2017年去杠杆以来，尤其是2021年房地产和地方政府平台等信贷投向受限制之后，金融加速器机制出现短路，政策刺激效应愈发不明显。因此，只有进一步推进利率市场化和国有企业市场化经营，金融加速器才有可能对称，利率传导和货币调控才具有更坚实的微观基础。

悖论三：为何有时会出现"宽货币＋紧信用"的组合？

按照金融加速器理论，无风险利率和信用利差走势多数时候应该是同向的，这也是货币政策正常传导的标志。货币宽松通过影响外部融资溢价，放大利率变动对实体经济的影响。然而在我国，无风险收益率与信用利差也出现过数次背离。有两个经典案例，一是新冠疫情暴发后的2020年3—4月，货币政策仍在宽松，但风险溢价上升，信用在紧缩。二是2017—2018年去杠杆时期，虽然货币也宽松，但出现信用紧缩。同样，我们也出现过"紧信用＋宽货币"的组合，当央行收紧信贷额度时，商业银行被迫将资金配置到债券市场，反而导致债券市场利率下降。信贷额度下降有两个相反的影响：一方面，信贷额度下降→银行配置贷款的资金下降→银行配置债券的资金上升→债券市场资金供给上升→债券市场利率下降；但另一方面，信贷额度下降→贷款利率上升且贷款量下降→企业债券融资需求上升→债券市场利率上升。这两股力量的大小分别由企业对贷款、债券的需求弹性决定，孰大孰小从理论上并不确定，因此信贷额度变动对市场利率的影响也不确定。

宽货币和紧信用同时出现，经常发生在金融市场恐慌时期。此时货币政策刚开始宽松，无风险利率下降较快，但信用并未恢复，经济前景并不明朗，需要进一步观察。金融恐慌导致"宽货币＋紧信用"有以下几种可能。第一，在经济下行初期，无风险收益率反应较快，首先下行，市场出于对企业基本面的担忧，信用债收益率反应往往较慢，此时会出现信用利差与无风险收益率的背离；第二，在货币宽松阶段，无风险收益率下行，若此时信用事件频发或出现超预期信用事件，则会导致信用债违约风险溢价难以随之压缩，发生信用利差与风险收益率背离的情况；第三，债券牛市期间出现"黑天鹅事件"导致信用债流动性受到冲击，流动性溢价提升，信用利差难以随无风险利率下行。

如果金融恐慌已经被平抑，但信用溢价仍居高不下，则可能是结构性问题导致货币政策传导不畅。在正常市场经济中，按照金融加速器理论，货币宽松之后信用溢价会下降。但如果信贷市场分割，资金流向特定部门（如国企）或特定行业（如房地产），而不流向最依赖银行信贷的中小企业和民营企业。这类结构性问题导致信用溢价始终存在。而金融恐慌往往会加剧风险溢价，越是在风险高的时候，资金越追逐确定性，向有隐性担保的国企集中。

正如易纲（2018）指出的："在从数量调控为主向价格调控为主的转变过程中……数量型调控和价格型调控都在发挥作用。"然而"由于我国货币政策面临的约束条件更加复杂，目前利率'形得成、调得了'并转向货币价格调控方式的条件尚不成熟"（徐忠，2018）。

六、对现代中央银行的启示

关于货币政策传导的讨论有三条一般性启示和两条对中国的特别启示。

第一，货币政策不能只盯着名义利率，更要看实际利率。比如20世纪30年代大萧条期间，名义利率为零，看上去很宽松，但是持续通缩，实际利率很高；70年代美国短端名义利率很高，看上去很紧，但通胀更高，实际利率为负，货币实际上很宽松。再比如我国CPI相对较为稳定，但是PPI（生产者价格指数）波动较大，2012年3月到2016年8月曾经持续通缩54个月。一般情况下，PPI受全球供给侧因素影响较大，货币政策不需要做出反应。但是像这样的持续深度通缩，不仅加剧上游企业债务负担，也反映了下游总需求不足的问题，可能需要政策积极应对。

第二，保持物价稳定。通缩会导致"通缩－债务负担"螺旋，加剧金融风险。通胀也一样，会降低实际利率，催生"通胀－杠杆率"螺旋，同样加剧金融风险。因此，保持低而稳定的物价始终是货币政策的首要目标。

第三，关注资产价格。债券、外汇和股市等资产价格不仅直接影响货币政策传导，还通过金融加速器放大其影响。观察货币政策取向不仅要看短端政策利率、汇率，更要观察更广泛的金融条件，包括信用利差、长端利率和股票价格等资产价格指标。

对我国而言，我们要做的还包括继续推进利率市场化改革和加强预期管理来进一步疏通货币政策传导。

易纲（2009）指出，"产权清晰、自由竞争和退出机制是进一步推进利率市场化的必要条件"。我们正在逐步打破刚性兑付和隐性担保，但是很难一蹴而就，利率市场化的方向仍需要坚定不移。体制机制和市场扭曲等深层次原因，短期还难以根本解决，这也是很多人认为我国货币市场利率到信用市场传导不畅的原因。

如果是这样，一种思路是先疏通货币政策传导，这也是央行正在做的，包括LPR改革，引入中期政策利率，缩短传导路径。除此之外，还能做些什么？尽管利率传导尚未尽善尽美，但从存贷款指令性定价到更多依赖市场化传导，从主要依赖间接融资到提高直接融资占比，都在提高利率传导的效率。央行政策利率影响市场信用利率要经过未来预期利率（政策的预期管理渠道）、期限溢价（流动性管理）和信用溢价（资产负债表和现金流量表，也即金融加速器）三步。对央行未来利率路径预期的管理，不仅可以直接降低长端利率，还能通过降低政策自身的波动来降低期限溢价和风险溢价。

从市场主体角度看，利率传导要依靠商业银行和资产管理公司的资产配置来实现。央行降息，收益率下跌，国债更贵了，如果传导顺畅，资产管理公司这时应该买一些企业债，收益率相对更高一些，这样央行的政策也就传导了。的确，央行降息之后，企业发债的积极性会提高，但是资产管理公司买债的积极性不一定高。在配置资产前需要问三个问题，利率什么时候降，降多少，降多久，也就是要看央行之后的政策走势，如果还是沿着宽松的方向，公司债接着上涨，资产管理公司就会买，如果经济和政策都还有很多不确定性，就会观望。这个例子说明货币政策从银行间市场到信用市场的传导高度依赖于预期管理。

专栏3 短端利率如何传导到长端利率？

债券市场与央行关系最为密切，央行改变短端利率，长端利率会如何变化？短端利率对长端利率的影响被视为货币政策传导最重要的组成部分。

央行调控短端货币市场利率，如短端国债利率 R_{bill}，影响经济主体行为的是长端信用市场企业贷款或发债利率 R_{bond}，这一传导过程至少包含三种风险溢价转换，分别是流动性溢价、期限溢价和信用溢价，可拆分如下：

$R_{bond}-R_{bill}=(R_{bond}-R)+(R-R_{interbank})+(R_{interbank}-R_{bill})$，其中 R 是长端国债利率，$R_{interbank}$ 是银行间市场利率。企业借贷成本如何变动，不仅取决于短端利率，更取决于货币政策在银行间市场和企业信用市场传导，尤其是信用溢价的变动。

历史上加息后长端利率有升有降。一般来讲，货币政策收紧，短端利率上升，会导致长端国债收益率上升。期限溢价上升也会导致利率走高。1994年美联储启动加息，美国10年期国债收益率从年初的5.9%上升到年末的7.8%，全年上升近200个基点，史称债券"大屠杀"（Bond Massacre）。最近一次是2013年5月，伯南克暗示可能缩减量化宽松的债券购买量，债券风险溢价走高导致10年期国债收益率一个月上升超过100个基点，史称"缩减恐慌"（Taper Tantrum）。不过，并不是每次加息长端利率都会上升。2004年6月加息后，长端债券收益率不升反降，被时任美联储主席格林斯潘称为"债券难题"（bond conundrum），也被市场称为"格林斯潘之谜"。

长端国债收益率也可拆分为三个部分：对未来短端利率的预期、预期通胀和期限溢价。因此对债券难题的产生有两种截然不同的解读，可以是期限溢价也可以是对未来短端利率的预期变动导致的。伯南克（2005）认为是大量来自新兴市场国家的过剩储蓄（savings glut）导致了美国长端收益率的下行。1997年亚洲金融危机后，新兴市场国家通过累积外汇储备以抵御可能的金融风险，同时油价暴涨推升石油出口国的经常账户盈余，共同导致储蓄过剩。2000年以来，新兴市场国家储蓄与GDP之比提高10个百分点，推升全球储蓄率1.7个百分点。中国是储蓄增加的主要来源，2013年新兴市场经济体储蓄中一半来自中国（Bernanke，2015）。然而这一理论无法解释两个现象：第一，新兴市场储蓄过剩现象在2000年以后才变得明显，而20世纪八九十年代实际利率就已持续下行；第二，近年来以中国为代表的新兴市场经济体经常账户盈余逐步消失，但发达国家利率仍持续下行。雷切尔和史密斯（Rachel and Smith，2015）的测算也显示新兴市场储蓄过剩对实际利率影响有限，仅为25个基点，只能解释实际利率下行的6%。

缪延亮、姜骧和邓拓（2015）提出债券难题产生有深刻的经济基本面原因。2004年6月加息前夕，美国10年期债券收益率开始上升，由3月份的3.8%升至6月份的4.7%，购房能力指数（housing affordability index）则由134降至115，为10年低点。居民难以承受更高的房贷利率，房贷需求垮塌，从而导致长端利率不升反降。缪延亮、唐梦雪和胡李鹏（2020）进一步量化了技术进步放缓、老龄化、长债务周期等结构性因素对美国长端收益率持续下行的贡献。我们的测算显示，2008—2019年美国10年期国债收益率下降250个基点，中性利率下降贡献了180个基点，其中潜在增速下降的贡献约为50个基点，而结构性因素导致储蓄、投资偏好变化的贡献约130个基点。同期，美联储、欧洲央行和日本银行的量化宽松也持续压低风险溢价，但不是主要因素。

我国的国债收益率也呈现"格林斯潘之谜"，中长端收益率长期偏低，收益率曲线扁平，且对短端利率反应不够敏感。研究发现收益率曲线偏扁平的原因是对短端利率的预期偏低，也即长期增速下行压力的体现。马骏等人（2016）认为，期限溢价偏低是由国债发行结构的缺陷、对投资者准入的过度管制、衍生品市场不发达和商业银行市场化定价能力缺失等多方面原因导致的。国内长端国债大多被银行持有，且主要是持有到期，能够自由交易的量比较小，商业银行起到发达国家央行量化宽松压低期限溢价的作用。

我国利率传导最主要的问题不是期限溢价，而是信用溢价或者说风险溢价。央行调控长端利率，既要通过短端利率，更要通过预期渠道，未来短端利率和风险溢价都受预期驱动。

由于风险溢价的变动，收益率曲线变化呈现四种形态：

牛陡（bull steepener），曲线由短端驱动，短端利率下降大于长端利率，曲线变陡，一般原因是降息预期，央行开启降息周期；

牛平（bull flattener），曲线由长端驱动，长端利率下降大于短端利率，曲线变平，一般原因是通胀预期下降，对经济前景较为悲观；

熊陡（bear steepener），曲线由长端驱动，长端利率上升大于短端利率，曲线变陡，一般原因是通胀预期上升，或者对股票市场前景不看好；

熊平（bear flattener），曲线由短端驱动，短端利率上升大于长端利率，曲线变平，一般原因是加息预期。

收益率曲线倒挂是曲线扁平的极端情形，即长端收益率低于短端收益率，一般被认为是经济即将出现衰退的信号。牛平和熊平都可能导致收益率曲线出现倒挂。牛平意味着市场预期经济将要衰退，货币当局将开启降息周期；而熊平则意味着市场认为货币当局政策错了，加息过猛，导致经济进入衰退，比如2018年美联储四次加息后，美国10年期国债和3个月期国债收益率曲线在2019年3月出现倒挂，到6月时倒挂超过50个基点，倒逼美联储在7月开启降息。

收益率曲线的变化可以拆分为三种基本形态：不同期限利率同等幅度变动的平行移动（parallel）；长端和短端利率反向变动的旋转变化（twist）；以及长端和短端大幅度同向移动但中端保持稳定的蝴蝶型变化（butterfly），也就是收益率曲线的弯曲度发生变化。平行移动可以解释90%的利率移动，旋转变化可以解释8%，蝴蝶型变化可以解释2%；蝴蝶型变化的经济意义一般不如平行移动和旋转变化显著。

第五章　央行的独立性

天下没有免费的午餐。

——米尔顿·弗里德曼

　　传统意义上的央行独立性是指央行独立于政治干扰，按照经济规律和一定规则制定货币政策。20世纪90年代之前，央行多被视为政府政策的执行部门，部分央行还要接受财政部的领导，但经历过20世纪七八十年代的高通胀后，经济学理论发展以及央行政策实践经验均显示，独立性更高的央行似乎有"免费的午餐"，能够以更低的成本控制通胀。进入90年代，主要经济体纷纷通过立法提高央行的独立性。到21世纪初，央行政策独立性已然成为共识。而在2008年全球金融危机后，主要央行在利率零下限背景下纷纷推出量化宽松等非常规货币政策工具，这些工具比利率更加依赖资产价格传导，叠加对金融稳定目标关注度的上升，央行与金融市场的关系愈发"亲密"。主要央行对华尔街的救助引发了"主街"的声讨，央行独立性并不"免费"。市场是集体行动的，有时是有先见之明的智者，有时又是错得离谱的乌合之众，需要央行始终认真对待和不时地引导。不论是防范道德风险还是增强逆周期调节的能力，央行作为公共机构都要保持相对于金融市场的独立性。

一、央行的政治独立性

1. 央行独立性的定义与衡量标准

传统意义上的央行独立性是指，央行被赋予可以免于政治干扰独立制定政策的权力。[①]其独立性体现在两个方面：目标独立性和工具独立性。二者可能同时具备，但也可能仅满足其中之一。

目标独立性是指央行具有设定或诠释货币政策目标的自由。大部分央行都是由国会立法规定其目标，然后央行选择工具去实现目标，但现实中央行有解释目标的权力。例如，1913年制定的《联邦储备法案》赋予美联储三重目标：最大化就业、物价稳定和适度的长期利率。美联储在实践中将三个目标诠释为充分就业和物价稳定双目标，因为适度的长期利率只有在充分就业和物价稳定的经济环境中才能实现。至于什么是物价稳定，国会也没有精确的定义，美联储将物价稳定解释为2%的通胀，并于2012年正式引入通胀目标制。大部分实行通胀目标制的央行都是自己界定物价稳定并选取相应的通胀目标，新兴市场国家的通胀目标要高于2%。英格兰银行的通胀目标值则是财政部定的。

工具独立性是指央行有选择货币政策工具的自由，以实现政策目标。通常央行都具有较高的工具独立性，不仅包括对短端利率、货币供给量等传统货币政策工具的使用，还包括对政策工具的创新。2008年全球金融危机后，主要央行相继推出量化宽松、前瞻指引、负利率等非常规货币政策工具。

---

① Walsh，C E. Central Bank Independence. In: Durlauf，S N，Blume，L E. Monetary Economics [M]. London：Palgrave Macmillan，2009. https://doi.org/10.1057/9780230280854_3.

衡量央行是否独立，可能更实用的标准是央行决策是否具有独立性或不可逆性。央行的政策不能因政治影响而轻易被否定或逆转，除非在极端情形下，例如，美联储的决策只有国会通过修改法律才能改变，欧洲央行的决策则需要各国一起修订条约，逆转的可能性更低。具体来看，央行独立性的衡量标准包括法理上和事实上两个方面。法理上的标准，一是看央行是否有货币政策的最终决策权，二是看有多少政府官员在央行货币政策委员会。事实上的标准则包含如下方面：一是央行是否被保护，免于给政府贷款的义务；二是央行行长任期有多长，若太短则很难有独立性；三是央行决策者是完全由政治任命，还是基于一定的专业标准；四是物价稳定在央行目标中处于何种位置，实行通胀单目标制的央行通常比多目标制的央行更具独立性，例如欧洲央行只需要关注通胀，相比美联储更加独立。

2. 为什么政府愿意给央行独立性？

发行货币、控制通胀、维护经济和金融稳定，央行的每一项职责都关系国计民生和政府的切身利益。政府为什么愿意把这么重大的责任交给独立的央行？20世纪80年代末，时任英国首相撒切尔夫人就说："把控制通胀的责任交给一个独立的央行，好像证明政府自己做不到似的，这在政治上很有杀伤力。"政客的视野太短，总是关注下一次选举，要求宽松货币政策支持短期的就业和产出，容易产生通胀倾向。"水门事件"录音带披露尼克松政府曾多次要求伯恩斯治下的美联储在选举前降息，其中最著名的例子是1971年12月伯恩斯对尼克松承诺"时间快不够了，我们得尽快让经济好起来"。80年代之后美国政府对美联储的干预减少，但也不是完全没有。沃尔克在回忆录中披露他也遇到过一次这样的挑战。1984年夏天他被召到白宫面见里根总统，这次会面不是在椭圆形办公室，而是在没有录音系统的图书馆。整个过程很简短，总统没有说话，白宫办公厅主任詹姆斯·贝克掏出一张纸条念道:"总统命令你在选举前不要提高利率。"沃尔克也没有说话,直接离开了。英国住房贷款是浮动利率,更是经常发生选举前要求央行临时降息,减少选民房贷利息支出以达到立竿见影提振选情的效果。货币政策的政治化会遭遇"时间不一致性"问题:货币宽松只能在短期刺激经济和降低失业,在长期只会导致更高的通胀水平和波动率,并不能增加产出和就业。

只有当理论和实践都证明独立的央行能够带来"免费的午餐"时,政客们才有意愿把央行独立变成立法和事实。"免费的午餐"体现在两个方面。第一是拥有独立央行的国家,发债的成本会更低,因为投资者相信它的通胀低且波动小,要求的风险溢价会更低。第二是20世纪90年代不少研究发现,独立的央行能够在不增加产出和就业波动的情况下,减少通胀波动(Alesina and Summers,1993)。实践也证明,在面对20世纪70—80年代几次石油冲击时,最独立的德国央行是所有西方央行中表现最好的,没有大的通胀,经济也没有大的衰退。

理论上,独立的央行有"声誉奖励",能够减少打压通胀带来的就业损失,降低牺牲率(sacrifice ratio)。央行的声誉是在不断证明自己打压通胀的意愿和能力中建立起来的,包括牺牲很多就业以制服高通胀,如20世纪80年代初沃尔克不惜以深度衰退和两位数的失业率来制服通胀。所以,实际结果可能是央行的独立性越高,声誉越好,其牺牲率反而越高,因为央行需要不断证明其独立性。央行的"声誉奖励"更多是指一旦声誉建立起来,通胀预期会被锚定,央行面对冲击腾挪躲闪的空间更大,可以允许短期通胀超过目标水平,给经济和就业更多支持。通胀预期被锚定也体现为菲利普斯曲线的扁平化,通胀主要由预期决定,不再随就业增加而上升。比如在21世纪第二个十年中后期,菲利普斯曲线越来越平坦,尽管美国失业率一路下行到3.8%,通胀仍然锚定在不到2%,给了美联储更多刺激经济的空间。平坦的菲利普斯曲线也意味着,当需要打压通胀时,牺牲率会很高,需要以更多的失业为代价，经济很难软着陆。所以，2021年以来的高通胀考验央行打压通胀的决心。当通胀预期脱锚时，菲利普斯曲线变成垂直，这时即使牺牲就业也很难压低通胀，也就是会陷入滞胀。

在实践中，20世纪70年代以来一系列的事件推动90年代成为央行独立性上升的关键时点。

（1）20世纪70年代发生滞胀，即通胀和失业同时上升。央行缺乏独立性的国家，通胀更高，失业更多；经济学理论上出现了理性预期革命，对货币刺激经济的实践进行反思，认为从长期看货币刺激并不能提高经济产出。

（2）1973年布雷顿森林体系解体，从固定汇率转向浮动汇率。在固定汇率时代，随着资本账户开放，货币政策实际上是在华盛顿制定的；在浮动汇率时代，各国央行需要自己制定政策控制通胀，独立的央行有了现实必要性。

（3）1991年《马斯特里赫特条约》要求加入欧洲货币联盟的各国的央行具有独立性。

（4）1991年苏联解体，很多前苏联卫星国要求加入欧盟，央行相应按欧盟要求获得了独立性。

（5）20世纪90年代初，央行独立的学术思潮蔚然成风。越来越多的研究发现财政部门和政府管理经济的结果很糟糕，因为和政治太近受其影响导致政治经济周期。解决"时间不一致性"问题不一定要靠货币规则，制度可以比规则更好地解决这一问题（Summers，1991）。央行就是这样一种制度，管理经济的责任和权力逐渐转移到央行。

（6）全球化加速，金融市场的影响力越来越大。资本喜欢低通胀，用脚投票且成群结队。央行天然和金融市场更加接近，央行充当政府和市场的桥梁，并控制通胀。

（7）金融冲击越来越普遍。20世纪80年代拉丁美洲债务危机，

1997年亚洲金融危机，政府向央行要金融稳定。

政府也发现技术官僚更胜任央行这一技术性工作。一是技术官僚的绩效更好，不需要把自己的个人偏好带入。技术官僚管理成本也更低，任命不用经过选举。不过货币政策也不是完全没有价值判断，比如在通胀和就业的取舍上，权重如何赋予，劳动经济学家出身的耶伦就比较偏"鸽派"，在政策制定中倾向于赋予完全就业目标更高的权重。二是期限视角不同。政客的视角只有两年——下一轮选举。而两年对货币政策来说是很短的，因为货币政策起效有长且不确定的时滞，要求央行有足够的耐心。把经济交给央行，形势不好的时候，政客也可以轻易找到替罪羊。三是货币政策制定的专业性和细节。金融市场和货币政策传导，利率、汇率和通胀的决定，这些都非常专业、讲究细节，最好交给专业领域的人。如果不是那么专业，就可以交给通才而不是专业人士。

3. 为什么央行需要独立性？

央行履行稳定物价的职责需要以货币主导（monetary dominance）为前提。单靠货币政策并不能决定物价水平，货币政策和财政政策的组合共同决定了物价。原因是央行和财政部作为两个经济管理部门，其行为不是完全独立的，央行发行货币、财政征税和发行政府债务三者都在政府的跨期预算约束中出现。所谓货币主导，指的是货币当局自主设定货币政策（Sargent and Wallace，1981），比如事先宣布基础货币在当期和未来各期的增速。无论货币如何发行，财政都会相应调整税收和发债，使政府跨期预算约束依然成立。财政主导（fiscal dominance）则是财政当局独立设定其预算，由此决定需要的发债量和铸币税收入，货币当局为平衡预算提供铸币税。简言之，货币主导就是货币政策相对独立，财政负责平衡跨期预算；财政主导就是财政政策更为独立，货币政策负责平衡预算。

在货币主导的前提下，价格水平可由按照一定规则调整的货币政策决定。反之，若财政自主决定税收和发债（即财政主导），央行货币发行将由政府跨期预算约束内生决定，失去对物价的控制权，这时物价主要由财政能否平衡预算决定，持续的财政赤字将推动物价水平上升，即物价水平的财政决定理论（Fiscal Theory of the Price Level，FTPL）。2008年全球金融危机之前，尤其是在1983—2007年所谓的"大缓和"时代，主要发达国家的通胀和增长波动率大幅下降，其宏观政策框架都是央行独立性之下的货币主导。通胀和增长波动的"大缓和"也因此一度被视为货币政策的成就。实证研究也显示，在"大缓和"时代，不论是发达经济体还是新兴市场经济体，央行独立程度与通胀水平呈现负相关。

2008年全球金融危机后，主要发达国家都面临削减赤字、高债务和私人部门去杠杆压力。发达国家尤其是欧元区和日本总体债务还在增加，去杠杆进程尚未结束。在这样的背景下，宏观政策由此前的货币主导转为财政主导。

在财政主导下，物价并不是由货币政策掌控。一般情况下，如果债务急剧增加，而货币政策又过于宽松，通胀会迅速上升。这也是传统财政主导理论最主要的结论，即宽松的货币政策将债务货币化，通过通胀来降低真实债务负担。更有甚者，在债务激增的情况下，即使从紧的货币政策也不能遏制恶性通胀。因为此时提高利率只会增加债务负担，加剧通胀的恶性循环。正如萨金特和华莱士（Sargent and Wallace，1981）在强调财政主导的负面效应时指出的，从紧的货币政策甚至不能在短期内控制通胀。

而2008年全球金融危机后至2020年新冠疫情暴发前这段时期，虽然也是财政主导，但情况似乎正好相反，即宽松的货币政策在短期内甚至不能提高通胀。央行大举"印钞"也未能让通胀回到2%的目标。原因可能有很多，包括去杠杆尚未完成，产出缺口较大，也有油价下跌等外在冲击的因素，还有人认为，这是传统意义上的凯恩斯流动性陷阱。不过，我认为最根本的还是政策范式从货币主导过渡到财政主导，高债务之下居民和企业对不确定性的恐惧和对未来的悲观预期。财政主导不一定表现为货币政策将债务货币化，它也可以是货币政策被迫提高政府债务的价值，比如量化宽松降低利息负担。这是危机之后宏观政策协调的新发展。综合来看，财政主导之下，传统的货币与财政政策协调关系发生变化，公众对财政的预期会导致货币政策对通胀的控制力下降，物价由财政政策和公众对财政的预期决定。

我们可以用一个简单的跨期预算平衡公式来说明这一点。

$$\frac{B_t}{P_t} = E_t[\sum_{s=1}^{\infty} \rho^{-s} \tau_{t+s}] \tag{1}$$

为实现公共部门跨期预算平衡，现有债务市场价值 B_t 除以价格 P_t，所得实际债务应等于未来各期财政盈余 τ_{t+s} 按照贴现率 ρ 贴现所得的净现值。相比传统的货币数量论（$MV=PY$），物价水平的财政决定理论引入并强调预期的作用。不仅今天的政策（B_t），对未来政策的预期（τ_{t+s}）也影响今天的价格水平（P_t）。如果今天的财政赤字（B_t）增加，民众又预期未来财政政策保持稳定且不会缩减福利，即等式（1）右边保持不变，则在均衡条件下，通胀（P_t）会上升以平衡预算。这是文献中通常强调的政府债务增加、财政主导引发通胀的情形。但是，如果公众的预期是今天财政恶化会导致未来税收增加或者福利削减，也即等式（1）右边不再稳定，则价格不一定会上升，甚至会因为预期未来收入下降、缩减支出、提高预防性储蓄等而导致通缩。等到财政支出真的增加，比如2020—2021年美国开启"直升机撒钱"，民众相信政府不再紧缩，对财政的预期改变，通胀会快速上行，这时就有可能从"宽松的货币政策都不能推升通胀"演变为"从紧的货币政策甚至不能在短期内压低通胀"。总之，在财政主导之下，通胀取决于对未来财政路径的预期，货币政策对通胀的掌控力下降。

中国人民银行是中央政府的组成部门，并不是传统意义上独立的央行。《中国人民银行法》对央行独立性也有相关表述，即"中国人民银行在国务院领导下依法独立执行货币政策，履行职责，开展业务，不受地方政府、各级政府部门、社会团体和个人的干涉"。在实践中，中国人民银行通过工具创新来实现工具独立性和政策目标。政策制定者甚至提到央行作为政府组成部门，更有利于其发挥作用（周小川，2016）。如何理解这一点？除了有利于协调不同经济管理部门之外，还需要从中国经济转轨和转型的现实出发。在信贷配给大量存在的前提下，中国人民银行可以发挥它作为政府组成部门的优势来调控信贷总量，包括在经济下行周期要求国有商业银行增加贷款和降低小微企业融资成本。这些做法的效率和效果值得进一步研究，我们会在第八章讲结构性货币政策时具体分析。央行直接引导信贷已不再是纯粹的货币政策，而是有财政政策的色彩。从学理上讲，正是因为在财政或政府主导之下，物价水平并不完全由货币间接调控决定，央行不得不直接引导信贷，以更好地稳定物价。

4. 央行独立性不是"免费的午餐"

绝对的货币主导或财政主导都是极端情况。大多数时候货币与财政政策都应相互配合，两者的独立性既是相对的，又是客观存在的。经济思潮、政治需要和央行量化宽松的实践都会影响央行的独立性。央行独立性在实践中仍非常脆弱，有可能得而复失。利率零下限之后央行调控宏观经济的能力被削弱，危机救助和非常规货币政策也都引发争议和质疑。2008年全球金融危机后，共和党人兰德·保罗（Rand Paul）提出"美联储透明度法案"（Federal Reserve Transparency Act），又被称为"审计美联储"提案（Audit the Fed Bill），要求加强对美联储的监管。特朗普任美国总统期间，更是打破惯例，频繁在社交媒体上抨击美联储的货币政策，例如在2018年下半年批评美联储加息拖累经济，2019年要求美联储降息100个基点，并停止缩表。

在新兴市场，央行独立性更加脆弱。2016年和2018年印度央行两任行长都先后被迫辞职，引起较大关注，但这些变化和另外一个G20（二十国集团）国家土耳其央行相比就是小巫见大巫了。土耳其央行在2016—2021年五年间换了五任央行行长，中间三任央行行长的任期平均只有一年。罗高夫（Rogoff，2019）指出，在央行开始量化宽松并对准备金付息以后，央行实际上和财政部一样，它也在发债；准备金和国债一样是政府的有息负债，只不过在和财政的关系中，央行成了财政的"小兄弟"（junior partner），这样就危及了央行的独立性。央行独立性的风险是它一旦丧失，就很难再获得，就跟当年金本位一样，一旦维护金本位的声誉丢失，就很难重建。

央行独立性或许并不是真正意义上"免费的午餐"。它既需要央行不断以绩效来证明自身，也需要更广泛的社会环境的呵护和制度基础的支撑。研究央行独立性的权威专家发现央行独立程度和通胀水平负相关，但是因果关系并不确定（Cukierman，2008）。举例来说，尽管德国央行的独立性最高，德国的通胀最低也最稳定，但两者可能都是由第三者，即德国选民最不喜欢通胀这一共同原因造就的。正是20世纪20年代前后的恶性通胀导致了二战和国家分裂、赔款等严重后果，历史的教训如此之深，政府按选民意愿给予央行独立性并要求低通胀。其他可能的共同原因还包括现代中央银行及其独立性是国家治理能力现代化的重要标志，独立央行必须要有与之相适应的成熟市场经济制度和发达的金融市场。这些条件同时导致了央行独立性的提高和通胀的稳定。我自己的研究也发现，相比独立性，央行透明度才是降低通胀波动的关键变量（Miao，2009），但透明的央行往往同时也是更加自信和成熟市场经济体的央行，有相应的制度支撑。

二、央行的市场独立性

央行和市场是伙伴关系。现代中央银行依靠金融市场传导货币政策，危机时央行既是最后贷款人也是最终做市商，是银行的银行和做市商的做市商。然则这种伙伴关系并不总是平等的，有的国家市场绑架了央行，央行虽一度有了对财政的独立性，但是逐渐丧失对市场的独立性。从诞生之初，央行与金融市场就相互依赖。银行体系一开始被视作政府的"摇钱树"，央行为政府融资主要是通过银行体系，银行不能拒绝政府的融资需求，因为银行体系有能力创造货币；政府也总是有能力偿付对银行体系的欠债，因为它可以发行货币。当然这种能力不是无限的，恶性通胀就是它的上限。现代中央银行的政策传导依赖银行体系，央行和市场的关系也在对手到伙伴之间不断寻找平衡。央行一度视市场为对手，想通过制造意外来提高货币政策效果，但理性预期革命的理论和大通胀的实践都证明，反复制造意外只会适得其反，央行越来越多地将市场看成伙伴。随着直接融资和影子银行占比的提高，央行从最后贷款人变成最终做市商，维护从国债到信用市场的流动性。部分观点认为这是央行进一步被金融市场绑架，也有观点认为如果回到19世纪白芝浩在《伦巴第街》中提出来的央行金科玉律，即"慷慨放贷，充足抵押，高息惩戒"，央行要做最后贷款人就必然要承担最终做市商职能。有学者把这称为央行回归正统，从过分强调货币调控的"经济"观点，回到重视流动性的"货币"观点。

1. 央行与市场从对手到相互依赖

20世纪90年代至2008年金融危机，通胀目标制的引入以及央行对货币传导机制的再认识，促使央行从"突袭"甚至"欺凌"市场走向与市场沟通。通胀目标制是货币或利率规则与相机抉择权衡的产物，通过明确通胀目标约束央行的行动，同时也给私人部门稳定的预期，便于投资和消费决策。透明度提升是通胀目标制发挥作用的最重要因素。缪延亮（2009）将通胀目标制划分为灵活性、透明度和明确性三个连续的维度，对21个实施通胀目标制国家的历史数据分析发现，透明度提升是通胀水平和波动率下降的最主要原因。

央行对货币政策传导机制的再认知也促使央行更加关注金融市场在货币政策传导中的作用。一方面，政策制定者认识到，相比短端利率，长端利率对实体经济的影响更重要，而加强与市场沟通有助于提高央行对长端利率的控制。另一方面，货币政策信贷渠道和财富渠道的重要性得到重新认识，促使央行更加关注资产价格通过影响抵押物价值、居民消费倾向等对实体经济的冲击。央行因此注重提高政策透明度，增加与市场和公众的沟通，但它担任的是市场预期引导者的角色。布林德（2004）的观点代表了危机前的央行共识，即央行应该领导而非简单地跟随市场。央行提高透明度，告诉市场央行的目标，教会市场央行的思考和行为方式，这样央行能更好地被市场理解，货币政策的传导也更为顺畅。所以，央行应该始终重视市场，但不迷信市场，必要时还要引导市场。

量化宽松的实践从根本上改变了央行和市场的关系。2008年金融危机后，发达经济体政策利率触及零下限，货币政策传导常规渠道，如利率渠道和传统信贷渠道受阻，主要央行推出量化宽松，试图通过大规模资产购买直接调控长端利率和风险溢价（详见专栏4），进而通过汇率渠道、广义信贷渠道、居民资产负债表渠道和财富效应提振实体经济。央行货币政策传导更加依赖金融市场，央行调控的中间目标也一定程度上由政策利率转变为整体金融条件。因此，央行在危机后愈发关注市场对增长、通胀和货币政策的预期。为了避免政策超预期收紧引发金融条件剧烈收紧并负面冲击实体经济，央行不仅在政策转向前频频预热，充分引导市场预期，还倾向于等到实体经济复苏基础更为稳固时再退出宽松政策，导致量化宽松呈现易进难退的特征。

央行资产负债表不断扩张，持有的长端国债和各种证券化产品对金融市场运行也会产生深远影响，反过来限制货币政策的选择和效果。一是市场风险偏好上升，追逐收益率，部分产品和行业出现泡沫化。央行角色一定程度上向"最终交易商"和"最终做市商"转变。由此带来的超宽松流动性供给以及"央行托底"（policy put）预期可能引致投资基金等非银行金融机构为实现名义收益率而追逐收益，过度加杠杆，并催生资产泡沫。二是减少安全资产供给和市场流动性。国债、高评级信用债等安全资产总供给是相对有限的，央行大规模购买将降低私人部门可购买的安全资产数量和市场流动性。三是扰动利率曲线，影响市场定价能力。私人投资者交易下降，市场价格发现功能可能受损，其后果是利率期限结构定价受到干扰，进而可能阻碍货币政策的传导效果。四是央行资产负债表面临市场久期和信用风险，削弱货币政策的市场独立性。美联储四轮量化宽松后，中长期国债票据和债券持有量从危机前的约 4 000 亿美元大幅攀升至超过 5 万亿美元，国债资产平均久期由量化宽松前的 2.6 年升至最长时 8 年。美联储还开始持有不同类别的风险资产，其中抵押贷款支持证券持有量在 2021 年底升至 2.6 万亿美元，占到其总资产的 30%。

专栏4　央行为何能够通过资产购买干预市场

央行对市场的干预之所以能够起效，在于不同资产之间的不完全可替代。如果两种资产可以完全相互替代，那央行出手干预，购买某一种资产并不会影响这一资产的价格。央行扭转操作（或量化宽松），即购买长端国债，卖出短端国债（或增加商业银行在央行的准备金），如果这两个期限的国债在投资人看来完全可替代，则两者的相对价格不会发生变化。只要两者价格稍微发生一点点变化，比如长端国债变得更贵，投资人就会把持有的长端国债卖出，直到两者价格保持不变、没有套利空间为止。而现实是不同类型投资者对不同期限国债的需求存在差异，比如货币市场基金偏好短端国债而保险基金偏好长端国债，这为央行购买特定期限国债影响风险溢价提供了基础。

布林德以可口可乐和百事可乐为例来说明汇率干预的有效性也取决于不同货币资产之间的不完全可替代。假设干预前两者的定价是1∶1，这是相对价格，也即汇率。如果消费者对两种产品一样喜欢，那么市场干预并不会改变这两种产品的相对价格，可口可乐如果贵1分钱，大家都会去买百事可乐，直到两者价格保持不变。央行卖出本国短期国债，买入外国短期国债，如果这两种不同货币的资产在投资人看来完全可替代，干预失效。当然，现实中两种可乐（或者两种不同的货币）不完全可替代，因而存在央行干预汇率市场的空间。

央行更加关注金融市场的另一个原因是金融稳定目标的重要性上升。金融市场不再只是实现货币政策传导的工具，它本身就是政策目标。2008年全球金融危机前，央行大多反对使用货币政策来应对金融稳定风险。主流观点认为，资产泡沫很难在事前被发现，即使被发现，由于泡沫是非理性行为驱动的，利率工具也不一定有效；即使货币政策工具有效，它可能会错杀其他不存在泡沫的资产。然而，2008年危机凸显了金融稳定的极端重要性（Bernanke，2012b），提议货币政策也应在应对金融稳定上发挥作用的声音开始增多（Eichengreen et al.，2011；Adrian and Liang，2018），很多国家的央行成为金融稳定的主要监管者。金融监管的加强并没有在央行和市场之间树立一道防火墙，反而让两者的关系更为密切。以《巴塞尔协议Ⅲ》和《多德-弗兰克法案》为代表的监管变革加强了对系统重要性金融机构的监管，限制其资产负债表的扩张和主动做市的能力。其结果是美国国债市场流动性下降，2014年10月15日出现前所未有的闪崩，之后又多次出现流动性枯竭，以至于美联储不得不在2019年9月和2020年3月两次紧急提供流动性，扮演最终做市商的角色。2021年7月美联储创设常备回购便利（SRF），所有的一级交易商都能够从美联储借钱以满足做市需求，最终做市商的角色由此常态化和制度化。

总体上，2008年全球金融危机后，央行与市场的关系更加亲密和相互依赖。央行和市场联姻，可能不是真爱，而是互相需要。就是这样，两者的联姻也很难被打破。金融市场的资产价格对政策变动最为关注和敏感，甚至出现"坏消息是好消息，而好消息则是坏消息"这种完全脱离基本面的行情。市场上涨主要由估值驱动，估值又主要取决于央行的政策，坏的基本面消息能够让央行宽松更久和更多。央行对市场预期及其波动的关注度明显上升，并乐于见到风险资产价格的上涨以实现政策传导。市场对货币政策的预期可以通过短端利率期货的定价直接获得，也可以通过期限结构隐含的预期利率间接反映。美联储的每次议息会议都要参考这些市场预期，发生过多次市场预期倒逼美联储实行宽松政策的案例。2015—2016年连续两年，美联储都数度推迟加息计划。年初时预期加息3~4次，显著高于市场预期，结果都是在年末12月各加息一次25个基点，被视为美联储向市场靠拢。2017年加息3次，尤其是2018年联储加息4次，"鹰派"程度要超过市场预期。但很快在2019年7月、9月和10月又在市场预期"胁迫"下降息3次各25个基点。高盛还发现，每次美联储按照市场预期降息后，市场还会很快要求更多的降息，总是欲壑难填。

2. 央行需要聆听但不是服从市场

央行更加依赖金融市场在一些学派看来是自然而然的。三个原因支持央行必须聆听并按照市场预期行动。首先，以芝加哥学派为代表的有效市场假说提供了理论依据。市场不仅有信息，而且是很多"聪明的投资者"在一起加总出来的信息，比如对增长和通胀等经济前景的预期。如果实践证明市场对基本面的判断更有前瞻性，央行就应该听从市场。收益率曲线倒挂（短端利率高于长端利率）被认为是衰退的领先指标，这个指标指示意义较强，美国几乎每一次衰退前都出现了10年期国债收益率和2年期或3个月期国债收益率的倒挂。股票市场的波动更大，会发生"预测了过去三次衰退中的六次"的情况，但债券市场的信号值得央行高度重视。其次，市场价格能不断释放信号，及时给央行反馈。比如对政策利率的预期，实时告诉央行市场的期待，央行做得够不够。没有任何经济数据像市场反应这样及时，虽然它不一定准确。最后，央行的表现也取决于市场人士的评价，央行高度重视市场的反馈。市场是不是有效的呢？发明期权定价公式的著名学者费希尔·布莱克（Fisher Black）在学术界和业界都工作过，他说从查尔斯河岸边（波士顿，著名学府聚集地）看市场要比从哈得孙河岸边（纽约，华尔街所在地）看市场有效得多。

实践中，市场往往是短视的，并且会过度反应，存在很强的羊群效应。布林德（2004）提出了一个"经验规则"：当新信息出现时，市场反应的方向通常是对的，但程度会放大3~10倍，市场平静时为3倍，波动时则高达10倍。巴菲特也指出市场短期波动太大，在短期是投票机，在长期则是称重器。市场为什么超调呢？因为存在集体行动。集体行动在单个个体来看可能是理性的，但是集体来看是非理性的。比如听说巴菲特买了某只股票而跟随，巴菲特可能有或者没有内幕消息，如果跟随的人多了，价格就会涨得离谱，也即个体理性的行为导致了非理性的市场结果。投资界有一句格言"智者起头，傻瓜收尾"。股票市场的动量交易盛行，还能获利，这和有效市场假说相悖。按有效市场假说，股票价格应服从随机游走，不可能存在趋势。趋势交易的根源在于人的集体行动。而且，市场的视角特别短和线性外推（myopic and extrapolative），而央行的视角要更长。市场的视角有多短？一张30年期的债券，经常随着短期经济信息在剧烈波动。线性外推也导致把短期冲击长期化，放大其影响。布林德提及的一个体现市场短视的例子是理性预期期限结构理论在实证中并不成立，市场对未来利率的预期高度依赖当前的利率水平和经济波动（详见专栏5）。

因此，央行需要从市场获取信息，关注金融条件对货币政策传导效果的影响，但完全跟随市场会导致央行也变得极其短视且易变。市场过度反应，货币政策就会过度反应，导致经济和市场过度波动，会产生"狗追自己的尾巴"永远追不上的问题。这样的政策之下，货币政策不仅不能稳定经济，反而是冲击来源，就没有稳定的均衡，而是低效的不稳定均衡。

专栏5　从利率的预期期限结构看市场"短视"

利率的预期期限结构内嵌两个假设，一是理性预期，另一个是期限结构，合起来被称为预期期限结构理论。期限结构就是收益率曲线，也是货币政策传导的途径，因为货币政策只能控制短期利率，短期利率如何影响长期利率需要通过利率的期限结构。

期限结构理论从无套利条件出发。投资者可以买2年期的债券，持有到期，也可以先买1年期的债券，到期后再买1年期的债券。这两种策略的回报应该相等，也就是2年期国债利率等于1年期国债利率和预期明年1年期国债利率的平均值。如果2年期的利率是2%，1年期的利率是1%，那预期明年的1年期国债利率就是3%。3年期的国债利率是未来三年1年期国债利率的平均，也就是今年、预期明年和预期后年1年期国债利率的平均值。如此类推，今天10年期国债利率是未来10年1年期国债利率的某种平均值，也可以写成今天观察到的9年期国债利率和预期的9年后的1年期国债利率的加权平均，后者被称为隐含远期利率（implied forward rate）。同样，30年期国债利率，是29年期国债利率和隐含的29年后的1年期国债利率的加权平均。

不妨设想一下，今天的经济新闻出来以后，对29年后的1年期国债利率有多大影响呢？理论上应该没有影响，当前1个月的数据，哪怕是最重要的非农就业数据，对29年后也没有影响。然而实际上有很大影响。计算当前1年期国债利率和隐含的预期29年后的1年期国债利率的相关性，会发现两者高度正相关。1994年以前两者日度变动的相关性高达0.57。1994年以后两者仍然高度正相关，到2008年以后，短端利率被成功锚定在低位，两者的相关性下降并转负。随着央行透明度的提高，市场对短端利率预测的准确性在提高。这不一定意味着市场能更准确地预测长端利率。

为什么对未来利率的预期高度依赖于当前的利率和经济波动？布林德（2004）认为，这是因为市场是短视的且无限线性外推，把长期债券当成短期债券来交易。这样，今天的形势和最新的市场消息就在长期国债定价中占据了过高的权重。这种短视行为能够解释为什么今天1年期国债利率和预期的29年后的1年期国债利率高度相关。如果交易员把30年期国债当成3

年期甚至3个月期的国债来交易，就必然要对今天的经济新闻做出反应。

邹至庄（1989）提供了另外一种解释。预期期限理论包含两个假设，一是期限结构，长期利率等于各期限段利率的平均值；二是理性预期，今天能够准确预料未来的利率。理性期限结构假说不成立，可能是因为期限结构本身有问题，也可能是因为预期不够理性。他把这两个假设进行联合检验，发现主要的问题是预期不够理性。市场参与者不是理性预期而是适应性预期。适应性预期就是把更多的权重放在刚刚发生的事情之上，所以才有了今天的消息过度影响未来的市场定价。行为经济学的前沿进展对预期的形成有了更全面的认识，预期并不是简单的线性外推，而是会对新信息做出反应，但是会过度反应，放大新增信息的信号效应，呈现诊断型预期的特征（Gennaioli and Shleifer，2018）。

3. 央行没有水晶球，也会犯错

另一个极端则是市场完全听从央行，以前瞻指引为代表。前瞻指引是指央行就未来货币政策立场与公众进行沟通，以便影响未来利率的预期（详见第十一章专栏7），但央行没有"水晶球"，在经济预测上并不一定比市场表现更好。尤其在经济发生结构性变化的环境中，美联储、英格兰银行等都经历过由于前瞻指引过于明确而被"打脸"的经历，这也是前瞻指引近年来逐渐被政策制定者淡化或模糊化的重要原因。此外，市场过于听从央行还会产生"回声"问题。如萨缪尔森（1994）的比喻，此时如果央行试图从市场获取信息，便如一只猴子对着镜中自己的动作来采集信息一般。

2008年金融危机以来，美联储的政策总体上看非常成功。2008年9月全球金融危机爆发后，美联储当年就迅速将利率降到零，并开启了量化宽松，扩大资产负债表。货币宽松前所未有，市场和部分学界批评人士担心恶性通胀。事后证明，伯南克和美联储做得很对，不仅防止了金融体系崩盘和20世纪30年代大萧条的重演，也没有引发恶性通胀。伯南克可谓是生逢其时，博士论文即研究大萧条及其应对，学术生涯一贯强调信用对经济复苏的压倒性作用。2008年的大危机让其平生所学有了用武之地。

然而，美联储也有看错的时候。其中之一就是没有料到会长期困在零下限。美联储在危机后整整七年，也就是2015年12月，才能再次启动加息，而且三年后2.5%的加息终点远低于之前每次加息周期至少要加到5%甚至更高的水平。为什么？答案是这次的周期不一样。到底怎么不一样？不同的人有不同的提法。主流观点强调金融危机导致的疤痕效应更为明显，叠加房地产泡沫破灭的影响，美国产出和利率水平迟迟恢复不到金融危机前。为什么走不出来呢？辜朝明（2016）提出"资产负债表衰退"一说，企业从正常经济周期最大化利润转变为最小化负债，危机后一门心思减少负债，有钱也不扩大投资、不消费，就想着还债、去杠杆以修复资产负债表。桥水的达利欧提出这是长债务周期拐点之后的漫长修复期，不同于一般的短债务周期，因而不能很快反弹。

其实早在2010年美联储就开始着手货币政策的正常化。布林德（2010）以量化宽松的进入和退出为题做了专题报告。2014年10月美联储终结第三轮量化宽松，不再购买国债，在2014年底展望2015年时，货币政策委员会成员《经济预测摘要》（Summary of Economic Projections，以下简称SEP）的点阵图显示2015年预期加息四次，可实际只加了一次，耶伦在2015年12月勉强启动了货币政策正常化（见

图5.1）。在2015年底展望2016年加息次数时，预期仍是四次，也只在2016年12月议息会议上加息一次25个基点。到金融危机发生近10年的2017年3月美国的短端利率还在0.5%~0.75%之间徘徊，这很不正常，也大大出乎美联储的意料。

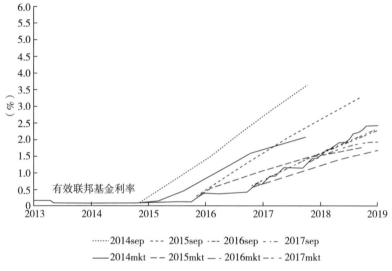

图5.1　美联储联邦政策利率与市场预期
注：sep，联邦公开市场委员会预测利率；mkt，市场预期。

　　是什么原因导致了这样的结果？美联储自己总结2015年加息不及预期是因为美元走强及其影响要大于预期。2014年6月美元DXY指数开始快速走强，从6月末不到80的水平迅速走强到2014年底的90，2015年全年又继续走强超过10%，到2015年底接近100的水平。2016年为什么加息不及预期呢？美联储总结是因为外部因素对美国经济的影响越来越重要，这里的外部因素主要是中国，包括2015年"8·11"汇改及其后续影响和2016年初的股灾等。总而言之，央行面临的外部环境在变化，过去的行为模式不再适用。2015—2016年美联储的加息计划没能按预期进行，市场一度被证明比央行更加准确。

美联储更明显的失误来自2018年，全年四次加息，尤其是2018年12月的第四次加息到2.5%。美国股票市场剧烈震荡，标普500指数由12月3日的2 790点下跌到12月24日的2 351点，跌幅达15.7%，属于股灾级别，后虽小幅反弹，全月跌幅仍超过10%，股票市场以剧烈的反应逼迫美联储承认自己的失误。美联储偏鹰派的一个原因是2017年底特朗普政府税改计划通过，2018年1月1日正式落地，企业最高税率由35%降至21%，财政赤字扩大到3.8%，这是继2017年财政扩张之后的再次扩张，货币政策有收紧以对冲财政扩张的意图。

更根本的原因可能还是对政策利率终点的误判。美联储主席鲍威尔在2018年10月讲话称目前政策利率水平离中性利率还很远。到了11月市场波动，又由副主席克拉里达出面改口说，政策利率已经接近中性利率的区间。短短一个月，政策利率没有调整，经济基本面变化也很小，变化大的是美国股票市场，除非中性利率的区间实在是太宽了，否则很难理解美联储180度的大转弯。2019年美联储转为降息，自7月开始全年降息三次共75个基点，在经济基本面和外部环境总体平稳的情况下如此快速的转弯说明2018年的四次加息确实是政策失误。2019年比较大的变化是中美贸易摩擦在2019年5月和8月连续升级，金融市场波动较大，长端国债收益率持续快速下行，到3月下旬，10年期和3个月期国债收益率即出现短暂倒挂，5月以后曲线倒挂持续且加剧至50个基点，直到美联储连续降息，收益率曲线才小幅转正。

美联储是如何总结2018年加息失误的呢？鲍威尔的总结是实际操作中把中性利率当成政策制定的基准执行起来有难度，因为衡量中性利率的不确定性太大了，只能摸索前进。这样货币政策的准星就没有了，政策制定的锚在哪里？是以市场的欲求为准吗？

以市场为准的危险在于市场是有偏的。市场比央行更正确可能并不是因为它更客观，反而是因为它是有偏的。市场的主流观点总是希望货币政策缓收紧、不收紧，从而资产价格的繁荣能够更持久。如果经济体恰好面临更多的负面冲击，市场的观点就会被证明是对的，而如果经济体面临的冲击是通胀性的，需要货币政策加快收紧时，市场也会错。新冠疫情发生后，美国同时祭出天量财政和货币刺激，但是直到2021年年中，主流观点还是美国的通胀是暂时的，美联储和华尔街都认为没有必要急着退出货币宽松。从2021年四季度开始，美国通胀持续和显著超出市场预期，12月通胀高达7%，是40年的高点。2021年12月美联储开始急转弯，先是在12月议息会议上提出不能再说通胀是暂时的，同时表态将提前加息和加快缩减量化宽松购买额度，到2022年3月完全停止量化宽松。这一转向可能已经落后于通胀形势，即落后于市场曲线，可市场比美联储更加滞后。到2022年2月，市场指标隐含的通胀预期并无太大变化，加息次数和幅度也不及美联储的鹰派表态。在2017年的加息周期中，市场的加息预期也明显滞后于美联储。2017年美联储把方向盘牢牢握在自己手里，全年加息三次，超过市场预期。市场还和之前两年一样认为美联储加息次数要低于三次，更有可能是一次或两次。

没有人有水晶球。不仅央行会误判经济基本面，市场也会。新冠疫情的反复冲击，供应链的持续扰动都很难事前预测。就像2008年很少人预料到通胀会姗姗来迟，2021年也很少人预料到通胀来得这么快和这么猛。对于政策制定者而言，重要的不是事事正确，而是尽量减少政策频繁和激烈转向带来的冲击与后遗症。

市场总是希望持续的货币宽松推动资产价格繁荣，但央行的职责恰恰是在宴会开始的时候把酒杯撤走。忘记这一职责的后果是严重的。在金融危机前的上一个加息周期，格林斯潘直到2004年6月才启动加息，这时美国经济已经明显过热，房地产价格持续加速上涨。美联储每次只加息25个基点，连续加息17次，花了两年时间，到2006年6月才把利率抬到5.25%。

4. 保持央行的市场独立性以防范道德风险

如果说央行在基本面判断上难免犯错，那么在维护金融稳定上央行有时还不得不"故意"犯错。在系统性风险面前，央行面临的挑战是对道德风险的考量只能居于次要地位，而频繁的救助不仅会加剧道德风险，反过来还会威胁央行的独立性。在危机发生过程中，尤其是在压力期，央行也不知道系统性风险从而救助的线要划在哪里，有时不得不进行压力测试，以寻求在钢丝上的艰难平衡。

2008年9月15日雷曼兄弟公司（以下简称"雷曼"）申请破产，成为国际金融危机的标志性事件。雷曼的破产成了一桩公案。为什么美联储没有像之前救助贝尔斯登或者隔天救助美国国际集团（AIG）那样救助雷曼？一件事没有做，不外乎两种解释：不愿意做或者没能力做。美国2008年金融危机救助的"三驾马车"，即财长保尔森、美联储主席伯南克和纽约联储主席盖特纳当时的表态是不愿意救，而如今三位都相继出了回忆录，还一起写了一本书《灭火》，一致说真实原因乃是救不了，没法救。有没有央行救不了的国内债务危机？我们能从中汲取哪些教训？

回顾这段历史，我的结论是，雷曼的倒闭不是央行无力救助任何单个机构，而是央行在整个金融体系出现问题、面对终极政治和舆论压力时的无能为力和战术选择。央行救助必须以避免发生系统性金融风险为出发点，同时要求被救助机构有足够的抵押物和偿付能力，这两条线划在哪里都不是十分清晰的。频繁出手救助，只会助长道德风险和刚性兑付信仰，很多时候央行不得不让一些机构倒闭，对金融系统进行压力测试。某种意义上，2021年恒大债务危机也是一种压力测试，只不过有的测试涉险过关，有的测试如雷曼差点让整个金融系统崩溃。

我们先看为什么大多数观察者都认为雷曼的倒闭是因为美国政府尤其是财长保尔森袖手旁观，故意为之。在私人部门谈判救助雷曼开始之前和谈判最为激烈的那个周末，保尔森多次强硬表态不要指望政府会出一分钱，或许之前对贝尔斯登的救助已经让他承受了很大的压力。2006年5月保尔森被小布什提名为财长那天，CNBC（美国消费者新闻与商业频道）来了一辆直播车到普林斯顿采访，亲民主党的思想领袖当时还对他印象颇佳。雷曼倒掉之后则骂声一片，认为正是他的愚蠢和刚愎自用将美国经济和金融系统拖到了崩溃的边缘。伯南克在回忆录中说，保尔森表态的部分动机是为谈判策略考虑，断了银行家们对政府的指望，这样他们才能自救，就好比10年前他们合力救助长期资本管理公司一样。保尔森在自己的回忆录中也提到盖特纳认为他的表态欠妥，因为如果政府最终选择出手救助，出尔反尔只会让信誉受损。保尔森的答复则是我们走到那一步再说。

财政部和保尔森的表态其实是不相关的。因为财政部自身没有钱，救不救最后还是美联储的事。这一点伯南克在回忆录中也多次提到，任何政府救助的钱最后都是美联储买单，而不是财政部。那美联储为什么不救？伯南克和盖特纳在各自的回忆录中一致说他们救不了，而为了维护信心，在2008年事件发生时还不能承认救不了。问题是，现在再来更改之前的说法，不免让人觉得越描越黑。到底是救不了，还是对雷曼的系统重要性判断失误，我们客观看一下，有没有作为最后贷款人的央行救不了的国内危机？

按照白芝浩提出的央行法则，在危机时央行应该充分放贷，征收惩罚性利率，同时要求好的抵押物。伯南克和盖特纳的说法是雷曼没有足够的抵押物，反观美国国际集团则有现金来源稳定的保险业务做抵押。此外，雷曼也没有一个买家，贝尔斯登有摩根大通收购，所以美联储能够救。言下之意是在美联储看来雷曼资不抵债，没有偿付能力，所以没法救助；美联储如果救助雷曼，就好比向一个无底洞里扔钱，扔得越多，雷曼的私人投资者和债权人就会跑得越快。然而盖特纳自己也承认偿付能力是仁者见仁、智者见智的事儿。伯南克去国会说服议员批准"TARP"这一不良资产购买计划时也提到，资产有两个价格，甩卖（fire-sale）价格和取决于长期现金流的均衡价格。在甩卖价格下没有哪个机构有偿付能力。救助与否最终还是有很多主观判断，它在技术层面取决于抵押品的数量和质量，而后者又是美联储本身满意就好（参见《联邦储备法案》第10-B条款），所以事后说雷曼救也救不活难以服众。

雷曼的倒闭是一种必然。不是雷曼，还会有风曼、雨曼和电曼。单靠央行的力量，即使能挽救一些机构，也只会暂缓危机的爆发，而且最后还会遭到政治上的清算。危机救助既需要一个系统重要性机构的倒闭来唤起公众和国会对救助的支持，也需要这样的反面教材来警醒其他机构，减少道德风险和避免泡沫越吹越大。从这个意义上说，雷曼的倒闭有监管者故意为之教训金融机构的成分，但它不是央行救助不了雷曼或任何单个机构，而是央行在整个金融体系出现问题，面对终极政治和舆论压力时的无能为力和战术选择。央行有时不得不故意犯错，让公众和政府亲眼看到万丈深渊，这样才能动员起必要的政治决心和公共资源。

第六章 利率决定的理论与实践

利率理论是各类相左观点的大杂烩，没有任何一种观点能主导这一理论，但也没有任何一种观点甘愿屈服。

——庞巴维克（Böhm-Bawerk），《资本与利息》

全球长端名义利率20世纪80年代以来持续下行引发较多关注。这一趋势在2008年全球金融危机后仍然持续，美国10年期国债收益率在2020年新冠疫情暴发后降至0.5%，创200年新低，而日、德更是早在2016年就降至负值。1983年至2019年，美国和德国10年期国债收益率分别下降890和830个基点，日本国债收益率自1990年高点也下降了700个基点。新兴市场经济体债券收益率也呈现下行趋势。同期，央行的政策利率也不断下行。美国和德国的政策利率分别下降775和488个基点，日本银行政策利率则从1990年的高点下降近600个基点。低利率一度被认为是暂时的，将随着货币政策正常化而逆转。2015年美联储启动加息，长端利率却继续下行，这之后越来越多的人认为利率将长期保持在低位。到了2018年美联储加息终点远低于之前的周期，2019年又开始降息，主流观点变成利率会永远保持低位。2020年

---

*　本章第四至第六部分是在《低利率：成因与应对》（缪延亮、唐梦雪、胡李鹏，2020）基础上修改更新而成。

新冠疫情暴发之后，美国推出天量货币宽松和财政刺激政策，通胀反弹，利率上行，又有观点认为低利率的时代将一去不复返。

正确识别周期性、趋势性和结构性因素，尤其是货币在利率决定中的作用是理解利率下行的关键。我们的结论是长端名义利率持续下行并不能简单归因于货币政策利率和通胀的下行；相反，货币政策利率更有可能是在自然利率的牵引下同步下行，而自然利率又主要取决于技术进步、投资和储蓄偏好等结构性和实际变量。在自然利率下行的背景下，货币政策空间受限，应该更多运用结构性改革和财政政策来缓解中性利率下行，并通过宏观审慎政策熨平金融周期，避免低利率陷阱。

一、利率决定的争议和混淆

利率是如何决定的充满了争议，庞巴维克在其著作《资本与利息》中写道："利率理论是各类相左观点的大杂烩，没有任何一种观点能主导这一理论，但也没有任何一种观点甘愿屈服。"

利率的决定引发诸多争议首先在于利率理论的纷繁芜杂。诸多利率理论中，影响最大的有两个，一是新古典的可贷资金理论，资金的供给与需求决定利率，强调经济中的实际变量和市场力量决定利率，是实际利率和均衡利率，是长期的结果。另一个就是凯恩斯的流动性理论，流动性的需求和供给决定利率，讲的是名义利率，是均衡的实现过程，是短期现象。这两个看上去毫不相关的利率决定论，在短期可通过 IS–LM 曲线统一起来。LM 曲线是货币市场均衡，对应不同的利率和产出组合，IS 曲线是资金供给和需求均衡，也对应不同的利率和产出组合，两者相交，利率和产出同时被决定。这是短期分析，价格既定不变，名义利率就是实际利率，体现了短期货币非中性。从实际和名义两个不同的角度理解利率虽然在短期得到了统一，在长期却引发不少混淆。考虑到货币在长期决定通胀，而名义利率等于实际利率加上通胀，所以一种不自觉的倾向是强调货币因素在利率决定中的作用。

利率引发争议还在于现实世界相对于理论世界的丰富多彩。在理论模型中往往只有一个利率，但现实中有无数个利率，有短期利率，长期利率，有无风险国债利率，还有企业信用利率等。在经典模型中，由于没有不确定性，在均衡时，利率＝经济增长率＝资本净回报率，也即黄金法则。有些模型将不确定性纳入，同时又加入了理性预期，或者是把不确定性当成确定性来处理（即所谓确定性等价，certainty equivalence），均衡利率仍然只有一个。在这种情况下，也就没有期限溢价，因为没有不确定性，长期利率等于预期未来短期利率的平均值。理论上必要的抽象和简化也造成在实践中忽视期限和风险溢价对利率的影响。

对利率的混淆更来自央行的实践。央行频繁调控政策利率以管理经济，使人们误以为是央行决定了利率，更加强化了利率的货币决定论。事实上，央行并不能掌控实际利率，哪怕是短期利率。如果实际政策利率长期低于自然利率，通胀会越来越高，央行不得不加息控制通胀；而如果实际政策利率长期高于均衡利率，产出下降，甚至会陷入通缩，央行将不得不降息；只有当实际政策利率总体上等于均衡利率，通胀才能保持稳定，产出位于潜在水平，经济处于稳态。在短期内，货币利率对自然利率的偏离通过价格黏性（微观基础包括菜单成本、工资合同等）和信息不对称发挥金融加速器的作用，使经济回归稳态。在经济回归稳态之后，货币利率也需要相应回归自然利率。

所以，货币利率的锚是自然利率，而不是相反。自然利率或者说均衡利率由经济潜在增速和投资与储蓄偏好等实际变量决定。如果出现技术冲击，导致自然利率提升，而货币利率低于自然利率，企业扩大生产变得有利可图，此时企业债务偿还额和利息不变，企业将不断扩大再生产，直到通胀上升使得货币利率上升至与中性利率相等。货币利率和自然利率的关系因而可以相应总结为：在短期，央行调控货币利率，通过它对自然利率的偏离来调控经济；在长期，央行货币利率并不影响由实际变量决定的自然利率，而是由其牵引决定。

利率的实际和名义之分影响对利率走势的观察。具体到20世纪80年代以来长端利率的持续下行，比较有代表性的观点仍然强调货币政策在其中起到的突出作用。2008年之前货币政策成功控制了通胀，拉低了名义利率。2008年之后，随着非常规货币政策的推出，央行大量购买政府债，压低了期限溢价，继而压低利率。总之，货币政策的革新和成功导致了利率长达40年的持续下行。但根据上文分析，利率既取决于名义变量，也取决于实际变量，尤其是在通胀保持稳定之时。

对利率下行的不同归因会影响对利率前景的判断。危机前，一部分研究认为通胀水平和波动率的下降拉低通胀预期和期限溢价，从而推动名义利率下降（Knight，2006）。背后是央行货币政策框架带来的"大缓和"时代（Bernanke，2004）。货币政策的成功当然有长期影响，但不会持续压低利率。利率持续下行需要寻找长期和结构性的解释。另外一部分研究强调新兴市场储蓄过剩压低全球特别是美国的利率（Bernanke，2005）。危机后，在货币政策框架并未出现重大调整且新兴市场储蓄过剩出现缓解的情形下，名义利率的继续下行引发学术研究对人口结构、不平等和技术进步等结构性因素的关注。萨默斯（Summers，2013）据此提出"长期停滞"（secular stagnation）假说，认为低利率将长期持续。也有学者认为，随着中国老龄化加剧以及逆全球化的出现，通胀和利率将出现低位回升（古德哈特和普拉丹，2021）。

利率持续下行是周期性、趋势性和结构性多重因素共同作用的结果。任何单一因素很难完全解释。若利率下降主要来自期限溢价，由于期限溢价模型大多假设利率在长期保持稳定，利率理应随着货币政策正常化而回升，这与主要央行一度停止量化宽松后利率仍持续下行不符。若利率下降主要来自结构性因素带来的中性利率下降，又与危机前通胀预期和期限溢价显著下降的事实不符。我们仍将名义利率分解为通胀预期、预期未来短端实际利率（即预期政策利率，长期看围绕中性利率波动，在均衡时就是中性利率）与期限溢价三个互斥的因素，并对各因素进行定量评估。但考虑到期限溢价受货币政策影响，长期看中性利率才是把握长期利率走势的关键，我们重点考察结构性因素如何影响中性利率。

我们发现，长端利率的三个部分分别由不同的因素决定，因而不同时期利率下行的驱动因素并不一致。通胀预期和风险溢价主要由货币政策决定，但是实际利率主要由技术进步、投资和储蓄偏好等结构性和实际变量决定。危机前名义利率下降由通胀预期和期限溢价下降主导，主要反映货币政策框架调整的影响；危机后则几乎完全由中性利率主导，其背后是技术进步、人口结构、收入不平等等结构性因素。以美国为例，1983—2007年10年期国债收益率下降650个基点，通胀预期和期限溢价的贡献各接近一半；2008—2019年10年期国债收益率下降250个基点，中性利率贡献180个基点。往前看，发达国家的名义利率可能随通胀回升而上行，但是实际利率仍将受低增长、高债务等结构性因素压制。中国面临利率长期下行压力，货币政策空间受限，财政政策和结构性改革需扮演更重要的角色，宏观审慎也应在熨平金融周期上发挥核心作用。

二、长端利率下行的归因

2008年全球金融危机前文献通常将利率下降归因于央行货币政策框架调整以及新兴市场储蓄过剩。20世纪70年代高通胀和高失业率共存的惨痛经历促使全球央行反思货币政策框架，央行承认就业和通胀之间并没有永久的替代关系，央行容忍更高通胀并不能永久提高就业

（Bernanke，2004）。自80年代开始，各国央行开始注重通胀波动和增长波动之间的平衡（Taylor，1987），并逐步引入通胀目标制，到2008年金融危机前成为主流的货币政策框架，全球经济也迎来"大缓和"时代。这一期间通胀持续下行，增长和通胀的波动率显著下降，压低了长期名义利率中通胀预期和期限溢价部分。"大缓和"时代的出现被认为是货币政策框架调整带来的重大胜利。此外，1997年亚洲金融危机后，新兴经济体大量积累外汇储备，加上油价暴涨推升石油出口国经常账户盈余，新兴市场经济体呈现储蓄过剩，进一步压低全球利率（Bernanke，2005）。

2008年全球金融危机后学术研究更强调潜在增速下降和人口等结构性因素对实际利率的抑制。货币政策框架在危机后并未出现重大调整，美国也一度退出量化宽松政策，新兴经济体经常账户盈余也在逐步消失，但利率仍持续下行。戈登（2012，2014）提出，危机后美国人口结构改变、受教育程度相对下降、不平等加剧叠加高债务，显著降低经济潜在增速并带来低利率，技术进步放缓将加剧这一趋势。萨默斯（2013，2014）提出长期停滞假说：由于资本品相对价格下降和人口增速放缓等结构性因素，资本需求下降而储蓄倾向过剩，经济增长放缓，实际利率将长期处于较低水平。

为了准确分析名义利率的主导因素，学术研究试图从不同维度对名义利率进行定量拆分。主要拆分方式包括两种：一是雷切尔和史密斯（2015）以及埃格特松等人（Eggertsson et al.，2019）从潜在增速、储蓄和投资偏好角度利用结构模型对利率影响因素进行定量归因；二是金等人（Kim et al.，2019）和多数市场机构研究基于期限溢价模型对名义利率进行分解，将名义利率分解为预期未来短端实际利率、预期通胀和期限溢价三部分。但上述分解方法存在三个弊端：一是大多模型均假设期限溢价在长期是稳定的，与一些基本事实不符（例如"大缓和"时代期限溢价的长期下行）；二是对期限溢价的估计存在较大分歧；三是缺乏经济学含义，无法对利率影响因素提供定量估计。本章则将两个框架相结合，根据金等人（2019）的期限溢价模型可将长端名义利率拆分为通胀预期、预期未来短端实际利率和期限溢价三部分，首先对影响中性利率的结构性因素及其贡献进行讨论，然后分析影响通胀预期和期限溢价的因素。本章还以美国10年期国债收益率为例，对1983年以来的收益率下降进行归因，探讨不同因素的相对贡献。

三、中性利率决定的理论与实证

　　中性利率最早于19世纪由维克塞尔（1898）在其划时代的著作《利息与价格》中提出，"存在某个贷款的利率，它对商品价格保持中性，往往既不会提高也不会降低商品价格"，即可保持商品价格稳定的利率水平。中性利率的提出打破了传统的"二分法"，将货币理论和价值理论统一起来，货币不再只是面纱。布林德（1998）提出了现代中性利率概念，"这一利率使稳态IS曲线上的GDP等于潜在GDP，中性利率将使通胀在中期保持稳定"，即稳态IS曲线上，经济处于潜在增速时对应的实际利率水平（见图6.1）。结构性变化如人口、技术、贸易和政府中长期政策影响中性利率；短期经济冲击，不改变稳态IS曲线，则不影响中性利率。罗杰·弗格森（Roger Ferguson，2004）代表美联储给出的较官方定义是，"联邦基金利率维持在这一水平数年，经济活动将达到潜在水平"，也就是使经济维持在潜在增速的实际政策利率水平。中性利率又被称为均衡实际利率或自然利率，是衡量货币政策松紧的标尺。

　　中性利率是经济处于稳态时的利率水平。实际政策利率无法长期与之背离，否则会带来金融条件过紧或过松，引发产出和通胀的过度波动。因此，长期看，央行政策利率水平仅是对中性利率变化的反映。实证研究也显示，1999—2007年美国实际利率冲击会逐步传导到联邦政策利率，但政策利率调整对实际利率几乎没有持久影响（Gerlach and Moretti，2014）。这一发现支持货币中性的观点。但是也有观点认为，过度宽松的货币政策会导致金融周期和资源错配，从而陷入低利率陷阱，详见本章专栏6和第十二章关于货币非中性的讨论。

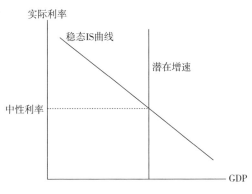

图6.1　中性利率定义

1. 经典模型中中性利率的决定

中性利率由结构性因素决定。根据新古典的利率决定理论，通过消费者跨期选择和均衡条件（欧拉方程）可以求解得到均衡利率。

假设存在代表性消费者，其效用函数和消费者跨期决策的均衡条件分别为（1）式和（2）式。

$$U\,(\,c_t,\,c_{t+1}\,) = u\,(\,c_t\,) + \beta E_t[u\,(\,c_{t+1}\,)\,] \qquad （1）$$

$$\frac{1}{(1+r_t)} = E_t\,[\,\frac{\beta u'(c_{t+1})}{u'(c_t)}\,] \qquad （2）$$

其中，β是主观贴现率（$\beta<1$），反映时间偏好，β越大表示越有耐心，β越小意味着消费者从未来消费中获得的效用越少，更注重当前消费，"今朝有酒今朝醉"。$u\,(\,\cdot\,)$为效用函数，满足$u'\,(\,\cdot\,)>0$，$u''\,(\,\cdot\,)<0$。r_t为利率。

常用的效用函数为幂效用函数：

$$u\left(c_t\right) = \frac{c_t^{1-\gamma}-1}{(1-\gamma)} \qquad (3)$$

其中，γ 是相对风险规避系数（$\gamma>0$），反映居民对不同状态（风险）下消费变化的厌恶程度。因为 γ 是常数，不随消费水平变化而变，幂效用函数也被称为常相对风险厌恶（Constant Relative Risk Aversion，CRRA）效用函数。当不存在不确定性时，居民对风险（不同状态）的态度是不相关的。但 γ 同时也是消费跨期替代弹性的倒数（Romer，2001）。[①] γ 越大，消费者边际效用 $u'\left(c_t\right)$ 随消费的减少下降得越快，因此越不愿意偏离原来的消费路径，不愿意消费波动。也就是说 γ 越大，消费者的跨期替代弹性越小，未来的消费很难替代当前的消费，消费者有更强的意愿平滑消费，只有更大的实际利率变动才能引致同一大小的消费变动。γ 等于 0 时，效用函数是线性的，此时当前和未来消费是完全替代品，消费者更加愿意接受消费上较大的波动，以便能从主观贴现率与储蓄回报之间的细小差别中获利。

将（3）式带入（2）式可以得到均衡利率。假设经济中不存在不确定性，则均衡利率由三个参数决定（β、g^* 和 γ）：

$$r_t^* = \gamma g_t^* - \ln\beta \qquad (4)$$

其中，r_t^* 为均衡利率，g^* 为潜在增速（生产率）。

从（4）式可以看到，β 越大，意味着居民越有耐心，储蓄越多，对应的均衡利率越低。g^* 越低，意味着潜在增速越低，对应的利率水

---

① t 期和 $t+1$ 期之间的跨期替代弹性的定义为：两期消费比例的相对变动对边际替代率相对变动的弹性。如果将跨期替代弹性记为 σ，则

$$\sigma = \frac{d\log\left[c_t/c_{t+1}\right]}{d\log\left[u'(c_t)/u'(c_{t+1})\right]}$$

在市场均衡时，边际替代率 $u'\left(c_t\right)/u'\left(c_{t+1}\right)$ 由市场均衡利率决定，即（2）式，因此跨期替代弹性反映当期消费和下一期消费的比例对市场利率变化的敏感程度。当跨期替代弹性为 0 时，当期消费和下一期消费的比例不受利率变动的影响，消费完全平滑。

平越低，因为当经济增速低时，家庭预期未来的收入较低，会进行跨期消费平滑，减少当期消费，增加当期储蓄，导致利率下降。γ越大，消费的跨期替代弹性越小，给定消费增速，要引致消费变动所需的利率变动就越大。

如果将不确定性引入经济，则均衡利率由四个参数决定（β、g^*、γ和σ），详见卢卡斯（1978）。

$$r_t^* = \gamma\, g_t^* - \ln\beta - \frac{1}{2}\gamma^2\sigma^2 \tag{5}$$

其中，σ^2为消费增速的方差。

从（5）式可以看到，当代表性消费者的消费存在风险时，投资者有动机通过更多储蓄来进行对冲，这被称为预防性储蓄，从而降低均衡利率。风险厌恶程度越高（γ越大）、风险越大（σ^2越大），预防性储蓄就越大，均衡利率就越低。（5）式中参数γ出现了两次，对均衡利率的影响方向相反。作为跨期替代弹性倒数的γ推升利率，引入不确定性之后，作为风险厌恶的γ降低利率。一些研究（Epstein and Zin，1990）认为，正是因为同一参数隐含两种不同的经济行为，才一定程度上导致了风险溢价之谜（equity premium puzzle）。

如果将上述两期模型拓展到多期模型，通常有两种处理方式。一种是经典的拉姆齐（Ramsey，1928）模型。在幂效用函数、柯布－道格拉斯生产函数、人口增速不变以及劳动增强型生产方式的假设下，均衡利率如下式所示：

$$r^* = \gamma\, g^* - \ln\beta \tag{6}$$

其中，r^*为稳态均衡利率，g^*为稳态潜在增速。

第二种处理多期模型的方法是世代交叠模型（OLG）。世代交叠模型中引入了人口的异质性，每一期同时存在老年人和年轻人。在对数效用函数、柯布－道格拉斯生产函数、人口增速不变等简化假设下，稳态均衡利率如下式所示（Diamond，1965）：

$$r^* = \ln\left(\frac{\alpha}{1-\alpha}\right) + \ln\left(\frac{\beta}{1-\beta}\right)\gamma + g^* + n \qquad (7)$$

其中，n 为人口增速，α 为资本收入在生产函数中的比例。

与（6）式不同的是，在世代交叠模型中，人口增速上升会提高实际利率。这是因为在世代交叠模型中，每代人只会最大化自身的效用，家庭不会自动增加储蓄来适应人口更快增长带来的更多资本需求。因此当人口增速提升时，必须提高均衡利率吸引更多储蓄。

2. 中性利率的估计方法

中性利率不可观测，需要通过统计模型测算或者金融市场数据来推断。[①]通常可以通过三种方法估计中性利率。使用最多的是劳巴赫–威廉姆斯模型（2003）和霍尔斯顿–劳巴赫–威廉姆斯（Holston-Laubach-Williams，2017）模型[下文简称 HLW（2017）]。HLW（2017）将劳巴赫–威廉姆森模型由美国扩展到更多发达经济体，根据消费者跨期选择和均衡条件（欧拉方程）来求解。（8）式来自 HLW（2017），其中 r^* 为均衡利率，g_c^* 为人均消费增速，θ 为时间偏好。根据上文分析可知，在不同的假设下，（4）式至（7）式均可以转化为（8）式。

$$r^* = \gamma g_c^* + \theta \qquad (8)$$

HLW（2017）将中性利率影响因素分解为潜在增速及偏好等其他因素[（8）式]，通过卡尔曼滤波方法从实际 GDP、通胀和短端利率中推算得到中性利率。图 6.2 为 HLW（2017）对主要发达经济体中性利率的测算结果。中性利率测算模型虽存在差异，但一致认为 20 世纪 80 年代以来美国及全球主要发达国家中性利率显著下滑（见图 6.2）。根据 HLW（2017）模型测算，美国中性利率 1983 年为 2.8%，危机前下降 50 个基点至 2.3%，危机后加快降至 0.5%~0.6%，平均每年下降 16 个基

---

① Bauer 和 Rudebusch（2019）将通胀指数债券（TIPS）市场中的实际利率作为中性利率。

点。欧元区、加拿大和英国中性利率同样下滑，1983年以来分别累计下降170、190和50个基点，各国中性利率之间的共振或表明存在"全球中性利率"。雷切尔和萨默斯（Rachel and Summers，2019）测算发现，OECD整体中性利率在1980—2017年间下降约2个百分点，与HLW（2017）的测算接近。

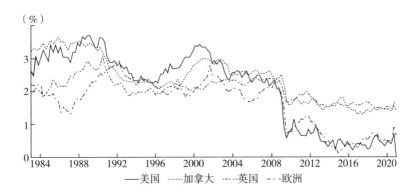

图6.2　美、加、欧、英中性利率测算结果

第二种方法是通过估算泰勒规则中的泰勒常数得到中性利率。根据泰勒规则（1993）[如（9）式]所示，其常数项即为中性利率。对（9）式进行滚动回归则可以得到中性利率的估计值（Hooper、Luzzetti and Slok，2014）。图6.3为估计结果，其中样本区间为1982年第四季度至2019年第四季度（1982Q4—2019Q4），15年滚动回归，π为美联储最看重的核心PCE通胀（core PCE），π^*为通胀目标，取值2%，u为失业率，u^*为美国国会预算办公室（CBO）估计的自然失业率。危机后联邦基金利率FFR降至零下限期间，使用吴-夏（Wu-Xia）影子利率作为替代。从图6.3可以看到，2019年中性利率在0.3%，与HLW（2017）估计的0.5%接近。

$$实际FFR = r^* + \alpha\left(\pi - \pi^*\right) - \beta\left(u - u^*\right) \tag{9}$$

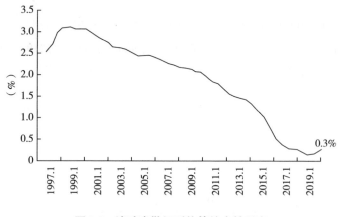

图6.3　滚动泰勒规则估算的中性利率

实际政策利率与中性利率之差可以反映货币政策松紧。如图6.4所示，2002—2006年，实际政策利率大多数情况下均低于估算得到的中性利率，格林斯潘时期的美联储可能宽松太久了。而伯南克和耶伦时期的美联储同样存在实际利率显著低于中性利率的情况，显示美联储在这一时期变得更加鸽派。

对（9）式取差分后可以得到（10）式，同样进行滚动回归可以得到泰勒规则的反应系数（见图6.5）。泰勒规则中的反应系数绝对值并不反映政策"鹰"或"鸽"的程度，而代表政策"逆风而动"的力度。第三章提到的经典泰勒规则要求通胀缺口和产出缺口的系数都是0.5，按照奥肯定律，以就业缺口衡量的产出缺口的系数是1。2014年以来，β由1降到0.5，低于泰勒规则的要求，意味着失业率每降1个百分点，仅使美联储加息0.5个百分点，美联储对失业率的下行更加容忍。当反应系数由正转负，政策则变成"顺风而行"。2009—2015年通胀缺口系数由正转负，意味着美联储"喜爱"通胀，希望抬升通胀，直到2015年以后系数才转正。

$$\Delta\,实际\,FFR = \alpha\,\Delta\,\pi - \beta\,\Delta\,u \tag{10}$$

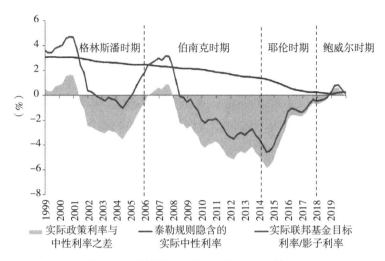

图6.4 美国实际政策利率与滚动泰勒规则估算的中性利率

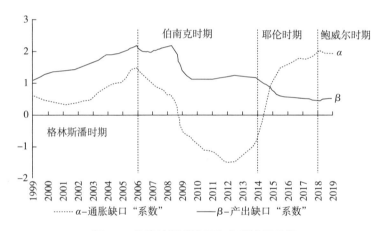

图6.5 估算的通胀缺口和产出缺口系数

第三种方法是假设中性利率等于资本净回报，通过估算资本净回报率得到中性利率（Caselli and Feyrer，2007；何东、王红林和余向荣，2013）。资本的净回报为 $r = MPK = \dfrac{\alpha y}{K}$，$\alpha$ 为资本总收入与总产出比，美国约为1/3。需要指出的是，资本的净回报除了包括短端政策利率，还包含期限溢价和风险溢价。实践中有两种方法测算资本的净回报，分别是*MPK*1=（企业净利润+租金）/私人总资本，*MPK*2=企业净利润/私人非住房资本。具体结果如图6.6所示。美国名义资本回报率大体稳定，与短端政策利率相比存在较高溢价。在投资总回报率保持稳定的同时，以国债为代表的无风险利率持续下行，这意味着风险溢价的持续抬升和投资偏好的下降，后文将分析具体原因。

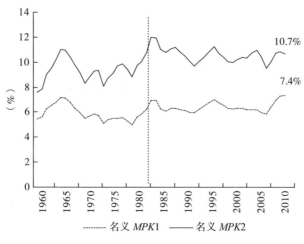

图6.6　美国资本净回报

3. 对不同估计方法的讨论

总体而言，基于均衡条件的中性利率估计具有更加丰富的经济学含义，也更具有前瞻性。均衡条件估算方法是一般均衡的结果，且较为简洁，虽然只用到三个或者四个参数，但是综合考虑了潜在增速、投资偏好和储蓄偏好等多方面因素的影响。实证上看，均衡条件的估算展现出其他方法所没有的前瞻性，是三个方法中最早判断出中性利率在2008年危机后显著下滑的。这一变化在2014年被债券投资机构

PIMCO（太平洋投资管理有限公司）总结为"新中性"（new neutral），并用于指导投资实践。然而，由于新冠疫情的特殊性质、经济封锁和史无前例的政策应对措施，经济增速大起大落，该方法的适用性受到挑战（Holston、Laubach and Williams，2020）。

以泰勒规则估算中性利率简便易行，被很多市场机构采用。但该方法有较强的隐含假设：在每个滚动回归的样本期内，平均政策利率恰好等于实际利率，也就是货币政策在每个样本期内总体上都是不偏不倚的。事实上，货币政策有时显著偏鹰派，有时又显著偏鸽派，尤其是2008年全球金融危机以来，货币政策总体偏鸽派，因而会低估中性利率。

使用资本净回报估计中性利率主要有两方面的缺陷。首先，资本边际回报率在概念上不同于中性利率，资本边际回报率包含风险溢价，而中性利率是无风险利率，因此资本边际回报率会显著高于中性利率，高出的部分主要是风险溢价。其次，该方法对资本存量的测度高度敏感，而资本存量的测度本身又有很大的不确定性。例如，卡塞利和费雷尔（Caselli and Feyrer，2007）使用最常见的永续盘存法测度资本存量，$K = I/(g+\delta)$，其中 g 是投资的几何平均增长率，而 δ 是资本折旧率，取值0.06，g 和 δ 都被假设为不随时间改变的外生参数。然而，现实中，投资的增速和资本折旧率都会随时间变化，投资的增速变化会更大，因而很难将资本存量估计准确。

四、中性利率下行的归因

文献对中性利率下降的解释也是从潜在增速、储蓄偏好、投资偏好等结构性因素出发。2008年全球金融危机前的文献通常强调中性利率主要由潜在增速和居民时间偏好决定，并且通常假设居民时间偏好保持不变，因此中性利率主要由潜在增速水平决定。但2008年全球金融危机以来，更多文献开始关注时间偏好、产出分布以及其他因素对中性利率的影响。PIMCO（2019）提出，由于预期寿命提高，居民退休后生存时间延长，相比于当下的消费，会更加偏好退休后的消费，导致时间偏好由正转负，显著降低中性利率。弗利葛（Vlieghe，2017）指出利率取决于产出（消费）的完整分布，除增速外，方差、偏度①和峰度②等都会影响中性利率。埃格特松等人（2019）提出的世代交叠模型显示，除消费者时间偏好、潜在增速等因素外，人口、资本品相对价格等其他任何能够影响可贷资金供给和需求的因素均可能影响中性利率。

参考雷切尔和史密斯（2015）对中性利率影响因素的归纳，我们梳理了历史文献中对各因素影响程度的评估（表6.1）。其中，影响潜在增速（g^*）的因素主要包括劳动力/人口增速、劳动生产率和技术进步；影响储蓄偏好（β）的因素主要包括历史文化、人口结构/老龄化、收入/财富不平等；影响投资偏好（γ和σ）的因素主要包括资本品相对价格，风险厌恶，行业垄断上升，政府中长期支出，如健康、教育和福利。从表中可以看到，不同因素对中性利率的影响幅度存在较大差异，潜在增速及储蓄偏好对利率下降的贡献要超过投资偏好。

1. 潜在增速下行拉低中性利率，但数量关系存在较大不确定性

利率和增速的关系是很多政策讨论的基石性关系。根据经典的储蓄率外生的索洛模型（Solow，1956），在消费最大化的平衡增长路径上中性利率等于实际产出增长率，而后者等于技术进步率与人口增长率之和（Romer，2011）。利率等于经济增速也被称为黄金规则。当利率小于经

① 偏度（skewness）度量统计数据分布偏斜方向和程度，为样本的三阶标准化矩，可以分为左偏分布、正态分布和右偏分布。

② 峰度（kurtosis）度量变量概率密度分布曲线在平均值处峰值高低，为样本的四阶标准化矩，可以分为正态分布、厚尾和瘦尾。

表 6.1 文献对中性利率下降的归因

影响因素		影响幅度	测算时间	测算国家	文献
潜在增速		降低实际利率1.0个百分点	1980—2015	全球	Rachel and Smith (2015)
		降低实际利率1.8个百分点	1971—2017	OECD整体	Rachel and Summers (2019)
		降低实际利率1.9个百分点，解释44%	1970—2015	美国	Eggertsson et al. (2019)
		降低实际利率1.3个百分点	1983—2019	美国	HLW (2017)
储蓄偏好	人口老龄化	降低实际利率1.5个百分点	1990—2014	发达国家（美国、日本、西欧）	Carvalho et al. (2016)
		降低实际利率1.6个百分点，解释45%	1980—2015	全球（用美国数据进行模拟）	Lisack et al. (2017)
		生育率下降解释1.84个百分点，死亡率下降解释1.82个百分点，合计解释86%	1970—2015	美国	Eggertsson et al. (2019)
		降低实际利率0.9个百分点	1980—2015	全球	Rachel and Smith (2015)
		降低实际利率1.8个百分点	1971—2017	OECD整体	Rachel and Summers (2019)
		降低实际利率1.0个百分点	1990—2030	欧元区	Papetti (2018)
		降低实际利率0.9个百分点	2008—2030	欧元区	Kara and von Thadden (2016)
		降低实际利率1.0个百分点	1980—2010	欧盟	Bielecki et al. (2018)
		降低实际利率1.0个百分点，解释22%	1985—2005	美国	Lancastre (2016)
	不平等加剧	推升储蓄率1.9个百分点，压低全球实际利率0.45个百分点，解释10%	1980—2010	全球（用美国数据模拟测算）	Rachel and Smith (2015)
		降低实际利率0.6个百分点	1971—2017	OECD整体	Rachel and Summers (2019)
		降低实际利率0.66个百分点	1980—2013	美国	Auclert and Rognlie (2016)
		降低实际利率1.0个百分点	1970—2014	美国	Ludwig Straub (2017)
	新兴经济体储蓄过剩	降低实际利率0.25个百分点	1998年以来	全球	Rachel and Smith (2015)
投资	资本品价格下降	投资品相对价格下降42%	1980—2012	美国	Karabarbounis and Neiman (2014)
		降低实际利率0.44个百分点	1970—2015	美国	Eggertsson et al. (2019)
		投资品相对价格下降30%，使均衡义投资率下降1%，降低实际利率0.5个百分点	1980—2010	11个发达经济体	Rachel and Smith (2015)
投资偏好	风险溢价上升	风险溢价上升约1.0个百分点，拖累实际利率约0.7个百分点	1980—2014	全球	Rachel and Smith (2015)
	政府投资下降	实际利率下降0.2个百分点	1980—2007	全球	Rachel and Smith (2015)

资料来源：作者整理。

济增速时，经济处于动态无效率。此时，经济体存在过度储蓄，可以增加当期消费，而未来每一期消费都不会减少，也即存在帕累托改进的可能性。当利率大于增速时，经济虽然是动态有效率的，但面临当期和未来消费之间的权衡，举债过度消费的模式不可持续，债务可持续性面临挑战。利率大于经济增速还意味着资本回报高于社会平均回报，加剧收入分配和财富不平等，在长期也不可持续。经济增速是影响中性利率的主要因素，低增速同时降低投资需求和推升储蓄，两者都会拉低利率。

政策制定者和政策研究也高度关注潜在GDP增速下降对中性利率的影响。耶伦在2014—2018年美联储主席任期内多次评论利率下行和GDP增速下行几乎同步，变动幅度接近一一对应，和HLW（2017）的发现一致。时任美联储副主席费希尔（2016）也持类似观点，美国长期经济增速从1990—2015年的平均3%下降到1.75%，美联储的FRB/US模型模拟显示中性利率相应下降120个基点。部分文献基于索洛模型，将潜在GDP增速进一步拆分为全要素生产率（TFP）和人口增速，并认为全要素生产率对中性利率的影响系数甚至大于1（Eggertsson et al.，2019；Rachel and Smith，2015；详见表6.1）。但历史数据显示，美国实际政策利率[①]与实际GDP增速的比值仅为0.4~0.7（见图6.7）。弗利葛（2017）也指出，金本位时期消费增速平均为0.8%，低于非金本位时期（2%），但后者的利率更低。美国时间序列数据及跨国面板数据均显示，利率与增长的相关性并不如理论指示的那样强，且容易受到少数样本点的影响（Hanmilton et al.，2016）。我们以1983—2007年间实际政策利率与实际GDP增速之比0.7作为估算系数，根据HLW模型和美国国会预算办公室测算，1983—2019年美国潜在GDP增速下降130个基点至2.1%，对应拖累中性利率约90个基点，危机后拖累幅度约为50个基点。

---

① 实际政策利率为联邦基金目标利率与CPI同比涨幅之差。

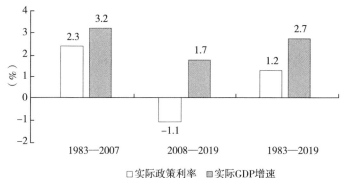

图6.7 美国实际政策利率与实际GDP增速

资料来源：BEA，BLS，Haver。

经济的结构性变化使利率和增速关系不如经典理论假设的那样一一对应。在经典模型中，消费、储蓄和风险的偏好较为稳定，中性利率主要受潜在经济增速的影响。但随着经济的结构性变动增多，偏好的重要性上升，2008年全球金融危机以来投资偏好下降，储蓄偏好上升，推动中性利率持续下行。

2. 投资偏好下降压低中性利率

投资偏好的下降集中体现在风险溢价的上升。20世纪80年代以来，无风险利率持续下降，而预期资本回报率降幅有限，2008年全球金融危机前后更是基本保持不变，二者利差（又可称为风险溢价）持续扩大。IMF（2014）使用银行贷款利差、公司债利差和股权风险溢价加权得到的利差自20世纪80年代以来上升约100个基点。风险厌恶和企业垄断程度上升是风险溢价扩大的主要原因。风险溢价是投资者要求的对投资风险的补偿，其上升反映了经济中持续存在的风险厌恶情绪。危机前，新兴市场国家积累大量外汇储备以避免重蹈亚洲金融危机的覆辙；危机后，监管要求银行和保险公司持有大量安全资产

（Caballero et al.，2017）。而布兰德等人（Brand et al.，2018）则认为，企业垄断程度上升可解释2000年后美国和欧元区利差的近三分之一。20世纪80年代以来，市场垄断程度上升，发达经济体的企业成本加成上涨高达43%（Diez et al.，2018）。这导致市场竞争性下降，总投资需求受到抑制。根据雷切尔和史密斯（2015）的测算，资本回报率与无风险利率之间的利差上升拖累实际利率约70个基点，平均每年约2个基点（见表6.1）。

资本品相对价格下降，投资需求总量减少。由于资本品技术进步更快，其相对消费品的价格持续下降，1980—2010年下降约30%（Rachel and Smith，2015）。资本品相对价格下降虽然能够提振其需求，但量的增加不及价的下降，总投资占GDP比重下降（Bean et al.，2015）。实证测算显示，资本品相对价格下降使得投资占GDP比重下降1个百分点，拖累实际利率44~50个基点（Rachel and Smith，2015；Eggertsson et al.，2019），平均每年1~2个基点（见表6.1）。拜恩等人（Byrne et al.，2013）指出，当前统计的价格指数未完全考虑半导体行业技术进步的影响，因此资本品通胀被高估，据此折算的资本品实际相对价格降幅被高估，它对实际利率的贡献应小于50个基点。IMF（2014）测算显示，资本品相对价格2002年以来已经开始走平，因此预计未来资本品相对价格下降对实际利率的影响将消退。

政府投资下降拖累总投资需求。20世纪80年代以来，全球特别是发达国家政府投资占比下降。发达经济体基础设施投资占GDP比重从80年代的4%左右下降到2011年的3%左右，新兴市场国家从10%左右下降到危机前的8%左右（IMF，2014），危机后发展中国家因逆周期调节增加政府支出，但政府投资长期呈现下行趋势。政府投资下降背后的原因是80年代后经济思潮偏好小政府以及近年来政治逐渐两极化，因而难以达成推动大规模投资的共识。雷切尔和史密斯（2015）指出，1980—2007年政府投资偏好变化使全球总投资率下降1个百分点，进而使实际利率下降约20个基点，平均每年不到1个基点，对于实际利率下降的影响较为有限（见表6.1）。

3. 储蓄偏好上升压低中性利率

人口结构变化既影响资金的供给（储蓄），也影响资金的需求。现有文献主要考察了人口结构变化对储蓄偏好的影响。传统生命周期理论认为老龄化和抚养比上升导致储蓄降低，利率上升。然而预期寿命延长同时导致退休后生存时间更长，为满足退休后的消费需求，居民储蓄倾向提高。此外，财富存量增加也将压低利率，财富掌握在老年人手中，老龄化导致储蓄存量上升（人均资本存量上升），从而压低利率（Lisack et al.，2017）。这三个渠道对储蓄的影响方向并不相同，实证研究发现后两个渠道主导，储蓄偏好和资金供给上升，压制利率。人口结构变化对利率的压制可能还来自需求减少，比如老龄化显著抑制住房和交通需求。

生命周期理论认为，少年和老年人储蓄倾向低而工作人口储蓄倾向高，因此抚养比与储蓄倾向成反比。过去30年全球抚养比持续下降（见图6.8），推升整体储蓄倾向（Rachel and Smith，2015）。2015年以来抚养比因老龄化开始回升，高储蓄却并未逆转，背后原因主要在于人口预期寿命提高导致退休后生存时间延长，推升整体储蓄倾向。20世纪70年代以来，发达国家居民寿命延长，居民退休后生存时间从10.5延长至2015年的18.7年（Rachel and Summers，2019）。为满足退休后的消费需求，居民储蓄倾向提高（Carvalho et al.，2015；Ferrero，2010；Bean et al.，2015），并且65岁以上人群工作比率和储蓄率也出现上升。以老龄化较严重的欧元区国家为例，除德国、比利时等国外，60岁以上人口储蓄率均高于整体储蓄率，在法国、意大利、西班牙等国更是显著高于其他年龄段。此外，新古典主义认为决定利率水平的不是储蓄流量，而是财富存量，老年人财富水平超过年轻人，因此老龄化将导致储蓄存量上升而压低利率（Lisack et al., 2017）。从影响幅度看，综合文献估计，20世纪80年代以来，人口结构变化导致发达经济体实际利率下滑0.9~1.8个百分点，平均每年下降3~5个基点；但埃格特松等人（2019）认为，1970年以来生育率和死亡率下降累计拖累中性利率370个基点，年均拖累达8个基点，原因在于他们进一步考虑了人口结构对信贷创造和房地产市场的影响（见表6.1）。美国老龄化程度低于欧洲、日本等主要发达经济体，但危机后明显加速，我们综合文献估计认为人口结构对中性利率拖累幅度平均每年为3~5个基点。

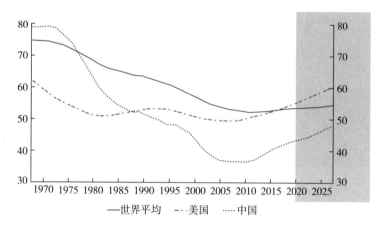

图6.8　全球、美国和中国抚养比（每100人）

注：抚养比=（0~14岁人口+65岁以上人口）/15~64岁人口。灰色区域为预测值。
资料来源：United Nations，Haver。

　　收入与财富不平等加剧进一步推升储蓄偏好。大多数学者认同，由于高收入人群储蓄倾向更高，不平等加剧将导致社会储蓄偏好提升（Dynan，2004）。不过也有部分学者指出，个人储蓄率还取决于相对收入，不平等加剧时，低收入人群的收入增速相对更慢，为保持相对消费稳定，消费倾向上升，总储蓄下降（Alvarez-Cuadrado and Vilalta，2012）。实证证据表明，20世纪80年代以来，美国、英国、德国、日本等国不平等程度持续上升，美国前1%人口的收入占比由11%大幅上升至2015年的20%，同期实际利率持续下降，更支持不平等加剧推升储蓄倾向的观点。从影响幅度看，文献测算结果存在一定差异，大部分研究发现，不平等提升对全球实际利率的拖累幅度为45~66个基点，平均每年1~2个基点（Rachel and Smith，2015；Auclert adn Rognlie，2016；Rachel and Summers，2019）；但兰卡斯特（Lancastre，2016）估计的幅度超过多数文献，他认为1985—2005年美国收入不平等加剧导致实际利率下滑100个基点，部分由于他进一步考虑了不平等对借贷需求的抑制（见表6.1）。

此外，文化也会影响居民的时间偏好和社群风险共担程度。文化的黏性相当高，海外中国移民的高储蓄倾向一直会延续到第三代。文化通过几个渠道产生影响：一是时间偏好渠道。文化影响居民时间偏好，进而导致储蓄倾向不同。文化的载体是语言，不同的语言表达方式，储蓄行为也会有差异。严格区分未来和现在（Strong future-time reference，SFTR）的语言，如英语和俄语，居民更看重当下，储蓄会更少，退休时财富也更少（Chen，2013）。不严格区分未来和现在的语言，如德语和中文，为未来进行储蓄几乎是自然而然的。相对于法语区居民，瑞士德语区中低收入家庭储蓄的可能性要高11%（Guin，2017）。二是正式或非正式信贷渠道，社群中互惠和利他水平越高，非正式网络中风险共担水平越高，储蓄越低。有研究者（Ortigueira and Siassi，2013）指出，家庭和朋友在不利情形下互帮互助的可能性越高，储蓄率越低。

综上，过去30年中性利率下降受潜在增速和偏好共同影响；2008年全球金融危机后，偏好对中性利率影响更大。危机以来美国中性利率每年下降16个基点，受潜在增速下降拖累约5个基点，受储蓄投资偏好变化拖累达12个基点。从全球看，20世纪80年代以来储蓄偏好上升每年拖累中性利率5~8个基点，投资偏好下降每年拖累中性利率4~5个基点，其中人口结构变化、不平等加剧和资本回报率下降的影响最显著。

五、货币政策框架调整的影响

20世纪80年代以后主要国家通胀和通胀波动率普遍下降。70年代布雷顿森林体系解体以及两次石油危机导致全球通胀显著上升。80年代初美国通胀一度攀升至10%以上，随后持续回落，2000年以后维持稳定。1990—2007年美国通胀平均为2.3%，核心通胀为2.2%。通胀水平下降的同时，通胀波动性也显著下降（见表6.2）。其他发达国家以及发展中国家也表现出同样的趋势，发展中国家通胀的标准差从1970—1994年的25.1%大幅降至1995—2018年的4.8%。随着通胀水平和通胀波动率的下降，通胀预期从1980年的高点逐步回落，并在2000年后整体保持稳定。央行货币政策成功稳定住通胀预期，它不再受到短期通胀波动的影响。

表6.2　通胀均值与波动率　　　　　　　　　　　　　　　　（单位：%）

地区	平均通胀		通胀标准差	
	1970—1994	1995—2018	1970—1994	1995—2018
美国	5.2	1.8	2.8	1.5
美国核心通胀	5.1	1.7	2.2	0.5
其他发达国家	6.7	1.4	3.8	1.0
新兴市场国家	32.7	6.6	25.1	4.8

资料来源：Clarida（2019）。

同期期限溢价趋势性下滑导致利率下降。期限溢价是投资者持有长期债券相对短期债券所要求的额外回报，以补偿其承担的短端实际利率和通胀变动风险，因此期限溢价常被拆分为实际利率风险补偿[①]（real term risk premium）和通胀风险补偿（inflation risk premium）两部分。期限溢价不能直接观测，实际测算结果依赖模型和参数假设，不同模型[②]测算得到的结果存在一定差异，并且多数期限结构模型暗含了长期利率稳定的假设，会高估期限溢价的变化幅度。文献大多显示期限溢价自20世纪80年代以来趋势性下滑（Bauer et al.，2019；Li et al.，2017；Clarida，2019），下滑幅度为3.5~5个百分点，其中本轮金融危机之后下滑幅度为1~2个百分点（Cohen et al.，2018）。

增长、通胀波动性降低是期限溢价下滑的直接原因。历史上高通胀和经济增长不确定性较高时期，期限溢价往往更高（Bernanke，2015；Adrian，2015）。20世纪80年代中期以来全球经济进入"大缓和"时代，增长、通胀波动性下降导致实际利率风险补偿和通胀风险补偿下降，是期限溢价下滑的直接原因。根据金（2019）的测算，90年代以后美国10年期国债通胀风险补偿和实际利率风险补偿分别下降100和250个基点。此外，科恩（Cohen，2018）还发现2000年以后美国和欧元区实际利率风险补偿降幅均超过1个百分点，欧元区通胀风险补偿同期还进一步下降。我们直接将实际利率减中性利率视为期限溢价的贡献，1983年以来累计降幅为360个基点，与金（2019）的估计接近。

"大缓和"时代货币政策框架调整助力宏观经济波动性下降。20世纪80年代中期以来的"大缓和"时代被认为是货币政策的重大胜利。伯南克（2004）指出，增长和通胀波动的下降是因为央行克服了70年代所犯的错误，承认就业和通胀之间并没有永久的替代关系，央

---

① 债券投资者称它为久期风险补偿。

② 常见模型包括ACM（Adrian et al.，2013）、Kim and Wright（2005）、Hordahl and Tristani（2014）、Bauer and Rudebusch（2019）。

行容忍更高通胀并不能永久提高就业。自20世纪80年代以来，各国央行开始注重通胀波动和增长波动之间的平衡（Taylor，1987）。80年代末新西兰央行率先引入通胀目标制，至金融危机之前的2007年，通胀目标制成为主流的货币政策框架，"一个目标，一个工具"（IMF，2014）成为央行共识的核心。货币政策框架调整带来的宏观经济波动性下降导致期限溢价下降。例如，英格兰银行正式采用通胀目标制后，通胀风险补偿大幅下降（Abrahams et al.，2016）。此外，90年代末以来股债回报由正相关转为负相关，债券能对股票价格变动风险提供对冲，市场对债券需求增加，所要求的期限溢价下降（Clarida，2019；Bernanke，2013；Campbell，2017）。股债回报负相关背后的原因可能包括资产价格驱动因素由通胀预期变化转向增长预期变化、货币政策策略变化导致通胀和产出缺口的关系发生改变等。我们的估算也显示1983—2007年实际利率下降主要来自期限溢价的贡献。

大规模量化宽松、股债回报负相关等因素增加债券需求，进一步压低期限溢价，但幅度相对有限。危机后，主要国家央行实施的量化宽松政策推升对长端国债的需求，压低期限溢价。美联储2008—2014年累计购买3.7万亿美元资产，欧洲央行2015—2018年累计购买2.6万亿欧元资产，英国、日本等国央行亦实施量化宽松。我们估算显示，危机后期限溢价仅下降了50个基点。但也有研究认为，美联储和欧洲央行的量化宽松压低期限溢价超过100个基点（Abrahams et al.，2016；Bonis et al.，2017；Eser et al.，2019）。

综上所述，中性利率、通胀预期和期限溢价对长端名义利率的下降均有贡献，背后既有货币政策框架调整的原因，也有结构性因素的原因。为了给出各因素的定量结果，我们对1983年以来美国10年期国债收益率的下降进行了定量归因（见表6.3），其中中性利率、通胀预期和期限溢价分别对应学术文献测算的中性利率、通胀保值债券隐含的通胀预期以及名义利率扣减了前两者后的残余项。1983年以来[1]，美国10年期国债收益率近900个基点的降幅中，通胀预期、中性利率和期限溢价的贡献相当，均约为300个基点（见表6.3）。但不同阶段主导因素不同，危机前名义利率下降由通胀预期和期限溢价下降主导，主要反映了货币政策框架调整的影响；危机后则由中性利率主导，并且其中偏好改变的影响更大，反映了人口结构、收入分配等结构性因素的拖累。

表6.3　美国10年期国债收益率（基点）归因

	1983—2019	年均	1983—2007	年均	2008—2019	年均
名义利率	−895	−24	−650	−25	−250	−23
通胀预期	−305	−8	−290	−11	−20	−2
实际利率	−590	−16	−360	−14	−230	−21
预期短端实际利率（中性利率）[2]	−230	−6	−50	−2	−180	−16
潜在增速[3]	−88	−2	−38	−1.5	−51	−5
投资、储蓄偏好	−142	−4	−12	−0.5	−129	−12
期限溢价及其他	−360	−10	−310	−12	−50	−5

资料来源：HLW模型，作者测算。

六、低利率环境持续及应对

从全球看，压制中性利率的结构性力量难有改善。第一，人口增速放缓和技术进步放缓将继续拖累潜在经济增速。根据联合国预测，

---

[1]　1980—1982年高油价和美国经济连续衰退对数据扰动较大，因此以1983年以来的数据作为观测区间。

[2]　使用的是HLW模型估计的中性利率，数据来源为纽约联储，更新至2019年三季度。

[3]　将1983—2007年美国实际政策利率与实际GDP增速的比值0.7作为估算系数。

全球人口增速将从2019年的1.1%放缓至2030年的0.8%，2050年将进一步放缓至0.5%。劳动生产率短期内也难看到显著回升迹象。戈登（2012，2014）认为，1870—1970年间多项重大发明推动这一时期的技术进步，但是汽车、死亡率下降等不可重来的革命性进展是一次性的，故1970年以后技术进步放缓且这一趋势将在长期内持续。全球贸易摩擦、技术竞争加剧或将进一步拖累生产率表现。第二，老龄化进程持续，高储蓄倾向难有显著逆转。根据联合国预测，全球人均预期寿命将从2020年的65.5岁延长至2030年的67.5岁，即使考虑退休年龄延后，退休后生存时间仍达18.3年。老龄化还将通过提高老年人储蓄率、增加财富存量继续抬升储蓄倾向。布兰德等人（2018）和利萨克等人（Lisack et al.，2017）的研究预计，到2030年人口结构变化还将拖累实际利率40~50个基点，平均每年4~5个基点。第三，已有研究多认为不平等加剧对利率的抑制还将持续。解决不平等问题需要依赖更大力度的收入分配政策，在当前政治两极化情形下，不平等趋势预计难以逆转。第四，资本品相对价格、资本回报率与无风险利率之间的利差预计也不会出现明显的逆转趋势。现有研究大多认为当前的低利率情形未来将延续（Rachel and Smith，2015），未来10年实际利率将维持在-2%~0%之间（Gourinchas and Rey，2016；Rachel and Summers，2019）。

我国面临利率长期下行压力。第一，潜在增速因劳动年龄人口增速下降和技术进步放缓而下降。根据世界银行（2019）预测，中国劳动年龄人口增速将从2018年的-0.3%逐步放缓至2030年的-0.6%。同时，随着我国更加接近世界技术前沿，技术进步更多依赖于自主创新，在全球技术进步放缓的背景下，潜在增速下行压力难被扭转。参考美国经验，潜在增速每降10个基点，中性利率下降7~10个基点。根据相关学者（Rees and Sun，2021）的测算，中国的中性利率从20世纪90年代的3%~5%下降至2010年的2%~3%，降幅的三分之二来自潜在增速的下滑。第二，预计储蓄偏好仍将维持高位，投资偏好继续回落，利率面临下行压力。我国面临严峻的人口老龄化压力，根据联合国预测，我国65岁以上人口占总人口的比重将由2018年的11%升至2030年的17%，上升速度是美国危机以来升速的两倍（见图6.9）。因此，老龄化对我国中性利率的拖累幅度可能高于文献基于发达国家数据估算的3~5个百分点。此外，不平等程度上升预计将使居民储蓄倾向维持高位，甚至持续上行。2020年我国投资占GDP比重仍处于43%的高位，往前看，由于资本回报率下降、地方政府债务风险上升，投资偏好大概率将继续回落。第三，对外开放使得中国无法独善其身。随着我国持续推进金融开放，资本跨境流动会推动我国利率水平向世界靠拢。实证研究发现，主要发达国家中性利率受到全球中性利率的驱动，20世纪70年代以后，全球中性利率能够解释国内利率变动的相当部分（Jorda and Taylor，2019）。

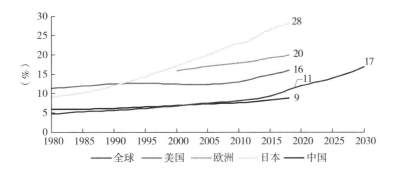

图6.9　全球及主要国家65岁以上人口占总人口之比

资料来源：UN，World Bank，US BLS。

及时调整货币政策保持货币政策中性，发挥宏观审慎在熨平金融周期上的核心作用。货币政策对中性利率的影响有限，但若长期过度与之偏离，可能会通过改变潜在增速或催生金融市场泡沫影响中性利率，更多讨论将在第十二章展开。在负面需求冲击下，若货币政策持续过紧，将会通过降低劳动参与率、抑制企业投资和研发等产生磁滞效应，导致潜在产出下降、降低中性利率。但低利率环境下，若降息过猛，政策利率又会更快触及"零下限"，引发"新费雪效应"（详见专栏6），即利率与通胀预期同步下降，而实际利率不变，货币宽松失效。过度宽松的货币政策还可能驱动金融周期，促使资金流向高风险资产以追求高收益，带来金融稳定风险，一旦发生金融危机，央行将不得不更大幅度降息。此外，低利率还可能导致资源错配，流动性长期过剩将阻碍熊彼特式创造性破坏的发生。综合看，基于我们对我国中性利率面临长期下行压力的判断，为保持货币政策中性，政策利率应该跟随缓慢下调，同时宏观审慎政策应在熨平金融周期、控制货币政策负面效应上发挥更大作用。

财政政策和结构性改革有助于缓解中性利率下行趋势，需扮演更重要的角色。在低利率环境下，货币政策空间愈发受限，应对经济下行压力需要财政政策发力。财政政策还可以通过降低公共部门储蓄偏好来对冲私人部门储蓄偏好上升的影响，提振中性利率。雷切尔和萨默斯（2019）发现，20世纪70年代以后政府在养老和医疗上的支出提高了中性利率400个基点，否则人口、不平等因素将会导致中性利率下降多达700个基点。埃格特松等人（2019）同样发现政府债务上升在1970—2015年提振实际利率211个基点。此外，还应通过结构性改革释放经济潜力，缓解经济潜在增速下行以及由此带来的利率下行压力。

专栏6　央行低利率困境：当凯恩斯遇见费雪

发达经济体的名义和实际利率自20世纪80年代以来一直在下降。这一下行趋势将持续多久是热门话题。2015年的日内瓦报告详解低利率的起因和影响，认为低利率将持续一段时间，但不会一直低下去。两年后，学界与市场开始担忧低利率或许比想象的存在更久。2019年末，全球负利率债券规模超过13万亿美元，人们开始接受利率永远都在低位的可能性。利率低且持续下行，将压缩货币政策空间，导致央行陷入两难：究竟应先发制人，使用本就不多的货币政策空间，还是保存火力，用于危急之时？我认为，要解决这一困境，不仅要跳出货币政策一域，还应超越国别界限，在全球范围寻找答案。

首先，要想充分理解当前低利率环境的成因，需从"利率"那颇具争议的本质出发。19世纪奥地利经济学家庞巴维克在其著作《资本与利息》中写道："利率理论是各类相左观点的大杂烩，没有任何一种观点能主导这一理论，但也没有任何一种观点甘愿屈服。"这一描述同样适用于当前：两套看似矛盾的理论常被用于解释低利率，即新古典理论和凯恩斯理论。

以马歇尔–维克塞尔–费雪为代表的新古典理论认为实际利率由实际经济活动决定。货币（或者说货币政策）是中性的。贴现率决定储蓄水平，回报率决定投资水平，而储蓄与投资的均衡决定利率。这一思想在欧文·费雪所著的《利息理论——由支出耐心和投资机会决定》书名中即可见一斑。因此，利率走低可由一系列结构性因素解释，包括人口结构变化推升储蓄率，以及技术进步放缓拉低对储蓄的需求。

与之相对的是凯恩斯的流动性偏好理论，即将利率理解为不囤积现金的补偿，而非对储蓄的补偿。具体而言，利率是对在一定时期内放弃流动性控制权的补偿，它针对的是货币这一特定形式，而非所有形式的储蓄。因而，利率由流动性的供给和对流动性的偏好共同决定。因此，低利率是因为流动性过剩。利率低到一定程度，央行再怎么增加货币供给也不一定能降低利率，因为对货币的需求上升，即"流动性陷阱"，此时，货币政策失效。

通常情况下，这两套理论并不冲突，可以和平共存：凯恩斯理论侧重名义利率而费雪理论偏重实际利率；凯恩斯理论强调短期而费雪理论关注长期。因此，凯恩斯理论的短期货币非中性与费雪理论的长期货币中性不直接冲突。一般情况下，当央行按凯恩斯及其追随者的理论行事，即降低名义利率时，在价格黏性的作用下，实际利率也将下降。

但是，当利率水平触及零下限时，这两种理论可能产生冲突。降低名义利率时，通胀预期会立即相应下降，导致实际利率保持不变。部分经济学家称这一现象为"新费雪效应"，对应只在长期发生的传统费雪效应（即通胀与名义利率同等幅度变动）。若通胀预期被锚定，新费雪效应将不会发生；但是当利率低至零左右时，凯恩斯效应将被费雪效应主导。这或许是由于利率零下限的"陷阱"特质使低利率更趋持久，从而压低通胀预期。

因此，正是在利率零下限的特定情景下，凯恩斯将与费雪相遇。即使央行将名义利率降至零甚至负区间，实际利率仍可能保持不变。央行越是按凯恩斯的方式行事，即通过降低名义利率以刺激经济，经济越可能依照费雪的逻辑在运行，即通胀预期会下降，使实际利率保持不变。在这种情形下，货币政策不再是凯恩斯流动性陷阱意义上的无效，而是有害的，因为通胀预期随名义利率一起下降。

新费雪主义的观点存在诸多争议。即使短期内不存在新费雪效应，把利率锚定或使利率陷入零下限陷阱，也都将放大对经济的冲击。央行应避免陷入"零下限陷阱"。如何实现呢？通过降低名义利率？这是必要手段，但央行的困境在于过度依赖这一手段可能导致经济更快地陷入"零下限陷阱"。过度依赖货币刺激可能导致货币"非中性"，即压低均衡实际利率。至少有两种机制可能导致这种情况。一是金融周期。长期低利率的环境将促使人们投资高风险资产以追求高收益，从而积累不平衡。当危机发生时，央行将不得不进一步降低利率以应对萧条。二是资源错配，即流动性长期过剩将阻碍熊彼特式创造性破坏的发生。

解决这一困境需要政策框架的相应变革。无论在国内还是国际层面，我们都需要更好的政策协调。在国家层面，我们不能仅依靠货币政策。财政政策和结构性改革需扮演更重要的角色，宏观审慎也应在熨平金融周期上发挥核心作用。在国际层面，应建设整合度更高、更充分的全球金融安全保障网，从而减少对安全资产的需求。共享资源的一种办法是通过份额改革增强 IMF 的救助能力。建成更好的国际货币体系非一日之功，但我们必须开始行动了。

第七章 量化宽松的挑战与出路

人类历史上，从来没有那么多资源、被那么少几个人、在那么短的时间里决定并使用。

——拉古拉迈·拉詹（Raghuram Rajan）

2008年全球金融危机打破了"大缓和"时代的央行共识。发达经济体政策利率降至利率零下限，主要央行不得不启用非常规货币政策工具以刺激经济，量化宽松成为货币政策的新常态。量化宽松区别于传统政策工具不仅在于它的进入，更在于它的退出尤为困难。在金融危机过去十余年后，不仅没有一家央行完全退出量化宽松，而且由于2020年新冠疫情冲击，主要央行又开启了新一轮规模更大、速度更快的量化宽松，资产负债表规模不断扩张。那么，已成为主要央行常备货币政策工具的量化宽松对金融市场和实体经济的传导效果究竟如何，面临怎样的挑战，未来出路何在？本章在梳理已有文献的基础上，厘清量化宽松的传导渠道，通过传统货币政策和量化宽松的历史与跨国比较的方法，评估其传导效果，进而提出研判量化宽松效果的一般性框架。

本章的研究发现，量化宽松降低长端利率效果显著，但呈现边际递减，向实体经济的传导效果可能不及传统货币政策工具。同时，量化宽松的边际成本在不断上升。量化宽松在实践中主要通过资产组合平衡渠道起效，即以存量效应为主，同时具有一定的信号效应和流量效应。量化宽松的效果取决于金融市场的初始条件和经济结构。多轮量化宽松后，信号效应降低预期政策利率的效果，以及流量效应压低流动性溢价的作用均愈发受限。随着金融市场风险溢价的普遍降低，资产组合平衡渠道的效果可能也在递减。而量化宽松的易进难退使央行与市场的关系愈发紧密，央行的大规模资产购买可能进一步干扰市场定价，并产生财富分配的负面效应，损害央行的声誉和政策独立性。面对量化宽松边际效果递减而成本递增的挑战，我们认为：首先，货币政策还是应尽量保持正常的政策空间，通过财政货币的协同配合助力经济和政策实现正常化；对于已进入利率零下限的经济体，央行可适度增加对非国债资产的购买来缓解量化宽松的边际效果递减；在退出上，量化紧缩对金融市场的冲击相对可控，但缩表规模亦受限，且央行需要提前与市场沟通，防止负面信号效应引发金融条件剧烈收紧。此外，货币政策应与宏观审慎政策相互配合，防范或化解超宽松流动性供给可能引发的金融风险以及财富不平等问题。

一、量化宽松成为货币政策新常态

1983—2007年世界经济进入"大缓和"时代。美国人均GDP增速波动率从之前25年的2.6%下降到这25年的1.5%。通胀波动率同期降幅更大，从3.7%下降到0.9%。全球金融危机发生后，2008—2009年美国人均产出两年间下降5%，按照"大缓和"时代的产出波动情况，这样的衰退6 800年才会发生一次。但是如果回溯1871年以来的历史数据，"大缓和"则有可能只是好运气而已（Williams，2014）。因为按照1871—2012年更长时间的波动情况，金融危机发生的概率将提高到大约23年一次。

在2008年全球金融危机之前，增长和通胀波动的下降通常被归因于央行和货币政策的胜利。其中最有代表性的就是美联储前主席伯南克（2004）以"大缓和"为题的演讲。他认为增长和通胀波动的下降是因为央行克服了20世纪70年代所犯的错误，承认就业和通胀之间并没有永久的替代关系，央行容忍更高通胀并不能永久提高就业。自20世纪80年代以来，各国央行开始注重通胀波动和增长波动之间的平衡（Taylor，1987）。80年代末新西兰央行率先引入通胀目标制，至金融危机之前的2007年，通胀目标制成为主流的货币政策框架，"一个目标，一个工具"成为央行共识的核心（IMF，2014），即央行应以实现低而稳定的通胀为主要甚至唯一政策目标，以短端利率作为主要货币政策工具。

2008年全球金融危机打破了"大缓和"时代的央行共识，货币政策的目标和工具变得更加多元，量化宽松成为货币政策新常态。金融危机引发了央行对金融稳定目标的再思考，通胀不再是唯一目标。在利率零下限处，传统利率工具失效，主要央行开始尝试量化宽松、前瞻指引、借贷便利、负利率和收益率曲线控制等非常规货币政策工具。其中，借贷便利多被央行作为应对特定部门流动性危机的临时工具，并通常在危机缓解后迅速退出。负利率和收益率曲线控制由于成本突出，仅被欧洲央行、日本银行等政策空间更为有限的央行采用。前瞻指引是预期管理工具，通常需要与政策行动配合起效。只有量化宽松在危机后仍被发达经济体央行作为调控经济的重要工具，成为货币政策的新常态。2010—2017年，美、欧、日、英等主要央行继续实施量化宽松以应对经济复苏乏力。2017—2019年，全球经济增长动能改善，主要央行的量化宽松步伐放缓，美联储在2018年至2019年三季度一度缩表，但很快因为金融条件收紧又重启量化宽松。2020年新冠疫情冲击引发金融市场和实体经济流动性危机，全球主要央行再度加码量化宽松，并且速度之快、力度之大均史无前例。数轮量化宽松后，主要央行资产负债表规模急剧上升，风险敞口扩大。截至2021年底，美联储总资产规模达8.7万亿美元，其中10年期以上的国债约1.3万亿美元，抵押贷款支持证券（MBS）达2.6万亿美元。

量化宽松虽然在实践中已被广泛使用，但有效性一直备受争议。货币政策制定者对量化宽松普遍评价积极，认为它有效降低了长端利率、改善了整体金融条件，对提振实体经济以及预防通缩意义重大，否则金融危机将会造成时间更长、程度更深的损害。美联储官员多次强调，量化宽松降低了美国长端国债、公司债和住房抵押债券的收益率，推升了股价，有效改善了实体部门的融资环境，提振了总需求（Bernanke，2012b，2020；Yellen，2012；Powell，2013；Fischer，2014a）。欧洲央行评价量化宽松等非常规货币政策扭转了经济通缩压力，是推动经济复苏最关键的力量（Draghi，2015）。国际清算银行全球金融体系委员会（Committee on the Global Financial System，CGFS）2019年报告总结了数十篇研究全球量化宽松实践效果的文献，指出学术文献总体认为量化宽松显著放松了金融条件，并正向提振了实体经济和通胀，不过其宏观经济影响的估算结果存在较大不确定性。在2020年新冠疫情冲击中，量化宽松降低长端收益率、放松金融条件的效果也得到了肯定（Rebucci et al.，2020）。

但质疑量化宽松有效性的观点则指出，2008年全球金融危机以来全球经济复苏乏力，通胀长期低于货币政策目标（Koo，2014；Roubini，2015[1]；Nakaso，2017）。部分实证研究认为，相比传统政策工具，量化宽松向金融市场和实体经济的传导效果均偏弱。量化宽松对长端利率虽有影响，但持续时间短暂，通常在政策推出1~2个月后完全消退（Wright，2011；Greenlaw et al.，2018）。量化宽松的成本与风险可能比传统工具更大，包括基础货币急速扩张可能引发高通胀，央行持续大规模购债可能干扰金融市场运行，充足甚至过度的流动性供

---

① Nouriel Roubini 2015年在中东投资会议（Middle East Investment Conference）上的访谈。

给可能催生资产泡沫，以及央行独立性也可能招致更大质疑等。[①]

要评估量化宽松的效果与成本，首先要厘清量化宽松的传导机制。货币政策制定者强调量化宽松主要通过降低长期利率和信用利差起效。但在传统宏观经济模型的无套利框架下，一旦央行大规模购买长期国债等特定证券导致其价格上涨，投资者会立刻卖出该证券并买入相对便宜的其他证券如短期国债等进行套利，直至二者的相对价差消失，因此，量化宽松存在"实践中有效，但理论上行不通"（Bernanke，2014）的问题。对此，危机以来的学术研究提出了信号效应、资产组合平衡渠道、流动性渠道等理论尝试论证量化宽松的有效性。信号效应理论强调量化宽松对投资者预期的影响，认为它传递出央行将在一段时间内维持零利率的信号，导致金融市场对未来政策利率预期降低，压低长期无风险利率（Bhattarai and Neely，2016）。资产组合平衡渠道相关理论认为，不同期限的国债并不是完全可替代的投资标的，监管政策、流动性需求等因素导致金融市场存在分割，因此，央行资产负债表规模的扩张可降低特定资产在私人部门的供给，提高该资产的稀缺性，压低其风险溢价，并对其他资产价格产生溢出效应。流动性渠道指的是，央行可通过大规模购买向特定市场注入流动性，帮助金融市场恢复正常交易，降低流动性风险溢价（Joyce et al.，2011；Gagnon et al.，2011；Haldane et al.，2016）。更广义地看，由于央行负债端的准备金规模随之扩大，整个经济体的流动性也得到改善，或可压低短端利率（Smith and Valcarcel，2022）。

资产组合平衡渠道又被称为量化宽松的存量效应，即央行已购买和预期购买的累积规模决定量化宽松的效果。而流动性渠道则被称为

---

① 根据2013年12月美联储货币政策委员会的内部调查，委员们最担忧的量化宽松成本前三位依次是：金融稳定风险，潜在资本损失伤害美联储的声誉和独立性，以及退出困难。相关讨论可参见2013年12月FOMC会议纪要第31页：https://www.federalreserve.gov/monetarypolicy/files/FOMC20131218meeting.pdf。

流量效应，即央行实际购买行为（速度）决定量化宽松的有效性。量化宽松的三大传导渠道因而又被称为三大效应：信号效应、存量效应和流量效应。如果是信号效应主导，就会发生"买于预期，卖于事实"的现象，比如美联储提前宣布了第二轮量化宽松（QE2），宣布时国债收益率下行，等真正推出时，国债收益率反而上升。如果是流量效应主导，量化宽松的退出就很困难，边际上只能不断加码才能压低利率；即使存量效应主导，退出量化宽松时缩表的规模仍会受限。对不同效应的不同研判，会导致截然不同的央行政策和市场策略。

量化宽松是否以及如何起作用？以上传导渠道在实践中效果如何？随着经济初始条件和经济结构的改变，又会发生什么变化？为回答以上问题，我们尝试梳理已有文献对量化宽松传导机制和实践效果的理论与实证分析，以及比较不同时期、不同经济体间量化宽松的实施效果，提出分析和研判量化宽松效果的一般性框架。

我们的研究发现：第一，量化宽松在实践中主要通过资产组合平衡渠道起效，即存量效应为主，兼具一定的信号效应，而流动性渠道（流量效应）更多在流动性危机期间起效。实证研究显示，央行已有的量化宽松实践在压低长端利率和风险溢价方面效果明显，但呈现边际递减。评估量化宽松对宏观经济的影响则存在更大不确定性，而且相比传统货币政策可以同时降低长短端利率，量化宽松只能作用于特定的风险溢价，对实体经济的影响可能弱于传统货币政策。

第二，量化宽松的边际效果或将继续减弱。量化宽松的效果不仅取决于力度和方式，还取决于金融市场的初始条件和经济结构。在央行多轮量化宽松后，主要发达经济体金融市场的初始条件已显著改变。金融市场充分预期政策利率将长期维持在零下限，期限溢价也被压制在历史低位，美国长端利率由2008年之前的4%~5%降至2021年的1%~2%，欧元区和日本的长端利率则降至1%以下甚至负值区间，相对于历史，风险资产估值普遍偏贵，量化宽松进一步压低长端利率和风险溢价的空间已相对受限。从横向比较看，国别经济结构的不同导致量化宽松向实体经济传导的渠道和效果存在差异。美国直接融资市场发达，以内需为主，量化宽松主要通过刺激信贷和财富效应提振经济，而欧元区和日本经济出口占比更高，居民和企业更加依赖银行间接融资，量化宽松主要通过汇率贬值和银行信贷渠道起效。疫情后，不平等、高债务、高不确定性等结构性问题加剧，融资成本下降难以继续刺激信贷，财富增长对消费的提振减弱，全球化受阻导致汇率渠道亦难在长期提振一国经济。

第三，量化宽松边际成本在逐步上升。量化宽松易进难退，致使央行与市场的关系越发紧密，货币政策反应由前瞻走向滞后，金融市场也更加依赖央行，丧失主动管控风险的动力。央行持续大规模的资产购买行为还可能干扰市场定价，超宽松的流动性供给和"央行托底"预期或许会催生资产泡沫，危及金融稳定。量化宽松在财富分配上的负面效应也将愈发显著，加剧社会撕裂；央行政策独立性和声誉受损。此外，货币政策目标、工具的多元也将给政策制定与沟通带来挑战。

那么，量化宽松出路何在呢？我们认为：第一，货币政策应尽量保持正常的政策空间，财政货币需协同配合，共同助力经济和政策实现正常化，并进一步互相创造政策空间。第二，对于已进入利率零下限的经济体，量化宽松在放松金融条件上仍具有一定效果，央行可通过适度增加对非国债资产的购买来缓解量化宽松边际效果递减，但应限定购债范围和规模，避免过度干预私人部门信贷分配。第三，在政策退出方面，由于量化宽松的传导是存量效应而非流量效应主导，央行缩表对金融市场的冲击相对可控，不过实际缩表规模也受限，而且央行需要在开始缩减购买规模的时候就与市场充分沟通，防止负面信号效应引发"缩减恐慌"带来金融条件大幅收紧。第四，货币政策应与宏观审慎政策相互配合，防范化解超宽松流动性供给可能引发的金融风险以及财富分配不平等问题。

二、量化宽松的定义

量化宽松在不同国家采取了不同形式。作为最早陷入利率零下限困境的央行，日本银行于2001年3月率先进行了量化宽松实践，试图在利率价格工具空间受限的背景下，通过货币供给的数量扩张来加码宽松。具体体现为，货币政策操作目标由银行间隔夜拆借利率调整为金融机构存在央行的准备金规模，操作工具由常规公开市场操作调整为大规模购买长期国债，并承诺维持充裕的流动性供给直至走出通缩。该政策设计主要关注基础货币总量的扩张，因而被称为"数量宽松"（Quantitive Easing），中文多将其译为"量化宽松"。2008年危机期间，美联储和欧洲央行在触及利率零下限后，也相继推出了大规模资产购买计划。但其政策制定者在政策推出之初均强调，不同于危机前日本的"数量宽松"，美国、欧洲所做的是"信用宽松"（Credit Easing，Bernanke，2009；Draghi，2014）。二者关键的差异在于政策目标不同。伯南克和德拉吉强调，传统的数量宽松着重于扩大央行负债方，以增加准备金、注入流动性为目标，而信用宽松更强调央行资产方的调整，通过增持特定资产，调整利率曲线上特定期限（长期）或特定产品（如MBS）的利差，刺激信贷，实质是通过数量工具实现对长端利率等价格指标的调控。但是市场和媒体仍统一称它们为量化宽松，原因是二者都是名义利率零下限、常规"武器"用尽之后的非常规货币宽松，而且都是通过资产购买、改变资产负债表规模和构成来实现的。我们还观察到日本银行和美联储的量化宽松均呈现特别强的路径依赖，二者都一度宣布退出量化宽松，很快又不得不重启，且力度不得不较之前更大。

我们尝试给出量化宽松的一般性定义：它是央行在名义利率零下限的情况下，以在公开市场购买特定类别的证券资产为工具，以改变央行资产负债表的规模和构成为手段，以提供流动性和改善信贷条件为目标的货币政策工具。界定量化宽松要根据政策实施场景、操作工具、手段和目标综合判断，不能仅看央行资产负债表规模是否上升。例如人民银行资产负债规模在2002—2014年快速上升，但从其资产端构成看，扩张主要来自外汇储备增加，导致了流动性被动投放，操作工具和政策目标均与量化宽松定义不符。特别是，人民银行当时资产负债表的扩张不仅不以提供流动性和改善信贷条件为目的，还不得不通过提高存款准备金率和发行央行票据等工具收回过剩的流动性。

我们定义的量化宽松既包括狭义上的数量宽松，也包括信用宽松。单纯强调负债端规模的扩大，比如日本银行2001—2006年的实践，是狭义上的数量宽松。保持资产负债表规模不变，但强调其构成的改变，以信用产品等非传统资产替代国债等传统资产，则是狭义上的信用宽松。按我们的定义，央行可以同时改变资产负债表的规模和构成，涵盖狭义上的数量宽松和信用宽松（见图7.1）。危机以来主要发达国家央行量化宽松多采取了既扩大规模又增持信用资产的广义形式。

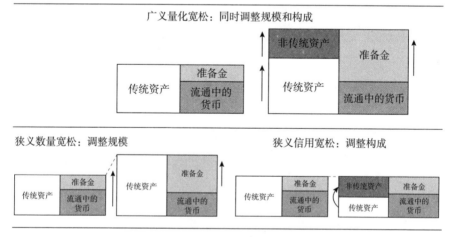

图7.1　广义与狭义量化宽松政策比较

资料来源：作者整理。

　信心的博弈：现代中央银行与宏观经济

特别值得强调的是，一项政策区别于其他政策不仅在于它的进入，更在于它的退出。我们认为，相比进入的时点、方式和目标，能否退出对一项政策更为重要。传统政策工具如利率，进入和退出相对更为对称，降息之后可以加息。但是量化宽松在实践中呈现高度的路径依赖，导致它的退出尤其困难，2013年5月美联储暗示会在边际上缩减债务购买规模，引发了"缩减恐慌"。每一次政策重启必须力度更大，资产负债表规模易升难减。

量化宽松的直接后果是主要发达国家央行资产规模的急剧上升，以及资产期限和风险敞口发生改变。截至2021年三季度，美国、欧洲、日本央行资产负债表与GDP之比分别由2007年的6%、16%和21%，升至40%、69%和130%。央行资产端持有的长期国债和风险资产占比显著上升，利率风险、信贷风险敞口扩大。以美联储为例，危机前，短期国库券（T-bill）在其总资产中比重最大，达到30%~40%。四轮量化宽松的集中购买后，中长期国债（票据和债券）持有量从危机前的约4 000亿美元大幅攀升至超过5万亿美元，国债资产平均久期由量化宽松前的2.6年升至最长时8年。美联储还开始持有不同类别的风险资产，其中MBS持有量在2021年底升至2.6万亿美元，占其总资产的30%（见图7.2）。

关于量化宽松存在一个较为普遍的误解，即量化宽松是央行在"印钱"。实际上，央行扩大资产购买并不需要真正印钱，它需要的只是从商业银行在央行的准备金上"借钱"。当央行从商业银行购买1单位国债时，央行的资产方"+1"，同时央行在其负债方上的准备金（为商业银行资产）也"+1"。央行的资产负债表的资产方和负债方同时扩大1单位。商业银行资产规模则保持不变，其资产方在央行的准备金增加1单位，但其持有的国债减少1单位。只有当商业银行不愿意持有（超额）准备金时，央行才需"印钱"支付给商业银行。2008年10月，美联储开始向商业银行准备金支付利息（IOER），提升商业银行持有

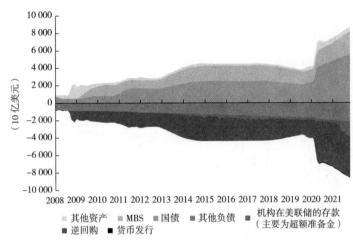

图7.2　美联储资产、负债构成
资料来源：美联储，作者整理。

准备金的意愿。《巴塞尔协议Ⅲ》等监管新规加强了对商业银行资产流动性和安全性的要求，也进一步提升了商业银行对准备金的需求。结果是大量基础货币以超额准备金的形式停留在央行资产负债表上。以美联储为例，其法定准备金要求已在2020年3月降至零，但超额准备金高达4.3万亿美元。如何管理大规模超额准备金，也成为央行量化宽松政策的重要考量。

量化宽松从根本上改变了央行的货币调控模式。庞大的资产负债表规模和大量的超额准备金使得央行无法再通过公开市场操作微调准备金供应来调控利率。传统的利率走廊（interest rate corridor）模式失效（图7.3a），主要央行被迫启用利率下限（interest rate floor）模式（图7.3b），对准备金付息；要抬升政策利率，就必须同时抬升准备金利率。这样，加息时央行不仅负债端的支出增加，资产端还面临利率和风险溢价上升带来的久期和信用风险。加息和降息因而会对央行资产负债表产生完全不对称的效应，可能会影响央行的政策倾向。

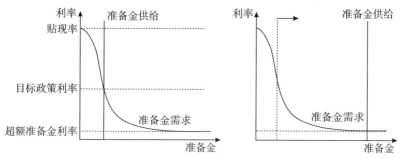

a.量化宽松前稀缺准备金下的利率走廊　　b.量化宽松后充足准备金下的利率下限

图7.3　货币调控：从利率走廊到利率下限

资料来源：美联储，作者整理。

三、量化宽松的传导渠道

1. 量化宽松理论上的传导渠道

央行推出量化宽松会强化投资者对货币政策在较长时间内维持零利率的预期，产生"信号效应"（Clouse et al., 2000; Eggertson and Woodford, 2003）。量化宽松往往需要持续数个季度甚至数年，如2009年3月美联储宣布扩大第一轮量化宽松的规模时，明确表示资产购买将持续至2009年底。投资者普遍认为央行在量化宽松结束前不会加息。因此，金融市场的加息时点预期会随量化宽松的推出显著推迟（Bernanke，2020），导致市场预期的平均政策利率路径（average expected short rate）整体下移，即无风险利率下降（R_f）。无风险利率是主要金融资产的定价"锚"，其下降有助于放松整体金融条件，进而提振实体经济。

央行持有证券资产规模的大幅扩张会减少该资产在私人部门中的净供给，由此产生"资产组合平衡渠道"，即量化宽松的存量效应。"资产组合平衡渠道"理论认为，金融资产定价会受供给的影响（Tobin，

1958，1969；Gagnon et al.，2011；Bernanke，2010，2012b）。由于特定类别资产（如安全性资产）的总供给有限，当央行大规模增持该类资产时，私人部门面临的净供给下降将导致该资产价格上升，收益率（r_i）下降。我们可以从资产定价公式角度加以理解。金融资产的收益率可以拆分为无风险利率和风险溢价两部分，即 $r_i = R_f + R_P$，其中 R_P 为风险溢价。信号效应主要影响 R_f，资产组合渠道主要作用于 R_P。特定资产净供给下降往往意味着私人部门对该资产的相关风险敞口减小，资产稀缺性上升，因此私人投资者愿意降低对该资产风险补偿的要求，风险溢价（R_P）下降。投资者为什么没有卖掉价格上涨资产、买入相对便宜的资产进行套利？这主要是由于"金融市场分割"的存在，即金融资产之间不完全可替代（Modigliani and Sutch，1966；Vayanos and Vila，2009）。第五章专栏4对此有扼要介绍。这里针对国债市场，我们可以将投资者分为两类：一类是受监管政策、资产负债管理等约束，对特定资产存在刚性需求的投资者，如货币基金需要持有大量短期限、高流动性资产，而养老金、保险公司、银行等必须持有一定规模的长期资产和安全资产。以养老金为例，它们不会因为长端国债价格上涨而将其抛售，还可能由于国债净供给下降而选择增持公司债等其他长期限债券来补足久期，导致相关资产收益率也下降（Bernanke，2012b；Yellen，2012）。另一类是需求弹性较大的投资者，可以在各个市场间自由套利。其在国债市场的套利行为保障了收益率曲线的连续性（Vayanos and Vila，2009），并可能通过投资组合再平衡推升风险资产价格，产生溢出效应（Gagnon et al.，2011；Bernanke，2012b）。

央行的实际购买行为还可以通过"流动性渠道"影响风险溢价和短端利率，产生"流量效应"。央行持续大规模购买特定证券资产的行动使其承担了"最终做市商"的角色，可以帮助陷入流动性危机的金融市场恢复运行，进而降低特定资产的流动性风险溢价、提振资产价格，该渠道在金融危机时期以及对 MBS 等流动性较差的资产效果更显著（Gagnon et al.，2011；Bailey，2020）。除了改善特定市场的流动性，量化宽松还大幅增加了央行负债端的准备金规模，提高了整个银行体系的流动性，进而可能带来短端利率的下降（Smith and Valcarcel，2022）。

此外，量化宽松还可能通过降低违约风险渠道和信心渠道等提振金融市场和实体经济。如果央行购债支持的部门正是危机的"风暴眼"，那么量化宽松还能降低相关实体部门的违约风险，缓解该部门的融资压力，并强化金融市场和实体部门对整体经济的信心（Krishnamurthy and Vissing-Jorgensen，2011）。总之，相比于传统货币政策主要调控短端利率再逐步传导至长端利率和信用利差，量化宽松可以通过"信号效应"影响无风险利率，以及"资产组合平衡渠道""流动性渠道""信心渠道"等直接作用于不同的风险溢价，快速影响整体金融条件，再通过利率渠道、信贷渠道、财富效应和汇率渠道等传统货币政策渠道向实体经济传导。

2. 对量化宽松传导渠道的实证检验

量化宽松确实存在信号效应，但对长端利率影响有限，并且不断减弱。实证研究衡量信号效应的强弱，往往通过比较利率衍生品隐含的远期政策利率预期在量化宽松公布前后的变化。克里希那穆提和维辛-乔根森（Krishnamurthy and Vissing-Jorgensen，2011，2013）的测算显示，第一轮量化宽松的宣布导致联邦基金利率期货隐含的两年后政策利率累计下降了 40 个基点，投资者对加息时点的预期推迟了 6.3 个月，据此估算，信号效应贡献了 5 年期国债收益率降幅的近一半。但更长期限的政策利率预期更多受宏观基本面和市场供给等其他因素的扰动，因此对 10 年期及更长期限的债券收益率而言，信号效应的影响相对较弱。克里希那穆提和维辛-乔根森（2013）、加格农等人

（Gagnon et al.，2011）的研究显示，在第一轮量化宽松期间，信号效应对美国10年期国债和30年期机构MBS收益率降幅的贡献不到20%。[1] 随着量化宽松逐步被市场预期，信号效应在此后几轮量化宽松中进一步减弱，至第三轮量化宽松时已几乎可以忽略不计。

量化宽松主要通过资产组合平衡渠道影响长端利率，即以存量效应为主。现有研究多通过比较央行购买的标的资产与同类别但未被列入购买范围的资产在量化宽松实施后一段窗口期内价格上涨幅度的差异，来判断资产组合平衡渠道的有效性。达米科等人（D'Amico et al.，2012）和乔伊斯等人（Joyce et al.，2011）分别对美联储和英格兰银行的量化宽松进行了研究，他们发现，在央行宣布购买标的国债的期限范围后，被列入购买范围的债券价格涨幅明显高于期限接近但未被列入购买范围的债券。[2] 克里希那穆提和维辛-乔根森（2013）对MBS市场的研究显示，在第三轮量化宽松宣布后，美联储计划购买的MBS类别[3]的期权调整利差（OAS）收窄幅度较其他票息率的MBS更显著。他们进一步指出，资产组合平衡渠道在实证中的传导还可被细化为稀缺性渠道和资本约束渠道。作为高安全性、高流动性的资产，国债和投资级公司债是稀缺的，央行购买加大了此类资产在私人部门的供给短缺，推升其价格。对于MBS市场而言，还存在额外

① Bauer和Rudebusch（2014）采用时间序列的研究结果认为第一轮量化宽松期间，信号效应对10年期国债收益率总降幅的贡献幅度可能高达30%~65%，但该研究将长端利率期限溢价的下降也部分归因于信号效应，可能导致一定程度的高估。

② D'Amico等人（2012）对美联储国债购买的事件研究显示，2010年8月10日美联储宣布将购买长期国债后，10年和14年期国债的价格均上涨，但当美联储明确购债期限在2~10年后，14年期国债的价格快速下跌，抹去此前2/3的涨幅，而10年以下期限的国债涨幅仅收窄了20%。Joyce等人（2011）对英格兰银行购债的事件研究也显示，2009年3月5日，在英格兰银行宣布将购买5~25年期英国国债后，该期限段的国债收益率降幅远超其他期限段。

③ 美联储量化宽松购买的MBS主要为票面利率接近新发放的住房抵押贷款利率的证券，即 current-coupon MBS。

的资本约束渠道。由于MBS定价机制复杂，市场进入门槛高，参与者较少，一旦市场剧烈下跌，吸收卖盘的资本金受限，而央行资金的流入有助于缓解该市场原有私人投资者的资本约束。实证数据显示，受资本约束渠道提振，MBS利差在量化宽松后的降幅较国债更显著。

量化宽松在实践中存在流量效应，但总体有限，在金融市场流动性危机期间更显著。克里斯滕森和吉兰（Christensen and Gillan，2022）发现，在第二轮量化宽松执行期间，美联储购买通胀指数债券导致该类债券的流动性溢价下降了约10个基点。但克里希那穆提和维辛－乔根森（2013）指出，在金融市场处于非危机状态时，如2010年后，流动性溢价普遍维持在低位，量化宽松通过流动性渠道起效的空间受限。贝利（Bailey，2020）指出，在应对2020年新冠疫情冲击时，各国央行均选择快速、大规模的购债，以缓解流动性危机，量化宽松的流量效应有效恢复了金融市场的运行，防止了流动性危机演变成偿付危机；但在平常时期，央行的快速购债可能反而伤害市场流动性。在广义流动性渠道方面，由于受到利率零下限的限制，准备金规模扩大对短端利率的压制也非常有限。关于准备金规模与联邦基金利率（剔除准备金率后）的滚动回归分析显示，2009—2014年三轮量化宽松期间，短端利率对准备金规模的扩大并不敏感，而在2018—2019年缩表期间，由于短端利率上行不受利率零下限的限制，它对准备金规模下降的反应反而更敏感（Smith and Valcarcel，2022）。

量化宽松对未购买的资产存在溢出效应。资金流动数据显示，量化宽松可促使投资者进行资产组合再平衡，增加对风险资产的购买。美联储资金流动数据显示，2009年第一轮量化宽松后，美国家庭部门资金从股票与共同基金市场的净流出开始下降，2010年转为净流入（图7.4中的虚线）。2012年第三轮量化宽松后，家庭部门不断减少对债券的新增购买（图7.4中的深色实线），同时较快地增持股票。乔伊

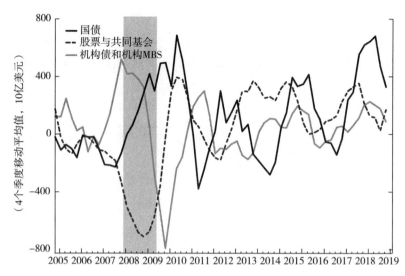

图 7.4　美国家庭部门资金流向

资料来源：美联储，Haver。

斯等人（2017）的研究也发现，英国养老金和保险基金在英格兰银行实施量化宽松后减少了国债购买，转向增持企业债。以上溢出效应也被资产价格的表现印证。克里希那穆提和维辛－乔根森（2013）的研究发现，未被列入购买范围的美国 Aaa 级和 Baa 级公司债收益率在第一轮量化宽松后分别累计下降 77 和 80 个基点，但驱动因素不同。Baa级公司债收益率的降幅中有一半来自违约风险下降的贡献，表明量化宽松通过降低违约风险渠道起效。而 Aaa 级公司债违约风险降幅非常有限，仅有 7 个基点，整体收益率的下降主要受益于稀缺性溢价渠道。以上溢出效应在央行购买非国债时更显著。资金流动数据和克里希那穆提和维辛－乔根森（2013）的研究均显示，风险资产的资金流入和价格涨幅在央行同时购买国债和 MBS 的第一轮和第三轮量化宽松期间的表现，优于仅购买国债的第二轮量化宽松。全球金融体系委员会（CGFS，2019）也指出，量化宽松购买私人部门债券时，能更有效地降低信用利差、放松信贷。

四、量化宽松传导效果的评估

1. 文献关于量化宽松对利率与宏观经济影响的评估

现有文献研究多认为量化宽松降低长端利率效果显著。表7.1总结了相关文献对美国、欧洲和日本量化宽松对各自10年期国债收益率影响的测算。总体来看，美联储量化宽松压低收益率的效果最好，欧洲央行次之，日本央行偏差。如果将央行购债规模标准化为名义GDP的10%，美国和欧洲10年期国债收益率降幅的中值分别为69和43个基点，日本仅有12个基点。

表7.1 学术文献对量化宽松对10年期国债收益率影响的测算

国别	样本	研究方法	收益率降幅（基点）	文献
美国	第一轮量化宽松	事件研究	74	Bauer and Rudebusch（2014）
	第一轮量化宽松	回归分析	168	D'Amico and King（2013）
	第一轮量化宽松	回归分析	175	D'Amico et al.（2012）
	第二轮量化宽松		113	
	第一轮量化宽松	事件研究	78	Gagnon et al.（2011）
	2008—2012	期限溢价模型，侧重信号效应	33	Ihrig et al.（2012）
	第一轮量化宽松	事件研究	89	Krishnamurthy and Vissing-Jorgensen（2011, 2013）
	第二轮量化宽松		45	
	第三轮量化宽松		3	
	第一轮量化宽松	期限溢价模型	50	Li and Wei（2013）
	第二轮量化宽松		48	
	2021年3月16日	事件研究	64	Rebucci et al.（2020）
	2009—2015	期限溢价	38	Swanson（2015）

（续表）

国别	样本	研究方法	收益率降幅（基点）	文献
欧元区	2014—2015	事件研究	45	Altavilla et al.（2015）
	2015	事件研究	41	Andrade et al.（2016）
	2015	事件研究	64	De Santis（2016）
	2021年3月19日	事件研究	24	Rebucci et al.（2020）
日本	2013—2014	事件研究	14	Fukunaga et al.（2015）
	2008—2010	事件研究	10	Lam（2011）

注：假设量化宽松的购买量相当于名义GDP的10%。
资料来源：Andrade et al.（2016），作者整理。

　　我们可据此进一步推算量化宽松的等价降息幅度。以美国为例，加格农等人（2019）基于美国宏观经济模型（FRB/US）的测算显示，10年期国债收益率降幅与需要的短端降息幅度之比大致为1∶2.4，也就是说，要使长端收益率下降1个基点，短端需要降息2.4个基点。因此，若按文献估算，央行购买名义GDP 10%的证券资产可降低美国长端国债收益率约70个基点，则等同于传统降息168个基点。根据该比例线性推算，2008—2014年美联储持有的证券资产规模累计上升约3.5万亿美元，与GDP之比上升了约20个百分点，大致相当于传统降息330个基点。换句话说，美联储每购买1万亿美元的资产，对长端利率的影响要略小于正常货币政策降息100个基点。我们也可以通过"影子利率"（shadow short rate，SSR）的降幅来评估量化宽松的等价降息效果。影子利率是通过不同期限的利率远期或期权价格推导得到的隐含短端政策利率，不受利率零下限约束，可为负值。在众多对美联储影子利率估计的文献中，以芝加哥大学布斯商学院的吴菁和加州大学圣迭戈分校的夏凡构建的吴–夏模型（Wu and Xia，2016）最具代表性。吴–夏计算的影子联邦基金利率三轮量化宽松期间下降了300个基点（见图7.5），与我们基于长端利率降幅的估算基本一致。

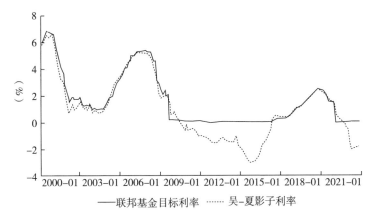

图7.5　美联储联邦基金目标利率中值与影子利率

资料来源：美联储，Wu and Xia（2016）。

相比对利率影响的评估，分析量化宽松对宏观经济的传导效果难度更大。事件研究难以用于评估宏观经济影响，因为从货币政策到长端利率再到实体经济的传导时间更长，且难以明确归因。模型分析也面临障碍，各国央行采用的宏观模型通常假设金融市场是有效率的，不存在市场分割或其他摩擦，与量化宽松生效的前提假设相悖。已有研究多采用对央行宏观模型加以修正和结构向量自回归（SVAR）模型评估量化宽松的经济影响。金等人（2020）认为，2008—2015年美联储扩表对实体经济影响显著，有效提振通胀并降低失业率，模型测算显示，如果美联储不实施第三轮量化宽松，截至2015年底，美国通胀将再降1个百分点，而失业率将上升高达4个百分点。也有学者（Chung et al.，2012）认为，第二轮量化宽松提高总产出3个百分点，增加200万私人部门就业，降低失业率0.25个百分点。然而恩格等人（Engen et al.，2015）的测算显示，第一轮量化宽松虽显著放松了金融条件，但向实体经济传导相对缓慢，直到2011年才开始体现。还有学者（Chen et al.，2012）认为，量化宽松对经济提振的作用较小。

关于量化宽松效果的评估存在很大不确定性。即使相对易观测的利率影响，学术研究测算的区间也较宽（见表7.1），并对其效果的持续性存在争议（Wright，2011；Swanson，2018）。量化宽松对宏观经济的影响不确定性更大，对模型假设高度敏感。威廉姆斯（2013）认为，量化宽松对宏观经济影响的不确定性至少是传统货币政策的两倍。恩格等人（2015）的估算结果显示，在不同利率弹性和通胀形成机制假设下，模型对量化宽松效果的评估差异较大，对失业率的影响最小为0.8个百分点，最大为1.4个百分点，对通胀的影响最小为0.15个百分点，最大则达到0.7个百分点。而且，现有分析多假设无论是受量化宽松还是降息驱动，长端利率下降向总需求的传导幅度是一致的（Chung et al.，2019）。有学者（Chen et al.，2012；Kiley，2014）指出，相比于降息可以同时降低整条利率曲线的长端和短端，量化宽松更多作用于期限溢价部分，对总需求的影响可能弱于降息。克里希那穆提也认为，量化宽松只能作用于特定的风险溢价，如公司债利率，而影响投资和消费决策的是边际资金成本，如成本更低的现金和贷款融资，若量化宽松不能影响私人部门的边际资金成本，则难以对实体经济产生显著影响。

2. 量化宽松效果评估的一般性框架

由于定量评估量化宽松效果存在较大不确定性，我们尝试提出定性分析量化宽松效果的一般性框架。我们认为，量化宽松的效果取决于政策推出时金融市场的初始条件，以及特定经济体的金融市场和经济结构特征。

量化宽松的效果取决于初始条件。量化宽松的传导主要通过资产组合平衡渠道压低风险溢价，通过信号效应降低无风险利率，因此风险溢价越高、政策利率预期（中性利率）越高，量化宽松发挥效用的空间越大。2008年11月第一轮量化宽松推出前，市场担忧情绪推升美国MBS的期权调整利差和投资级公司债利差[①]分别突破150和400个基

---

① 数据来源为ICE/美银美林美国投资级公司债有效收益率（effective yield）。

点，处于20世纪90年代以来最高水平，美股较危机前高点下跌超过40%。尽管美联储政策利率降至零，但市场预计美联储2009年年中即会加息，10年期国债收益率也维持在3.5%的高位不降，整体金融条件剧烈收紧。此时，美联储意外推出量化宽松，有效推迟了加息预期，压低风险溢价，带动金融条件全面放松。而2011年后，美国10年期国债收益率降至3%以下，风险溢价不断收窄，金融市场普遍预计美联储短期内难以加息，叠加中性利率结构性下降、货币政策新常态预期不断增强，量化宽松对金融市场的影响逐渐减弱。

量化宽松的效果还受到金融市场和经济结构的影响。量化宽松是央行通过公开市场操作直接调控长端利率和信用利差，因此，金融市场越发达、直接融资占比越高的经济体受益越大。美国的国债和MBS主要由货币市场基金、共同基金和对冲基金等非银机构持有。非银金融机构更加"追逐收益"，因此量化宽松可以通过投资组合再平衡的需求对其他风险资产价格产生较为显著的外溢效应。而欧洲与日本的国债和MBS更多由银行部门持有，在强监管下，银行增持风险资产的能力有限，限制了量化宽松的外溢影响。同时，美国企业部门直接融资占比也远高于欧洲和日本，企业信贷受量化宽松的提振更明显。再从经济结构看，美国经济以内需驱动为主，美联储量化宽松的设计也更侧重对房地产以及内需的支持。2008年金融危机后至疫情前，美联储最多购买了1.7万亿美元的MBS。实证研究显示，美联储资产购买对MBS、股市和住房市场的复苏产生了积极效用，而房地产和股票财富的上涨也通过缓解私人部门的去杠杆压力以及财富效应进一步提振内需。欧元区和日本经济更依赖外需，并且政府部门债务问题严重，因此它们的量化宽松更侧重通过汇率渠道和缓解政府部门去杠杆压力起效。2008—2018年，欧洲央行约扩表3.2万亿美元，与美联储扩表规模相当，但其中量化宽松的贡献不到60%，其余部分为借贷工具，量化宽松购买资产也是以公共部门债券为主，资产担保债券

（covered bond）和资产抵押证券（ABS）购买规模仅有约3 300亿美元（Reisenbichler，2020）。

主要经济体金融条件指数①中各分项权重相对直观地体现了以上分析（见表7.2）。金融条件指数分项权重反映了一国经济对该国资产价格变化的敏感程度。表7.2显示，从跨国比较来看，美国经济对公司债利差和股价的敏感度相对偏高，欧洲和日本经济对政策利率和汇率更敏感。国别内部，美国经济对公司债利差的敏感度仅略低于长端无风险利率，欧元区经济受边缘国家利差影响显著，而日本金融条件中，长端无风险利率占据主导。

表7.2　美国、欧元区、日本金融条件指数分项权重　　　　　（单位：%）

成分	美国	欧元区	日本
政策利率	4.4	17.3	12.6
长端无风险利率	45.1	34.3	59.1
公司债利差	39.6	11.4	19.3
边缘国家利差	–	27.0	–
股价	4.9	2.1	2.0
贸易加权汇率	6.0	7.8	7.1

资料来源：高盛，作者整理。

3. 量化宽松的边际效果递减

从初始条件看，多轮量化宽松叠加长期结构性因素的影响，全球主要经济体的长端利率和主要类别资产价格风险溢价不断下行。美联储第一轮至第三轮量化宽松已然呈现效果递减的特征。在利率影响方

---

① 金融条件指数是将政策利率、长端无风险利率、利差、股指和汇率等央行主要关注的资产价格加权平均，再进行标准化得到的指数。

面，克里希那穆提和维辛－乔根森（2013）的测算显示，如果将量化宽松规模标准化为GDP的10%，第一轮量化宽松对10年期国债收益率的影响为89个基点，第二轮和第三轮则分别降至45和3个基点（见表7.1），对MBS和公司债收益率的影响也同样明显减弱。再看新冠疫情冲击应对中，2020年3月至2021年11月，美联储持有的国债和MBS资产累计上升4.3万亿美元，为2019年GDP的21%，与第一轮至第三轮量化宽松合计的力度相当甚至略强，但吴－夏短端影子利率最多仅下降了200个基点，也印证了量化宽松的效果减弱。在信贷影响方面，库兹曼等人（Kurtzman、Luck and Zimmermann，2017）的研究显示，第一轮量化宽松后信贷标准显著放松，信贷需求迅速回升，但第二轮和第三轮量化宽松提振信贷的效果已不明显。截至2021年底，美国10年期国债收益率徘徊在1.5%附近，欧元区和日本的长端债券收益率仍在零附近，并且收益率曲线不断趋于平缓，主要资产价格估值也处于历史高位，量化宽松进一步降低长端利率，放松金融条件的空间更加有限。

　　分经济部门看，资产价格对需求的提振效果也在减弱。以财富效应为例，滚动回归结果显示，100美元的财富增长对消费的提振由2008年金融危机前的3美元，降至1~2美元。新冠疫情引发的供给瓶颈、不确定性高企等结构性问题，更难以通过降低融资成本、放松金融条件来解决。在全球化停滞甚至倒退的背景下，汇率贬值对贸易部门的提振也严重受限。虽然部分学者和政策制定者认为实践中量化宽松边际效果递减并不明显，但也对其未来的政策空间表示担忧。伯南克（2020）指出，事件研究显示，美联储第二轮和第三轮量化宽松的影响减弱，主要是由于央行沟通导致了市场对政策提前反应，政策总体效果并未下降，但他同时表示，若名义中性利率持续下行至显著低于2%的区间，政策利率将更频繁地触及利率零下限，将对量化宽松的政策效果产生负面影响。

五、量化宽松的成本分析

第一，量化宽松易进难退。我们在量化宽松的定义部分指出，量化宽松区别于其他政策工具的最主要特征在于它的退出尤为困难。量化宽松使央行与市场关系愈发紧密。央行货币政策传导更加依赖整体金融条件，金融市场对央行政策变动也最为关注和敏感。为避免量化宽松退出引发金融条件剧烈收紧并负面冲击实体经济，央行不仅在政策转向前频频预热，充分引导市场预期，还倾向于等到实体经济复苏基础更为稳固时再退出宽松政策，导致货币政策反应逐步由前瞻走向滞后。例如，2013年伯南克关于缩减购买规模（Taper）的讲话引发美债收益率快速上升，美联储为此被迫推迟量化宽松缩减购买的时间表以稳定市场利率。2018年，美联储在与市场充分沟通后开始缓慢缩表，但退出计划很快被2019年9月货币市场利率剧烈波动和2020年疫情冲击打断，美联储或主动或被市场"倒逼"重启量化宽松。市场对央行的依赖还会减弱金融机构主动进行风险管控、及时优化资本结构的动力，进一步推迟宽松政策退出的时点。卡拉迪和纳科夫（Karadi and Nakov，2021）指出，量化宽松呈现"致瘾性"（addictiveness），即过度压低信用风险溢价导致银行盈利减少、竞争下降，进而缺乏资本重组（recapitalization）的动力，银行体系自我修复步伐放缓，央行为了维持宽松的信贷环境，只能缓慢、渐进地退出量化宽松。

第二，在多轮量化宽松叠加下，金融稳定的风险上升。金融脆弱性是累加而来的，是存量，量化宽松难以退出导致金融风险不断积聚。早在19世纪白芝浩在《伦巴第街》中提出央行是"最后贷款人"，它在扮演这一角色时应遵循三大准则：一是央行应尽早并大规模提供流动性，即"充足放贷"，以缓解金融市场的恐慌情绪，为实体经济注入资金；二是提高这些贷款的利息成本，即收取"惩罚性利率"，这是为了防范道德风险；三是要求高质量的抵押品，即"以良好的抵押品作抵押"，确保央行资产负债表的稳健。而量化宽松则是以相对较低的利率和抵押品质量要求大幅扩张信贷供给，通过将部分风险从私人部门资产负债表向央行资产负债表转移，即资产组合平衡渠道，实现金融条件的放松，央行的角色一定程度上向"最终交易商"和"最终做市商"转变。由此带来的超宽松流动性供给以及"央行托底"预期可能引致投资基金等非银金融机构为实现名义收益率而追逐收益，过度加杠杆，并催生资产泡沫（缪延亮等，2021）。央行持续大规模地购买金融资产还可能干扰市场定价，导致市场丧失价格发现功能。

第三，量化宽松在财富分配上的负效应越发显著。传统利率工具也存在分配效应，如房地产和汽车等利率敏感部门通常从宽松货币政策中受益更多，但住房和汽车市场的改善惠及的人群更普遍。即使在美国收入最低的20%人群中，住房和汽车拥有率也分别达到37%和61%。[①]量化宽松则直接利好资产价格，股票和债券等资本更加集中在少数尤其是最富裕的1%人群手里，低收入人群中拥有股票或公募基金的仅占6%。因此，相比降息，量化宽松对财富分配的负面效应更为显著。美联储的财富分配数据[②]显示，2005年底，净财富最多的1%人群拥有整个社会财富的28%，到2021年年中该比率升至32%，净财富最多的10%人群拥有的财富占比也从64%升至70%。英国、法国和德国等欧元区国家的财富不平等也不同程度地加剧。[③]相比负面财富分配效应，量化宽松对收入分配的影响则存在

[①]　数据来源为美国统计局2021年10月公布的 "Wealth, Asset Ownership & Debt of Households Detailed Tables: 2019"。

[②]　数据来源为美联储Distributional Financial Accounts，净财富包括净金融财富和房地产财富。

[③]　数据来源为世界不平等数据库（World Inequality Database）。

不确定性，部分研究认为量化宽松通过降低失业率反而有助于改善收入分配（Aaronson et al.，2019；Lenza and Slacalek，2018；Bivens，2015）。不过，决定总体不平等程度的是财富不平等而非收入不平等。

第四，央行政策独立性和信誉受损风险加大。量化宽松让央行与金融市场越发紧密，选择性购买特定资产还可能带来道德风险，叠加负面分配效应，最终可能触发公众对央行和量化宽松的反感情绪。例如，2008年金融危机后，关于加强对美联储监管及提高其货币政策透明度的声音不断增多，并开始形成立法提案，共和党人兰德·保罗提出"美联储透明度法案"，又被称为"审计美联储"提案，参议院银行委员会主席理查德·谢尔比（Richard Shelby）提出了更广泛的美联储改革提案等。美联储在新冠疫情冲击期间，通过更大规模的量化宽松以及其他货币政策宽松工具助力金融市场快速反弹，引发公众对其官员涉嫌"内幕交易"的质疑，并迫使美联储颁布决策者及高级官员交易限制的新规定。此外，量化宽松还使货币政策目标和工具更加多元，央行货币政策目标由传统的通胀单一目标，向通胀、就业和金融稳定的多目标转变，政策中间目标也由政策利率一定程度地向金融条件倾斜，如何实现不同政策目标间的平衡，以及价格和数量工具之间的协同配合，也对央行的政策执行和沟通提出了挑战。

六、量化宽松的出路

第一，珍惜正常货币政策空间。货币政策应尽量保持正常的政策空间，财政货币需协同配合，共同助力经济和政策实现正常化，并进一步创造政策空间。量化宽松的政策效果不及传统利率工具，且易进难退，成本边际递增。历史上，经济走出衰退通常需要主要央行降息约500个基点。大部分测算显示，发达经济体的名义中性利率约为

2%，也即下一次衰退来临时，正常货币政策只有200个基点的降息空间，另外300个基点的降息需要通过量化宽松来实现。根据上文分析，新冠疫情冲击之下，美联储扩大资产购买4.3万亿美元，占名义GDP的21%，影子利率才下降了200个基点。若要下降300个基点，央行需新增购买的资产规模将达到名义GDP的30%，若进一步考虑量化宽松的边际效果递减，实际扩表规模可能更大，随之而来的政策成本也将越发突出。因此，短端政策利率仍然是调控经济的最优工具，央行应尽量避免陷入利率零下限陷阱。

保持正常的货币政策空间需要财政货币协同配合。在冲击应对上，当前主要经济体的私人部门杠杆均已较高，货币宽松效果减弱、成本上升，此时需要财政政策发挥更多逆周期调节的作用；在经济的结构性问题上，更需由财政政策解决，货币政策作为总量政策，应对结构性问题效果有限。合适的宏观政策组合有助于加快经济内生增长动能的恢复，帮助宽松政策实现退出，甚至还可以创造政策空间。例如，财政政策可通过降低公共部门储蓄偏好来对冲私人部门储蓄偏好上升的影响，缓解中性利率下行趋势，而结构性改革有助于进一步释放经济潜力，提振经济潜在增速，可以同时扩大货币和财政政策空间（缪延亮等，2020）。

第二，对于已进入利率零下限的经济体，量化宽松在放松金融条件上仍具有一定效果，央行可通过适度增加对非国债资产的购买来缓解量化宽松的边际效果递减，但应限定购债范围和规模，避免过度干预私人信贷分配。量化宽松直接作用于金融市场，可以相对快速地降低金融市场的流动性溢价和风险溢价，在应对金融市场冲击时优势更为凸显。但随着主要经济体国债收益率曲线趋于扁平，量化宽松进一步压低期限溢价的空间更加受限。央行在设计量化宽松时，可以适度增加对非国债资产的购买比重，更多通过降低信用风险、流动性渠道以及信心渠道等放松金融条件。例如，新冠疫情冲击下，相较住房市场，商业地产受社交隔离政策冲击更大，美联储量化宽松相应新增了对商业地产抵押贷款支持证券（CMBS）的购买，但规模非常有限，截至2021年底持有的总规模不到94亿美元。

第三，在量化宽松退出上，量化紧缩（QT）将冲击金融市场，最终缩表规模受限，且央行需要在缩减购买阶段就开始与市场充分沟通，防止负面信号效应引发"缩减恐慌"。量化宽松的退出可以划分为两个阶段：缩减购买时期和量化紧缩时期。分析量化宽松退出的影响，可以参考量化宽松进入时三大效应的反转。在缩减购买时期，央行资产负债表仍在扩张，此时是负面的"信号效应"主导，即缩减购买可能导致市场加息预期提前。央行在这一阶段尤其要加强与市场沟通，防止发生如2013年的"缩减恐慌"。等进入量化紧缩时期，由于美联储选择先加息再缩表，并极力强调缩表与加息决策之间的独立性，政策宣布时的信号效应已相对较弱。而量化宽松是存量效应主导，流量效应非常有限，因此一定规模的量化紧缩对金融市场的总体冲击相对可控。但如果央行资产负债表规模出现较大幅度下降，负面的存量效应也将带来金融条件的明显收紧，缩表空间总体仍受限。此外，史密斯和瓦尔卡塞尔（Smith and Valcarcel，2022）指出，与量化宽松降低利率的效果会受限于利率零下限不同，量化紧缩推动利率上行并不受限，因此紧缩时广义流动性渠道可能更显著，即准备金规模的下降对短端利率推升明显。但新冠疫情以来大规模量化宽松叠加巨额财政救助，银行和非银金融机构存有大量流动性，缩表减少的是市场中过剩的流动性，预计流动性渠道影响也可控。

第四，货币政策应与宏观审慎政策相互配合，防范化解超宽松流动性供给可能引发的金融风险以及财富不平等问题。货币政策对防范金融风险是"钝器"，而且会违背央行传统上"事后清理"原则（Mop-up doctrine）。宏观审慎政策作为独立政策工具，其结构性特征和财富再分配效应可以防范金融风险，同时也有助于改善财富不平等问题。

然而宏观审慎工具也有局限性，由于存在监管套利，不能单靠宏观审慎政策遏制金融周期的繁荣期，而且特定政策使用时间越长，监管套利和规避监管的可能性就越高。因此，货币政策逆周期调节需要与跨周期设计相结合，与宏观审慎政策配合，共同熨平金融周期。

第八章　结构性货币政策的效果与条件

过犹不及，有余犹不足也。

——贾谊，《新书·容经》

农工商交易之路通，而龟贝金钱刀布之币兴焉。

——司马迁，《史记·平准书》

2008年全球金融危机后，传统货币政策空间受限，结构性货币政策因其精准性和针对性得到广泛使用，但是关于结构性货币政策有效性的理论和实证研究却落后于央行的实践。本章提出一个完整的框架系统分析结构性货币政策的传导渠道、有效性和生效条件，辨析结构性货币政策与总量货币政策、财政政策之间的优劣，并对结构性货币政策的成本进行讨论。在总量货币政策空间下降的背景下，结构性货币政策能够在银行和实体经济终端资产负债表质量较好时发挥作用，而当银行和实体经济终端资产负债表受损严重时，应该首先使用财政政策修复资产负债表。结构性货币政策的使用还需要考虑到其可能存在的成本，尤其要警惕因过度使用结构性货币政策而延宕结构性改革。

一、结构性货币政策的产生

2008年全球金融危机前，宏观调控主要依靠货币政策和财政政策。对两者的优劣和使用条件理论上有充分讨论，实践中也有丰富经验。危机后，结构性货币政策工具日益成为宏观调控工具箱的一部分。但对于什么是结构性货币政策，结构性货币政策的传导机制及其有效性、生效条件仍缺乏系统性的理论框架，理论和实证研究落后于政策实践。政策制定者如何在总量货币政策、结构性货币政策和财政政策三者之间权衡取舍是亟待解答的重要问题。

传统意义上，货币政策一般被认为是总量政策。央行通过公开市场操作暂时买卖国债，虽然购买期限和央行资产负债表规模受影响程度不同，但由于央行买卖的都是国债，不承担信用风险，因而被古德弗兰德（2011）称为纯货币政策。当然总量政策也具有结构效应。由于市场参与者与资本市场联系的紧密度存在差异，资本市场本身也存在分割性，总量政策传导至不同部门的速度和效果均存在差异（Williamson，2008）。经济中不同部门对利率的敏感程度不同，比如房地产和汽车等行业对利率较为敏感，从货币宽松中的受益要多于其他行业。总量政策的结构性特征在中国主要体现在区域结构效应和产业结构效应两个维度（冯明和伍戈，2015）。这些结构效应是总量政策的副产品，而不是政策目标。

然而2008年以来，为疏通货币政策传导，央行开始有针对性地大量购买特定部门的非国债资产，这些操作被称为结构性货币政策。在传统理论中，货币和结构这两个词并不兼容，货币是总量工具，在长期呈现货币中性，央行不应该直接分配信贷。结构性货币政策直译成英文是"Structural Monetary Policy"，相关文献很少。结构性货币政策的实质是信贷政策，而信贷政策的实质是财政政策。央行通过结构性货币政策为特定部门提供流动性支持，在这一过程中国债由央行转移到私人部门，政府付息，等同于政府发债融资。由于持有非国债资产，央行，最终是政府和纳税人，主动承担了信用风险，故古德弗兰德（2011）将结构性货币政策称为纯信贷政策。正因为如此，伯南克和德拉吉在推出量化宽松时都愿意称其为信用宽松，强调央行资产规模和构成变化对居民和企业信贷条件的影响。

虽然传统的总量政策也具有结构效应，但结构性货币政策在政策目标、工具和传导机制上均与总量货币政策存在差异。第一，在政策目标上，当传统货币政策传导出现问题时，结构性货币政策引导资金流向实体经济，特别是中小企业或某些重点行业，从而疏通货币政策传导机制，总量货币政策的主要目标是刺激总需求。第二，在工具使用上，结构性货币政策主要采用定向再融资工具和购买非国债资产，总量货币政策主要使用利率、存款准备金率等。第三，在传导机制上，结构性货币政策工具释放的流动性通过商业银行体系定向投放于实体经济某一行业或领域，总量货币政策通过对整体流动性的调节影响各个经济主体的行为（李波、伍戈和席钰，2015）。由此可见，结构性货币政策虽然被称为货币政策，是由货币当局发起，但它和传统货币政策从目标到工具再到传导机制都有本质的不同。

2008年全球金融危机后，主要发达国家利率处于低位，传统货币政策空间受限，结构性货币政策因其精准性和针对性得到广泛使用。虽然总量货币政策能够压低长端无风险利率，但由于风险溢价高企，银行惜贷倾向严重，特别是对受危机冲击严重的行业与部门，导致实体经济面临流动性缺口。因此，主要国家央行在保持总量货币政策宽松的同时，开始直接介入信贷分配，推出多种结构性货币政策[1]，为经济中的薄弱环节提供针对性支持。与2008年全球金融危机不同，2020

---

① 美联储的TAF（定期贷款拍卖工具，2008）、TSLF（定期证券借贷工具，2008）；英国央行的FLS（贷款换融资计划，2012）；欧洲央行的TLTRO（定向长期再融资操作，2014）；中国人民银行的定向降准和抵押补充贷款（PSL，2014）等。

年新冠疫情危机本质上是信贷危机：疫情防控措施导致经济出现"大停摆"，实体经济部门现金流断裂。为避免居民和企业部门资产负债表遭受严重冲击，各国均出台针对性的财政政策，对居民和企业部门进行定向救助，同时央行也进一步扩大结构性货币政策的使用，以实现对私人部门的精准救助。[1]

目前有关结构性货币政策的理论和实证研究落后于央行的实践，现有文献大多集中于对某一具体政策工具效果的评估，未能就结构性货币政策有效性及其生效条件提出一般性的思考框架。对发达国家结构性货币政策效果的实证研究大多发现，结构性货币政策整体有效，能够降低风险溢价，提振信贷增速。例如，美联储第一轮量化宽松主要购买的是MBS资产，显著降低了MBS收益率，推动房贷利率下降超过100个基点，抵押贷款数量翻倍，而第二轮量化宽松购买的是国债，未能提振抵押贷款数量。第三轮量化宽松虽然也购买MBS资产，但其效果不及第一轮（Bhattarai and Neely，2018）。对欧洲央行TLTRO的研究发现，TLTRO能够降低参与银行的贷款利率，并提振信贷增速（Lane，2019；Albertazzi et al.，2018；Rostagno et al.，2019）。对英国央行FLS的研究也证实其在提振信贷增速上的作用（BoE，2013，2014）。国内文献对结构性货币政策更多是理论探讨，普遍认为结构性货币政策能够改善流动性在部门间的分配，发挥定向支持作用。例如，中国人民银行的再贷款工具将流动性投放与商业银行的贷款行为挂钩，

---

① 2020年3月新冠疫情暴发后，美联储推出大量创新政策工具。大众企业贷款计划（MSLP）直接购买高达6 000亿美元的中小企业贷款。薪资保护计划贷款便利（PPPLF）支持约3 500亿美元的小企业优惠贷款，允许商业银行以该类贷款为抵押，以无追索权形式获得廉价融资。一级和二级市场公司信贷便利（PMCCF和SMCCF）直接购买企业债，总规模7 500亿美元，将部分疫情后遭降级的垃圾债纳入购买范围。市政流动性便利（MLF）购买5 000亿美元美国各州、郡和市镇发行的短期票据。欧洲央行将第三轮TLTRO最低利率降至−1.0%，用高额补贴激励银行为遭受疫情冲击的居民和企业提供流动性支持。

经信贷渠道传导至特定实体部门，从而改善经济的流动性错配（王信和朱锦，2015；卢岚和邓雄，2015）。冯明和伍戈（2015）的两部门银行寡头垄断模型显示，1个百分点的定向降准会使传统部门和定向部门的贷款利率分别下降约12和17个基点，并增加两个部门的贷款量。彭俞超和方意（2016）发现，结构性货币政策对不同的外生冲击均有效，且主要通过影响金融机构的运营成本来起到信贷结构调整和产业结构升级的作用。张晓慧等（2020）的DSGE（动态随机一般均衡）模拟指出，结构性货币政策比常规货币政策的调控效果更优，更能有效促进产业结构升级和经济稳定，对定向降准的实证分析也证实定向降准有助于增加"三农"和小微企业的信贷资源，发挥定向调节作用。此外，价格型的再贷款利率和准备金存款利率对产业正外部性的促进效果要强于数量型的再贷款比例和存款准备金率。不过作者也指出，DSGE数值模拟结果显示，结构性货币政策工具整体的调控效果要小于常规货币政策工具，不建议将结构性货币政策工具作为常规政策工具长期使用。

结构性货币政策并不总是有效。例如，美联储2008年为降低货币市场流动性溢价推出了TAF，文献中对其效果的评估存在分歧。一些研究认为TAF降低了流动性溢价或风险溢价，导致LIBOR和OIS利差①收窄（Christensen et al.，2014；McAndrews et al.，2008；Wu，2008；Thornton，2011），但泰勒和威廉姆斯（2008a，2008b）认为，实证证据不支持TAF的有效性。欧洲央行推出TLTRO后，意大利和法国企业贷款走势出现分化，前者持续负增长，后者则显著回升，也说明结构性货币政策效果存在差异，政策起效需要满足一定的条件。

文献中对结构性货币政策生效条件的讨论相对更少，且缺乏系统性框架。一部分研究认为，结构性货币政策能否生效与银行的特征有

---

① LIBOR为伦敦银行间同业拆借利率，OIS为联邦基金隔夜掉期利率，因为后者不交换本金，故没有违约风险，LIBOR和OIS利差可以反映银行的违约风险。

关。对 TLTRO 的实证研究发现，不良率越高、资本充足率越低、流动性越差的银行，申请 TLTRO 后贷款利率下降越多（Altavilla et al.，2020），而钟正生（2014）认为，当商业银行惜贷情绪浓厚，结构性货币政策的效果会受到制约。另一部分研究则指出，实体经济的特征也会影响结构性货币政策的效果。冯明和伍戈（2015）发现，定向降准的效果取决于定向部门和传统部门的贷款需求利率弹性、存款准备金率水平以及商业银行贷款管理成本。最后，部分研究强调央行需要具有精确识别失调市场的能力，并且相比市场具有相对金融强势地位，才可以将风险从私人部门转移到央行，使结构性货币政策发挥作用（Bowdler and Radia，2012；Dahlhaus et al.，2014）。

在已有文献的基础上，本章尝试将各国结构性货币政策的实践纳入一个完整的框架进行跨国比较，分析结构性货币政策的传导渠道、有效性和生效条件，辨析结构性货币政策与总量货币政策、财政政策之间的优劣，并对结构性货币政策的成本进行讨论。新冠疫情危机后，主要国家利率降至历史低位，总量货币政策空间进一步下降。财政政策能够实现对终端的定向救助，降低风险溢价，但市场化程度不高、存在道德风险，面临风险共担和激励相容问题。结构性货币政策能够使央行、银行和企业三者之间实现风险共担和激励相容，但能否生效取决于银行和企业风险共担的能力，即资产负债表的质量。当银行和企业资产负债表质量很差、结构性货币政策的效果受限时，需要依靠财政政策修复银行和企业的资产负债表。

二、结构性货币政策有效性及生效条件的理论分析

针对结构性货币政策有效性的争论，有必要从理论上分析其生效的条件。我们可以将某一部门 j 的信贷成本（R_j）分解为名义无风险利

率（r）和风险溢价（ρ_j）两部分，如（1）式所示。布林德（2010）认为，2008年全球金融危机前，风险溢价（ρ_j）随时间变化不大，传统货币政策主要通过调控无风险利率（r）影响信贷成本（R_j）。危机以来，各国央行的政策利率纷纷降至零下限，长端国债收益率也被量化宽松降至历史极低水平，但实体部门借贷成本仍然高企，背后的原因在于风险溢价大幅攀升，并且在不同行业和部门间表现出显著差异。因此，央行开始使用结构性货币政策定向调控特定部门的风险溢价，从而影响信贷成本。

$$R_j = r + \rho_j \tag{1}$$

结构性货币政策可以通过银行体系影响特定部门的风险溢价，此时，贷款利率隐含的风险溢价（ρ_j）可以被细分为银行融资成本（ρ_b）和银行基于企业信用风险额外要求的风险溢价（ρ_{cj}）两部分（Diette，2000），如（2）式所示：

$$\rho_j = \rho_b + \rho_{cj} \tag{2}$$

ρ_b和ρ_{cj}主要反映银行和企业的信用风险，其中资产负债表的健康度是最为关键的影响变量。结构性货币政策通过银行体系发挥作用时，央行通过与商业银行风险共担降低银行融资成本（ρ_b）和部门j的风险溢价（ρ_{cj}），提振银行放贷意愿。例如，在欧洲央行的TLTRO中，商业银行以信用债、银行贷款等为抵押品从央行获得低成本资金，部分信用风险转移到央行，商业银行资产负债表获得改善，风险溢价（ρ_b）下降，资金供给能力增强。进一步地，央行还可以使用激励相容机制，实现定向信贷支持，例如，英国央行的FLS通过上调中小企业贷款规模的系数，引导贷款流向中小企业。

结构性货币政策还可以直接作用于终端企业的风险溢价。危机最严重时，终端企业资产负债表急剧恶化，流动性风险上升，有些企业甚至面临破产风险，此时ρ_{cj}大幅上升。即使商业银行融资成本（ρ_b）下降，也不愿意为这些高风险企业提供贷款。结构性货币政策可直接作用于高风险企业，央行与终端企业风险共担，直接为其提供信贷来降低风险溢价（ρ_{cj}）。

按照实施渠道是否通过银行体系，政策目标是危机应对还是稳增长，危机以来主要央行的结构性货币政策可分为四类（见表8.1）。直接作用于终端的结构性货币政策主要出现在危机应对中（表8.1右上角）。历史上，美联储仅在大萧条、2008年金融危机以及2020年新冠疫情危机中使用过该渠道。2008年美联储成立了三家有限责任公司（Maiden Lane Ⅰ、Ⅱ、Ⅲ），先后对贝尔斯登和美国国际集团提供直接救助，通过一级交易商信贷便利（PDCF）和货币市场投资者融资便利（MMIFF）等工具为非银金融机构提供流动性支持，设立TALF为居民部门提供融资支持。2020年针对新冠疫情冲击，美联储将救助范围进一步扩充至企业部门和地方政府，创新地推出为支持大企业融资的一、二级市场企业信贷工具（PMCCF和SMCCF），以及支持地方政府融资

表8.1　结构性货币政策：通过银行体系还是直接作用于终端

实施渠道 政策目标	通过银行体系	直接作用于终端
危机应对	• 美联储TAF • 美联储MSLP和PPPLF缓解中小企业流动性危机	• 美联储Maiden Lane Ⅰ、Ⅱ、Ⅲ，为贝尔斯登和AIG融资 • 美联储PDCF、MMIFF缓解非银金融机构流动性危机 • 美联储CPFF、PMCCF和SMCCF缓解企业流动性危机 • 美联储MLF为地方政府提供融资支持 • 美联储TALF为居民部门提供融资支持
稳增长	• 欧洲央行TLTRO • 英格兰银行FLS • 中国人民银行定向降准 • 中国人民银行PSL（针对政策性银行）	• 准财政政策

资料来源：作者整理。

的市政流动性工具（MLF）等。央行作为宏观政策的制定者和金融体系的监管者，评估和监测微观企业信用风险并不是其职责所在，而且涉足终端信贷分配显示的政策倾向过强，不仅损害货币政策的可信度和独立性，还会引发道德风险。英格兰银行前行长默文·金（Mervyn King）在2010年英国央行通胀报告中表示，是否为特定部门增加信贷不应由央行决定，而应是财政政策和政治的考量。因此，直接作用于终端的结构性货币政策主要是在严重的危机中用于危机应对，并未用于稳增长；央行如果将结构性货币政策用于稳增长，此时将模糊财政政策与货币政策的边界，已经是准财政政策了（表8.1右下角）。

结构性货币政策更多是通过银行体系渠道起作用，可分为危机应对和稳增长两种情形。当用于危机应对时，掌控金融体系流动性总阀门的央行通过银行体系将流动性注入特定部门，降低风险溢价（ρ_j），缓解流动性危机，结构性货币政策效果通常较为显著。例如美联储2008年推出TAF缓解了银行间市场的流动性压力，2020年推出MSLP和PPPLF缓解了中小企业流动性危机（表8.1左上角）。当用于稳增长时，结构性货币政策主要通过降低银行的融资成本影响企业信贷成本，从而刺激信贷增速。例如2012年英国已经进入复苏中期，但欧债危机导致的风险规避推升银行融资成本。为降低银行融资利率并提振信贷增速，英格兰银行与财政部联合推出FLS，商业银行和储贷协会以合格的抵押品获得英格兰银行提供的国债，商业银行和储贷协会在考察期内发放的贷款更多，支付的手续费更低。2014年6月，为了刺激欧元区银行增加对实体经济的贷款，欧洲央行推出TLTRO。银行以合适的抵押品可以从欧洲央行获得期限最长为4年的融资。与英国央行的FLS类似的是，融资的利率取决于银行在考察期内的新增贷款是否超过基准。2020—2021年，欧元区银行能享受到的最低融资利率为−1%，显著低于−0.5%的货币政策利率。2014年6月，为了应对中国经济的下行压力，中国人民银行创设抵押补充贷款（PSL）。政策性银行以高等级债券资产和优质信贷资产作质押，获得央行抵押补充贷款并专款专用，投向棚改、重大水利工程和人民币"走出去"项目，以实现对实体经济的定向支持。

当结构性货币政策直接用于危机应对时，政策力度较大，通常有效。但是通过银行体系用于稳增长时，政策力度相对温和，并且通过银行体系传导的链条较长，可能出现传导不畅。因此，以稳增长为政策目标、通过银行渠道实施的结构性货币政策（表8.1矩阵左下阴影区域）在特定条件下才会生效。其中，最关键的条件是资金需求端（企业）和供给端（银行）资产负债表的质量。表8.2据此构建了2×2矩阵，对不同政策实践进行了归类并对结构性货币政策稳增长的效果进行分析。当银行与企业面临较大去杠杆压力时，即使央行承担并转移部分风险，仍不足以显著降低银行和企业的风险溢价，即ρ_b和ρ_{cj}，政策效果较差（表8.2矩阵左上区域）。例如，欧债危机后意大利银行坏账率较高，面临去杠杆压力，同时实体经济增长疲弱，企业部门也面

表8.2 通过银行渠道的结构性政策

需求端 （企业） 供给端 （银行）	去杠杆压力较大	去杠杆压力较小
去杠杆压力较大	银行没有放贷能力，同时终端需求不足，政策效果差 • 欧洲央行TLTRO（意大利） • 中国人民银行定向降准（"三农"）	银行信贷能力较弱，但终端对资金需求意愿较强，政策仍具有一定效果 • 中国人民银行定向降准（小微企业）
去杠杆压力较小	银行有放贷能力，但面临需求不足和监管限制，政策效果受限 • 欧洲央行TLTRO（西班牙） • 英格兰银行FLS（小企业）	政策效果较为显著，可能会有过度刺激 • 欧洲央行TLTRO（法国）

资料来源：作者整理。

临修复资产负债表的需求。欧洲央行推出TLTRO后，意大利信贷增速仍然维持负增长。又如，2014—2015年中国人民银行曾对农村信用社等农村金融机构定向降准，以支持"三农"，但由于农村金融机构本身资产负债表质量较差，而"三农"等贷款风险较高，定向降准后"三农"贷款仍然持续回落。若银行或企业两者有其一资产负债表质量过差，也可能降低政策效果（表8.2矩阵右上和左下区域）。例如，欧债危机后西班牙银行整体资产负债表得到改善，但是实体经济面临去杠杆压力，TLTRO推出后，西班牙企业信贷仍持续萎缩。政策效果最优的环境应是银行和企业资产负债表的受损程度均可控，即ρ_b和ρ_{cj}上升幅度有限，当央行吸收了部分风险后，银行的融资成本和企业的融资意愿均可显著改善，信贷增速恢复的可能性更大（表8.2矩阵右下阴影区域）。例如，欧债危机后法国银行和终端需求的资产负债表较为健康[①]，TLTRO推出后信贷增速持续回升。相比而言，央行对商业银行融资成本（ρ_b）的影响力更大，而对企业信贷需求的控制力较弱，因此终端企业资产负债表质量偏差对政策效果的抑制作用更大。

三、结构性货币政策有效性及生效条件的实证分析

欧洲央行、英格兰银行分别推出的TLTRO和FLS都是通过银行渠道发挥作用的结构性货币政策。考虑到欧元区、英国与中国类似，金融体系都是银行主导，实体经济融资高度依赖于间接融资，本节将以TLTRO和FLS为例，分析结构性货币政策的有效性及生效条件。实证部分回答以下三个问题：一是结构性货币政策能否降低银行融资成本

---

① 2014年二季度，法国银行不良贷款率为4.5%，显著低于欧元区平均水平（5.8%）。

及贷款利率；二是结构性货币政策能否提振信贷增速；三是银行和企业资产负债表质量如何影响结构性货币政策的效果。

1. 结构性货币政策能否降低银行融资成本及贷款利率？

央行能够直接调控银行的融资成本，实证上也发现结构性货币政策能够顺畅传导至银行融资成本。例如，银行通过FLS和TLTRO能够从央行获得廉价的资金，直接降低其融资成本。此外，银行通过债券融资的需求下降，其发债成本也会下降，即使未申请FLS和TLTRO的银行也能从中受益。如表8.3所示，2012年6月英格兰银行推出FLS时，其融资成本比银行通过市场融资的成本低200~270个基点；2012年11月银行的市场融资成本下降，但FLS仍然有100个基点左右的优势。类似地，欧洲央行的TLTRO为银行提供长期廉价的资金[①]，低于银行其他融资成本，整体上降低了银行的融资成本。如图8.1所示，第一轮TLTRO的利率显著低于德国、法国、意大利、西班牙银行的融资成本，对意大利和西班牙银行的吸引力更强，因此意大利和西班牙的银行成为申请TLTRO的主力。2020年3月欧洲央行将第三轮TLTRO的最低利率下调至−1%，申请第三轮TLTRO的银行将获得最高1个百分点的补贴。与FLS类似，TLTRO推出后银行其他途径融资的成本也出现下降。例如，第一轮TLTRO宣布后欧元区银行债券收益率平均下降16个基点，德国、法国、意大利、西班牙各下降12~26个基点不等，其中意大利和西班牙下降更多。

---

① 第一轮TLTRO的利率仅为MRO（主要再融资利率）加10个基点，随后降至MRO；2016年3月推出的第二轮TLTRO的利率介于MFR（存款便利利率）与MRO之间，最低为−0.4%，2019年9月降至−0.5%；2020年3月欧洲央行更是将第三轮TLTRO的最低利率下调至−1%。

表8.3 英国主要银行融资成本估算 （单位：基点）

	直接成本		间接成本	总成本	
	2012/6/14	2012/11/26		2012/6/14	2012/11/26
优先无担保债券	345	190	0	345	190
资产担保债券	240	140	30	270	170
MBS	245	150	30	275	180
FLS	25	25	50	75	75

注：（1）英格兰银行于2012年6月15日首次宣布FLS。（2）直接成本是指银行融资所需支付的利息，优先无担保债券、资产担保债券和MBS直接成本是主要银行4年期债券的收益率，而对没有去杠杆的银行，获得国债的成本为25个基点，因此LFS的直接成本为25个基点。（3）间接成本是指发债相关的支出，优先无担保债券的间接成本被认为相对于直接成本可以忽略，而资产担保债券和MBS的间接成本是英格兰银行对市场参与者调查后得到的。FLS的间接成本是指将国债转换为现金的成本。2012年11月，4年期利率互换的成本为50个基点左右，故FLS的间接成本为50个基点。

资料来源：英格兰银行（2012）。

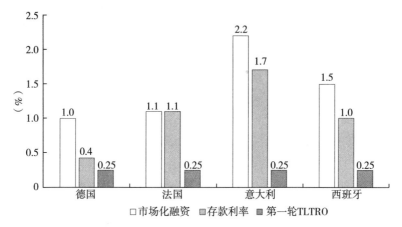

图8.1 第一轮TLTRO利率显著低于银行其他融资成本

资料来源：德意志银行。

根据上述分析，贷款利率中隐含的风险溢价受银行融资成本（ρ_b）的影响，理论上，结构性货币政策能够降低银行融资成本从而推动贷款利率下降。2014年6月TLTRO出台后，欧元区各国非金融企业贷款利率的确出现持续下降，但是利率下降还受到欧洲央行负利率①和量化宽松②政策的影响。比较2014年6月TLTRO宣布到2015年1月量化宽松宣布期间贷款利率的变化，可以粗略得到剔除量化宽松影响后TLTRO的政策效果。这一期间，欧元区非金融企业贷款利率降低54个基点，而意大利更是下降77个基点。上述结果还是高估了TLTRO的影响，因为2014年6月负利率政策以及随后市场对量化宽松政策预期的影响无法被剔除。一个解决方法是根据历史上银行融资成本与贷款利率的关系，推算得到TLTRO对贷款利率的影响幅度。有研究发现，TLTRO带来的银行融资成本的下降推动贷款利率在2018年底前累计下降20个基点（Rostagno et al., 2019）。此外，还可以利用银行层面的数据考察申请TLTRO对银行贷款利率的影响。如图8.2所示，申请

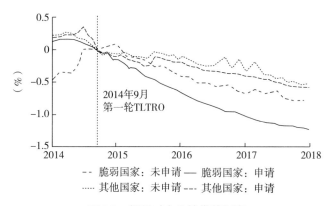

图8.2　银行对企业的贷款利率

注：2014年9月第一轮TLTRO开始实施，图中为银行对企业的贷款利率相对于2014年9月的变化，由于欧洲央行并未公布申请TLTRO的银行数据，图中数据来自Lane（2019）。

---

① 2014年6月，欧洲央行宣布将MFR下调10个基点至−0.1%，并在2014年9月下调至−0.2%。

② 2015年1月，欧洲央行宣布将在2015年3月至2016年9月实施量化宽松，每月购买600亿欧元国债和其他债券。

TLTRO的银行的贷款利率降幅超过未申请的银行；位于脆弱国家①的银行，贷款利率降幅更大，说明TLTRO在降低脆弱国家银行贷款利率上作用更显著。这是因为脆弱国家银行融资成本更高，下降更多，因而贷款利率降幅更大。

2. 结构性货币政策能否提振信贷增速？

虽然结构性货币政策能够降低贷款利率，但能否提振贷款量仍存在不确定性，需要通过实证研究来解答。比较结构性货币政策实施前后信贷增速的变化难以完全识别政策的影响，其他宏观和政策因素以及异常因素都会影响贷款增速。例如，英格兰银行推出FLS后，私人部门信贷增速先下降后回升。背后可能有FLS的影响，但也受到其他因素的影响。一是，2012年7月德拉吉"不惜一切代价"讲话以后，英国银行业融资成本中的风险溢价也跟随欧元区出现下降。二是，英国三家主要银行（苏格兰皇家银行、桑坦德银行和劳埃德银行）去杠杆拖累整体信贷增速。2012年6月这三家银行信贷存量占到总信贷存量的一半。这三家银行在次贷危机中遭受严重冲击，FLS推出后的2012年三季度到2013年二季度整体上收缩了贷款，从而拖累了英国信贷增速。因此，直接观察FLS推出前后的信贷增速无法识别FLS的政策效果。

英格兰银行提供了2012年三季度至2013年四季度46家银行或储蓄机构（以下简称"银行"）FLS的申请量及这一期间的信贷增量。我们通过比较申请FLS的量与信贷增量的关系来探究FLS的政策效果，即检验FLS申请量高的银行信贷增速是否更高。但是回归可能存在内生性问题，即准备增加信贷投放的银行更有动机参与FLS从而享受更低的利率。由于FLS成本仅为0.25%~1.5%，显著低于银行以其他方式获得融资的成本，故所有银行均有动机参与FLS。数据显示，这46家

---

① 脆弱国家包括爱尔兰、希腊、西班牙、意大利、塞浦路斯、葡萄牙和斯洛文尼亚。

表8.4 FLS申请量与信贷增量

	（1）	（2）	（3）	（4）	（5）	（6）	（7）	（8）
申请量	0.724***						0.744***	0.651***
	（0.061）						（0.053）	（0.051）
申请量（滞后1个季度）		1.218***				1.203***	1.431***	1.201***
		（0.135）				（0.098）	（0.107）	（0.099）
申请量（滞后2个季度）			1.247***					
			（0.236）					
申请量（滞后3个季度）				1.133***				
				（0.183）				
申请量（滞后4个季度）					1.104***			
					（0.254）			
常数项	0.060***	0.072***	0.095***	0.123***	0.145***	0.069	−0.007	0.047
	（0.012）	（0.014）	（0.015）	（0.010）	（0.008）	（0.067）	（0.031）	（0.070）
个体固定效应						是		
时间固定效应							是	
个体、时间固定效应								是
观测值	276	230	184	138	92	230	230	230
R^2	0.378	0.308	0.169	0.297	0.296	0.897	0.720	0.900

注：样本为2012年三季度到2013年四季度的季度数据，包括46家银行。回归的因变量为2012年三季度至2013年四季度的银行信贷增量，自变量中的申请量为这一期间银行申请FLS的金额，信贷增量和FLS申请量均利用2012年6月信贷存量进行了标准化。

银行2012年6月对私人部门的贷款规模达到1.4万亿英镑，占同期银行对私人部门贷款余额的83%，说明大部分符合条件的银行均参与了FLS项目，数据有较好的代表性。因此，我们认为直接回归并不会产生明显的内生性问题。①数据显示，2012年三季度到2013年四季度，46家银行中有38家银行对私人部门的净增加贷款，享受到了0.25%的最低优惠利率。

表8.4为信贷增速与FLS申请量的回归结果。（1）～（5）列显示，银行申请FLS后，其信贷增速将提高，这一效果在四个季度后仍然显著。平均来看，银行申请1英镑低成本融资，对实体经济的新增信贷将超过1英镑。（6）～（7）列控制了银行个体、时间固定效应，信贷增速与FLS申请量之间的关系仍然保持稳定。样本期间，所有申请FLS的银行累计新增信贷102.9亿英镑，相对于2012年6月提高了0.7%，而同期英国所有银行对私人部门的信贷下降了，相对于2012年6月下降了1.1%。IMF（2013）认为，FLS对2013年3—12月银行信贷增长的贡献达到了三分之二。②

此外，2013年4月英格兰银行调整了FLS考核规则，也可以对此进行事件研究，检验FLS的政策效果。FLS刚推出时，英格兰银行对新增信贷的考核并不区分大企业和中小企业，两者权重相同。银行更有动机为大企业提供贷款，导致FLS推出后大企业贷款增速持续回升，但小企业贷款增速持续回落（见图8.3）。2013年4月，为刺激银行增加对中小企业的贷款，英格兰银行将中小企业新增贷款的权重提高至10，即银行对中小企业新增贷款1英镑，其FLS额度将上升10英镑，而新增家庭和大企业贷款1英镑，FLS额度仅上升1英镑。随后中小企业贷款增速出现显著回升，大企业的贷款增速出现回落（见图8.3）。

---

① 我和合作者还尝试用"双重差分法"去解决这一内生性问题，回归结果不改变FLS提振信贷增速的发现，技术细节和相关结果限于篇幅不在此展示，可参见缪延亮、胡李鹏、唐梦雪（2022）。

② 该研究排除了三家正在去杠杆的大银行。

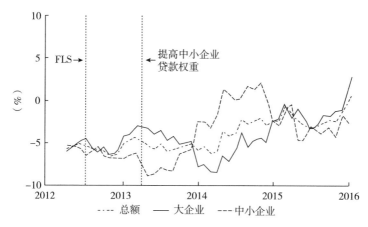

图8.3　FLS与私人部门信贷增速

资料来源：英格兰银行，作者整理。

这证实了FLS能够显著影响银行的信贷行为。

　　对欧洲央行TLTRO政策效果的考察能够为结构性货币政策效果提供进一步的证据。与FLS不同的是，TLTRO对银行的考核不包括对利率敏感的居民房地产贷款。以第一轮TLTRO为例，企业贷款和居民贷款增速（剔除房贷）在第一轮TLTRO推出后出现回升，前者从2014年5月第一轮TLTRO推出前的−2.9%上升至2015年1月量化宽松推出前的1.5%，后者则从−3.2%上升至−2.0%（见图8.4）。根据欧洲央行的测算[1]，前两轮TLTRO累计刺激银行增加贷款1 250亿欧元，占2019年欧元区企业和居民贷款总额[2]的2.1%，占2016年6月到2019年底新增企业和居民贷款的60%。此外，对银行的调查发现，银行申请TLTRO的主要目的是发放贷款。2020年4月欧洲央行的银行信贷调查显示，40%的银行在过去6个月利用TLTRO资金发放贷款，74%的银行预计

---

①　https://www.ecb.europa.eu/press/blog/date/2020/html/ecb.blog200409~3aa2815720.en.html.

②　欧洲央行的TLTRO剔除了银行向居民发放的房贷，故这里的居民贷款剔除了房贷。

图8.4 欧元区居民贷款增速（剔除房贷）以及企业贷款增速
资料来源：Haver，作者整理。

未来6个月将利用TLTRO资金发放贷款。此前的银行信贷调查也证实了这一结果。

但是，银行在信贷调查时可能会隐瞒其真实意图，例如银行可能会利用从欧洲央行获得的廉价资金购买国债而不是增加对实体部门的贷款。[①]此外，信贷增长可能来自欧洲央行同期出台的其他宽松措施，而不仅仅是TLTRO。反事实研究和银行层面数据可以解决上述问题。如果能够通过模型测算得到欧洲央行未出台TLTRO政策时的信贷增速，并将这一反事实结果与真实信贷增速进行比较，就可以得到TLTRO对信贷增速的影响。欧洲央行的反事实研究发现，剔除其他政策的影响，TLTRO仍然提振了银行对企业的贷款增速（Altavilla，2019）。银行层面的数据显示[②]，TLTRO开始前，申请TLTRO的银行与

---

① 2011年12月欧洲央行推出的3年期长期再融资操作中，参与的银行显著增加了对本国国债的敞口，规模是未参与银行的4~5倍（Rostagno et al.，2019）。

② 欧洲央行未公开申请TLTRO的银行信息，现有文献均为ECB研究人员对内部数据进行的研究。

未申请TLTRO的银行的信贷增速没有显著差异；TLTRO推出后，申请TLTRO的银行对企业贷款的增速均超过未申请TLTRO的银行，这一结果在脆弱国家和其他国家都成立（见图8.5）。

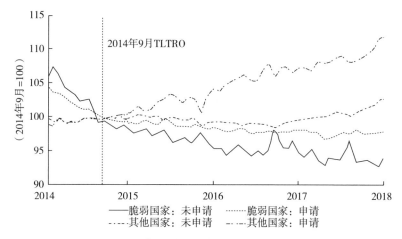

图8.5　欧元区银行对非金融企业的贷款

注：2014年9月第一轮TLTRO开始实施，2014年9月对企业贷款的存量被标准化为100。欧洲央行并未公布申请TLTRO的银行数据，图中数据来自Rostagno et al.（2019）。

为避免银行利用获得的廉价资金购买国债而不增加对实体部门的贷款，TLTRO内嵌激励机制，规定只有银行在参考期新增贷款数量超过参考标准①，才能够享受到最低的融资成本。银行层面的数据发现，该内嵌机制起到了刺激银行增加贷款的作用。申请TLTRO的银行中，80%的银行信贷增速超过基准，享受到最低的融资成本。同时，申请TLTRO的银行还降低了资产负债表中国债的比率，说明银行获得的廉

---

① 欧洲央行设定了两种参考基准，以第一轮TLTRO为例，参考期为2013年5月至2014年4月。若银行在此期间平均信贷增速为正，则参考基准为2014年4月的存量，若银行平均信贷增速为负，则参考基准为此前信贷增速维持两个季度，随后保持平稳。若银行此后信贷增速超过参考基准则能够享受最低的融资利率。

价资金并未被用于金融市场，未出现"空转"（Rostagno et al.，2019）。其他银行层面数据的回归结果也证实，参与第一轮 TLTRO 的银行削减了其持有的国债占比，并增加了信贷投放（Albertazzi et al.，2018）。

3. 供给和需求端资产负债表质量如何影响结构性货币政策的效果？

供给端资产负债表质量可能影响结构性货币政策的效果。虽然实证研究发现，资产负债表较差的银行在申请 TLTRO 后，贷款利率下降更多（Altavilla et al.，2020），但是这些银行面临较大的去杠杆压力，贷款利率隐含的银行风险溢价 ρ_b 仍然较高，结构性货币政策难以完全消除银行惜贷倾向。[①] 图 8.6 对此提供了初步证据：脆弱性较高国家的银行由于资产负债表质量较差，申请 TLTRO 后仍然要去杠杆，对企业贷

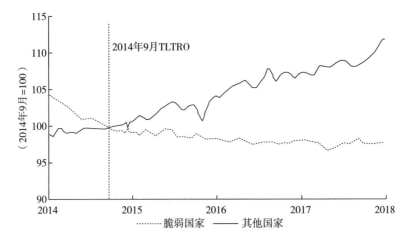

图 8.6　申请 TLTRO 的银行对企业的贷款存量

注：同图 8.5。

---

① 2014 年二季度到 2018 年底，脆弱性较高的欧元区国家银行资产累计下降 11%，而其他欧元区国家银行资产上升 5%。

款出现小幅下降；而位于其他国家的银行资产负债表质量较高，申请TLTRO后对企业贷款增加。利用银行层面的数据，控制其他影响因素后的结果也证实了银行资产负债表质量会制约结构性货币政策的效果。有研究（Albertazzi et al.，2018）发现，资本充足率越高的银行，参与TLTRO对其信贷增速的提振作用越显著。

需求端资产负债表健康程度同样可能影响结构性货币政策的效果。如果终端企业资产负债表质量较差，企业信用风险溢价 ρ_{ej} 过高，贷款利率维持高位，信贷增速仍然受到抑制。从图8.7可以看到，虽然申请TLTRO的银行企业贷款降幅要小于未申请的银行，但是由于脆弱国家的企业资产负债表质量较差，即使银行申请了TLTRO，企业部门的高风险还是会制约银行的信贷倾向，银行整体上仍然削减了对企业的贷款。因此，需求端资产负债表质量较差时，TLTRO的作用不明显。

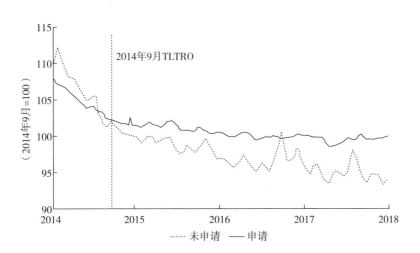

图8.7 脆弱国家银行对企业的贷款存量

注：同图8.5。

若银行和企业的资产负债表均处于较好水平，则TLTRO能够最大限度地发挥作用。研究发现，在资产负债表健康的国家，银行整体资产质量较高，融资成本较低，申请TLTRO的银行和未申请的银行贷款利率下降的幅度差别不大（ECB，2015）。但是由于TLTRO的成本更低，申请TLTRO的银行发放贷款的息差更大，因此对企业的贷款存量显著超过未申请TLTRO的银行（见图8.8）。

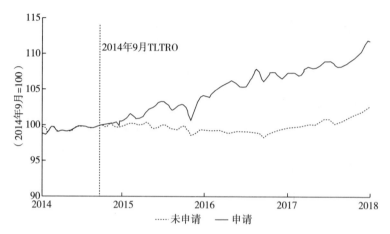

图8.8　其他国家银行对企业的贷款存量

注：同图8.5。

　　总结来看，结构性货币政策能够降低银行融资成本，提振特定部门的信贷增速，同时还能防止资金"空转"流向金融市场，但是，结构性货币政策能否生效取决于银行和企业资产负债表的健康程度，当两者的资产负债表均较为健康时，结构性货币政策能够最大限度地发挥作用；当银行和企业资产负债表遭受严重冲击时，结构性货币政策的效果相对有限，此时应该优先采用财政政策修复银行和企业的资产负债表。2008年全球金融危机后，美国银行的资产负债表因为政府注资而得到修复，经济率先复苏，反观欧元区银行业资产负债表迟迟无法得到修复，因而整体复苏不及美国。即使从欧元区内部看，银行业资产负债表修复较好的德国和法国，信贷增速恢复也要快于银行业资产负债表受损的意大利和西班牙。

四、总量政策、结构性货币政策与财政政策的权衡取舍

　　欧洲央行TLTRO和英格兰银行FLS的实践显示，结构性货币政策能够降低银行融资成本，提振特定部门信贷增速，同时还能防止资金空转流向金融市场，但结构性货币政策起效不是无条件的，只有当银行和企业资产负债表均较为健康时，才能较好地发挥作用。结构性货币政策什么时候用、如何用，需要综合考虑与总量政策、财政政策的权衡以及是否具备适用条件。首先，在危机应对时，结构性货币政策可作为最优政策大胆使用。通过"滴灌"直接为经济中重点环节和薄弱部门提供金融支持，有效克服流动性危机，发挥央行最后贷款人的作用。需要注意的是，流动性支持政策的持续期不宜太长，应适时退出。其次，在稳增长时，结构性货币政策可能是次优政策，尤其适用于主要矛盾不在于总量而是结构性问题，比如信贷需向特定部门或行业倾斜的情景。

　　总量货币政策是宏观调控的首选工具，比结构性货币政策更具冲击力，可以同时从供给（银行）和需求（居民和企业）两个方面缓解资产负债表压力。TLTRO等结构性货币政策主要是针对供给端（银行），不解决需求端（居民和企业）的信用风险问题。若将央行宽松比喻为"放水"，传统总量货币政策是通过降低无风险利率影响每一个部门。无风险利率作为各部门融资成本定价的基础，可通过利率渠道显著影响经济，并通过信贷、汇率、信心和财富效应等渠道扩大影响，但总量货币政策也存在明显的弊端。首先，不能精确作用于特定部门。2020年以来，新冠疫情冲击持续，居民和企业部门遭受严重冲击，总量货币政策难以精准支持受损严重的部门。当个别金融机构和行业受冲击格外严重时，往往需要央行直接、快速提供流动性支持。其次，在经济复苏阶段，若总量货币政策宽松时间过长，即央行落在市场曲

线的后面，容易导致经济过热并滋生资产泡沫，埋下金融危机的隐患。最后，如第七章分析所示，以量化宽松为代表的新总量政策可能导致央行过度干预金融市场，政策的进入和退出均会带来资产价格的大幅波动，市场定价机制受到影响。

财政政策能够定向直达经济受损部门，降低风险溢价。在本次新冠疫情危机中，居民和企业现金流中断，财政政策在发达国家成为主要的救助政策，但是，财政政策市场化程度不高、存在道德风险，面临风险共担和激励相容问题。与财政政策相比，结构性货币政策有三大优势。一是央行通过银行体系分配信贷，市场化程度更高。对我国而言，财政政策推行过程中，地方政府有竞争和过度投资的冲动，助长低效投资，并且由于难以监控专项资金的使用，资金被挪用的风险更高。结构性货币政策绕开行政手段，通过市场机制直接提供流动性。二是财政政策道德风险问题更严重。财政政策直接制造赢家和输家，利益相关方有更强的激励通过游说来影响政策取向，而地方政府违法违规举债，更是积累大量隐性债务，危及金融稳定。三是结构性货币政策能够使央行、银行和企业三者之间实现风险共担和激励相容。此外，财政政策出台一般需要经过多项程序审议，例如在美国要通过国会参众两院投票通过，决策时滞较长，而结构性货币政策的实施相对更快。财政政策还因受制于债务可持续性而空间有限，货币政策空间更为充足。2020年新冠疫情危机后，主要国家的政府债务水平进一步攀升至历史高位，财政空间更加受限。

结构性货币政策的成本也不容忽视。第一个成本是政策本身可能无效。根据前文所述的实证结果，当商业银行或终端的资产负债表受损严重时，政策效果受限。具体可以体现为资金空转、挤出和挪用。"空转"指的是流动性被滞留在金融机构，未注入实体经济，通常发生在银行去杠杆压力较大而终端需求又相对疲弱时。TLTRO在意大利的政策效果有限，就是因为商业银行未将获得的资金贷出。我国也存在类似的问题。在实施定向降准政策后，农村信用社的储备资产（存款准备金）下降，但"三农"贷款余额增速反而继续下滑，资金实际上流向了银行间同业资产，在金融市场寻求更高收益。"挪用"指的是终端企业并未将资金用于生产，而是进行资本操作，通常发生在企业自身去杠杆压力较大并且对经济预期相对悲观时。2008年全球金融危机后的美国非金融企业先是利用低利率环境快速去杠杆，在2010年四季度去杠杆结束后，开始增加债务融资，但是融来的资金被大量用于股票回购、兼并重组等金融杠杆操作，推动股价不断攀高，而非用于实体投资。"挤出"指的是央行将廉价资金注入了特定区域，但导致其他区域出现干涸，原因在于央行未能精确细分需要提供信贷支持的市场。FLS刚推出时，只考察贷款总量，不考虑贷款结构，大型企业贷款增速显著改善，中小企业贷款增速反而恶化。

第二个成本是央行独立性与声誉的损失。央行独立性来自货币政策稳定通胀的需要。1951年，美联储与财政部达成协议，结束了二战时美联储压低利率以支持财政部低成本融资的安排，美联储可以采取"逆风而行"政策，通过加息控制通胀上行风险。但结构性货币政策让货币政策再度具有了财政政策的性质，央行频繁使用会损害其独立性。美国国会在2008年全球金融危机后曾为此召开专门听证会，意在限制美联储对结构性货币政策的使用。古德弗兰德（2009，2014）提出，在信贷危机时，美联储可以使用信贷政策，但为保护其独立性，需要遵循三个准则：一是不可长期偏离"只购买国债"原则，美联储资产应以国债为主；二是在行使最后贷款人职能时，虽然可以暂时性违背"只购买国债"原则，但救助对象必须有偿付能力、是存款机构且提供抵押品；三是在实施最后贷款人以外的信贷政策时需要和财政部门达成一致，仅提供财政部门主导且担保的过桥贷款（bridge loan）。2020年美联储在设计应对新冠疫情系列工具时均遵循了上述准则，保护美联储自身的资产负债表，财政当局是第一风险承担者，详见第十三章相关讨论。即使没有独立性的央行，结构性货币政策也由于央行直接制造赢家和输家而会对其公信力造成挑战，未得到信贷支持的机构会质疑央行政策。

第三个成本是道德风险上升，商业银行等金融机构会依赖央行帮助，争取更多政策支持的动力增强，而自我风险管控的动机减弱。金融市场变得对政策更为敏感，甚至绑架央行政策决定。美国前财长保尔森在危机时强硬表态拒绝救助雷曼，一个重要的考虑即是断绝银行对政府的过度依赖。2020年12月欧洲央行内部对第三轮TLTRO扩容的分歧就在于担心导致银行过度依赖央行融资。

第四个成本是过度使用会破坏市场机制。一方面，结构性货币政策在实践中往往难以退出。理论上，结构性货币政策在出台前应设计退出机制，但在实际操作中往往难以完全退出。例如欧洲央行2014年6月推出的TLTRO已进行三轮，总规模不断扩大，2022年3月TLTRO存量已达到欧洲央行总资产的四分之一。我国央行的支农和支小再贷款也存在类似的退出难问题。另一方面，结构性货币政策可能被滥用，从而破坏市场机制。在满足生效条件时，结构性货币政策能够较好地发挥作用，更多的行业会寻求政府和央行低成本资金的支持，导致政府的"有形之手"自我强化。因此，滥用结构性货币政策可能扭曲市场激励机制，加重货币和财政的负担。

第九章　中国货币政策框架

> 如果央行不推动金融改革和市场发展，就不会有健康的金融机构和市场机制，也就谈不上货币政策的正常传导。
>
> ——周小川，2016年

自1984年中国人民银行不再向企业和个人提供金融服务而是专门行使央行职能以来，我国货币政策调控框架已经经历了两次重大转型。根据1995年颁布的《中国人民银行法》的规定，中国人民银行在国务院领导下依法独立执行货币政策，履行职责，开展业务，不受地方政府、各级政府部门、社会团体和个人的干涉。中国人民银行在1998年取消了信贷规模管理，并重启公开市场业务，实现了货币调控由对信贷的直接行政控制向数量型间接调控的重大转型。2015年放开存款利率上限，初步完成了利率市场化，2018年以来汇率双向波动、灵活性提升，货币政策逐步由数量调控为主向利率主导的价格型调控模式过渡。金融稳定方面，2004年实行差别准备金制度，2011年引入差别准备金动态调整机制和社会融资规模监测，2016年又将存款准备金动态管理升级为宏观审慎评估体系（MPA），针对广义信贷规模进行逆周期调控，形成了"货币政策＋宏观审慎"双支柱的金融调控政策框架。这一章我们从理解中国货币政策框架入手，即现状是什么，有哪些特点，存在哪些问题。在现阶段，中国人民银行是在多重约束之下通过多样化工具创新去实现多重目标的转型央行。这些特点和问题是走向现代中央银行的制度起点。

一、中国人民银行的货币政策目标

中国人民银行是典型的多目标制央行。有评论说中国货币政策目标之多，以至于没人能讲清楚中国货币政策的终极目标是什么。写入《中国人民银行法》的是"保持货币币值的稳定，并以此促进经济增长"，在实际工作中被诠释为四个年度目标和两个动态目标（"4+2"）。四个年度目标为维护价格稳定、促进经济增长、促进就业、保持国际收支大体平衡。两个动态目标为金融改革和开放、发展金融市场。动态目标是中国作为转轨和新兴经济体的特色。作为转轨经济体，"如果央行不推动金融改革和市场发展，就不会有健康的金融机构和市场机制，也就谈不上货币政策的正常传导"（周小川，2016）。

从《中国人民银行法》的目标看，人民银行与美联储的双目标制比较类似。对我国而言，首要目标是币值稳定，并兼顾促进经济增长，保增长也就是保就业，每年中央政府工作报告在公布预期增长目标的同时还公布城镇新增就业岗位目标。所谓币值稳定，有对内和对外两个含义（易纲，2018）。币值对内稳定是指保持价格稳定。美国等发达经济体的通胀目标是2%左右，新兴经济体的通胀目标会高一些，我国大概在3%左右。从我国CPI走势来看，几次高通胀的时点包括：1987—1988年价格闯关，1993—1994年CPI涨幅超过20%的大通胀，2007—2008年"热钱"涌入，2011年"四万亿"刺激后的高通胀，2019—2020年猪瘟引发的通胀。总体来看，2012年以后我国通胀大部分时间在5%以下，通胀中枢在3%。币值对外稳定是指保持人民币汇率在合理均衡水平上的基本稳定。这里的"汇率"应该是真实有效汇率，但市场人士多将其理解为兑美元的双边汇率。"合理均衡"水平无法观察，也很难测算，它的含义应该是与我国经济基本面一致的汇率水平。有人认为"基本稳定"的表述有点汇率目标的味道，但有效汇率与基本面一致，不意味着双边汇率不能动。2015年后人民币真实有效汇率基本稳定，但兑美元的双边汇率仍可以大幅波动，并非汇率目标制。

实现货币政策的最终目标需要通过中间目标。中间目标是央行可以通过货币政策工具影响的目标。历史上，人民银行主要使用数量型工具，因此中间目标长期是政府工作报告中公布的货币供应量目标。随着货币政策从数量向价格调控的转型，自2018年起我国不再公布具体的货币供应预期数量目标，政府工作报告的新提法是"保持货币供应量和社会融资规模增速与名义经济增速基本匹配"。2020年新冠疫情冲击之下，名义经济增速大幅下滑，人民银行将表述相应改为"保持货币供应与反映潜在产出的名义国内生产总值增速基本匹配"。

衡量货币供应量的传统指标是广义货币（M2）。M2是流通于银行体系之外的现金加上企业存款、居民储蓄存款以及其他存款。M2同比增速在1993—1994年的高点后总体趋缓，在2003年"非典"和2009年全球金融危机期间因刺激政策收紧滞后而两度冲高，之后延续下行态势。随着经济发展与市场化推进，M2与实体经济相关性下降。金融创新和金融市场发展，包括影子银行的崛起，导致M2作为中介目标的可控性、可测性及与最终目标的相关性都在下降。在发达国家，M2作为中间目标早就过时了。20世纪80年代时任加拿大央行行长布伊就感慨："不是我们抛弃了货币总量，是它抛弃了我们。"随着金融创新增多，货币需求变化很快，货币作为中间目标，与通胀的相关性变差，这在我国也有体现。易纲（2003）在《中国的货币化进程》一书中强调，如果是高速发展经济体，又处在金融深化过程中，很多原来不在货币交易体系的部门，如农村部门等，不断被纳入交易体系，货币流动速度会下降，所以即使M2增速高些，也不会导致高通胀。

由于M2与实体经济相关性变差，2012年人民银行引入了社会融资规模指标。社会融资规模指的是一定时期内实体经济从金融体系获得的资金总额，包括人民币贷款、外币贷款（折合人民币）、委托贷款、信托贷款、未贴现的银行承兑汇票、企业债券、非金融企业境内股票融资、政府债券、其他融资等。2018年7月将"存款类金融机构资产支持证券"（类似ABS）和"贷款核销"纳入社会融资规模统计，在"其他融资"项下反映。2018年9月将"地方政府专项债券"纳入。2019年9月完善"企业债券"统计，将"交易所企业资产支持证券"纳入"企业债券"指标。2019年12月将"国债"和"地方政府一般债券"纳入，与"地方政府专项债券"合并为"政府债券"项。从2017年1月起社会融资数据的统计方式采用包含以上分项的新口径。

社会融资规模涵盖的内容远大于广义M2。首先，社会融资包含信托贷款和委托贷款等影子银行项目。在数量管制和信贷市场分割之下，房地产企业、中小民营企业和地方政府融资平台的投资需求得不到满足；对存款利率的显性（2015年以前）和隐性管制（2015年以后），使得居民的理财需求得不到满足。不论是资金的供给方还是需求方，都欢迎金融中介推出的以银行表外理财为代表的影子银行业务。2017—2019年三年去杠杆治理影子银行，规模有了较大减小，但是影子银行作为融资的必要补充仍将长期存在。其次，社会融资还纳入了企业债券和股票等直接融资项目以及政府债券发行。大部分时候，社会融资和M2的变动趋势同步且增速要高于M2，因为企业直接融资和政府发债等项目占比上升。两者的走势也会出现背离。2015—2016年，M2增速上行，而社会融资增速下行且低于M2，两者出现背离是因为影子银行规模在去杠杆、紧信用之下被压降，而货币与财政宽松推动M2上行。

社会融资这一概念为什么其他国家没有呢？这是因为主要发达经济体早前使用数量调控时，M2作为中间目标就够用了，等金融创新导致M2不够用的时候，这些经济体已经转型为价格调控，不必在乎哪个数量指标更可靠。而我国还处在数量向价格调控的转型期，仍需要采用数量目标，金融创新又使得M2不够用，所以发明了更为广义的社会融资数量指标。

发达国家为什么不看总量指标？发达国家市场观察者使用金融条件指数作为货币政策的中介目标，这和我国的社会融资指标很相似，都包括信贷、债券和直接融资（股市）等成分，只不过一个是价格指标，一个是数量指标。存在这样的差别是因为发达国家经济对市场利率等价格指标敏感，而我国则相对不敏感。在我国的经济中存在大量软预算约束部门，如国有企业、银行和融资平台。历史上，通过金融抑制可以人为压低存款利率，以保证国有银行的息差和国有企业非市场化的低利率。在金融抑制之下，必须同时实行数量管制来克服对信贷的过度需求。

那么，金融抑制能打破吗？金融抑制突出表现为利率的非市场化。表面上看，很多存款太"傻"、黏性大，但其实背后是可投资的金融产品太少，资本市场的深度和成熟度有限，居民主要投资房地产市场。在2017年开启影子银行三年专项治理行动以前，虽然有监管缺位和杠杆率上升的问题，影子银行也确实解决了民营和房地产企业的融资问题。软预算约束部门享受着低利率，某种意义上是通过民企的高利率来补贴国企的低利率。如果利率市场化，也即把隐性的利率补贴显性化，银行可能会高息揽储，融资成本会上升，有些企业可能破产，需要救助；而如果不救助，坏账就会影响银行体系，衍生金融稳定风险。因此，利率市场化是一个渐进的过程。

二、中国人民银行的货币政策工具

央行有三大传统工具：存款准备金、公开市场操作和再贴现/再贷款。现代中央银行一般主要依靠公开市场操作，在稀缺准备金框架下通过改变超额准备金的多少来改变银行间市场流动性的数量和价格从而实现货币政策传导。在更加多元的政策目标以及转轨的多重约束之下，我国央行充分使用三大传统工具，并进行结构性货币政策创新。存款准备金作为数量工具针对利率不敏感部门、调控长期资金，在信贷为主的金融体制下作用明显；公开市场操作更加市场化，侧重于调控金融市场流动性，同时培育货币政策的价格调控渠道；再贷款除投放中期流动性外，还可以针对结构性问题，推出支农、支小、扶贫、抗疫、绿色、养老、创新和物流等多种再贷款。

1. 存款准备金率

存款准备金率是典型的数量工具。在2002—2011年货币政策被动投放流动性的年代，大量热钱流入，频繁提高存款准备金率。2012年以来一直是在降低存款准备金率，2018年以来下调存款准备金率13次，共释放长期资金约10.8万亿元。截至2022年4月25日，金融机构平均法定存款准备金率为8.1%，较2018年初降低6.8个百分点。我国银行体系超额准备金率稳定在2%，银行体系总准备金率约在10%，这一水平和美国、日本、欧洲等主要经济体相当，未来继续大幅降准的空间有限。2022年4月人民银行首次采用0.25个百分点的步长进行降准操作，之前最小降准幅度是0.5个百分点，这一变化也显示继续降准的空间受限。

对法定存款准备金不付息或支付低于市场利率的利息实质是对银行体系征税，不仅影响银行杠杆率、货币乘数，还会导致金融机构向客户转嫁成本。高的法定存款准备金率不利于金融资源的有效配置，被认为是"大杀器"，发达国家央行较少使用存款准备金率作为货币政策工具。在2008年金融危机之前，美国法定准备金要求占M2的比例长期不及1%，2007年底为0.6%，2008年之后，超额准备金规模随着量化宽松迅速攀升，但法定准备金规模保持稳定。在2020年新冠疫情前，法定准备金占M2的比例约为1%，超额准备金占比接近10%，2022年3月攀升至17%。新冠疫情后美联储继续大规模量化宽松，鉴于美联储供给的准备金规模远超其规定的准备金要求，法定准备金率要求不再必要。同时，为了减少疫情期间货币市场波动并促进信贷供给，从2020年3月24日起，美联储修改了监管条例D（Regulation D），将所有银行准备金率要求调降至0%，也即取消了所有银行的法定准备金要求。

2019年中国人民银行推出了"三档两优存款准备金制度"，准备金率从总量工具变得更具结构性政策特点。"三档"是指根据银行规模划分为大、中、小三档并设立基准存款准备金率（见图9.1）。"两优"是指对大、中两档银行中达到普惠金融领域贷款考核标准的，可享受0.5%或1.5%的准备金率优惠；对小型银行中新增存款一定比例用于当地贷款的，可享受1%的存款准备金率优惠。自2021年12月15日起对参加考核的金融机构统一执行最优惠档存款准备金率，"两优"定向降准考核不再执行。

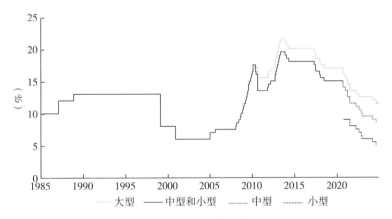

图9.1　金融机构存款准备金率

资料来源：Haver。

由于我国准备金率兼具总量和结构特色，除全面降准以外，还有三种不同的定向或临时降准方式。第一，置换降准。央行下调准备金率，为商业银行提供长期资金，但是在下调法定准备金率的同时，不一定续作中期借贷便利（MLF），这是央行提供长期资金的另一个主要来源。银行按照"先借先还"的顺序，使用降准释放的资金偿还借自央行的成本更高的中期借贷便利。第二，定向降准，支持市场化、法治化"债转股"、"三农"和小微企业融资。其结果是对中小银行和县域金融机构的准备金要求要显著低于大型银行。有时定向降准也包括大型银行。比如下调大型商业银行、股份制商业银行、城市商业银行、非县域农村商业银行、外资银行人民币存款准备金率，鼓励大型商业银行和12家股份制商业银行运用定向降准和从市场上募集的资金，按照市场化定价原则实施"债转股"项目。第三，临时降准。2018年春节前曾经使用临时准备金安排工具（CRA），允许银行可临时使用不超过2个百分点的法定存款准备金，使用期限为30天。

准备金除了作为数量工具，还可以被央行用作价格工具。央行对超额准备金付息，使其成为利率走廊的下限。央行一般会对法定准备金付息，对超额准备金不付息，或付更低的利息。在稀缺准备金框架下，超额准备金利息就是利率走廊的下限，央行通过公开市场操作来改变准备金的供给从而调控政策利率，不需要直接调控利率下限。所以，在传统的利率走廊体系下，准备金利率很少变动。2020年4月7日人民银行将金融机构在央行的超额存款准备金利率从0.72%下调至0.35%，这是自2008年金融危机以来的首次调整，引发较强的宽松预期。2008年金融危机后美联储大规模量化宽松使得银行准备金规模大幅攀升，利率走廊体系失效，美联储不再能通过微调准备金供给来控制政策利率，政策框架从利率走廊转为利率下限，调控政策利率必须同时调控利率走廊下限。2008年10月6日起，美联储开始为银行在美联储准备金账户的超额准备金支付利息。其目的既是为了防止大量超额准备金带来的流动性推升通胀，也是为了加息时可以通过提高准备金利率来控制政策利率。在2020年3月完全废止准备金要求之后，继续区分超额和法定准备金已经没有必要，美联储2021年7月29日将超额准备金付息和法定准备金付息统一改为准备金余额利率（Interest of Reserve Balance，IORB）。美联储加息和降息也会相应同步调整准备金余额利率。截至2022年4月7日，由于美联储2022年3月加息25个基点，准备金余额利率相应上调25个基点至0.4%。

2. 公开市场操作

随着货币政策转型，公开市场操作的重要性上升，其中最重要的工具是央行向市场投放流动性的逆回购操作，7天逆回购利率是央行的短端政策利率。

（1）回购交易：分为正回购和逆回购两种。逆回购为央行向一级交易商购买有价证券，并约定在未来特定日期将有价证券卖给一级交易商的交易行为。逆回购是央行向市场主动投放流动性的操作，逆回购到期央行从市场收回流动性。逆回购是央行主要的公开市场操作工具，人民银行的逆回购出现过5/6/7/14/21/28/63/91/182天期限的，2020年以来仍有操作的是7天和14天的。2013年以后做得更频繁，回购利率曲线更加平滑。其中，7天逆回购利率已成为短端政策利率。正回购为中国人民银行向一级交易商卖出有价证券，并约定在未来特定日期买回有价证券的交易行为，是央行主动从市场收回流动性的操作。2015年以来，随着流动性投放越来越主动，用于收回流动性的正回购未再使用。

（2）现券交易：分为现券买断和现券卖断两种，前者为央行直接从二级市场买入债券，一次性投放基础货币；后者为央行直接卖出持有的债券，一次性回笼基础货币。

（3）央行票据：即中国人民银行发行的短期债券，通过发行央行票据可以回笼基础货币，央行票据到期则体现为投放基础货币。2002年6月为了应对外汇大量流入带来的流动性大规模回笼压力而引入。2013年后随着外汇占款的企稳，停止新发行。2018年在香港离岸人民币市场重启发行，但主要功能转变为稳定离岸人民币市场。

（4）短期流动性调节工具（SLO）：7天以内短期回购，主要为调节7天以内超短期的货币供应量和利率。2013年引入，2016年以后未再使用。

3. 再贴现/再贷款

再贷款是中国人民银行最传统的政策工具，创设于1984年，在1994年之前一直是人民银行投放基础货币的主要渠道，之后随着外汇占款时代的到来逐渐被淡化使用，近年来重要性又有所上升，且结构性特点更加突出。再贷款是指央行给金融机构发放贷款服务于特定目的。按照功能定位的不同，2013年央行把再贷款分为四类：流动性再贷款、信贷政策支持再贷款、金融稳定再贷款和专项政策性再贷款。流动性再贷款和2013年央行创设的常备借贷便利工具性质类似，都是为符合宏观审慎要求的存款类金融机构提供短期流动性支持。金融稳定再贷款是指央行为处置金融风险向地方金融机构发放的再贷款。专项再贷款一般是指央行发放给政策性银行和资产管理公司用于特定政策项目的贷款；2020年为应对疫情增加的专项再贷款也归入此类。

用于宏观调控的主要是信贷政策支持再贷款。2018年以来，信贷政策支持再贷款作为结构性政策工具被央行频繁使用，主要包括支农再贷款和支小再贷款，用于促进信贷结构调整，引导扩大县域和"三农"信贷投放。相比于其他货币政策工具，再贷款的优势是可以根据经济中的结构性问题灵活调整。由于资金成本低，银行、企业甚至政府职能部门也都有意愿使用和推动设立再贷款，其覆盖范围不断扩大。2020年新冠疫情暴发后，为了缓解企业资金压力，人民银行推出了

3 000亿元抗疫专项再贷款、5 000亿元复工复产再贷款和1万亿元小微再贷款；2021年为了支持绿色环保产业发展，人民银行推出了2 000亿元煤炭清洁利用专项再贷款并设立碳减排支持工具。2022年又新设科技创新和普惠养老两项专项再贷款以及1 000亿元物流再贷款。再贷款可以按照"先借后贷"和"先贷后借"两种不同方式发放。"先贷后借"可以更好地控制贷款流向。自2021年12月7日起，3个月支农、支小再贷款执行1.7%的优惠利率，1年期利率为2%。截至2021年末，支农（含扶贫）和支小再贷款余额共计1.9万亿元。

再贷款不仅覆盖面越来越广，还面临退出难的问题。1999年创设支农再贷款，支持贫困地区地方法人金融机构扩大涉农信贷投放，一直沿用至今。2014年创设支小再贷款，专门支持中小金融机构对小微企业信贷投放，对符合一定标准的金融机构发放小微企业贷款给予利率优惠[①]，利率在贷款基准利率基础上减点确定，也面临退出难的问题，在2021年还新增了3 000亿元支小再贷款额度。

再贴现是指央行对商业银行持有的企业票据的再贴现。人民银行买进商业银行持有的已贴现但尚未到期的商业汇票，向商业银行提供融资支持，是中小银行获得融资的主要工具之一。自2008年开始，再贴现也发挥结构性的功能，重点支持"三农"和小微企业。再贴现的期限最长不超过4个月，利率由人民银行制定、发布和调整。再贴现利率是一种短期标准利率或最低利率。自2021年12月7日起，再贴现利率为2.0%。截至2021年末，再贴现余额5 903亿元。

4. 创新型工具

为主动投放流动性，同时突出货币政策的结构性导向，人民银行

---

① 审核标准为，小微企业贷款增速不低于各项贷款平均增速，小微企业贷款户数不低于上年同期户数，以及小微企业申贷获得率不低于上年同期水平。

在利率市场化改革的同时，进行了工具创新。2013年以来推出的新工具包括常备借贷便利（SLF）、中期借贷便利（MLF）、定向中期借贷便利（TMLF）和抵押补充贷款（PSL）等，这之中最为重要的工具是MLF，被培育为央行的中期政策利率。

（1）常备借贷便利：由金融机构根据自身需求主动向央行申请流动性支持，央行与机构"一对一"交易，以抵押方式发放。SLF于2013年引入，在银行体系流动性出现波动时运用，价格由人民银行设定，对象为政策性银行、城市商业银行、农村商业银行、农村合作银行和农村信用社。抵押品包括国债、央行票据、政策性金融债、地方政府债以及一定评级门槛的信用债和信贷资产券；2019年6月，加入合格债券、同业存单、票据等。期限包括隔夜、7天、1个月。由于SLF是随时申请随时可得（常备的含义），所以价格比较贵，7天SLF利率一般是在7天公开市场逆回购利率基础上加100个基点，是利率走廊的上限。由于SLF不是对所有一级交易商开放，只有银行可以申请，所以货币市场利率有时候会突破上限。2022年3月，隔夜、7天、1个月SLF利率分别为2.95%、3.10%、3.45%；期末SLF余额为12.6亿元。

（2）中期借贷便利：2014年9月引入，与SLF一样都是向金融机构提供流动性，但由人民银行主动发起，期限更长，为1年（3个月/6个月的2017年以后未再使用），提供中期流动性，以质押形式发放，定价方式为利率招标。质押和抵押的根本区别在于是否转移担保财产的占有。抵押不转移对抵押物的占管形态，仍由抵押人负责抵押物的保管；质押改变了质押物的占管形态，由质押权人负责对质押物进行保管。2019年8月LPR改革后，LPR与MLF利率挂钩，由MLF利率加点形成，MLF利率成为人民银行的中期政策利率。MLF的对象为符合宏观审慎管理要求的商业银行和政策性银行。质押品包括国债、央行票据、政策性金融债、地方政府债券、AAA级公司信用类债券；2018年6月，加入不低于AA级的小微、绿色和"三农"金融债券，AA+、

AA级公司信用类债券，包括企业债、中期票据、短期融资券等，优质的小微企业贷款和绿色贷款；2019年1月，出台央票互换（CBS）后又增加了评级不低于AA级的银行永续债。2017—2018年MLF利率上行，2019年后因为中美贸易摩擦和新冠疫情，持续下行。2022年3月，1年期MLF利率为2.85%；期末MLF余额为49 500亿元。

（3）定向中期借贷便利：于2018年12月引入，主要为加大对小微企业、民营企业的金融支持力度，根据金融机构对小微企业、民营企业贷款增长情况，向其提供长期稳定资金来源。对象为大型商业银行、股份制商业银行和大型城市商业银行。期限为1年，但可续作2次，实际可操作期限3年，比MLF更长。定价是MLF利率减去15个基点，但是量比较少。2018年12月19日和2020年4月24日缩量续作的利率分别为3.15%和2.95%。

（4）抵押补充贷款：是为支持国民经济重点领域、薄弱环节和社会事业发展项目而对政策性银行提供的期限较长的大额融资。2014年4月引入，旨在为支持"棚户区改造"提供长期稳定、成本适当的资金来源，对象为政策性银行（国家开发银行、中国进出口银行、中国农业发展银行）。质押品为高等级债券资产和优质信贷资产。期限较长，为3~5年，价格由人民银行设定。2022年3月，抵押补充贷款余额为27 363亿元。我们将人民银行货币政策工具汇总于表9.1，并将其中的贷款工具汇总比较于表9.2，供读者参考。

三、我国货币政策框架的特点

相较于发达国家，我国货币政策的特点可以概括成"转型＋过渡＋结构性"，鲜明地体现在人民银行资产负债表的规模和构成变化上。截至2021年末，人民银行的资产负债表构成项目如表9.3所示。央行流动性投放在资产端体现为"对其他存款类金融机构债权"，在负债端体

表 9.1　人民银行货币政策工具总结与比较

工具类型	存款准备金率	公开市场操作					央行贷款					
		正回购	逆回购	短期流动性调节工具	现券交易	央行票据	再贷款	再贴现	常备借贷便利（SLF）	中期借贷便利（MLF）	定向中期借贷便利（TMLF）	抵押补充贷款（PSL）
工具类型	数量型	数量型+价格型		偏数量型	偏数量型	偏数量型	偏数量型		数量型+价格型			
操作方式	调降/调升	卖出有价证券，到期买回	买入有价证券，到期卖出	超短期逆回购	在二级市场直接买卖现券	发行/到期	支农/支小等	将未到期已贴现商业汇票等现给银行	银行向央行一对一申请贷款	央行主动发放，以招标形式提供贷款	定向投放大型商业银行用于小微企业贷款	定向投放政策性银行，用于开发项目
流动性影响（增加/减少）	增加/减少	减少	增加	增加/减少	增加/减少	减少/增加	增加	增加	增加	增加	增加	增加
定向	√	×	√	×	×	×	√	√	×	×	√	√
抵质押	×	√	√	√	×	×	√	√	√	√	√	√

表 9.2　人民银行贷款工具比较

	操作性质	期限	发起人	利率定价	适用对象
公开市场操作	质押式回购	7天 14天 28天	人民银行发起、确定总额度	利率招标	一级交易商
常备借贷便利（SLF）	抵押式贷款	隔夜 7天 1个月	金融机构申请，人民银行确定总额度	公开市场逆回购利率+100个基点	政策性银行、城市商业银行、农村商业银行、农村合作银行和农村信用社
中期借贷便利（MLF）	质押式贷款	1年	人民银行发起、确定总额度	利率招标	符合宏观审慎管理要求的商业银行、政策性银行
定向中期借贷便利（TMLF）	质押式贷款	1年+2次续作	人民银行发起、确定总额度	MLF利率-15个基点	大型商业银行、股份制商业银行和大型城市商业银行
抵押补充贷款（PSL）	质押式贷款	3~5年	人民银行发起、确定总额度	人民银行设定	政策性银行
再贷款	质押式贷款	期限较长	金融机构申请，人民银行确定总额度	人民银行设定，贷款基准利率上浮点	商业银行
再贴现	票据贴现	不超过4个月	金融机构申请，人民银行确定总额度	人民银行设定	商业银行

现为"其他存款性公司存款",也即准备金。所谓其他存款性公司,即商业银行,包括国有商业银行、股份制商业银行、城市商业银行、农村信用社、政策性银行和外资银行。对其他存款性公司债权即是人民银行借给商业银行的钱。2014年以后,外汇占款见顶回落后,人民银行开始更多依靠再贷款、再贴现、逆回购及各类创新性流动性支持工具投放基础货币,对其他存款性公司债权一项迅速上升(见图9.2),成为资产端扩张最快的一项。

表9.3　人民银行的资产负债表　　　　　　　　　　　　　　(单位:亿元)

项目	余额	项目	余额
国外资产	225 103	储备货币	329 487
外汇	212 867	货币发行	96 165
货币黄金	2 856	其他存款性公司存款	212 393
其他国外资产	9 380	非金融机构存款	20 930
对政府债权	15 241	不计入储备货币的金融性公司存款	6 053
对其他存款性公司债权	128 645	发行债券	950
对其他金融性公司债权	4 125	国外负债	998
		政府存款	42 932
		自有资金	220
其他资产	22 588	其他负债	15 062
总资产	**395 702**	**总负债**	**395 702**

注:数据截至2021年12月。
资料来源:中国人民银行。

　　人民银行各种货币调控行动都体现在"对其他存款性公司债权"项目的具体构成上(见表9.4)。截至2021年末,对其他存款性公司债权约12.8万亿元,占总资产的32.5%。其中,规模较大的是中期借贷便利、抵押补充贷款以及支农、支小、扶贫、煤炭清洁高效利用[1]等结构性再贷款。一些结构性再贷款未披露余额数据,包括金融稳定再贷

----

① http://www.gov.cn/premier/2021-11/17/content_5651513.htm.

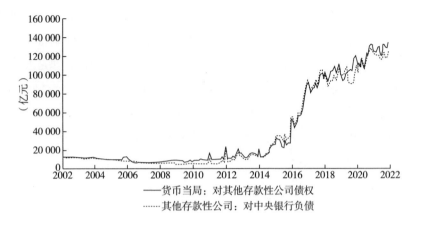

图 9.2　人民银行对其他存款性公司债权

资料来源：Wind。

表 9.4　对其他存款性公司债权构成 （单位：亿元）

项目	余额
中期借贷便利（MLF）	45 500
抵押补充贷款（PSL）	28 017
常备借贷便利（SLF）	127
逆回购	7 000
再贴现	5 903
结构性再贷款	
支农	4 967
支小	12 351
扶贫	1 750
煤炭清洁高效利用	2 000
以上总计	107 615
人民银行对其他存款性公司债权	128 645
其他存款性公司对人民银行负债	118 576

注：数据截至 2021 年 12 月。

资料来源：中国人民银行，Wind。

款（2019年包商银行事件处置时使用）[1]、碳减排支持工具[2]以及防疫专项再贷款[3]等。定向中期借贷便利、短期流动性调节工具等创新型流动性投放工具到2021年末余额已清零。

从人民银行资产负债表的规模和构成可以看出我国货币政策框架的突出特点：货币调控方式转型，调控工具从数量到价格过渡，以及结构性特色越来越突出。

一是转型，从流动性被动投放到主动投放的转型。2018年以来随着汇率灵活性的提高，货币政策完成了从以汇率为锚到以利率为纲的转型，对内平衡和对外平衡得以兼顾。在这一过程中，被动投放流动性工具如外汇占款的作用下降，主动投放流动性工具如公开市场操作和再贷款等的重要性上升。在人民银行资产负债表上，体现为资产端外汇占款的见顶回落和对其他存款性公司债权的迅速上升（见图9.3）。近年来，我国国际收支通过汇率调节实现自主平衡。汇率调节的好处

图9.3 货币投放方式的转型

资料来源：Wind。

① http://www.pbc.gov.cn/goutongjiaoliu/113456/113469/4055207/index.html.

② http://www.pbc.gov.cn/goutongjiaoliu/113456/113469/4384182/index.html.

③ http://www.pbc.gov.cn/goutongjiaoliu/113456/113469/3965911/index.html.

在于它是市场化的相对价格调整，反应灵敏，痛苦小。欧债危机期间，欧元区边缘国家内、外都严重失衡，但汇率是统一的欧元，对主要贸易伙伴欧元区内国家不能贬值，对欧元区外的国家虽有贬值但幅度有限，只能通过裁员、降薪等对内贬值的方式痛苦地调整。我国应继续保持和增强汇率弹性，允许其发挥自动稳定器功能，进一步增强货币政策的自主性。

二是过渡，从数量间接调控到价格调控的过渡。在此过程中数量工具和价格工具并存，但价格调控越来越重要，形成了短期和中期政策利率的政策利率体系和市场利率体系，同时仍然使用准备金率工具。2015年以来，虽然货币发行量不断增加，但随着法定准备金率逐步下调，央行资产负债表负债端的其他存款性公司存款规模（即准备金）基本维持稳定（见图9.4）。长期看，随着法定存款准备金率的不断下行，准备金率工具继续使用的空间有限，基础货币投放将主要依靠公开市场操作和中期借贷便利，进一步增强政策利率的基准性和"利率锚"地位。

—— 货币当局：储备货币：其他存款性公司存款
······ 法定存款准备金率：中小型银行（右轴）
-- 法定存款准备金率：大型银行（右轴）

图9.4 近年来法定存款准备金率不断下行
资料来源：Wind。

三是结构性特色。既有总量政策，也有很多结构性政策，如再贷款、抵押补充贷款、"三档两优"的准备金率等，突出了货币政策在稳增长、防风险之外还有调结构的目标。央行货币调控的结构性特点不仅体现在对实体经济的广义流动性提供，也体现在对银行体系的狭义流动性提供。2019年5月处置包商银行风险时，在保持流动性总量合理充裕的同时，人民银行果断出台了较多的结构性支持政策，通过再贴现、常备借贷便利、定向降准和流动性再贷款等多种方式精准投放流动性。2020年新冠疫情暴发以来，人民银行更多依赖结构性再贷款等结构性工具投放流动性，反映在人民银行资产负债表中，资产端对其他存款性公司债权中的结构性工具占比明显提升，而中期借贷便利等总量性流动性投放工具占比有所回落（见图9.5）。

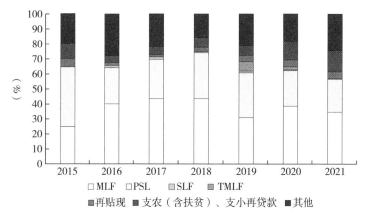

图9.5 2015年以来人民银行对其他存款性公司债权构成
注：煤炭清洁高效利用再贷款、金融稳定再贷款等包含在其他项中。
资料来源：Wind。

货币政策转型过渡期面对的一个重大挑战是如何衡量货币政策立场，进而对货币政策效果进行评判。中国人民银行同时使用数量和价格工具，如何衡量货币政策的取向？一个自然的想法是资产负债表的规模。但是我国还处在正常货币政策空间，是稀缺准备金框架下的价格与数量复合型调控，这和发达国家量化宽松充足准备金下的价格调控有着根本的不同。在稀缺准备金框架下，资产负债表的变动可能和实际政策取向无关，甚至相反。比如降低存款准备金率，资产负债表规模会由于商业银行部分偿还MLF等对人民银行的高息负债而缩表，但实际政策是宽松的，货币乘数在增加。

使用M2同比增速变动最大的问题是M2的增速内生于经济增速（货币需求方程），不完全由人民银行控制。M2可以用于判断经济的景气程度，也即结果，而不是行动本身。2014—2015年人民银行连续降准和降息，但是M2增速仍在低位，就被认为是货币政策传导出现了问题。评判货币政策立场是从央行行动的角度，还是从结果的角度？央行认为应该从价格来看货币政策取向，2020年以来，政策没有收紧，因为公开市场操作利率一直在降，并未抬升。如果利率市场化改革到位，两轨并一轨，可以从利率价格角度评判货币政策取向。但部分市场人士认为在过渡期，不能只看价格，也要看数量，如果货币和信贷总量，或社会融资的增速下降，则货币政策实际上收紧了，特别是当市场基准利率如DR007（7天质押式回购利率）和政策利率持续出现偏离时。然而，广义货币和融资规模下行也可能是实体信用需求下降和总需求不足导致的，并不是货币政策收紧导致的。

四、我国货币政策传导存在的问题

在信用货币制度下，货币和信用创造需要经过央行和商业银行两个环节。央行制定政策利率，传导到货币市场利率，再通过期限结构影响中长期债券市场等资本市场利率，最后通过信贷市场风险溢价影响信用市场利率。

我国利率传导存在两个主要堵点：一是货币市场利率对存款利率

的传导不显著，利率双轨制仍然存在；二是央行政策利率虽然能够有效传导至货币市场利率和债券收益率，但是对期限溢价和信用溢价影响有限，也即对终端借贷成本影响有限。这两个堵点又是因为三个深层次的结构性问题所致，突出表现为货币市场的流动性分层与短端市场利率波动、存贷款市场和金融市场的隐性利率双轨制以及信用市场上的信用分割。

1. 货币市场分割，流动性分层明显

银行间市场流动性传导分为三层：银行对银行、银行对非银和非银对非银。央行通过公开市场操作、MLF操作利率等向一级交易商提供流动性。一级交易商资质要求较高，以大中银行为主。中小银行通过同业拆借或者发行同业存单从大中银行获得资金。银行之间相互提供流动性的利率主要有两大类：回购利率，即存款类机构质押式回购利率（DR）；拆借利率，即存款类机构同业拆借利率（DIBO）。银行和非银之间也有两类利率：质押式回购利率（R），即全市场利率，质押物不限于国债，因而R比DR要高一些；以及银行和非银之间的同业拆借报价利率（IBO）。SHIBOR是上海银行间同业拆借利率，报价银行信用较高，因此SHIBOR利率要低于IBO。

非银金融机构获取资金必须通过银行转手，从公开市场操作利率到银行间国债质押或回购利率（DR）再到非银利率（R），依次抬升。拆借（无质押物担保）利率由回购（有质押物担保）利率传导而来，并在其基础上增加信用利差，所以DR<DIBO，R<IBO，且DIBO（银行间）<IBO（全市场）。

流动性分割的坏处是拉长了传导链条，银行和非银之间的利差扩大，为影子银行和层层嵌套提供了空间，最终加大终端企业融资负担。

流动性分层从表面上看是大银行、小银行，银行与非银对央行流动性的可得性存在显著差异。只有大中型银行等一级交易商能够直接

从央行获得逆回购和中期借贷便利等较为便宜的流动性。但美国也实行一级交易商制度，为什么流动性分层不那么明显？首先，在多轮量化宽松之后美国流动性总量过于充裕，而我国银行体系超额准备金有限，仅为存款总量的2%。其次，市场套利机制在发挥作用，一级交易商可以通过回购，主要是货币市场基金三方回购，或联邦基金市场拆借将从央行获得的流动性提供给其他金融机构。为什么套利机制在我国不仅没有将这些利差消除反而某种程度上加剧了流动性分层？根本的原因在于利率市场化程度不够，存在刚性兑付，银行和非银机构盲目追求规模扩张和套利，层层嵌套，甚至出现包商银行这样的资金贩子，业内又称之为"非银之友"，在为非银机构提供资金时不看抵押品，不看交易对手，不看信用状况，有求必应，实际上是在利用同业信用，吃回购利差，套同业刚性兑付的利（张晓慧等，2020，第55页）。换句话说，流动性分层的根本原因在于刚性兑付之下对规模扩张的执念，刚性兑付不破，流动性分层仍将长期存在。

流动性分层还有一个坏处就是加大短端货币市场利率波动，导致政策利率向货币市场利率传导不畅。市场利率围绕作为中枢的央行政策利率波动，有波动是常态，而且能够打击加杠杆套利。但是如果短期货币市场利率波动太大，就难以成为可靠的定价基准，央行的政策意图和政策利率也就无法顺利传导。所以要构建利率走廊，增强市场化利率调控能力。利率走廊的上限是常备借贷便利利率，下限是超额准备金利率，以存款类机构7天质押式回购利率为代表的货币市场利率围绕公开市场操作利率波动。按照美联储的框架，与调控联邦基金利率相对应的选择是把SHIBOR 7天利率作为短端政策利率，它能够较好地反映银行体系的流动性状况，且交易量大，可以对整个市场利率产生影响。然而SHIBOR是报价利率，而非实际成交利率，人民银行在2020年8月发布《参与国际基准利率改革和健全中国基准利率体系》白皮书，解释了为什么选择7天质押式回购利率作为市场基准利率。

2. 存贷款利率和金融市场利率之间的隐性利率双轨制

金融市场如国债和信用债利率相对市场化，主要由供求决定；而存贷款市场利率过去长期锚定在存贷款基准利率的一定区间，相较完全市场化的存贷款利率偏低。2015年取消正式利率管制后，存贷款利率缺乏市场化定价的锚，仍然依靠行业自律机制定价。我国商业银行的资产负债部主管存贷款业务，是吸收存款和发放贷款的部门，金融市场部主管同业拆借业务，是买卖国债的部门。资产负债部相较于金融市场部在资产管理规模和利润创造能力方面都具有绝对的优势，作为传统的吸储揽存和放贷部门是利润中心，因此资产负债部主导决策的能力使得两个部门在决策上具有先后的差异，产生了不对称的"两部门决策机制"。这样就出现了双轨制：一个是市场化的金融市场利率，资金业务定价参考SHIBOR、国债收益率曲线等金融市场基准利率体系进行；另一个是非市场化的存贷款利率，定价不太参考金融市场利率，大部分仍以央行政策基准利率为主要参考（见图9.6）。而基准利率在2015年取消管制后不再调整，企业融资成本调控难度加大。

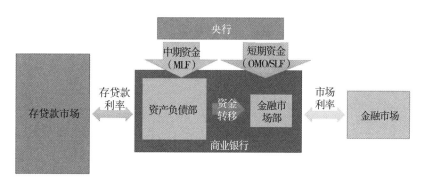

图9.6　基于商业银行两部门决策的利率传导机制

商业银行为什么还要按照非市场化的基准利率或行业自律做出存贷款决策呢？因为银行，尤其是大银行，非常依赖低成本存款，同时这些银行也承担了一定的社会功能，执行政府指令，分配信贷，尤其是对国企的信贷配给。给了国企低利率，商业银行的利润怎么保证？就是通过比较低的存款利率来保证息差。全国性大型商业银行大多有贷款利率定价模型，但没有解决资金成本随市场利率变化的定价问题。商业银行不同部门之间的内部资金转移定价（FTP）仅在短端受市场利率的影响。

利率双轨制导致缺乏稳定的利率锚。市场基准利率和管制基准利率并存，两种利率之间缺乏联动性和相关性，弱化了资金市场价格从短期向中长期的传导，难以形成完整的利率曲线。

3. 信用市场分割

在银行主导和政府干预模式下，民营企业融资被"挤出"，融资难、融资贵。银行做风控看财务数据、要抵押资产，正规金融部门利率越被压低，金融机构就越无法为风险相对较高的民营企业服务，出现"融资难"。民营企业被挤到了非正规市场，进一步抬高了非正规市场的融资成本，遭遇"融资贵"。2018年治理影子银行等强监管政策出台后，民营企业非常规市场的融资也变得困难重重。叠加经济下行周期，企业现金流受到负面影响，在金融加速器的作用下，融资难、融资贵问题更加凸显。

货币市场的分割和流动性分层、存贷款市场和金融市场的隐性利率双轨制以及信用市场上的信用分割这三个机制相互影响，相互加强。流动性分层延长了货币政策传导链条，为层层嵌套的高成本融资提供了供给；利率双轨制和信用市场分割加剧了民营企业融资难和融资贵，为高成本融资提供了需求。结构性货币政策旨在减少传导中间环节，但是央行低成本资金又成为套利的目标，参见第十章对2020年新冠疫情后政策套利的分析。

五、货币政策与宏观审慎政策双支柱框架

完善宏观审慎政策是反思2008年金融危机教训、改革金融监管体制的"集大成者"（李波，2018，第218页）。宏观审慎政策旨在弥补原有金融调控制度中最重要的缺陷，减缓由于金融体系顺周期扩张和收缩对宏观经济造成的负面影响，防范系统性风险。宏观审慎政策主要负责金融稳定，货币政策负责经济稳定，两者相互配合，共同实现央行政策目标。对于新兴国家，金融风险有很多形态，包括金融市场的异常波动与外部冲击风险、信用风险、影子银行风险、非法金融活动风险、跨境资本流动风险和房地产市场风险等。这些风险不仅在时间维度上顺周期累积，还会在空间维度上跨市场、跨机构传染，需要独立和完整的政策体系予以应对。

2009年国际清算银行提出宏观审慎政策重在解决两个负外部性：一是金融系统的顺周期性；二是金融机构之间的互相影响和普遍存在的风险敞口。值得强调的是，宏观审慎政策的内涵要远大于一般意义上的监管，"监管"只是宏观审慎政策框架中涉及具体执行的一个环节。有效的宏观审慎政策需要宏观审慎管理部门具备以下职能：一是能够识别金融稳定面临的真实风险；二是能够及时处理已发现的风险；三是能够与微观审慎监管部门和货币政策当局相互配合；四是能够全面考量政策的成本和收益。基于这些考量，实践中宏观审慎政策主要是由央行主导，同时强调宏观审慎和微观审慎的"双峰监管"模式，并设立跨部门的协调机制，在我国就是2017年成立的国务院金融稳定发展委员会。

我国的宏观审慎政策集中体现在宏观审慎评估体系。2015年12月29日，人民银行宣布从2016年起将差别准备金动态调整和合意贷款管理机制升级为宏观审慎评估体系，对金融机构的行为进行多维度引导。宏观审慎评估体系既借鉴了国际经验，又考虑了我国利率市场化进程

和央行的结构调整任务，主要由7个方面、14个指标构成：（1）资本和杠杆情况，约束金融机构的资产扩张行为：资本充足率、杠杆率、总损失吸收能力，其中的宏观审慎资本充足率体现了《巴塞尔协议Ⅲ》资本框架中逆周期资本缓冲、系统重要性金融机构附加资本等宏观审慎要素；（2）资产负债情况：广义信贷、委托贷款、同业负债；（3）流动性：流动性覆盖率、净稳定资金比率、遵守准备金制度情况；（4）定价行为，鼓励机构市场化定价：利率定价；（5）资产质量：不良贷款率、拨备覆盖率；（6）外债风险：外债风险加权余额；（7）信贷政策执行情况：信贷执行情况、央行资金运用情况。MPA评估对象是全国性系统重要性机构、区域性系统重要性机构、普通机构。

我国金融调控采用货币政策和宏观审慎政策"双支柱"框架。货币政策目标是币值稳定、经济增长，使命是推动货币政策框架向价格型调控为主逐步转型。宏观审慎政策的主要目标是金融稳定和防范系统性风险，使命是进一步完善宏观审慎政策框架。这两个工具相互支持配合，更好地将稳增长和防风险结合起来。为防范金融周期和金融稳定风险，货币政策在决策时始终强调"不搞大水漫灌"。我们将在第十二章具体阐述宏观审慎政策和货币政策之间的协调。

六、总结与反思：多目标、多工具和多重约束

维持价格稳定的单一目标制具有简洁、好度量、容易沟通等优点，但中国处于经济转轨中的国情决定了实行单一目标制尚不现实。从计划经济到市场经济的转轨过程初期，存在严重的价格扭曲和资源错配，相应的损失通常最终都集中于银行体系，不改革开放就不会有健康的金融体系和金融稳定，也就难以实现价格稳定。同时，转轨初期的金融市场和金融产品也很不完善，没有成熟的金融市场和金融产品，建立现代化的货币政策调控框架无从谈起。因此，中国人民银行需要将

金融改革和开放、发展金融市场纳入目标（周小川，2016）。全球金融危机之后，各国央行的目标较危机之前都有所扩展，也均将金融稳定目标纳入，从单目标到多目标成为常态。多目标制虽然造成了货币政策框架复杂、度量与沟通不易等成本，但也带来了推进改革、促进金融市场发展、保持金融稳定等收益，现阶段对中国的收益大于成本，更适应当前中国改革和发展阶段的需求。未来随着中国逐步完成经济转型，央行目标也将走向简化。

立足中国国情，多目标制下面临不同目标间的潜在冲突，有没有可能对目标赋予不同的优先级？在四个目标中，应该坚持以我为主并兼顾外部均衡。我国在转轨过程中借鉴了东亚外向型国家的发展道路，国际收支对央行货币政策有影响，因此央行关注国际收支平衡十分正常。当前我国已经是以内需为主的大型经济体，制造业门类齐全，产业体系完善。货币政策应坚持以我为主，保持货币政策的独立性和有效性，支持实体经济。同时兼顾国际经济协调，争取有利的外部环境。以我为主的同时兼顾外部平衡，关键在保持和增强汇率弹性，让国际收支实现自主平衡。对于资金跨境流动带来的风险，主要通过汇率价格调整来出清，必要时配合以宏观审慎管理的逆周期调节。

经济转轨的国情同时也意味着货币政策面临多重约束。一是软预算约束部门的存在导致存款利率存在上限约束，市场利率不能向存款利率传导，需要在"金融抑制"和存款利率低于均衡利率的水平下推进利率市场化改革。二是政府对信贷资源配置的干预导致信用市场存在分割约束，货币政策难以影响体制性因素造成的信用风险溢价上升。国企的刚性兑付挤出民企，信用事件发生时，监管加强，民企风险溢价进一步抬升。三是商业银行公司治理结构不完善导致的强监管和问责约束。监管和治理约束在市场经济体中也存在，但是在我们的体制机制之下，很容易变成一刀切，银行抽贷、惜贷，导致货币政策传导不畅。

多目标下的央行缺乏独立性，不得不进行工具创新。这里的独立性是指央行被赋予实现目标所需的工具并能自主决策。相比于单目标制下的央行，多目标的央行更难以超脱政治现实的影响。一是多目标就需要与其他政府部门和监管机构较多地协调、共事；二是央行承担的宏观审慎和金融监管等职能在权责上本身就比较敏感（周小川，2016）。在我国，传统货币政策工具的决策权和批准权，包括存贷款基准利率和法定存款准备金率的调整等，以及影响人民银行其他货币和外汇政策工具的使用权不一定完全由人民银行掌握。同时，央行的中介目标仍是总量目标，央行对 M2 和对社会融资规模的调控能力都在下降。在多重约束之下要实现多目标，央行不得不进行工具创新。央行根据情况自主灵活决策，创新多种总量和结构性工具，起到了较好的效果，但缺陷是决策机制难以明确表述，不同工具在不同决策者手中，政策导向有所不同，缺乏官方对决策程序和机制的明确解释。此外，前瞻指引工具的缺失，部分原因是货币政策决策权不完全在央行，无法公开表述对未来货币政策走势的基本判断。

多目标和多重约束之下的央行沟通面临较大挑战。对货币政策的观点呈现两极化。一种倾向是认为货币政策总是做得不够，什么事情都指望着货币政策，将货币政策结构化和工具化。另一种倾向是认为货币政策总是做得太多，因为其独立性不够，总量性和市场化传导不够突出。这些都是建设现代中央银行亟待解决的问题，也是下一章的主要内容。

第十章 建设现代中央银行，完善货币政策传导

利率是车，汇率是马。

——宋国青

中国人民银行和西方主要央行在货币政策制定上有较大的不同。我国仍拥有正常货币政策空间，强调逆周期调控和跨周期设计相结合，总量和结构性政策相结合并更加突出结构性导向。与西方主要央行相比，处在正常货币政策区间是我们的优势，而我们的短板在于货币政策传导仍有待疏通，在隐性利率双轨制、市场分割和流动性分层背后有着深层次的财政金融体制和机制约束。进一步建设现代中央银行制度要求把握主要矛盾，而现阶段的主要矛盾不是总量也不是价格，更多在于结构，集中体现为利率传导存在堵点，金融市场利率向贷款利率和存款利率传导不畅，重点领域和薄弱环节融资难、融资贵。结构问题需要结构性改革来打破，未来需要继续在改革、直达和预期管理三个方面下功夫。在这一进程中，由于多重目标和体制机制的多重约束，求解非常困难，央行不仅是科学更是艺术，需要动态把握好四个平衡：松与紧、实与虚、做与说、内与外。

一、什么是现代中央银行制度

现代中央银行制度是现代货币政策框架、金融基础设施服务体系、系统性金融风险防控体系和国际金融协调合作治理机制的总和。建设现代中央银行制度包含四个方面的内涵[①]：一是健全现代货币政策框架，包括优化的货币政策目标体系、创新的货币政策工具体系和畅通的货币政策传导机制；二是建设金融基础设施服务体系；三是构建系统性金融风险防控体系；四是完善国际金融协调合作治理机制。本书第九至十一章聚焦我国的货币政策框架，分别涵盖政策创新、利率市场化改革和加强与金融市场沟通三个方面。第十二至十三章则从宏观审慎政策框架和金融危机的应对视角探讨构建与现代中央银行要求相适应的系统性金融风险防控体系。第十四至十五章分别从汇率市场化改革、国际货币体系和人民币国际化三个方面突出现代中央银行的国际视角。

现代中央银行是相对传统中央银行而言的。20世纪70年代后，全球进入信用货币时代，中央银行制度随之迈入"现代化"发展阶段。传统中央银行有三大功能，既是发行的银行（发行货币），也是银行的银行（最后贷款人），还是政府的银行（为政府融资）。现代中央银行仍是发行的银行和银行的银行，但不再是政府的银行，不再直接为政府提供融资，而是更加注重通过货币政策逆周期调控来实现经济和金融稳定，增加全社会的福利，从政府的银行成为政策的银行。与传统中央银行制度相比，现代中央银行制度有五个基本特征。第一，更加注重物价和币值稳定。在传统中央银行体系中，中央银行在金本位之下的主要目标是保持汇率稳定，即维持外部稳定，而现代中央银行则更偏重于内部稳定，更加注重价格和经济稳定。第二，更加注重运用

---

① 资料来源：《中共中央关于制定国民经济和社会发展第十四个五年规划和二〇三五年远景目标的建议》辅导读本。

市场化、价格型间接调控框架，这是货币政策区别于财政政策的重要分界线。第三，更加注重独立性。第四，更加注重公众沟通。第五，更加注重金融监管与金融风险防范。2008年全球金融危机后，金融稳定的重要性不断上升，中央银行不仅是银行的银行，还是做市商的做市商，要为金融市场提供流动性，成为最终做市商。

中国人民银行在这五个方面与现代中央银行制度差距最大的可能是利率的市场化传导和调控。利率是最重要的金融资产价格，同时也是重要的生产要素价格和宏观经济变量。利率市场化改革是经济金融领域最核心的改革，利率为纲，纲举目张。宋国青（2014）把利率比作中国象棋中的"车"，"利率是车，汇率是马"，突出利率的极端重要性。在汇率市场化改革和汇率灵活性稳步提升之后，"马"已经动了，利率之"车"有了发挥的空间。

为什么独立性不是最大的差距呢？一方面，作为转轨经济体，财政金融体制机制方面仍存在多种扭曲，包括监管套利、金融市场不成熟造成的市场分割以及融资平台软预算约束等。央行作为政府组成部门有应对扭曲、改善政策协调的优势。另一方面，西方现代中央银行的独立性也并非一成不变，受经济思潮和央行实践的影响。随着货币财政协调框架的转变，西方央行的独立性正在下降。

从货币政策传导渠道上看，我国和主要央行越来越接近（见表10.1）。传统上，由于我国金融体系高度依赖银行业，信贷渠道一直是货币政策传导的主要渠道。不过，伴随货币政策框架转型，利率渠道也起着越来越重要的作用。2013年以来影子银行快速扩张，成为传统货币政策传导机制的重要补充。信贷渠道与利率渠道在货币政策传导中的侧重点不同，狭义和广义信贷渠道着重在量的传导，通过银行和借款人资产负债表的质量，影响信贷的意愿和能力。利率渠道主要是价格的传导，通过政策利率影响市场利率，进而影响全社会融资成本和最终需求。

表10.1 主要央行货币政策传导对比

	美联储	欧洲央行	日本央行	韩国央行	中国央行
利率	✓✓✓	✓✓✓	✓✓✓	✓✓✓	✓✓
信贷	✓✓	✓✓✓	✓✓	✓✓	✓✓✓
资产价格	✓✓✓	✓✓✓	✓✓✓	✓✓✓	✓
汇率	✓✓✓	✓✓✓	✓✓✓	✓✓✓	✓

资料来源：Morgan Stanley，作者整理。

我国的利率市场化传导仍然存在四大中长期问题：债券市场的流动性和衍生品市场仍待完善，商业银行的存贷款定价与市场利率脱钩，银行主导的金融体系与融资主体行为的非市场化，以及部分金融监管措施影响货币政策传导。其中前两个问题主要涉及市场利率定价、传导机制本身，是央行完善利率市场化传导的重要着力点。后两个问题的矛盾核心超出货币政策框架范畴，涉及更深层次体制机制梗阻和与其他政策的协调。

1. 债券市场的流动性和衍生品市场仍待完善

国债收益率曲线是现代中央银行市场化利率传导的重要环节。央行政策利率通过货币市场利率影响长期债券市场利率，然后再传导到信用市场利率。中国国债中长端收益率长期偏低，收益率曲线扁平，且对短端利率反应不够敏感。以10年期减去1年期国债收益率来衡量，我国收益率曲线在大部分时间比实行量化宽松的美国还要扁平。收益率曲线偏扁平的原因之一是市场对短端利率的预期偏低，也即长期增速下行压力的体现。此外，马骏等人（2016）认为期限溢价偏低是因为国债发行结构的缺陷、对投资者准入的过度管制、衍生品市场不发达和商业银行市场化定价能力缺失等多方面原因。国内长端国债大多被银行持有，且主要是持有到期，能够自由交易的量比较小。发行规模上，截至2021年末，我国国债存量规模23万亿元，美国国债市场规模超过30万亿美元。我国国债尤其是长期限国债换手率相对较低，10年期以上国债换手率不足1倍，远低于美国的5.3倍。

国债收益率曲线过于扁平的后果是长端收益率对短端利率变动不够灵敏，货币政策传导的放大效应受限。我国政策利率对各种期限的利率传导都略弱于成熟市场，对长端国债收益率的传导相对更弱。疏通货币政策传导，需要进一步培育成熟稳定的国债收益率曲线。首先，完善国债发行结构，增加2年以内期限和10年以上期限的国债发行次数。其次，提高国债二级市场流动性，具体举措包括放宽机构准入、扩大国债担保品运用和完善做市机制。再次，发展国债期货和衍生品市场，更好地发挥国债基准收益率曲线的作用，为更多金融产品和市场主体提供定价参考。

此外，我国利率传导最主要的堵点不是期限溢价，而是政策利率对信用溢价或者说风险溢价的调控较弱。因此，央行调控长端利率，除了通过短端利率影响，更需要重视预期渠道。未来的短端利率和风险溢价都受预期驱动，加强预期管理有助于增强利率传导，尤其是对终端信贷利率的传导。

2. 商业银行的存贷款定价与市场利率脱钩

利率市场化传导最突出的矛盾是仍然存在事实上的利率双轨制。双轨制的主要矛盾是存款利率没有市场化，既不能随市场利率上行，也不能随市场利率下行，面临两难困境。一方面，2020年以来央行多次表态，存款基准利率是我国利率体系的"压舱石"，将长期保留。如果放松利率自律约束，允许存款利率上行从而逐步接近均衡水平，银行体系要么承担息差收窄，要么将存款利率上升的成本传递给终端企业，这两者在当前经济环境下都难以接受。此外，不敢放松利率自律还因为担心在软预算约束之下银行和各类金融机构高息揽储，盲目扩大规模，扰乱金融秩序。在2013年取消贷款利率浮动的限制和2015年10月放开存款利率上限管制后，存款利率也一度放开，结构性存款、各种理财特别是未在监管机构备案的互联网金融遍地开花。2017年国家开始严厉整治互联网金融乱象，2018年监管部门研究发布"资管新规"，限制结构性存款的比例，理财净值化转型。事实证明，在监管缺位的情况下，过度自由化最后还是要由央行和监管当局买单。

另一方面，存款基准利率向下调整的空间也有限。自2015年10月以来，1年期存款基准利率一直保持在1.5%，低于同期平均通胀水平。大部分估算也都显示存款利率仍低于均衡水平，虽然贷款利率不断下行，但银行负债端存款竞争仍在加剧，在这样的条件下降低存款基准利率不一定有利于金融资源的有效配置。

因此，如何在存款基准利率不能随市场利率调整的背景下，完成存款利率市场化或存款利率并轨改革，是央行面临的一大挑战。央行的思路似乎是提高主动投放流动性的价格信号效应，引导商业银行边际负债成本下行，进而传导至存贷款利率。在这个大思路之下，完善利率市场化传导至少有三条不同的路径：一是以深化利率市场化改革为抓手，疏通堵点，这是本章的重点。二是创新结构性货币政策工具，减少中间环节，更加精准和直达；我们在第八章以国际经验为主，系统梳理了结构性货币政策的生效条件和边界，本章将通过分析2020年我国货币宽松的案例来进一步突显结构性货币政策的效果和不足。三是加强预期管理，更好地引导对未来短端利率的预期和调控风险溢价，这是第十一章的主要内容。

在利率市场化改革方面，最近一次重大改革是2019年8月17日，央行宣布改革完善LPR形成机制，疏通政策传导。然而，2020年疫情暴发后，货币政策宽松下的市场套利行为，反映了利率传导机制仍存在一定的问题，利率市场化改革仍然在路上。后文将具体对这两个案例展开分析。在结构性货币政策工具创新方面，人民银行推出了定向降准、定向中期借贷便利、抵押补充贷款、再贷款/再贴现、普惠小微企业贷款延期支持工具和普惠小微企业信用贷款支持计划等工具，都具有鲜明的结构性特征。对于这些结构性货币政策工具，争议在于央行能否准确控制资金的最终流向并有效配置资源，而不仅在于是否增加了寻租空间和套利机会。

二、完善利率传导：LPR改革的作用

LPR改革是利率市场化的一次重要探索。利率市场化，就是让市场来决定利率。在市场化的利率传导机制中（见图10.1），央行短期政策利率首先影响银行间市场短期利率，银行间市场短期利率传导至金融市场中其他产品利率，再通过债券市场利率传导至信贷市场，最后影响需求及产出、通胀等货币政策目标。贷款利率一般用银行间同业拆借利率（如SHIBOR或LIBOR）加点或国债收益率加点的方式确定，因此市场利率对贷款利率的作用十分直接和显著。在债券市场直接融资与在信贷市场间接融资的成本共同构成实体经济中的公众融资成本。

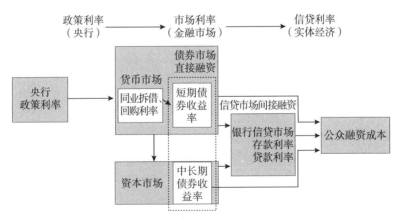

图10.1　市场化利率的传导机制

我国货币传导面临的主要梗阻是事实上的隐性利率双轨制：存贷款利率和金融市场利率割裂。金融市场利率相对市场化，主要由供求决定；而存贷款市场利率过去长期锚定在存贷款基准利率的一定区间，相较完全市场化的存贷款利率偏低。2015年10月取消利率管制后，存贷款利率缺乏市场化定价的锚。存款利率仍然需要由行业自律来规制，贷款利率仍然是参照贷款基准利率来确定，虽然该基准利率在2015年10月之后不再调整。

我国利率既有传导不畅，又有定价不够市场化的问题。在这样的约束之下，如何既让利率更加市场化，又改善它的传导呢？短期政策利率传导不畅，且到企业终端的传导链条长，衰减效应明显。一个思路就是在短期政策利率之外开辟中期政策利率，在缩短传导链条的同时通过中期资金加强对银行信贷决策的影响。央行直接管控中期利率，从总量上投放中期资金，扩大银行贷款市场资金规模，降低贷款成本，拉低利率；从价格上通过中期政策利率，即1年期MLF利率牵引LPR来引导银行贷款定价。此外，央行提供中期资金还有溢出效应，通过两个链条能间接影响银行投放金融市场的资金规模：资产负债部可用资金规模扩大→资金转移规模增加→金融市场供给提升→降低市场利率；贷款市场扩大→企业发债需求降低→债券利率降低，企业直接融资成本降低。

2019年8月LPR形成机制改革，报价行在MLF利率的基础上综合考虑资金成本、风险溢价等因素加点报出LPR（见表10.2），市场化程度明显提高，银行贷款利率定价逐步改为参考LPR，而不再是贷款基准利率。LPR是银行给优质客户的贷款报价利率，我国于2013年引入，但在2019年改革前并不是市场化的利率，主要参考贷款基准利率形成。改革后的LPR更加市场化，而且和央行政策利率MLF利率联动，成为制定实际贷款利率的参考利率，弱化了贷款基准利率的重要性。同时，央行把LPR和MLF利率挂钩，加强了货币政策传导。伴随着LPR改革，央行逐步建立MLF常态化操作机制，每月月中（15日）开展一次MLF操作，通过以相对固定的时间和频率开展操作，提高操作的透明度、规则性和可预期性，向市场连续释放中期政策利率信号，引导中期市场利率。

我们可以从利率市场化改革和改善货币政策传导两个角度来理解LPR改革：LPR与市场利率更加联动，有助于"两轨并一轨"，引导利率市场化改革；同时，LPR与中期政策利率MLF利率联动，疏通了一条新的政策利率传导渠道，有助于货币调控方式从数量到价格的转型。

表10.2　LPR改革前后比较

	改革前	改革后
报价方式	最优客户贷款利率加点，主要参考贷款基准利率	MLF加点形成
	市场化、灵活性特征更加明显	
计算方式	加权平均	算术平均
	之前按贷款体量加权平均，四大行话语权大，改革后不同规模银行拥有相同的话语权，更能反映实际情况	
参与行	10家国有、股份制银行	新增城市商业银行、农村商业银行、外资银行、民营银行各2家
报价频率	每日	每月
期限品种	1年	1年、5年
	可以为银行长期贷款提供参考	
监管力度	未纳入宏观审慎评估体系	将银行LPR应用情况及贷款利率竞争行为纳入宏观审慎评估体系
实际贷款利率	基准利率×（1＋浮动百分比）	LPR＋浮动点数

资料来源：根据公开资料整理。

经过LPR改革，我国形成了以7天逆回购利率为短期政策利率和

1年期MLF利率为中期政策利率的央行政策利率体系（见图10.2）。根据易纲（2021），央行的利率市场化改革和调控思路是通过货币政策工具调节银行体系流动性，释放政策利率调控信号，在利率走廊的辅助下，引导市场基准利率以政策利率为中枢运行，并通过银行体系传导至贷款利率，形成市场化的利率形成和传导机制，调节资金供求和资源配置，实现货币政策目标。

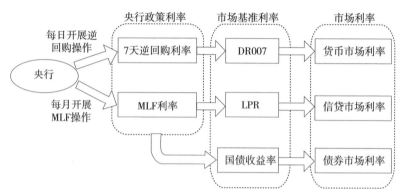

图10.2　我国利率体系和调控框架
资料来源：易纲（2021）。

LPR改革的实际效果如何？从数据来看，央行政策利率MLF利率带动LPR下行，而LPR又带动信贷利率不断下行，提高了货币政策传导和利率市场化程度（见图10.3）。自2019年10月至2022年1月，1年期MLF利率从3.3%降至2.85%，下行45个基点；同期1年期LPR从4.2%下降至3.7%，下行50个基点，而企业贷款加权平均利率共下降69个基点，到2021年全年企业平均贷款成本为4.61%，是改革开放40年来的最低点。数据显示，市场利率在政策利率引导下不断下行。不过，同期我国经济的潜在增速和通胀率也都在下行，所以两者可能都是在中性利率的作用下同步下行，政策和市场利率下行需快于中性利率才能刺激经济。

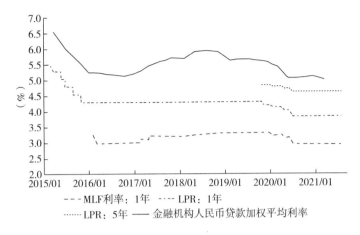

图 10.3 LPR 改革后贷款实际利率降低

资料来源：Wind。

LPR 改革也面临一些挑战。信贷市场和其他市场的分割局面并没有本质改善，只有信贷利率定价挂钩市场利率，才能真正打通贷款利率与市场利率的隔阂。MLF 是中期政策利率，7 天逆回购利率是短端政策利率。理想的情况应该是短端市场利率围绕政策利率波动，如 7 天质押式回购利率围绕 7 天逆回购利率市场化浮动，长端在短端利率基础上叠加期限溢价形成无风险利率。长端市场利率再在长端无风险利率基础上叠加信用溢价市场化浮动形成。然而，现在 LPR 定价是在 MLF 利率加点基础上形成，没有市场化浮动，行政色彩仍然较强，若操之过度反而走向市场化反面，有成为新的"隐性"贷款基准利率之嫌。LPR 作为三大市场基准利率之一，与 7 天质押式回购利率相比，不够市场化；与 10 年期国债相比，LPR 不能代表长端无风险利率变化。MLF 利率作为牵引 LPR 的政策利率，在流动性提供方面，MLF 占银行负债之比较小，无法真实反映银行融资成本。此外，在存款基准利率不变的情况下，下调 MLF 利率和 LPR 相当于银行息差收窄，可能引发中小银行经营压力。不过以上问题并不能否定 LPR 改革的成果，而是进一步推进利率市场化改革的动力。

三、货币政策传导仍有待疏通：2020年案例

新冠疫情暴发后，2020年1月末货币政策快速反应。在流动性投放方面，人民银行采用公开市场操作逆回购（7~14天），在2月大幅投放流动性1.7万亿元，以稳定市场信心（见图10.4）。3月中旬，人民银行对普惠金融和股份制商业银行定向降准，释放资金5 500亿元；4月初宣布4月和5月中旬中小银行定向降准各0.5个百分点，释放资金4 000亿元，通过降准共释放近1万亿元。在通过降准投放长期资金的情况下，MLF净投放较少（见图10.5）。

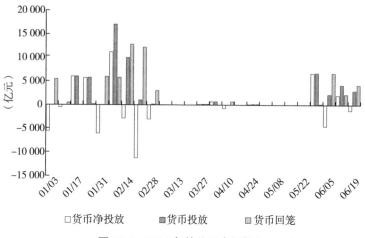

图10.4　2020年的公开市场操作

资料来源：Wind。

在实体经济融资支持方面，人民银行还推出了较多结构性政策。再贷款、再贴现和新工具共投放资金2.2万亿元，定向支持防疫重点企业和中小微企业，相较常规流动性投放工具更多流向实体经济，特别是4 000亿普惠小微企业信用贷款支持计划，撬动1万亿信贷，更有效支持实体经济信用扩张。延期还本付息政策资金奖励支持约3.7万亿元小微

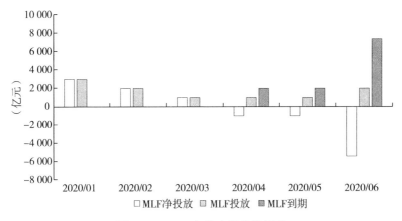

图10.5 2020年的中期借贷便利

资料来源：Wind。

企业贷款，国有银行考核支持另外3.3万亿元贷款。普惠小微企业贷款延期支持工具提供延期贷款本金1%的资金奖励。通过窗口指导，小微企业贷款增加约9 700亿元，要求五家大型国有商业银行普惠型小微企业贷款增速高于40%。此外，还有政策性金融专项信贷额度3 500亿元、债券融资支持1.3万亿元、供应链金融支持8 000亿元，以及银行降费让利等。在窗口指导、政策性金融专项信贷、债券融资、供应链金融、银行降费让利等融资支持政策中，货币政策未投放资金，由国有金融机构发挥作用；改革措施也有部分支持，如企业债券发行由核准制改为注册制。

总体上看，融资支持政策仍以数量和结构性工具为主，体现了新冠疫情冲击的结构性特点。降息政策发力相对克制，时点集中于疫情不确定性最大的2020年2—4月。新冠疫情暴发后，央行在2月迅速将7天逆回购利率下调30个基点至2.2%，MLF利率下调20个基点至2.95%，又在4月将超额准备金利率下调37个基点至0.35%，之后未再进一步下调利率。流动性投放以降准等总量和结构性工具为主且力度较大，狭义银行间市场流动性充裕，推动短端利率快速下行，至3月下旬7天质押式回购利率接近1%，比7天逆回购利率要低100个基点，创下了两者偏离幅度的纪录（见图10.6）。4月下调超额准备金利率之后，市场对货币政策宽松的预期更加强烈，因为这是自2008年以来的首次下调，市场认为其信号意义显著。央行则认为商业银行的活期存款利率已经降到了0.35%，继续保持0.72%的超额准备金利率不利于推动资金进入实体经济。问题是，早在2012年8月活期存款利率就降到了0.35%，这时才来调整，很难不引发市场关于央行将继续降息的猜想。5月，在经济平稳恢复、政府债大量发行的背景下，央行流动性投放相对较少，同时推出更侧重宽信用的新工具，明显逆转市场进一步货币宽松的预期，银行间流动性逐渐收紧，短端利率波动上升。与此同时，社会融资规模和M2增速仍在持续回升，显示信用端明显扩张（见图10.7）。

　　货币端收紧但信用端仍在宽松的现象充分反映了银行间货币市场和信贷市场之间存在分割，央行不同操作工具对其影响程度也有差异。银行间市场流动性更多受央行公开市场操作和准备金率调整的影响，4月后央行流动性投放明显减少。央行收紧货币是为了打击资金空转和套利。5月政府债大量发行，银行购债吸收流动性，再叠加市场预期逆转的影响，银行间市场流动性边际收紧，利率上升。在收紧货币

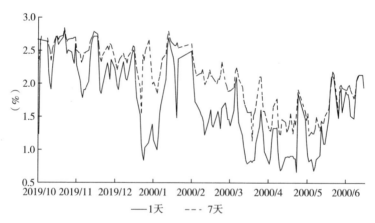

图10.6　存款类机构质押式回购加权利率
资料来源：Wind。

　　　　　　　　信心的博弈：现代中央银行与宏观经济

图10.7　社会融资规模和M2增速明显上升

资料来源：Wind。

的同时，央行更多依靠再贷款和窗口指导等结构性工具，减少传导环节来推动信贷复苏。第一波疫情过后经济重启带来的内生信贷需求也在逐步恢复，推动社会融资规模和M2持续扩张。随着疫情持续，2021年下半年以来，货币政策继续降准和降息宽松，这时由于总需求不足和金融周期下半场的调整，又出现了"宽货币＋紧信用"的组合，虽然程度远不及2018年"去杠杆"期间。无论是"紧货币＋宽信用"，还是"宽货币＋紧信用"，都反映出货币政策传导仍有待疏通。

　　疫情期间的宽松政策，由于传导不够顺畅，产生了一定的副作用，主要体现在金融机构空转套利和实体机构脱实向虚两个方面。第一，大量的流动性投放压低了货币市场利率，金融机构在强烈的宽松预期下大肆加杠杆套利，导致资金在金融体系空转和杠杆率抬升。第二，部分资金虽然传导到了企业端，但是由于利率双轨制，货币市场的低利率向存款利率传导不畅，企业利用低成本融资进行存款等金融套利，而没有真正用于实体投资。

　　2020年一季度，在宽货币措施下，银行间资金利率迅速下降，与长端利率债的利差快速上升，金融机构套利空间扩大（见图10.8）。金融机构低成本发行同业存单获得资金，买入利率债，再通过债券质押回购加杠杆买债。在回购利率持续下滑且波动率较低的预期下，机构在回购与债券之间不断进行滚动套利，回购交易额大幅上升（见图10.9）。加杠杆套利机会吸引更多资金在金融体系内空转，同时推升金融风险。5月29日银行间本币市场大会上，央行官员警示："虽然加杠杆是债券市场主流的盈利方式，但随着杠杆率上升市场波动率会加大，建议大家要以2016年债市波动率上升导致的后果为鉴。"

2016年，债市不仅场内市场加杠杆，场外市场也在加。所谓场外加杠杆，即机构利用结构化产品固定优先级收益，劣后级[①]资金获取资产收益与优先级成本之间价差的超额收益部分。2020年债市的杠杆水平和2016年有较大差别，2016年金融杠杆不仅体现在质押回购的场内杠杆，更体现在结构化产品的分层比例设计，以及更重要的金融同业链条的杠杆扩张。

大量存在的债市套利行为和由此引发的央行与市场的博弈与短端利率的高波动中，有几个问题值得思考。第一，是否允许套利。一部分市场人士认为套利是正常的，正是通过套利，国债收益率才降下来，才实现了货币政策的顺利传导。虽然杠杆上升，但期限溢价和通胀预期都不离谱，央行不应该干预。有人则从政治经济学角度解释为什么央行要主动干预，债市加杠杆有负外部性，带来的金融稳定风险主要由央行承担，因为刚性兑付之下最终还是要央行买单。第二，为什么存在这样的加杠杆套利行为，这与发达国家成熟市场有何异同？有人认为背后是市场结构不合理，包括银行理财没有净值化管理；有人则认为发达国家债市一样加杠杆，只不过监管机构不管甚至乐见其成罢

---

① 劣后级资金是相对优先级资金而言的。在一个组合产品中，优先级资金优先获取固定收益，不承担风险；劣后级资金获得剩余收益或承担剩余亏损，承担风险。第十三章在谈到危机救助时将再次用到这一概念。

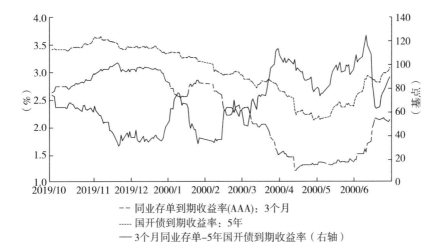

图10.8 同业存单与长端利率债的利差明显扩大

资料来源：Wind。

图10.9 回购成交额大幅上升

资料来源：Wind。

了，出了问题的机构自行关门，需要做的是硬化预算约束。第三，短端利率过度波动对货币政策传导和市场化收益率曲线的影响。有人认为这样会导致价格信号紊乱，政策无法顺利传导；有人则提出央行关注的是公开市场操作利率，对7天质押式回购利率波动无须过度关注。不过，两者的持续偏离会影响政策利率的权威性和市场认可度。

除了资金在金融体系内空转的副作用外，流向终端企业的资金也可能存在空转套利问题，削弱实体经济广义流动性的实际改善程度。虽然结构性政策减少传导环节，定向到终端企业，但资源的扭曲可能使最终资金仍未实际作用于实体经济。如抗疫专项再贷款利率要低于存款利率，企业获得资金之后直接存入银行即可获利。此外，银行间市场充裕流动性推动债券市场利率走低，但理财和结构性存款等利率降幅很小，形成企业端的套利机会。高评级企业（以央企、国企为主）左手发行债券和商业票据到银行贴现以低成本获得资金，右手转手存入银行结构性存款，即可稳定获利（见图10.10）。2020年4月银行结构性存款达到12万亿元的新高，较2月新增1.3万亿元，其中1万亿元是单位存款（见图10.11）。企业套利融资比如发行票据有助于推升社会融资规模，但实际并未用于支持实体经济，而是购买银行理财和结构性存款。社会融资规模数据因空转套利而来的大量票据发行失真，背后是市场利率到存款利率的传导不畅。

为什么存款利率不跟随市场利率下降？原因在于银行存款定价的非市场化，定价以存款基准利率为锚，并受利率定价自律机制约束。2016年6月利率自律机制将存款利率约定上限由存款基准利率上浮一定比例改为加点确定。理论上，市场主体可以自主决定上浮幅度甚至是方向。实际情况是存款额增速总体上升，银行存款需求仍然很强，并未因市场利率下降而下降，表现为"量升+价平"以及结构性存款变相加息揽储。这一现象背后主要有三方面因素。一是运作模式的影响，银行内部存贷业务（资产负债部）和银行间市场业务（金融市场部）分割明显，且资产负债部占主导地位，部门业务人员存在揽储规模考核的压力。二是监管考核加强存款地位，流动性监管下，一般存款的重要性高于同业存款，同业存单和发债有额度约束，特别是中小

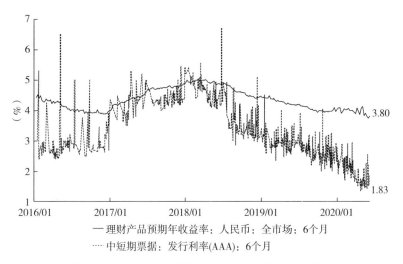

　一理财产品预期年收益率：人民币：全市场：6个月

　····中短期票据：发行利率(AAA)：6个月

图10.10　企业票据利率低于理财和结构性存款利率

注：Wind没有结构性存款利率数据，理财产品会配置存款、债券等资产。

资料来源：Wind。

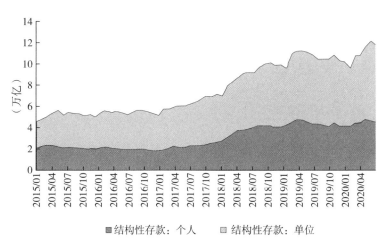

　■结构性存款：个人　□结构性存款：单位

图10.11　企业结构性存款金额明显增加

资料来源：Wind。

银行揽储压力大。三是理财等产品分流资金，加剧存款竞争。

贷款利率下降程度也非常有限。2018年到2020年一季度，货币和债券市场利率下降约2个百分点，而贷款利率自2018年三季度高点以来仅下降0.71个百分点（见图10.12）。贷款利率下降有限主要有两方面的原因：一是存款利率刚性下的银行负债成本约束。贷款定价主要取决于银行资金成本。银行负债端60%以上是企业和个人存款，跟随市场利率下降的负债占比仅17%左右，其中央行负债4%、同业负债9%、债券发行4%。二是LPR报价机制下，定价锚MLF利率的下调程度有限，也并未带来放大效应。2019年LPR改革初期，LPR在MLF利率基础上的加点幅度曾下降11个基点至90个基点。这一幅度直到2021年末才小幅收窄5个基点，也即大部分时候LPR仅跟随MLF利率等量下调。

总的来看，2020年案例突出反映了国内利率双轨制问题。货币、债券等市场利率基本由市场决定，而存贷款利率仍受管制。新冠疫情后货币政策明显宽松，由于市场利率到存款利率传导不畅，产生了明

图10.12 贷款利率下降程度有限

资料来源：Wind。

显的企业套利行为。存款利率定价不够市场化，流动性监管进一步加强存款争夺。存款利率并非市场化条件下的均衡利率，监管要求下银行对存款的需求进一步加强，因此存款利率难以跟随市场利率下降。贷款利率定价主要取决于银行资金成本，因为存款利率的刚性也难以下降。银行负债端60%以上是企业和个人存款，跟随市场利率下降的负债占比低。因为银行负债成本约束，LPR仅跟随定价锚MLF利率等量下调，没有放大效应。

结构性货币政策并没有从根本上解决利率传导不畅的问题，针对一些企业的结构性工具如再贷款等，由于其利率低于理财和结构性存款利率，反而加剧了空转和套利。在利率没有市场化的大背景下，尝试直达的结构性货币政策的作用也受到制约。

四、完善货币政策传导的根本仍在结构性改革

建设现代中央银行制度是党和国家治理能力现代化的重要组成部分，也是一项系统工程。完善货币政策传导，是建设现代中央银行制度的重要着力点。我们可以从总量、价格和结构三个不同的视角来考察传导效率和未来努力的方向。

价格传导在当前框架下总体比较顺畅，但仍有改进空间。主要的堵点是从国债市场到信用市场，央行政策利率对风险溢价的传导不够市场化。在分割的市场条件下，央行以短端政策利率和中长端政策利率分别调控货币/债券市场和信用市场。2019年LPR改革以来，MLF利率牵引LPR和加权平均贷款利率下行的效果显著，不过MLF利率和LPR呈现等量的下降，政策利率对市场利率的放大作用有限，考虑到经济下行周期和结构转型的压力，中性利率也在同步下降，政策利率下行需快于中性利率才能对经济产生刺激效果。

在总量方面，现有政策工具能较好地实现流动性投放，无论是狭

义还是广义流动性均能达到合理充裕的目标。狭义流动性方面（银行间市场），2021年以来，银行1年期同业存单利率要低于1年央行政策利率MLF利率，甚至出现银行从金融市场同业融资成本要低于存款融资的情况。广义流动性方面，M2和社会融资规模的增速也都达到央行的目标，与名义增速基本匹配。总量方面主要的问题是"宽货币、紧信用"并存，总需求不足叠加金融机构风险偏好下降，实体经济仍在一定程度上面临结构性信用收缩的压力。

目前，结构方面的问题可能更加突出。民营企业和中小企业面临"融资难、融资贵"的问题，国内普遍存在的国企"隐性担保"信仰更加剧了这一问题。2020年以来的疫情给我国中小企业带来更显著的冲击，中小企业多处在中下游行业，其收入主要对应CPI；而大企业多处在上游，收入主要对应PPI。2021年中小企业名义贷款利率仅比大企业高出1.8个百分点，但减去对应的价格指数后，实际贷款利率要比大企业高出近9个百分点。这一情形下总量货币政策更加难以发挥作用。因此，央行推出了一系列结构性、直达实体的政策举措，鼓励银行给中小企业发放贷款，这些政策能部分缓解中小企业融资难问题，但也可能使其债务水平攀升，在疫情长期持续的背景下面临较大还本付息压力，存在一定的金融风险隐患。

无论从总量、价格还是结构视角分析，货币政策的主要矛盾是在结构，既体现为价格传导上对重点部门和特定行业的风险溢价调控能力有限，也体现为总量上信贷需求不足和分布不均。一方面，银行普遍反映流动性充裕，资金贷不出去。另一方面，经济中的重点领域和薄弱环节仍然面临融资难、融资贵。这背后的根源是一些经济主体的行为并不完全市场化，软预算约束之下存在金融双轨制，金融抑制和市场分割并存。指令性计划与信贷配给尚未完全退出，市场化传导尚未完全建立，价格和数量管制的双重扭曲仍然存在。

解决上述问题需要继续改革、精准直达和加强预期管理。改革不仅在于金融部门的存款利率市场化，还在于对软预算约束部门的结构性改革，进一步硬化预算约束。在改革的同时，人民银行推出了一系列的结构性货币政策，但这些政策并不能代替结构性改革，短期能起作用，长期还是要依靠结构性改革，打破刚性兑付，进而打破金融抑制。

五、建设现代中央银行的"四平衡"

虽然存在多重体制和机制约束，2018年以来我国央行正在实现从货币被动投放到主动调控，从以汇率为锚到以利率为纲，以及从数量向价格调控的重大转型。向前看，总量和结构、数量和价格、国际和国内、发展与稳定等仍将是较为突出的矛盾，这些议题需要货币政策重点关注。在我国建设现代中央银行需要在认识和掌握规律的前提下，抓住主要矛盾和矛盾的主要方面，辩证把握好四个平衡。

一是松与紧的平衡。这是最关键也是最难把握的平衡。如何做到不松不紧这一辩论贯穿央行的始终，银行学派（真实票据理论）和通货学派之争仍影响今天的政策取向。按照斯密在《国富论》中的设想，央行对真实票据进行再贴现可以保证实体经济的融资需求，和金本位制度配合就能保证货币发行的纪律，做到不松不紧。[①] 1913年美联储在成立之初将真实票据理论写入其法案，但实际运用中，真实票据理论仍然导致了较强的顺周期性，货币发行纪律不足，平时易松难紧，等外部平衡成为硬约束不得不紧时，就大起大落。简言之，按真实票据理论行事有效率，它通过央行贴现企业的商业票据把货币发行和信用创造联系起来，但货币发行没有"锚"，不稳定，货币总量和物价都不给定。

---

① 亚当·斯密. 国富论［M］. 郭大力，王亚南，译. 北京：商务印书馆，2015.

松紧平衡背后的实质是效率与稳定的权衡。信用货币没有金平价或固定汇率等外部锚的硬约束，银行自由创造货币可以保证效率，但是没有稳定性，只能靠自我约束，各种规则相应而来。有直接约束广义货币发行的数量规则，也有利率（价格）规则，如泰勒规则。实际操作中，松紧平衡仍较难把握。如果货币发行没有明确的数量规则，它总体上就是内生的，这时最大的问题仍是效率有余而稳定性不足，货币供应总量和物价都是不给定的，给定的是实际货币余额，也即货币总量除以物价。在极端情况下，如恶性通胀时，货币发行的越多，实际货币余额反而会越少，因为居民会选择抛弃货币，尽快把货币换成实物，物价上涨甚至要快于货币发行，通胀螺旋上升。

那怎么做到不松不紧呢？如果是正常货币政策，标尺相对更好找，就是自然利率，也称中性利率。实际利率高于中性利率，货币政策偏紧，反之则反是。自然利率最大的决定因素是经济的潜在增速，技术进步和生产率提高快的国家，自然利率高，货币政策空间大。[①]发达国家进入增长停滞阶段后，利率不断下行，陷入零下限，货币政策空间丧失，只能依靠数量宽松。此时，利率规则不再适用，货币政策失去了准星，按美联储现任主席鲍威尔的描述，就像在黑暗的房子里摸索，其政策效果也有限，像推绳子，易紧难松。

我国仍处在正常货币政策区间，因而衡量货币政策松紧的理想标尺是自然利率，但是实际操作中仍面临不少挑战。最大的挑战仍是货币政策传导不畅。信用货币制度下，货币和信用创造需要经过央行和商业银行两个环节。货币政策的顺利传导需要有微观基础，在市场经济条件下，这个微观基础就是自主决策、自负盈亏的商业性金融机构。金融机构能否顺利传导又取决于其资本约束、利率约束和治理结构。我国利率传导存在两个主要堵点：一是货币市场利率对存款利率的传

---

① 缪延亮，唐梦雪，胡李鹏. 低利率的成因与应对［J］. 比较，2020（2）：234-254.

导不显著；二是央行政策利率虽然能够有效传导至货币市场利率和债券收益率，但是对期限溢价和风险溢价影响有限，也即对终端借贷成本影响有限。疏通第一个堵点，要求我们进一步推进利率市场化，破除金融抑制，让存款利率逐步走向市场化。造成第二个堵点的原因则是更深层次的软预算约束问题。叠加土地财政和地方政府对信贷的行政干预，我国货币调控在经济上行期易松难紧，在经济下行期又变成易紧难松，传导不畅。我们的调控工具仍处在从数量直接调控向价格间接调控的转型过程之中，建立了较为完整的政策利率和市场利率体系，虽然明确了7天逆回购利率和MLF利率作为政策基准利率，7天质押式回购利率、LPR和国债收益率作为三大市场基准利率，但是数量和价格工具同时使用，难以用一个指标来界定"政策利率"。自然利率作为标尺本就不可直接观测，间接评估的根据是物价稳定，也即低而温和的通胀。但通胀又常是滞后指标，且有跨周期失稳的问题，所以把握这一平衡仍是科学和艺术的结合，极高明而道中庸。

二是实与虚的平衡。实体稳定，金融不一定稳定，这是美国2008年金融危机的教训，需要增强货币政策的跨周期设计。危机后，发达国家金融市场再次高度繁荣，实体经济相对疲软，金融空转突出。我国也有类似的货币政策传导不畅问题，原因如前文所述是金融机构市场化程度不足和国企民企等二元体制机制约束。如何办？主要矛盾仍是要守住不发生系统性风险的底线，在此基础上推动市场化改革和金融支持实体经济。在总量货币政策传导受限的情况下，可以使用结构性货币政策，减少中间传导环节，定向投放信贷资金。但是结构性政策的资源配置效率并不一定高，用得过度还会弱化市场化传导，甚至产生空转和套利，反过来又会危及金融稳定。因此，结构性工具的存续期要与其服务的阶段性目标相适应，稳妥调整和接续特殊时期出台的应急政策，比如适时退出新冠疫情冲击下出台的政策。

三是做与说的平衡。加强沟通，通过市场化传导提高政策效果，让市场帮央行做事，节省"子弹"，尽可能保持正常货币政策空间。通常认为，行动比语言更重要，但是现代中央银行有时语言比行动更管用。因为行动是一次性的，而沟通可以承诺未来很多次的行动。实证研究发现，欧洲央行或美联储货币政策会议后，降息本身对金融市场的影响要远小于随后记者会上货币政策制定者传达的对未来经济的判断、对未来政策走势的方向性指引。这里的规律是要维护和加强央行的声誉，有声誉的央行事半功倍。现代中央银行98%靠沟通，2%靠行动。更加积极主动的预期管理，尤其是制度化和以平等主体身份同市场进行沟通，不仅能够节省"子弹"，还能提高货币政策传导效果。[1]货币和财政的关系说到底也是央行的声誉，加强财政货币协调不是让两者沦为一个工具或者变成"连裆裤"，而是发挥各自的比较优势，尤其是注重维护央行资产负债表的稳健。

四是内与外的平衡。2015年"8·11"汇改尤其是2018年退出常态化干预以来，人民币汇率灵活性显著提高，双向波动成为常态。[2]2019年8月人民币汇率破7又回到7，突破天花板，脱钩美元，国际收支自主平衡，货币政策空间扩大。[3]随着我国日益走近世界舞台的中央，人民币会以市场化方式逐渐成为国际货币。在这一进程中，既要尊重市场需求及时破除阻碍人民币发挥作用的障碍，但也不能拔苗助长，成为国际货币意味着在全球或区域危机时要承担保持币值稳定的责任。每当国际形势不好的时候，就有一些部门和行业希望人民币能够多贬值一些。天下没有免费的午餐，储备货币有优势，也有责任。20世纪

① 缪延亮，唐梦雪，胡李鹏.金融市场预期管理：正在进行的央行革命［J］.比较，2021：（5）164-194.

② 缪延亮，郝阳，杨媛媛.外汇储备、全球流动性与汇率的决定［J］.经济研究，2021（8）：39-55.

③ 缪延亮，郝阳，费璇.利差、美元指数与跨境资本流动［J］.金融研究，2021（8）：1-21.

20年代英国为维护英镑的储备货币地位，坚持不贬值，不惜以严重通缩和巨大失业为代价按一战前的金平价重回金本位。二战后，美元取代英镑成为主要国际储备货币，就是因为在发生危机时，其币值能够做到不贬反升。

不妨从保险的视角理解国际货币体系（详见第十五章相关论证）。现在全世界写保险的是美国，持有美元就好比购买保险，保费就是购买美债的价格。如果发生国际金融危机，美元资产会升值，相当于赔付。问题是美元的保费越来越贵，因为总体上利率越来越低、国债价格越来越高，同时赔付率在下降，因为币值不像以前那么稳定，美国维护美元币值的决心不断被天量宽松货币政策削弱。在储备货币地位问题上，人民币和美元处在完全不同甚至是恰恰相反的阶段，政策取向因而可能根本不同。人民币在当前的国际货币体系中处在上升期，我们会逐渐成为那个写保险的人，"保持人民币汇率在合理均衡水平上的基本稳定"，不是要干预汇率减少波动，而是要随着基本面也即均衡水平的变化，允许人民币在市场力量主导下走向清洁浮动。

归根结底，我们要建设的现代中央银行是人民的央行。我国和西方发达国家处在不同的发展阶段，西方经济增长停滞，主要央行早已用尽了降息的常规政策空间，不得不使用量化宽松和负利率等非常规货币政策，尤其是在新冠疫情之后推出天量货币和财政共同刺激，也被称为第三种货币政策。这些政策对实体经济的传导效果有限，还进一步加剧了贫富分化，积重难返、易进难出，是很好的反面案例。中国人民银行是全世界200余家央行中唯一以"人民"冠名的央行。践行以人民为中心的发展理念，就是要在尊重规律的基础上辩证把握好平衡。从长远利益和根本利益出发，就要做出一些比较难的决策。容易的决策从一时来看是对的，但是从长远来看不一定是对的。在牢牢守住不发生系统性风险的同时，坚决不把局部问题当成全局问题，不能所有金融或非金融机构一出问题就要央行救助，让全体人民买单，助长道德风险和软预算约束。央行的人民性集中体现在实现央行的使命，即"保持货币币值的稳定，并以此促进经济增长"。广大老百姓实物和股权资产占比少，是物价上涨的最大受害者。通货紧缩损害实体经济和就业，同样损害老百姓的利益。为此，我们要尽可能保持正常的货币政策空间，松紧适度，在向市场化方向前进的同时考虑体制和机制约束，通过市场化改革，疏通货币政策传导，健全货币政策框架，夯实现代中央银行制度的经济基础。

第十一章　央行沟通的理论与实践

货币政策98%是沟通，只有2%是行动。

——伯南克

　　20世纪90年代以来，中央银行理论与实践发生一场静悄悄但影响深远的革命。央行从保持神秘、不愿与公众沟通，到逐渐增加政策透明度、谨慎发声，再到主动频繁发声、积极管理金融市场预期。央行沟通在理念上受益于经济学理性预期革命和对货币政策传导"黑箱"的再认识，在实践上则是央行独立性不断提升的必然要求。2008年全球金融危机以来，发达经济体央行深陷低利率困境，传统货币政策空间收窄、传导不畅，叠加危机前后信贷市场剧烈变化引发了政策界和学术界对市场预期非理性与金融稳定的再思考，央行通过沟通管理金融市场预期的重要性更为凸显。预期管理甚至被一些经济学家视为现代中央银行的主要职责（Blinder et al.，2008）。我国央行沟通起步晚于发达经济体央行，但近年来也经历了从无到有的重大突破，并且对金融市场的预期管理也愈发重视。我国货币政策空间较主要发达经济体更充足，央行独立性相对偏低，因此央行加强预期管理的紧迫性和动力不及主要发达经济体。但是我国金融市场广度和深度显著不及发达经济体，金融市场非理性程度更高，预期变化更容易引发金融市场波动。随着资本市场不断发展，对经济的重要性不断上升，资本市场波动可能会愈发扰动政策传导和国内经济运行，提升金融市场预期管理能力也日益重要。因此，探索央行如何通过沟通有效管理金融市场预期，对于实现货币政策传导、维护金融稳定、促进金融市场长期发展均有重大意义。本章聚焦于央行针对金融市场的沟通和预期管理，关注其沟通边界和策略问题，将回答三个基本问题：央行为什么要沟通？央行沟通的边界在哪里？边界之内，央行如何实现有效沟通？

一、央行沟通的内容与方式

从主要央行现有的政策实践来看，央行常态化沟通的内容主要包括政策目标、经济前景展望、政策会议决议和未来利率路径四个方面。（1）披露政策目标。政策目标主要是指通胀目标。当前实行通胀目标制的主要发达国家央行，大多选择2%作为通胀目标。部分央行还会采用双目标或多目标制，例如美联储是增长和通胀双目标，我国央行货币政策目标则相对更加多元。（2）经济前景展望。美联储、欧洲央行和英格兰银行等主要央行均会发布对未来通胀和产出的预测，如美联储每季度会发布公开市场委员会委员们对美国经济增长、通胀、失业率以及政策利率的预测结果，即《经济预测摘要》。一些央行（包括新西兰、挪威、瑞典等）甚至会公布产出缺口的预测。（3）政策会议决策。目前大多数央行都会在货币政策会议后立刻公布会议声明，美国、欧洲、日本、英国央行还会在会议当天召开记者会，解答市场对货币政策决策的疑问。（4）公布未来利率路径。例如，美联储会公布联邦公开市场委员会的利率预期（即点阵图），瑞典央行会基于其宏观经济预测给出未来政策利率的路径。但有部分学者认为，公布政策利率路径可能会使联邦公开市场委员会的决策制定更复杂（Mishkin，2004；Goodhart，2001）。

以上沟通内容分别作用于四大类预期。一是引导市场对当前经济数据和市场状况的解读。美联储、欧洲央行等发达经济体央行公布的货币政策决议均包含对当前经济数据和市场状况的解读，央行也会在当天召开的记者会上进一步做出解答。例如，2021年上半年美国通胀连续超预期，美联储主席鲍威尔在记者会上指出新冠疫情导致的供需错配等因素致使通胀被暂时性推高，通胀的快速回升是暂时性的，市场也一度被美联储"说服"。因为货币政策"长且不确定的时滞"，央行解读当前数据的着眼点是未来经济和政策走势，因而可能被数据和事实证伪。比如，2021年的高通胀被证明不是"暂时的"。

二是引导对未来经济和市场前景的预期。美联储、欧洲央行等每个季度都会公布其经济预测。央行也没有水晶球，这些预测比解读历史数据更容易被"打脸"，比如，美联储2021年对通胀是"暂时"的判断。但是，实证研究也发现，相对市场预测而言，央行预测的准确度通常更高，有助于引导市场预期。例如，研究发现美联储内部的经济预测比市场预测更加准确，背后的原因可能是美联储内部工作人员对未来货币政策路径的理解要更好。但是，随着美联储透明度的提高，美联储"内部人"的信息优势有所下降（Guisinger et al.，2022）。

三是引导对未来政策的预期。相对于市场，央行对自身反应函数和货币政策路径更有优势，市场通常会向其靠拢。实践中，央行通过讲话等常态化沟通方式向市场释放信号，引导市场对未来货币政策路径的预期。美联储和瑞典央行等部分央行甚至会定期发布其对未来政策利率的预测。例如，2021年6月美联储发布的《经济预测摘要》中预测2023年的政策利率上调50个基点，市场随之将首次加息时点提前至2022年末。随着高通胀持续且超预期，美联储在2022年3月提前重启加息25个基点，同时提升市场的加息预期，为5月加息50个基点成功预热。但是，由于央行对经济前景的判断并不总是优于市场，市场对未来政策路径的预期经常会与央行预期不一致，且可能更加准确。例如，2014年末的美联储点阵图预期2015年全年加息3~4次，而市场预期仅加息1次，最终受到外围经济走弱、美元走强、金融条件剧烈收紧等多重因素影响，美联储仅在2015年底加息1次。

四是引导对未来风险分布的预期。央行的风险提示分为两类。首先是对经济基本面如增长和通胀面临上行或下行风险的判断。部分央行，如瑞典央行和挪威央行，还通过扇形图将风险提示数量化和形象化。此外，央行通常都肩负金融稳定职能，还会定期公布金融稳定报告，央行官员也会就金融稳定发表讲话。这些沟通都有助于提示市场风险，降低资产价格泡沫风险。博恩等人（Born et al., 2014）发现，央行对金融风险的沟通能够降低市场参与者预期的异质性，使得资产价格更加接近基本面指示的水平。但如果央行在有关风险的沟通中过度强调积极因素，淡化下行风险，可能导致市场忽视风险因素，最终加剧金融稳定风险。例如1996年格林斯潘治下的美联储对"非理性繁荣"的模糊警告，以及2008年美国房地产泡沫破灭前，美联储并未提示房地产泡沫的风险。

在实践中，四种预期引导的市场影响各不相同。市场相对最关注央行对政策利率的引导，如果可信，市场会相应更新预期。对于未来经济前景的预测，部分央行的预测准确度并不绝对优于市场，尤其是在短期，因此市场会将其作为参考，但并非完全依赖。而在部分发展中国家，央行的预测可能隐含着未来政策取向，对市场预期的影响力或更大。对于当前的经济状态，市场往往有自己的判断，会忽略央行的解读，除非这种解读里暗含政策走向。对于风险提示，央行需要在稳定信心和提示风险之间寻求平衡，这既考验央行的判断力，也考验其沟通技巧，在预期引导中难度相对最大。

相较于主要发达经济体，我国央行沟通起步较晚，仍在不断加强和完善过程中。从2001年开始，人民银行定期发布季度《货币政策执行报告》，回顾我国货币政策和经济形势，并提供前瞻性信息。2005年，人民银行开始在官方网站上披露新闻发布会、央行官员讲话、媒体采访等内容，更加积极地就货币政策问题和中国经济前景向公众和市场传递信息。2009年后，人民银行在网站上持续发布货币政策委员会（MPC）会议新闻稿，作为对会议主要内容的总结。随着公开市场操作的重要性逐渐增强，人民银行从2016年起在公告中增加了解释央行操作意图的背景信息，增强了公开市场操作中的沟通和预期引导。在沟通渠道方面，人民银行也在不断改善官方网站的英文版面信息，并通过微博、微信等社交媒体开展沟通，方便人们及时获得信息。

考虑到《货币政策执行报告》、货币政策委员会会议新闻稿、公开市场操作公告等书面沟通频次相对固定，我们重点梳理了人民银行网站披露的新闻发布会和讲话等口头沟通的次数。如图11.1所示，人民银行沟通频率整体呈明显上升趋势。2009年前，人民银行通过新闻发布会和官方讲话进行沟通的次数仅为个位数，2009年中央明确预期管理目标后，沟通频率开始上升，2020年沟通次数超过50次，约占市场交易日的21%。特别是2015年后，通过新闻发布会和官方讲话进行沟通的次数基本维持在每年30次以上。

央行沟通的方式包含书面沟通和口头沟通，前者更为制度化。对

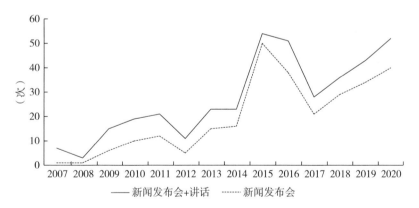

图11.1 人民银行口头沟通频次统计

资料来源：McMahon et al.（2018），人民银行网站，作者整理。

于央行政策框架、目标和评估等重大议题，主要央行都采取书面沟通方式，通过定期发布公告、会议纪要、出版物等方式与市场进行沟通，不仅形式上较为正式，也更为制度化。例如，美联储每次议息会议后都会发布公开市场委员会会议声明和会议纪要、每半年向国会提交《货币政策报告》和《金融稳定报告》，欧洲央行会定期公布经济分析公报、英格兰银行每季度公布货币政策报告等。人民银行每季度也发布《货币政策执行报告》。口头沟通是央行主动通过讲话、新闻发布会、媒体采访等方式向公众和金融市场传递货币政策信息，沟通内容和时点的选择更为灵活，通常与当下市场最关注的经济和政策议题密切相关，因此得到金融市场的高度关注。

央行引导预期的风格主要分为"奥德赛式"和"德尔斐式"（详见本章专栏7）。"奥德赛"一词出自《荷马史诗·奥德赛》，传说奥德修斯在穿过海妖之海时，为了抵御海妖歌声的诱惑而将自己绑在船的桅杆上。"奥德赛式"沟通指的便是央行对未来政策利率水平给出承诺，像奥德修斯一般将未来货币政策绑在了自己的承诺上。例如在利率零下限附近，央行承诺未来通胀回暖以后仍将维持宽松的货币政策，以抵御可能的加息"诱惑"。"德尔斐"一词则取自德尔斐神谕。德尔斐神谕是刻在希腊德尔斐神庙的阿波罗神殿前的三句铭文，分别是"认识你自己""凡事勿过度""妄立誓则祸近"。"德尔斐式"的沟通形容央行只给出了对经济前景与政策利率的预测，而不给出任何承诺。典型例子如2008年12月美联储公开市场委员会会议声明中的"开放式"前瞻指引，"委员会预期疲弱的经济环境将导致货币政策利率维持在低位一段时间"。

二、央行为什么要与金融市场沟通？

央行沟通的革命最能体现在不同时期主要央行行长的言论上，其中三句话最有代表性。20世纪20年代时任英格兰银行行长蒙塔古·诺曼提出"永不解释，永不致歉"。在相当长的时间，各国央行均将这一法则奉为圭臬。神秘一度是央行文化的代名词，"神秘的央行永不败"。第二句是20世纪90年代时任美联储主席格林斯潘的名言，"如果你觉得听懂了我说的话，那你一定是误解了我的意思"。20世纪90年代以来央行开始更多公开表态，但为保持政策灵活度，模糊是央行语言的特点，很少做出承诺。第三句是2008年金融危机之后，伯南克在评论货币政策遭遇利率零下限时说道，"货币政策98%是沟通，只有2%是行动"，以前瞻指引为代表的预期管理工具扮演着越来越重要的角色。这一转变在理念上受益于经济学理性预期革命和对货币政策传导"黑箱"的再认识，在实践中也是央行独立性不断提升的必然要求。

对货币政策传导机制认知的演进促使央行愈发重视金融市场。20世纪90年代以来，央行政策制定者对货币政策传导机制的认知不断演进。影响经济的不仅是短端利率，长期端率更为重要。企业和居民的投资是长期行为，其决策更多是基于长端市场利率。而央行调控政策利率只能影响短端，连接短端和长端利率的关键就是市场对未来政策利率的预期。历史上既有长、短端利率走势背离的案例，如2004年的"债券难题"，格林斯潘时期的美联储加息而长端收益率下降；也有短端利率调整有限，但长端利率大幅波动的案例，如2013年的"缩减恐慌"。其中预期的因素不容忽视。除了利率渠道外，央行货币政策传导机制的"黑箱"被打开，货币政策信贷渠道和财富渠道的重要性得到重新认识。其中最具代表性的金融加速器理论认为，经济中的冲击会影响企业净值和抵押物价值，进而影响其外部融资溢价，经由信贷渠道放大对经济的影响。政策利率的变动可以影响企业的净值和金融中介的信贷供给，通过资产负债表和银行信贷渠道起效。因此，信用利差和其他金融市场资产价格对货币政策传导也非常重要。

利率零下限使金融资产价格更多由期限和风险溢价驱动，货币政策传导更依赖金融市场预期管理。2008年金融危机后，主要发达经济体货币政策纷纷触及利率零下限，短端利率降无可降，美联储、欧洲央行开始依靠量化宽松、前瞻指引等非常规货币政策，通过信贷、财富、信心和汇率渠道提振实体经济表现。由于短端利率被锚定在零，长端利率、股市、利差、汇率等构成的整体金融条件与实体经济相关度更高，我们将这种关系称为新IS曲线。央行除了用行动直接购买长端国债、公司债等非传统资产，还能通过预期管理影响股、债、汇等金融资产价格，放宽金融条件。现代金融理论强调，金融资产的价格不仅取决于短端无风险利率，还取决于风险溢价和期限溢价（Lucas，1978）。央行预期管理通过降低市场眼中未来货币政策的不确定性来降低风险溢价。

央行与金融市场的关系日益复杂，相互依赖。"大缓和"时代之前，部分央行将市场视为对手，希望通过制造意外来驱动甚至"欺凌"市场。在"大缓和"时代后，随着央行独立性和透明度的提升，"制造意外"的突袭策略不再是主流，越来越多的央行在与市场的重复博弈中选择了与市场成为"伙伴"。这种伙伴关系存在两个极端，一个极端是央行完全听从市场，另一个极端是市场完全听从央行。但实践中，央行与市场的伙伴关系是介于这两个极端之间的连续分布。一方面，市场信息是央行监控的重点指标以及决策的重要依据。另一方面，央行并非完全依照市场预期行事。实际上，越是在金融稳定面临严峻挑战时期，央行越要明确自己与市场关系的底线所在。市场信息固然是央行"仪表盘"的重要组成部分，但方向盘仍然握在央行手中，如布林德（2004）指出的，央行应该领导而不是盲目跟随市场。如果我们根据央行对市场主导程度由弱到强，从左至右画一条坐标轴，那么常态时期，央行应保持在坐标轴的中间偏右位置，在金融稳定风险上升、市场陷入恐慌时期，则要更偏向右侧，加强对市场的预期管理。

央行的政策行动和沟通均可影响市场预期，但相比行动，沟通工具更加灵活，可基于市场反应及时调整，而且政策空间不受限制，因此往往被作为预期管理的首选工具。实证上甚至发现，央行沟通的效果要显著大于央行的行动（Leombroni et al.，2021）。传统上央行沟通的内容主要包括政策目标、经济前景展望、政策会议决议和未来利率路径四个方面，较少直接针对资产价格水平进行沟通。

理论上，沟通可以通过"创造信息""减少噪声""信号效应"的渠道影响市场预期，对金融资产价格和波动性均有影响（Blinder et al.，2008）。"创造信息"主要指央行通过沟通修正政策利率预期，侧重的是未来政策利率水平的指引。例如央行鸽派沟通推迟加息预期，带动长端收益率下行。"减少噪声"则主要指央行通过沟通提高货币政策的可预测性，降低金融市场波动率，更多对应金融资产的价格，即降低风险溢价。例如当市场对基本面或政策面信息出现误读，央行出面"辟谣"或纠正预期偏误。"信号效应"是指，央行作为金融市场的重要参与者，利率调整、资产购买计划等决策不仅直接影响资产价格，还会释放关于未来政策取向的信号，既影响未来利率预期，也影响期限溢价和风险溢价。在实践中，以上渠道同时存在，但在不同的经济和市场环境下侧重点会有所不同，或有所取舍。在正常利率的经济环境下，央行通过"创造信息"引导利率预期的空间更大，而在利率零下限时，央行不得不更加关注"减少噪声"和"信号效应"渠道，试图通过降低风险溢价强化货币政策传导。此外，央行在货币政策转向时往往多侧重"创造信息"，而在平抑市场波动时，多侧重"减少噪声"，防止预期与基本面出现过度背离。

从已有政策实践看，央行沟通确实能够有效影响市场预期和资产价格。实证研究普遍证明，央行沟通可以显著影响市场预期，对利率和汇率市场预期影响尤其显著（Kohn and Sack，2004；Fratzscher，2006），但对股票市场的沟通影响存在不确定性。我们对发达经济体央行沟通案例的分析显示，央行在政策转向时期的沟通能引导市场预期向政策意图靠拢，即"让市场帮央行做事"。2015年耶伦关于加息的预热和2019年鲍威尔关于政策转向宽松的鸽派信号，分别成功引导长端利率水平缓慢上行和回落。而当金融市场预期出现明显偏离、羊群效应加强时，央行沟通也可以起到稳定预期、降低噪声的效果，如1987年美联储发布救市声明（格林斯潘看跌期权的由来），以及2012年德拉吉"不惜一切代价"讲话逆转欧债危机。我们对我国央行沟通的实证研究也显示，2015年以来，人民银行的沟通效果明显增强，特别是起到显著降低市场利率波动性的作用。

三、央行预期管理的边界在哪里？

既然央行沟通如此有效，那是不是央行说得越多越好呢？一系列研究认为并非如此。莫里斯和申铉松（Morris and Shin，2002）发现，央行沟通可能导致市场短期预期过于一致，降低市场有效性。他们认为，考虑到投资者有动机预测并模仿他人的投资行为，即存在"策略性互补"，如果央行提供的公共信息精度相对较低，加强沟通可能会使投资者大幅增加对该信息及其隐含噪声的使用。这时，央行沟通对市场效率带来的正面影响，不足以弥补该信息中含有的噪声被过度利用引发的负面影响。我们将这种低精度公共信息的提供反而可能伤害社会福利的现象称为"莫里斯–申铉松效应"。如果央行信息的精度不足，那么央行说得越多，"莫里斯–申铉松效应"可能越强。同时，央行沟通还面临"回声效应"，即如果央行过分依赖金融市场信息对未来增长和通胀前景进行判断，而市场预期又由央行提供的信息主导，将导致央行在市场中只能听到自己的回声。这时，央行决策与市场定价之间的正反馈可能导致利率偏离最优水平，带来金融稳定风险。此外，伊辛（Issing，2005）还指出，如果央行之后的政策行为与沟通的内容不一致，可能会损害央行的声誉。

我们构建的理论模型显示，信息优势与沟通成本决定央行的沟通边界：只有在沟通成本不太大，且央行具有信息优势的情境下，央行才应沟通。但金融市场预期的非理性扩大了这一边界：当市场存在严重的羊群效应时，央行应果断沟通。"莫里斯-申铉松效应"的存在意味着央行沟通并非越多越好，如果央行提供的公共信息中包含大量噪声，而投资者对其高度依赖，结果是均衡价格中的噪声不减反增，市场效率下降。我们在莫里斯和申铉松（2002）的模型中加入"诊断型预期"，并将投资者的信息来源区分为投资者的私人信息、市场公共信息和央行提供的公共信息三类，以期更接近现实中金融市场预期的形成机制并考察央行沟通对其的影响。模型发现，诊断型预期的存在加剧了市场中的羊群效应，扩大了"莫里斯-申铉松区域"的范围。在此区域内，市场公共信息精度的上升反而会引发市场效率下降。在这一框架下，央行沟通作为一种新的公共信息将有利于提高市场中"总的公共信息"的精度，推动市场走出"莫里斯-申铉松区域"。因此，当市场存在显著预期偏误，如出现非理性大幅波动或充斥着"谣言"时，央行沟通更具必要性。但央行沟通也是一种新的公共信息，也可能存在策略性互补。因此，央行沟通应聚焦于央行具有相对信息优势的领域，如货币政策和宏观基本面，尽量避免评论资产价格水平，防止放大噪声。图11.2是模型部分给出的数值模拟示例。随着央行信息精度的提高（γ越大），市场效率的水平总体在上升（五条曲线依次上移）。同时，市场效率和非央行公共信息精度之间的关系由先降后升变成了单调上升，表明当央行沟通的信息精度更高时，市场公共信息精度的提高由损害市场效率变成了总能促进市场效率。

缺乏独立性的央行应该沟通吗？缺乏独立性的央行通常无法自主决定未来的货币政策走向，影响其信息优势，沟通上总体不得不更为谨慎。即便如此，央行仍存在具有明显信息优势的领域，例如货币政策总体倾向、政策意图、对经济基本面的分析判断等。实证研究证据显示，即便是缺乏独立性的央行，其沟通也会被金融市场高度关注，

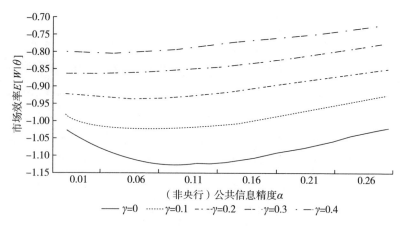

图11.2 不同央行和市场公共信息精度下的社会福利

注：横轴 α 为（非央行）市场公共信息精度，取值越大反映市场公共信息噪声越小、精度越高；纵轴为市场效率，数值越大反映市场效率越高。不同曲线分别对应不同央行沟通精度下，市场效率与市场公共信息精度的关系。自下而上看，随着央行沟通精度 γ 越来越大，即央行沟通越来越多，市场效率和非央行公共信息精度之间的关系由先降后升变成了单调上升。

资料来源：缪延亮（2022）。

并影响金融市场波动率，尤其是在利率和汇率市场。此外，新兴经济体金融市场预期更容易出现严重偏误，羊群效应更显著，这进一步加大了央行沟通的必要性。从已有沟通实践看，央行对其具有信息优势领域的沟通总体仍是远远不足。虽然独立性的缺乏加大了沟通成本，但羊群效应增加了沟通的收益和紧迫性。

四、央行如何实现有效沟通？

在实践中，央行沟通往往被视为艺术性大于科学性，需要因时、因势而变。各国央行的沟通历史中既有成功的案例，也有失败的教训。我们基于国内外央行与金融市场沟通的代表性案例，对沟通背景、过程和结果进行复盘，并对其中得失加以总结，提炼出央行预期管理的一般性策略。

1. "六平衡原则"与一般经验策略

平衡一：既要说也要听。 如果只说不听，央行对市场预期了解不足，无法判断市场预期偏差和自身信息优势，沟通可能反而增加噪声、引发市场波动，例如在2013年"缩减恐慌"的案例中，伯南克的反思即是美联储错误判断了市场预期，本意对市场预期进行"慢引导"，却引发市场预期剧烈波动。此外，央行说得过多，"回声效应"可能越显著。而如果只听不说，则可能导致"镜厅效应"，央行过度跟随市场，市场预期的偏离无法得到修正，可能还会自我加强。在1996年格林斯潘"非理性繁荣"讲话的案例中，格林斯潘虽然试图警示股市泡沫，但他一定程度上认为，市场价格走势可能反映了经济正在发生的结构性变化，因此干预市场预期的动机并不强。

平衡二：具体与一般。 央行提供的信息越具体，市场预期会越集中。其优势在于可以让市场预期更接近央行的意图，但弊端在于会损害政策灵活性。因此，具体的沟通往往适用于央行信息高度精确时，侧重信息披露，如已采取或明确计划将要采取的行动。一般性的沟通更具普遍性，尤其在经济结构发生明显变化的时期，经济和政策实际走势存在很大不确定性，央行应通过一般性沟通保留政策灵活度。如2020年二季度国内疫情受控但海外疫情蔓延，经济的不确定性较高，在央行无法明确政策方向的情况下，可沟通政策目标和反应函数，加强政策的可预测性，进而引导市场预期。

平衡三：超预期与慢引导。 央行超预期的沟通会引发市场价格较大调整，因此多用于市场预期显著偏离时，以"救市"为多。美联储1987年"黑色星期一"时的救市和德拉吉"不惜一切代价"的讲话在时点和力度上均超出了当时的市场预期，帮助快速稳定了市场信心。而"慢引导"更适用于货币政策转向以及更广泛意义上的政策改革时期。尤其在政策转紧时，"慢引导"有助于防止金融条件过度收紧，限制政策行动空间。2015年耶伦治下的美联储在加息前频频预热，即是"慢引导"的生动案例。

平衡四：无条件承诺与条件性预测。 无条件承诺侧重于减少噪声，往往适用于金融市场预期恐慌时，如1987年股灾和2012年欧债危机时的救市讲话，以及政策利率触及零下限时，如2008年全球金融危机后，主要央行纷纷承诺将在较长时间内维持零利率。条件性预测侧重于增加信息，可以反映央行对政策基本面及政策反应函数的解读，多用于政策转向沟通，避免金融条件过度收紧限制央行政策空间，例如2015年耶伦治下的美联储对通胀和货币政策前景的沟通。

平衡五：简单与复杂。 市场对信息反应速度很快，如果央行提供的信息层次过于复杂，会加大信息被误读的风险。例如在1996年的"非理性繁荣"讲话和2018年鲍威尔沟通的大转向案例中，复杂的信息引发了市场误解和无视。在市场预期严重非理性、羊群效应显著时期，沟通更应遵循简单易于理解的原则，即"保持简单"原则，以尽量减少信息中的噪声。1987年"黑色星期一"美联储一句话的救市声明和2012年德拉吉著名的"不惜一切代价"即为成功的案例。但对于货币政策目标、反应函数等信息进行沟通时，过度简化可能会损害信息的精度。由于此时沟通不具有迫切性，央行可以通过反复沟通强化市场对相关信息的理解，进行投资者教育。例如，2019年人民币汇率破"7"后人民银行对于"7"的含义的形象解释，加深了市场对汇率点位的理解，实现了汇率平稳破"7"。

平衡六：说与做。 央行管理市场预期的有效性建立在其政策可信度上。因此，如果央行只说不做，没有行动支持，市场会无视央行的信息，甚至会质疑央行的信誉。1996年，格林斯潘在"非理性繁荣"讲话后，并没有实质性地调整货币政策倾向，市场仅短暂调整，随后延续上涨。而在1987年和2012年的救市案例中，央行不仅发布口头承诺，还推出了流动性支持工具为其背书。沟通的可信恰恰在于它能导致市场自发的调整，帮助央行节省"子弹"。国内汇市沟通案例中，"8·11"汇改前后的人民币贬值压力主要来自汇率与基本面的持续偏离，此时单凭口头沟通难以逆转。沟通的目标不是汇率不贬值，而是引导已经超调的市场预期向基本面和实际政策决定的方向靠拢；而2019年破"7"前在离岸人民币市场建立的常态化央行票据发行机制，则保证了央行稳定离岸人民币市场预期的能力，使得央行沟通的可信度提高，成功促成了人民币汇率的平稳破"7"。

我们进一步将完善央行沟通的经验策略归纳为沟通条件和沟通目标两个维度的决策树（见图11.3）。在沟通条件方面，首先判断沟通事件是否属于央行有信息优势的领域或市场预期处于非理性状态。若是，则通过"听"与"说"的结合加强沟通。其次，若信息明确，沟通内容宜具体化，如解释具体政策；若信息有不确定性，则重在沟通自身的反应函数。最后在沟通时点上，事前沟通效果好于事后，特别是当新政策出台可能扰动市场预期时，更需要在事前做好预期管理。在沟通目标维度上，若政策目标是金融稳定，"救市"沟通力度宜超预期；极端情形下提供无条件承诺的效果好；同时传达的信息应该层次简单，

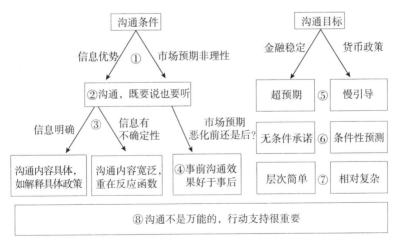

图11.3　央行沟通策略示意图

方便市场快速接收信息并做出反应。若政策目标是货币政策调整，更好的策略是多预热、慢引导；多做条件性预测、沟通反应函数；出于投资者教育的目的，沟通层次可相对复杂，力保信息准确。

2. 央行日常沟通中，"透明"一定是占优策略吗？

在重复博弈环境下，透明仍是央行沟通的最佳策略，央行应遵循"是什么就说什么"的原则，不应刻意扭曲信息。"透明"一定是占优策略吗？央行可否有选择地对所披露信息进行"平滑"？譬如，如果央行的信息是经济下行压力较大，却在沟通中仅表述为经济"小幅放缓"，甚至采用"逆风而行"的沟通方式，即对经济下行压力只字不提，仅强调积极因素，这是否更有利于稳定市场预期？诚然，这种沟通策略短期确有可能起到稳定预期、平抑波动的效果，与货币政策减少经济波动的初衷相符，但也应看到，央行与市场的互动并非一锤子买卖的单次博弈，而是一个长期的、存在相互学习过程的重复博弈。一旦市场明白了央行的平滑策略，那么其释放的任何信号都会被市场参与者放大，甚至被逆向解读。这不但使央行平滑信息的意义消失，更会在央行"讲真话"时放大市场波动，在一些央行与政府缺乏信誉的市场中已可以观察到这一现象。类似地，央行故意隐藏政策意图，寻求通过政策"超预期"来刺激经济增长的做法，也难以在重复博弈环境下奏效，最终结果很可能是仅推升了通胀。这正是卢卡斯批判及理性预期学派对20世纪70年代大滞胀时期货币政策失误的反思。

"是什么就说什么"的透明沟通并不是"有什么就说什么"的机械披露信息，尤其不能以牺牲央行信誉与政策灵活性为代价。考虑到经济环境和自身信息精度的不确定性，央行沟通不应被市场理解为"承诺"。一旦市场将其理解为对未来政策或经济前景的"保票"，央行就会被自己的沟通束缚住手脚，甚至损失信誉。因此，央行透明沟通应聚焦于自身具有信息优势的领域或在市场出现明显羊群效应时。具体到未来货币政策走势，一方面，央行沟通应以强调目标和政策反应函数为主，避免给出明确具体的政策路径，把握好"一般与具体"的平衡。另一方面，货币政策有长且不确定的时滞，央行需要提高前瞻性，尤其是对经济前景更准确的预判、对经济数据更精准的解读，引导市场更好地理解政策反应函数，实现货币政策有效传导。

3. 我国央行沟通的挑战和建议

因为体制和机制原因，我国央行沟通面临的挑战有所不同，主要体现为六个方面。前三方面既是压力，也是加强沟通的动力：一是货币政策目标多，工具多，政策操作相对复杂，增加了市场理解的难度；二是我国仍处于计划到市场的转轨过程中，政策操作从指令性计划不断转向市场化传导，政策的预期传导渠道越来越重要；三是我国金融市场发展程度不及发达经济体，羊群效应相对更显著，需要加强投资者教育。后三方面挑战则要求沟通更具技巧：一是央行独立性不足，影响央行信息优势，不得不更谨慎权衡沟通内容；二是央行过去习惯于指令式"驯服"市场，沟通的互动程度较低，对政策出发点和意图等方面沟通程度仍显不足；三是在不够市场化的金融体制环境下，政策起到更强的主导作用，更容易产生回声效应。必须强调，这些挑战中最根本的还是多目标带来的沟通难题，追求的目标太多，最后会导致"央行不可承受之重"，超出沟通甚至是行动所能解决的范畴。新兴市场国家央行往往同时肩负促增长、防通胀、防风险、稳汇率、促改革等诸多使命，在不同目标和工具之间的快速切换常常让市场无所适从，典型案例如土耳其央行（缪延亮，2016）。

我国央行加强市场预期管理，需要对货币政策反应函数进行充分沟通，加强投资者教育，对于新政策的推出进行事前的预期引导，并可在沟通形式上进行更多创新尝试，提升沟通效果。基于前文总结的一般经验和中国的特殊挑战，我们从央行沟通六要素的维度，即就内容、时点、对哪个市场、由谁出面、以何种形式以及在什么场合，提出如下操作建议：

（1）内容：着重于央行具有明显信息优势的内容，主要包括对货币政策决策机制的沟通和政策变化的预期引导，并需要权衡针对性和一般性。我国央行货币政策目标相对多元，工具更为丰富，因此更应加强对货币政策目标、工具进行常态化沟通，增进金融市场对货币政策目标和反应函数的理解。针对我国金融市场羊群效应更强的特性，央行应利用在宏观经济与金融市场运行规律方面的知识优势，以及金融监管政策方面的信息优势，对经济基本面、宏观趋势、金融市场基本知识和已有的政策制度进行普及，加强投资者教育，例如对通胀形成机制的解读、对不同货币政策工具使用差异的解释等。

（2）时点：事前主动沟通比事后被动沟通更加有效。央行应利用固定频次的沟通工具，如《货币政策执行报告》、货币政策委员会会议新闻稿等逐步预热。在政策变化出台前，增加新闻发布会、央行高级官员讲话等口头沟通，在"说"的同时也要注重"听"，以平等主体身份进行沟通，解释清楚市场关切问题，引导市场预期进一步向政策意图靠拢。尤其是发现市场预期出现明显偏离时，央行不应迟疑，应及时出面纠偏，避免预期进一步发散。

（3）对哪个市场：集中在利率市场，汇率市场次之，对股票市场的沟通应尤为谨慎。债券市场受央行货币政策的影响最直接，央行对利率的沟通可以更加充分。汇市波动亦对央行政策敏感，但其短期走势还受到国际收支、利差、国际环境等其他多种因素影响，因此央行对汇市的沟通应有所取舍，主要侧重在汇率形成机制和政策传导渠道等一般性沟通。股市等风险资产价格决定因素更加复杂，央行对股市的信息优势最缺乏，不宜过度沟通，在危机下进行必要的沟通时最好与央行实际行动相结合。对于各个金融市场，央行应避免评论资产价格的具体点位或估值水平，避免被实际市场走势迅速证伪，伤害央行的可信度。

（4）由谁出面：央行行长、高级别官员以及学者均可作为沟通主体。发达经济体的货币政策决策多采用委员会制度，因此沟通主体过多可能导致"杂音问题"（cacophony problem）。布鲁金斯研究所的调查显示，被调查学者和市场参与者均希望美联储主席更多发声，地方联储主席则少发声（Olson and Wessel，2016）。对我国央行而言，货币政策决策并非委员会制，不存在沟通信息不一致的问题。因此，为保持货币政策弹性，尽量减少"回声效应"，可以让行长以外的央行高级别官员多发声，对于尚难定论的政策议题，甚至可以让学者先展开公开讨论，并聆听市场反馈，通过多轮非正式沟通更好地把握市场预期，为官方沟通做好铺垫。

（5）以何种形式：进一步探索定期公布经济预测，以服务货币政策反应机制的沟通。近年来，我国央行沟通形式不断丰富，与发达经济体央行的最大差别在于暂未发布央行SEP。对于央行是否应该发布SEP在学界和政界仍有争议。反对者指出，SEP可能被市场解读为央行对经济前景的预测和对货币政策行动的承诺，如果最终经济走势和央行行动与SEP背离，会导致央行信誉损失。而支持者则认为，央行可以通过强调SEP背后的政策考量以及预测数值的不确定性来避免上述问题。SEP的效用在于可以对央行货币政策反应函数进行最直观的呈现，预测经济变量之间的关系可大致反映央行对经济运行规律的解读以及政策倾向。因此，我们建议，我国央行可以进一步探索定期发布SEP的可行性，预测内容可包括经济增长（GDP）、通胀（CPI）、M2和社会融资规模，在发布的同时，详细解读预测结果背后的原因，同时阐述预测的上下行风险。

（6）在什么场合：同步加强央行"听"和"说"的渠道，加强结构化沟通，探索非正式渠道和正式渠道的差异性沟通。当前我国央行沟通的正式渠道主要包括官方网站和重要场合的官员讲话，但结构化、制度化的专业性沟通相对不足。可借鉴方式如美联储杰克逊霍尔会议，每年8月定期召开，聚集官员、学者、市场参与者共同沟通央行理念、政策取向和工具变化，比单个事件的沟通效果更好。欧洲央行自2014年起也在每年6月于葡萄牙辛特拉举办欧洲版的杰克逊霍尔会议。此外，随着社交网络越发普及，微博、微信公众号等网络社交工具已成为公众获取信息的主要渠道。当前我国央行已开通微博和微信公众号进行沟通，但内容上仍以同步更新官方网站新闻为主。从"既要说也要听"的原则来看，以上两类沟通都为央行提供了便利的"听"的渠道，也让市场和公众更适应央行发声。下一步可以探索类似杰克逊霍尔的结构化沟通渠道，同时评估并提升我国央行采用社交媒体沟通的效果，利用多种渠道加强专业性沟通和公众沟通，同步完善"听"与"说"。

五、预期管理为什么这么难？

预期管理没有万能药方。以上"六平衡"原则和"六要素"建议为央行沟通提供了一般性策略和可操作建议，但即便如此，在实践中如何找到平衡点并最终实现有效的沟通也并非易事。从央行沟通释放信息开始，向市场的每一步传导都面临着挑战和不确定性。首先，在沟通内容上，前瞻性的沟通高度依赖央行对未来经济和市场前景的判断，对此央行并不一定比市场更有信息优势，信噪比很难把握。尤其是在经济发生结构性变化、不确定性高企时，如美国20世纪90年代技术进步带动通胀超预期下行、2008年金融危机后经济步入长期停滞以及最近的新冠疫情冲击等，不仅基于历史模型的基本面预测可能出现偏差，央行自身的反应函数也可能被迫改变，对此央行的反应不一定领先于市场，甚至可能落后。第二，央行提供的信息即使准确，对市场预期的影响也存在不确定性。近年来，政策制定者对预期形成机制越发关注，学术界对预期形成机制的认知也在不断演进，但并无定论。最后，市场预期的变化如何影响资产价格也存在不确定性。

虽无万能药方，但是熟能生巧，不断在沟通实践中把握好平衡。我们的案例分析显示，没有人是天生的沟通大师，即便是有大师称号的欧洲央行前行长德拉吉。耶伦更是在上任后第一场记者会上就捅了大娄子，但也正是耶伦在任内实现了美联储在2008年全球金融危机之后的平稳加息。伯南克是美联储加强沟通的倡导者和实践者，也曾在不经意间引发了"缩减恐慌"。由此可见，央行和市场的沟通是一个长期动态博弈的过程，需要在互动中不断磨合。央行从沟通实践中不断理解、反思市场反应，不断调整自身策略，沟通技巧和效果定能日臻成熟。

专栏7　前瞻指引：央行预期管理的极限

一、前瞻指引的本质与形式

20世纪90年代以来，央行逐步提高透明度以加强货币政策传导，开始出现央行与市场沟通未来政策利率路径的零星尝试，即前瞻指引。例如2003年时任美联储主席格林斯潘曾使用前瞻指引来管理利率预期。2008年全球金融危机后，随着政策利率触及零下限，传统政策空间消耗殆尽，前瞻指引日益成为一项独立的工具，甚至是最重要的工具，以影响未来利率的预期，被戏称为新时代的"公开市场操作"（OMO, Open Mouth Operation）。

在实践中，前瞻指引可分为定性、基于日期和基于数据三种形式。定性的前瞻指引相对模糊，在金融危机前应用较多。例如1999年日本央行宣布将政策利率保持在零直至经济紧缩压力消除，2003年美联储声明宽松的货币政策会维持较长时间。基于日期的前瞻指引更明确易懂，在金融危机期间广泛应用。例如 2011 年 8 月美联储宣布将至少维持政策利率在超低水平至 2013 年年中。基于数据的前瞻指引旨在向公众沟通央行的反应函数时逐渐为更多央行采纳。例如美联储（2012）、英格兰银行（2013）都曾以失业率降低作为政策利率调整的前提条件。前瞻指引是一种特殊形式的沟通，根据沟通风格，前瞻指引可划分为"奥德赛式"前瞻指引和"德尔斐式"前瞻指引。"奥德赛式"前瞻指引是指央行对未来的政策利率路径做出承诺（Campbell et al., 2012）。"德尔斐式"前瞻指引则着重沟通央行对未来基本面和政策利率的预测，而不给出任何承诺。定向的前瞻指引通常都是"德尔斐式"的，基于日期的前瞻指引通常都是"奥德赛式"的，而基于数据的前瞻指引则介于两者之间。

二、主要央行使用前瞻指引的实践

加拿大央行经历了对前瞻指引由"接纳"到"放弃"的立场反转。受 2008 年全球金融危机蔓延拖累，加拿大经济陷入严重衰退并面临通缩风险，加拿大央行连续降息至 0.25%，传统货币政策空间已捉襟见肘。为强化政策宽松效果，2009 年 4 月加拿大央行推出基于日期的前瞻指引，承诺在 2010 年二季度前维持政策利率不变。这一前瞻指引压低了长端利率，有力支持加拿大经济的复苏。随着复苏和通胀回升快于预期，加拿大央行在 2010 年 4 月即开始预热退出宽松，最终年内加息 75 个基点至 1%。行长波洛兹（Poloz, 2014）认为，利率脱离零下限后，政策制定者面临的不确定性更多，且难以用模型衡量和计算，前瞻指引虽然提供了确定性，但是容易导致市场单方面押注，出现头寸过度集中、市场波动加大。退出前瞻指引将使市场与央行共同面对不确定性，有助于更好地发挥市场的价格发现功能。加拿大逐渐淡化前瞻指引，并于2013年10月完全取消。

英国央行因误判经济前景而被迫修改前瞻指引。2013年8月，随着英国经济复苏，英国央行面临加息压力。但是，由于失业率仍徘徊在8%的历史高位附近，英国央行希望能够继续维持宽松。此时政策利率已降至0.5%的下限，英国央行正式引入基于数据的前瞻指引，即在失业率降至7%以下之前不会启动加息。英国央行希望通过前瞻指引在经济不确定性中为市场提供政策确定性。彼时央行预计失业率需两年半才能降至目标水平，但半年左右的时间失业率已跌至7%以下。但此时产出缺口规模仍较大，且生产率增速持续低迷，英国央行不愿加息，不得不调整前瞻指引，指出需待产出缺口显著收窄后才能启动加息，导致市场质疑其公信力。

美联储也曾因经济形势快速变化而调整前瞻指引。2008年全球金融危机后，传统货币政策空间受限以及经济面临高度不确定性等因素促使美联储频繁使用定性的前瞻指引。为更明确政策意图，美联储于2011年8月开始使用强有力的基于日期的前瞻指引，宣布将至少保持政策利率在超低水平到2013年年中，并两次延期至2015年年中。伯南克（2013）认为，前瞻指引虽然取得效果，但未能明确经济前景的变化将如何影响未来货币政策，而且前瞻指引推后导致公众无法对未来政策路径做出判断。2012年12月美联储转向基于数据的前瞻指引，强调在失业率低于6.5%之前不会加息。但市场将6.5%的失业率门槛错误解读为加息门槛。随着2014年初失业率快速降至6.7%，为避免市场预期政策过早紧缩，美联储于2014年3月放弃基于数据的前瞻指引，转为沟通货币政策的反应函数，即评估经济是否在向充分就业和2%通胀目标运行。

三、经验与启示

在利率零下限时，前瞻指引是非常有效的政策工具。当政策利率处于零下限时，央行传统货币政策工具无法提供更多宽松空间，前瞻指引成为重要的政策选择。前瞻指引可有效降低市场预期政策路径，从而扩展货币政策工具箱，用于长期维持货币宽松（Eggertsson and Wooldfood，2003）。金融市场方面，前瞻指引使得政策路径明朗化，短端利率的可预测性增强、不确定性下降（Swanson，2017），同时压降风险溢价（BIS，2014）。相较于直接降息，前瞻指引常用于维持更长期的宽松货币政策，为市场提供确定性，压降中长期收益率的效果更好，并且对股票收益率的影响更强，可达3~4倍（Hansen and McMahon，2016），而且在利率零下限期间效果更显著（Swanson，2017）。宏观经济方面，前瞻指引改变利率对经济变动的敏感性，对部分前瞻指引中强调的指标变化更敏感（Filardo and Hofmann，2014）。对宏观经济的影响存在争议，部分研究显示前瞻指引可提振就业和通胀（Smith and Becker，2015；Hansen and McMahon，2016）。前瞻指引还能通过预期渠道影响家庭对房贷、实际利率、失业率等的预期，从而调整消费行为（Coibion et al.，2020）。

但前瞻指引是把双刃剑，要慎用。一方面，央行并没有水晶球，可能误导市场并致使信誉受损。当经济面临高度不确定性时，央行预测的准确性并不强于市场参与者，经济基本面变化速度可能快于央行预期，政策反复将导致市场质疑央行的可信度。另一方面，市场倾向于将央行条件性的前瞻指引解读为承诺，误解沟通意图。央行推出前瞻指引时常伴随着定性或定量门槛，并且提示它仅为货币政策调整的前提或条件，但公众往往将此作为央行需无条件遵守的承诺。例如英国央行和美联储曾在前瞻指引中明确引入失业率作为货币政策调整的前提条件，但市场则粗暴地将它理解为政策转向的拐点，曲解央行意图。

前瞻指引的使用方式尚需进一步探索和完善。一方面，前瞻指引的使用应因时制宜。研究显示，基于日期的前瞻指引会降低利率对宏观数据的敏感度，并在经济发生意外变化时使央行陷入次优政策和信誉损失的两难境地，而采用基于数据的前瞻指引则相对较好，有助于厘清央行的反应函数（Stein，2014）。但好坏并非绝对，需要视情况而定。例如当政策利率处于零下限时，强有力的基于日期的前瞻指引远比基于数据的前瞻指引更有效。在危机期间，"奥德赛式"的前瞻指引扭转市场预期的能力更强，更能有效提振经济活动和通胀（Campbell et al.，2016）。另一方面，前瞻指引应当更简化、易于沟通。前瞻指引起效的前提条件是能够清楚沟通、公众解读符合央行意图（Filardo and Hofmann，2014）。例如前瞻指引中若明确提供政策利率的预测路径，则很容易被市场简单理解为无条件的政策承诺。故而使用前瞻指引时需更强调经济面临的风险和相应的政策调整，避免被市场误解（Feroli et al.，2017）。

第十二章 金融周期、宏观审慎与跨周期调节

> 没有金融周期的宏观经济学就像没有王子的莎士比亚剧作
> 《哈姆雷特》。
>
> ——克劳迪奥·博里奥（Claudio Borio）

长期以来，货币政策都遵循着"逆周期调节"的思路，主要用于"填谷但不削峰"。然而，逆周期调节有重大的副作用：过于宽松的货币政策将导致繁荣–萧条的金融周期和泡沫破灭后的低增长。背后的机制在于货币政策的逆周期调节要通过金融加速器和银行的过度风险承担来实现，导致金融杠杆率的过度扩张和收缩，加剧金融顺周期行为。金融体系过度风险承担行为还会催生旨在规避监管的影子银行，进一步放大金融周期。针对金融周期，一方面稳健的货币政策应注重跨周期设计，限制宏观杠杆率，必要时要主动"刹车"，防止跨周期失稳。另一方面，还需要创造新的工具来减缓由金融顺周期行为和风险传染对宏观经济和金融稳定造成的冲击。宏观审慎政策在此背景下应运而生。根据"丁伯根法则"，每个独立的政策目标都至少需要一个独立的政策工具（Tinbergen，1952）。由货币政策实现经济稳定，同时由宏观审慎政策实现金融稳定，"两个工具，两个目标"，看上去似乎足够，为什么实现金融稳定的职责不能完全交给宏观审慎，还需要货币政策的配合？具体到我国实践，货币政策和宏观审慎政策"双支柱"

之间的协调又有哪些特色？本章从货币中性之辩出发，探讨货币政策与金融周期之间的关系和作用机制，并以此为基础理解货币政策跨周期设计以及宏观审慎政策在熨平金融周期上的作用。

一、货币中性之辩

货币和实体经济的关系是经济学亘古不变的争论。自休谟以来，传统的货币政策中性论认为货币就像面纱，在长期只能影响通胀，不影响经济中的实际变量如潜在增速、就业和自然利率等。古典经济学的一般均衡论解释商品之间的相对价格，即市场竞争形成相对价格体系，促进资源有效配置；其另一组成部分货币数量论，解释商品的货币价格或总体价格水平，强调货币的支付手段功能，即总体价格和货币发行成正比，货币数量只影响价格水平，不影响实体经济。货币中性论对应着有效市场假说，金融市场能够把储蓄有效转化为投资。

最早突破货币与实体经济"两分法"的是瑞典经济学家维克塞尔，他提出利率就是从"金融世界"到"实体（真实）世界"由此达彼的桥梁。当银行决定的货币利率和资本边际回报等因素决定的自然利率背离时，会引发投资不断扩张（萎缩）、价格不断上涨（下跌）的"累积过程"（cumulative process）。这一过程不会无限持续。银行为维持利润会提高货币利率，成本的持续上涨也会降低自然利率，两者相互靠拢将使储蓄和投资、供给和需求相互趋近，最终实现均衡。凯恩斯继承和发扬了维克塞尔的分析思路，强调货币的储值手段功能，当"动物精神"缺乏时，公众对货币的需求增加，而消费等有效需求不足。货币因此能够改变人们的决策，从而影响实体经济和资源配置效率。凯恩斯进而提出央行扩大货币供给以满足私人部门的流动性需求，降低利率，从而增加投资。凯恩斯同时也认识到货币供给的增加不一定能赶上私人部门货币需求的变化，比如名义利率降到零时会出现流动性陷阱，这时货币刺激无效，应该增加政府支出，以弥补私人部门的有效需求不足。

以古典学派和凯恩斯主义为代表的货币中性之争一直持续。20世纪70年代兴起的货币主义和新古典经济学继承了古典经济学关于货币中性的观点，从理性预期角度强调货币在短期也是中性的，不能影响实体经济。20世纪80年代以来，新凯恩斯主义者从价格黏性出发，认为即使有理性预期，但价格和工资不能迅速调整，劳动力市场难以出清，宏观稳定政策仍有发挥作用的空间。费希尔（1977）指出，由于货币供给的调整速度比劳动合同更快，所以货币政策会影响短期产出。

在2008年金融危机之前，主流结论是货币在长期是中性的，但是在短期非中性。货币在短期可能会影响实际变量如增长、就业，但不会对资源配置带来持续影响。实证数据也支持这一观点。麦坎德利斯和韦伯（McCandless and Weber，1995）考察了100多个国家在1960年至1990年的数据，发现货币供给和通胀率的相关系数近似为1，但货币供给与实际产出没有相关关系。曼昆（2019）计算出美国历史上10年平均通胀和货币供给增速的相关系数为0.79，2007—2016年123个国家两者的相关系数是0.7。两者的高相关性是以10年平均增速计算得出的，如果是用月度数据考察短期关系，相关性会下降。

基于这一认识，2008年全球金融危机前的共识是最优货币政策应逆风操作：当通胀上升时，提高实际利率抑制通胀；当增长低于潜在增速时，降低利率提振增长。在短期，利率变动应符合宏观调控的要求，遵循一定的规则，如第三章介绍的泰勒规则及其变体。在长期，利率变动应符合经济规律的要求，货币利率需要向自然利率靠拢，自然利率是衡量货币松紧的标尺，货币应该松紧适度，试图把总需求控制在经济的潜在产出水平附近。这就是现代版本的货币中性论，只要通胀温和，货币量的多少无关紧要。金融被假定为有效匹配储蓄和投资的手段，仍是实体经济的注脚。

2008年金融危机的爆发警醒世人，经济稳定，金融不一定稳定；微观个体稳定，宏观系统不一定稳定，存在"合成谬误"。央行确定政策利率不仅要符合经济规律和宏观调控要求，还要符合跨周期设计需要。在1983—2007年这25年的"大缓和"时代，通胀和增长的水平值和波动率都很低，利率不断下行，却引发了20世纪30年代大萧条以来最严重的经济和金融危机。这是什么原因导致的？货币政策逆风而行熨平经济波动存在什么问题？

货币政策逆风而行在现实中可能是有偏的。发展中国家存在明显的增长偏好，要求宽松的货币，其结果常常是高通胀和货币贬值。在发达国家，货币政策也被要求"填谷但不削峰"，其理论基础源自德龙等人（1988）。他们认为凯恩斯主义宏观刺激的空间不应该被自然利率假说限制。按照自然利率假说，货币政策仅能影响产出的波动，不能影响产出的水平值。但实际中有可能也会影响产出的水平值，原因是紧缩货币政策对实体经济带来的负面冲击要大于宽松货币政策的正面提振。逆风而行的政策不是将经济活动稳定在均值上，而是防止其下降到最大潜力以下，并且由于产出总有提高的空间，好的政策应该是只填谷但不削峰。当然，货币政策首要的目标仍是防止通胀，可是如果通胀因为供给冲击和技术进步等因素被锚定在低位而不再是约束，货币政策的主要目标在实际中就变成了稳增长和扩就业。

这样做的结果是货币政策本身成了风。不断宽松的货币导致了金融机构的杠杆率不断提升，催生繁荣－萧条金融周期，泡沫破灭后低增长持续。逆经济周期却加剧和延长了杠杆率的顺周期，也就是说，货币政策逆风的对象是镜子中的自己，实际上是顺风。我们不妨以联邦基金利率为例（见图12.1）。在2008年金融危机以前，联邦基金利率总体上符合泰勒规则的要求，是按照经济规律和宏观调控需要来制定的。但为什么利率越来越低？仅仅是实际储蓄和投资等因素决定利率吗？货币在其中扮演了什么样的角色？自1987年格林斯潘出任美联储主席以来，每次降息周期越来越长，也越来越低，加息周期越来越短，其终点利率越来越低。美联储把利率降下来，就很难再把利率加回去。为什么存在这样的不对称现象？

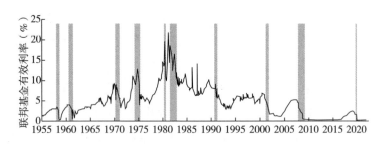

图12.1　美国联邦基金利率

注：阴影区域指美国的衰退期。

资料来源：圣路易斯联储。

一种观点认为，金融周期的存在导致货币在长期也是非中性的。这是货币中性之辩的新形态，央行货币调控忽视跨周期设计，低利率导致更久和更低的利率，影响了中性利率。主要原因有三。首先，货币政策过于短视，仅关注经济周期，不理睬金融周期及其长期的负面后果，即货币政策过于关注当下增长，导致金融不平衡集聚，繁荣–萧条周期更为剧烈，其后遗症也更长。其次，货币政策同时也有惰性和软弱性。金融市场稍有风吹草动，就推迟加息和货币政策正常化，或者直接降息。美联储各种花式托底行为，从格林斯潘看跌期权，到耶伦，再到鲍威尔看跌期权，货币政策的市场独立性下降。再次，金融周期的积累和总体债务率的上升反过来限制货币政策加息的空间。稍微加息，金融市场就喊疼，实体经济部门也承受不起，但越是不敢加息，下一次衰退来时，降息的空间也就越小。

美联储为自己辩护说，结构性因素如全球储蓄过剩和老龄化等人口结构性变化导致中性利率越来越低，所以政策利率应该相应跟随，保持在低位。从数据来看，也存在另一种可能：正是因为政策的短视和软弱才导致实际利率越来越低，产生了过度的金融周期，资产泡沫的破灭在长期又压低了中性利率。最后的结果就是债务越来越高，潜在增速越来越低，货币政策的空间越来越小。但是，对中性利率下降这两种不同的解释在实证上可能很难区分开来。因为金融周期也通过其资源错配渠道降低潜在增速。结构性储蓄与投资需求理论也把潜在增速下降当成中性利率下降的重要原因，只是无法明确指出是什么因素导致了潜在增速的下降。

现代货币理论认为，货币政策可以无限制地宽松，购买政府债务，高债务不会有任何问题。确实，本币债务从来就不是总量问题，而是结构问题。总量上，每一分钱的债务必然对应着一分钱的债权，所以从整体角度看不是问题。结构问题则体现在两个方面：高杠杆率下的金融不稳定和过度政府干预导致的资源错配与效率低下。债务刺激在短期可能会起到一些作用，但是从长期看副作用更加明显。短期内，宽松的货币政策环境会带来信贷扩张，尽管会刺激经济，但也会导致宏观杠杆率积累和金融风险积聚。中长期内，杠杆率过快增长会增加金融脆弱性、带来通胀上升，以及使拉动经济的效率下降。对于没有储备货币地位的国家，市场会对高负债形成紧约束，利息和通胀预期甚至在短期就会因政府过度举债而快速上升。现代货币理论治标不治本，还犯了倒果为因的错误。高债务不是需要用低利率或者负利率去应对的危机，它正是货币政策和金融周期催生出来的恶果。越是依赖现代货币理论，就越会陷入高债务之中不能自拔。

二、金融周期的含义及特征

在详细阐述货币政策和金融周期的关系前，我们首先介绍金融周期的含义及其特征，以及实践当中观察到的金融周期现象。经济活动总是呈现周期波动的特征，没有永久的繁荣，也没有持续的衰退，只有"逃不开的周期"。经济分析中常用的周期理论有基钦周期（以库存变动为主线，持续3~4年）、朱格拉周期（以设备投资为主线，持续8~10年）和库兹涅茨周期（房地产建筑周期，平均20年左右）。不同的周期理论反映了当时的社会环境与主流思维，这些周期理论主要反映的是100年前工业化经济的状况，从实体经济角度看经济周期的波动（彭文生，2017，第5页）。金融是现代经济的核心，金融渗透经济生活的方方面面，居民消费和企业投资都越来越离不开金融的支持。

宏观经济学长期忽视金融和金融周期。在宏观经济分析中占主导地位的动态随机一般均衡模型（DSGE）长期没有金融体系的模块。20世纪90年代，一部分文献开始重视信用渠道的金融加速器作用，但也只是强调信用会放大利率对经济的影响，而不是独立于利率之外的渠道。明斯基（1986）在其专著《稳定不稳定的经济》中强调经济的周期波动不是源自外部冲击，而是源自信用的内在波动。经济不稳定主要来自金融不稳定，没有金融周期的宏观经济学就像没有王子的莎士比亚剧作《哈姆雷特》（Borio，2014）。

博里奥等人（Borio et al.，2001）对金融周期提出了一个较宽泛的定义，即金融体系存在较强的顺周期性，尤其是信用和房地产两者相互强化带来的顺周期性。当基本面好的时候，风险偏好提高，金融约束放松，基本面进一步得到提振，正向反馈，催生繁荣，直到负向反馈发生，导致金融危机和宏观经济失调。简言之，金融周期主要是杠杆率的周期，各国金融周期以房地产价格和杠杆率周期为主。我国1998年开始住房制度改革形成商品房市场，这之后信贷和房地产的联系才开始紧密，目前仍处在第一个金融周期之中。

如何衡量金融周期？通常的做法是使用信贷增速、房价涨幅和信贷与GDP之比三个指标来综合衡量金融周期，其中房地产为抵押物，信贷与GDP之比则类似于宏观杠杆率。值得注意的是，由于股票价格和经济周期紧密相关，持续时间也类似，因此并不在衡量金融周期的指标之中。例如，美国1987年股灾和2000年科技股泡沫破灭后，经济增速要么大幅下滑要么直接进入衰退，但是金融周期仍然继续，直到1991年和2007—2008年才触顶，导致更大的破坏和损失。2000年美股泡沫虽然破灭了，但是居民部门仍然在加杠杆购买房产，更大的泡沫在房地产市场上产生。

金融周期存在悖论：金融体系看上去最强大时，恰恰是其最脆弱时。当市场觉得风险低时，风险却在时间和空间两个维度上不断聚集。时间维度上，在金融周期的繁荣期，信贷和资产价格上涨，此时以市价计算的杠杆率很低，风险溢价和波动率也都很低。大家都认为风险很低，但并不是真的风险低，而是大家都喜欢风险，觉得这次不一样。在空间维度上，随着金融深化，金融机构之间通过多种多样的金融产品产生复杂的联系，稳定孕育不稳定，一旦某个机构发生问题，风险容易跨机构、跨市场传染。

金融周期有七个特征。首先是信贷和资产价格的共振（joint behavior）。以房地产为代表的资产价格和信贷的变化高度正相关，中国房地产价格和信贷共振明显，图12.2说明了信贷推动资产价格的重要性。博里奥（2014）指出，广义信贷代表融资条件，房地产价格代表投资者对风险的认知和态度，同时考虑二者就能刻画出金融周期的特征。当房地产市场扩张时，其抵押价值提高，企业可获得的信贷以及杠杆率随之增加，信贷和资产价格的共振又推动金融周期的繁荣。房地产是银行信贷的重要抵押品，其自身也属于资金密集型行业，因此房地产周期的扩张将进一步推动金融周期的繁荣。但金融周期并不等同于房地产周期，两者相互加强，形成共振，但各自还受别的不同因素驱动，比如资金套利空转也会导致金融机构杠杆率上升，带来金融周期的扩张。同样，金融周期也不完全等同于信用周期，而是信用周期和房地产周期的叠加和共振。

二是金融周期的持续时间（16~20年）长于普通的经济周期，可

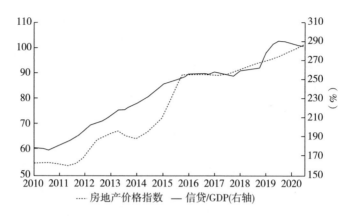

图12.2　我国房地产价格指数和信贷占比共振

资料来源：BIS。

以跨若干个经济周期。一般认为，经济周期为8年左右，与经济周期相比，金融周期的变动幅度更大、频率更小，持续时间约为两个经济周期的长度，大概为16年。实证研究显示，中国、美国及欧元区金融周期持续时间均较长，且不同步，目前中国仍处于金融周期的下行阶段，欧美经过下行阶段的调整后已回到金融周期的上行阶段（见图12.3）。长期债务周期持续更久，通常达50~75年。金融周期和长期债务周期的区别在于金融周期更多是金融机构加杠杆，长期债务周期主要是实体企业和居民加杠杆，两者的联系在于背后都有金融加速器的助推。

三是金融周期到达顶峰往往伴随系统性银行危机，也被称为金融危机（见图12.4）。在发达国家的样本中，几乎所有来源于国内风险的金融危机都发生于或接近金融周期的顶峰，而在远离顶峰发生的金融危机则来源于跨国风险暴露带来的损失。

四是可以把金融周期用作领先指标甄别金融危机。当信贷与GDP之比和资产价格同时偏离历史趋势时，危机发生的概率较大。价格偏离趋势越高意味着回调就越剧烈；信贷与GDP之比越高，说明系统吸收损失的能力越低。我们可以进一步将信贷与GDP之比划分为信贷与

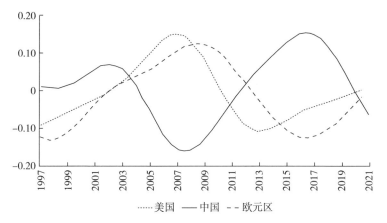

图12.3　美、中、欧金融周期比较

注：数据截至2022年1月。

资料来源：彭文生，《应对世界经济百年变局》。

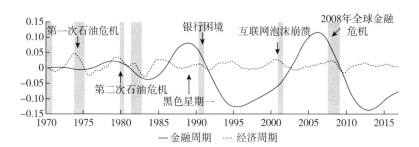

图12.4　美国金融周期和经济周期对比

资料来源：Drehmann et al.（2012），有更新。

总资产之比和总资产与GDP之比，前者是企业微观负债率，后者为投资效率的倒数，也被称为资本产出比。从数据上看，2009年至2016年一季度，我国企业宏观杠杆率七年间猛增了72个百分点，主要源于投资效率的下降，贡献了宏观杠杆率上升的7%。同期，企业微观负债率仅微增8个百分点，贡献了3%。

五是金融周期可以被用来测算潜在产出，能更好地指导货币政策决策。传统的按通胀来测算潜在产出的方法可能会高估潜在产出。比如2008年金融危机前，美国通胀并不高，由此意味着产出缺口并不大。这是因为在2001年中国加入WTO后全球化加速，美国进口商品价格持续下跌，帮助稳定物价，但资产价格持续上涨。通胀并不是增长不能持续的唯一信号。如果把金融周期纳入考量，就会发现2002—2006年美国信贷和房价的涨幅大幅高于历史平均水平，经济增长不可持续。考虑金融周期后，按照金融中性估计的潜在产出更稳定，事后修正也更少。

六是金融周期的长度和波动幅度取决于金融体制、货币政策框架和供给端的变化。货币政策越短视，金融自由化越广，全球化降低关税和增加劳动力流动把通胀压得越低和越久，金融周期的泡沫就会越大。

七是金融周期泡沫破灭后一地鸡毛，将发生资产负债表衰退。企业资产负债表衰退发生时，行为动机不再是最大化利润，而是最小化债务和成本（辜朝明，2016）。银行、企业和居民的资产负债表受损，反过来限制货币宽松的空间和效果，低增长和低利率持续。

三、货币政策与金融周期

1. 货币政策催生金融周期

金融周期是如何产生的呢？长期宽松的货币政策不仅会通过金融加速器刺激非金融部门过度扩张加杠杆，还会提升整个社会的风险容忍程度，使金融部门承担过度风险。如果政策当局没有及时逆风操作，过度繁荣之后就是萧条，形成金融周期。

货币政策传导愈发依赖金融市场。主要金融市场资产价格的变化都会影响货币政策传导，集中体现为由短端利率、长端利率、信用利差（信用风险溢价）、股票价格和汇率五个成分指标构成的金融条件指数。货币政策放松金融条件的同时，也会催生金融脆弱性。需要注意的是，金融条件和金融稳定不是同一个概念。比如，公众对未来现金流的预期发生恶化，资产价格下跌，波动率上升，金融条件随之收紧，但这并不代表金融不稳定。如果这些冲击不被放大，也就没有金融脆弱性。在第四章我们提到货币政策影响金融条件主要有两个渠道，一是资产负债表渠道，二是传统宏观模型较少涉及的风险承担渠道。

银行的风险承担行为是货币政策传导的重要渠道。金融体系传导货币政策首先是银行贷款渠道，又称狭义信贷渠道，与之相对应的是广义信贷渠道，也即企业和居民的资产负债表渠道。货币宽松使得银行可贷资金变多、放贷增加。随着金融市场的发展（资产证券化）和监管的变化（银行不再受存款利率上限和可贷资金约束），传统银行贷款渠道对货币政策的放大效应不如以前。货币政策越来越多地通过银行的风险承担行为被放大。货币宽松会在资产和负债两端同时改变银行的风险承担。在资产端，低利率压低银行利润空间，银行为保收益会持有更高风险的资产（Rajan，2006），即低利率不仅改变贷款的数量还改变其质量。在负债端，宽松的货币政策让银行更加依赖短期融资。

银行的风险承担行为内生于货币政策，表现出很强的顺周期性。主流文献强调借债方的杠杆是顺周期的，资产价格越高，所能借到的钱越多。不仅如此，金融机构自身的杠杆率也是高度顺周期的，低利率的环境使金融机构不仅更愿意也更有能力加杠杆。资产价格上涨时，信用风险下降，保证金要求降低，抵押物的折扣下降，杠杆率提高。而当金融周期走向萧条时，风险承担渠道又会从反方向阻碍货币政策的传导。这时金融机构风险偏好降低，反向抽贷、惜贷，准备金增多，形成金融空转。例如，美国银行风险承担的顺周期性也得到实证研究的支持：银行自身的融资利差（联邦基金利率减去国库券利率）和联邦基金利率同向变动（Bernanke and Gertler，1995；Drechsler et al.，2018）。

以上主要阐述了货币政策推动金融周期的机制在于金融加速器和银行风险承担行为。两者之间既有联系又有区别，联系在于两者互相促进，更加激进的银行风险承担行为让金融加速器更容易生成。比如，2008年金融危机发生前的"三无贷款"（NINJA），银行向无收入、无工作和无资产的人放贷，过度风险承担行为弱化了银行对借款人资质和资产负债表的审查。二者的区别在于金融加速器描述的是实体企业加杠杆的行为，进而推动了长债务周期；而风险承担行为主要使银行等金融企业加杠杆，进而推动了金融周期的形成。相比于实体企业加杠杆，金融机构加杠杆的风险更大，更有可能导致"大而不能倒"和系统性金融风险。

金融摩擦是货币政策需要跨期取舍的根源。主流文献强调金融摩擦能够放大货币政策的传导，而忽视正是因为金融摩擦才有金融的顺周期性和脆弱性。这是一枚硬币的两面，是需要货币政策在金融条件和金融脆弱性之间跨期取舍的根源。金融摩擦可以分成几种不同的类型：（1）信息不对称：银行贷款需要抵押物，而资产价格影响抵押物的价值和信贷的可得性；（2）机构投资者的名义收益目标，导致其追求高收益，持有更多风险资产；（3）有限责任制：资本金低的时候，银行反而可能追求更多的风险；（4）外部性：单个借款人不考虑其他借款人，导致过度负债。

金融摩擦会放大金融冲击。一个稳定的金融系统指的是当负面冲击来临时，整个系统表现出韧性，不轻易放大冲击。相反，一个脆弱的金融系统会放大负面冲击，导致非线性结果和尾部风险。风险是负面冲击从可能性变为现实，导致预期发生变化，风险溢价反转，资产价格下跌。而脆弱性则是放大这些负面冲击的机制，这些机制包括对风险的定价、高杠杆率、期限错配、流动性错配以及复杂性和相互联系的紧密性。比如，2008年金融危机与衍生品高度复杂且交易对手之间的高度互联密切相关。

2. 金融周期改变货币中性

金融周期可能导致长期货币非中性。主流文献仍把金融主要看作实体经济冲击的加速器，而对金融本身的脆弱性以及该脆弱性如何影响长期实际变量强调较少。金融周期能够影响实际变量如增长，但不会有长期的影响，即均衡产出、自然利率等长期变量和货币政策无关。例如，伯南克等人（1999）从需求端企业资产负债表质量以及格特勒和清泷信宏（Gertler and Kiyotaki, 2010）从供给端银行自身的资产负债和放贷能力出发，强调金融加速器渠道在短期的作用。

金融周期导致货币非中性至少有两个渠道。第一是磁滞效应，即大的金融危机之后，总需求长期不足，资本和劳动力市场长期不能出清，降低潜在增速。第二是繁荣–萧条周期会导致资源错配。比如房地产泡沫周期中，大量人员从事建筑和房地产中介等行业，导致整体社会技术进步慢、劳动生产率进步放缓、潜在增速下滑。金融虽然发挥了重要的中介作用，能够把储蓄和投资匹配起来，但过度金融也会导致脱实向虚，资金空转，从而降低长期效率。

一个重要的例子是金融周期如何影响自然利率。金融周期会出现两种均衡：繁荣和萧条。繁荣时，过度追逐风险；萧条时，过度规避风险。两个均衡各有自己的自然利率，自然利率内生于政策，不完全是外生变量，也不仅取决于经济中的结构变量。几种普遍存在的摩擦会放大低利率的负面作用，使得低利率持续。首先，信息不对称导致僵尸贷款。僵尸企业也能获得低利率贷款，这样的后果是不仅低效，也为之后萧条时的破产和赖账埋下伏笔。其次，银行不完全竞争导致的负外部性：低利率使得银行利润空间受到挤压，而银行为获取市场份额和利润参与垄断竞争，由此形成的负外部性导致银行过度放贷，使宏观总量上杠杆率快速增加。再次，金融周期和通胀一样都是货币现象，存在低利率陷阱：低的利率导致更低的利率。利率越低，金融机构为寻求收益越过度追逐风险，繁荣–萧条程度也越大，萧条发生后持续的时间也越长。

3. 影子银行与金融周期

影子银行也是金融体系风险承担行为的产物，是为了规避正规金融体系受到的监管。影子银行是在正规银行体系之外从事久期、流动性和信用风险转换的金融中介，但不接受严格的资本金和流动性监管，同时也不享有存款保护。影子银行把长期的风险贷款（住房抵押贷款）转换成看上去没有信用风险、短期的类货币金融工具。央行创造高能货币；商业银行体系创造广义货币，如活期存款；影子银行主要是在商业票据和回购市场上创造类货币。

我们不妨以2008年金融危机前的美国住房贷款市场为例，展示影子银行是如何实现三大转换的。第一步是信用转换，在金融公司如银行组织发起长期贷款后，经纪自营商为隔离风险成立特殊目的实体（SPV），将长期贷款打包成资产池并结构化为资产支持证券（ABS，主要是MBS），并按信用评级分成优先级（senior）、中间级（mezzanine）和股权级（equity）三层。信用评级最高的优先级被认为是无风险的，中间级通过债务担保凭证（CDO）进一步结构化分层，实现信用转化。第二步是久期转换，成立结构化投资实体（SIV），以看上去无风险的优先级房贷和债务担保凭证为抵押发行资产支持商业票据（ABCP）和回购（repo），形成周转性短期资金。第三步是流动性转换，将资产支持商业票据和回购通过货币市场中介在批发融资市场融资。货币市场基金将份额销售给机构和个人投资者，获得最终资金来源。

影子银行和传统银行的相同点在于都实现了"借短贷长"，也都面临流动性风险与偿付风险。区别在于：资产端，传统银行发放零售贷款，而影子银行则持有贷款组合打包成的证券，相当于批发贷款；负债端，传统银行贷款创造存款，影子银行则通过货币市场获得短期抵押融资，创造类似货币的金融工具；风险方面，传统银行以接受更加严格的监管为代价获得央行的流动性"兜底"保护，面临的流动性与偿付风险比影子银行小。以美国为例，传统银行受到美联储和美国联邦存款保险公司（FDIC）双重担保。影子银行在受到监管约束相对较小的同时，没有资本金要求，也基本不受相应的保护，面临更高的流动性和偿付风险。

中国的影子银行既有传统的影子银行，也有银行的影子，且银行影子的规模大于传统影子银行（中国银保监会课题组，2020）。具体而言，传统影子银行是非银金融机构开展的业务。银行的影子主要是指银行规避监管，在表外从事信用中介业务，真正的银行却干起影子银行的活。银行的影子实际上是银行开展的"类贷款"业务，本质上与银行贷款相似，却没有记在贷款科目下。这类业务多需借助第三方金融机构，因此多表现为银行资产负债表资产方的同业资产，也有一部分为投资资产，或者移出资产负债表，例如表外的理财业务。

不管是影子银行还是银行的影子都显著影响信贷和资产价格，从而加剧杠杆率的顺周期和金融周期。并且，金融危机也常常是由影子银行体系引发。防范金融周期必然要求加强影子银行治理。宏观审慎政策不仅要覆盖正规银行体系，还要覆盖影子银行体系。

4. 金融周期对货币政策制定的启示

第一，货币政策存在严重的路径依赖。过去的利率选择影响今天的利率选择。金融脆弱性把过去、现在和未来联系在一起。每一步的政策都会影响风险聚集，因此金融脆弱性是累加而来的，是一个存量概念。21世纪初格林斯潘治下的美联储实行低利率和监管自由化，导致了2008年全球金融危机和之后伯南克治下的美联储实行大宽松；2014年耶伦上台后有机会加息，但2015年和2016年都由于外部原因几度推迟；2018年鲍威尔上台后曾一度加息超出市场预期，但很快在2019年转为降息。常规货币政策空间一直受限。

第二，货币政策不仅面临当期通胀和增长的取舍，还面临短期增长和长期增长之间的跨期取舍。放任金融周期，短期经济增速会高一点，但是以金融风险聚集和长期经济增速下滑为代价。央行政策制定应该更加前瞻。更前瞻的政策意味着均衡利率会更高，更高的均衡利率意味着更稳健的金融系统、更高的银行资本金和盈利能力、更高的潜在增速和更充足的应对经济下行的"子弹"。

第三，金融周期和经济增长紧密联系在一起，金融稳定目标和长期增长目标并不可分，其相应的工具也不完全可分，比如影响信贷总量的工具。过快的信贷增长会催生金融周期，不可取；过慢的信贷增长会抑制经济的增长潜力，也不可取。

第四，逆风操作需要宏观审慎政策和货币政策一起配合。结构性的宏观审慎政策更有针对性，能够解决分部门和行业的问题，是维护金融稳定的第一道防线。这并不意味着金融稳定就与货币政策无关。货币政策是总闸门，效果更明显。也有观点认为货币工具太钝，不是实现金融稳定合适的工具。即使这样，总量意义上的宏观审慎政策和总量货币政策面临一样的取舍：是要更多的增长还是要更少的金融失衡。

在实践中，货币政策对金融周期逆风而动比对经济周期逆风而动更难。大家都厌恶通胀，因此货币政策逆经济周期而动遏制通胀的阻力相对较小。但是资产价格上涨大家都欢迎，货币政策如果主动刺破泡沫，政治压力、利益集团甚至公众压力都很大。等资产泡沫破灭时，从风险管理角度出发，又需要货币政策下猛药极度宽松，使货币政策看上去前后不一致。因此，货币政策逆金融周期操作，功夫要在平时，要靠机制和工具箱建设。

四、宏观审慎政策的定义及其作用

如上文所述，货币政策逆经济周期调节的副产品为金融周期。金融周期之所以产生是因为金融的两个基本特点：杠杆的顺周期性和信息不对称导致的金融摩擦。这两点都无法被消灭，所以金融周期无法被消灭，只能管控。杠杆率都是顺周期的，不论是供给端金融机构自身的杠杆还是需求端居民和企业的杠杆，背后的机制在于金融加速器使得企业加杠杆，以及银行风险承担使得银行更加激进，金融机构加杠杆。金融加速器和银行风险承担之间还存在着相互放大的作用。而金融体系过度风险承担行为则会导致金融失稳，并且产生了影子银行这一产物。

传统货币政策主要盯住物价稳定，但价格稳定并不保证金融稳定。微观审慎主要盯住个体机构，但个体稳健并不等于整体稳健，存在"合成谬误"。即使是充分的微观审慎监管也无法确保经营稳健的单个机构在系统性风险冲击下仍能保持稳健。金融危机爆发具有非线性特征。当金融危机发生时，不是多米诺骨牌一个个倒下，而更可能像是海啸那样，所有机构不论大小，都被吞噬。传染机制不是线性的，而要做网络分析。小机构倒下产生大影响，是因为它是一个预警，提醒大家共同的危险和脆弱性，是"煤矿坑道里的金丝雀"。宏观审慎政策旨在减缓金融顺周期行为和风险传染对宏观经济和金融稳定造成的冲击。

我们需要厘清关于宏观审慎政策的三个基本问题。首先，宏观审慎政策的目标是什么？是从属于宏观稳定目标，作为对财政和货币政策的补充，让实体经济免受金融波动的影响，还是专注于金融稳定，作为独立目标而存在？我国宏观审慎政策的目标偏向于后者。2021年，人民银行牵头出台的《宏观审慎政策指引（试行）》明确指出，宏观审慎政策的目标是防范系统性金融风险，尤其是防止系统性金融风险顺周期累积以及跨机构、跨行业、跨市场和跨境传染，提高金融体系的韧性和稳健性，降低金融危机发生的可能性和破坏性，促进金融体系的整体健康与稳定。

其次，宏观审慎的"三板斧"是什么？是价格工具还是数量工具？宏观审慎目标工具有价格和数量两种，大部分国家偏向于使用价格工具，如资本金充足率和流动性比率，原因在于市场主体对成本更加敏感。但新兴国家的实践似乎证明数量工具如贷款价值比（LTV）、债务收入比（DTI）上限效果更好。这主要是因为这些国家利率变动相对资产价格变动太小，直接控制杠杆率要比利率工具更有效。

再次，宏观审慎由谁实施和负责？碰到问题时，如何协调不同监管部门和政策工具？大部分国家都选择由央行来牵头制定和执行宏观审慎政策，并设立跨部门的协调和议事机制。宏观审慎不同于传统的货币政策，它需要相关的治理架构和制度安排予以支撑。第一，宏观审慎是结构性政策，再分配效应明显，可以有效解决特定部门的局部金融风险，是对货币政策的有益补充。第二，宏观审慎需要微观审慎监管的配合，两者拥有共同的目标即维护金融稳定，使用的工具也有明显交叉；但二者侧重点不同，需要信息共享和行动一致。第三，金融周期期限要长于经济周期，宏观审慎需要央行有更长期的视角。宏观审慎政策是分配政策，需要政府代表参加相关委员会。费希尔（2014b）认为，不能因为央行同时也负责宏观审慎，就认为央行独立性丧失了。央行仍能保持货币政策独立性，不同的委员会做不同的决策。

完善宏观审慎政策是反思2008年全球金融危机的集大成者。各国都建立和加强了相关政策框架，实践虽有一定差异，但也有许多共性，总结如下：一个目标，即防范系统性金融风险；两个维度，即时间维度上的顺周期风险和空间维度上的传染风险；三重视角，即宏观、逆周期、防传染；四个问题，即解决微观审慎监管预防不了的金融体系顺周期波动、合成谬误、跨行业跨市场传染和"大而不能倒"；五个市场，即管控和调节正规银行体系、金融衍生品市场、房地产市场、跨境资本流动和影子银行体系的杠杆率。六大杀器，即最常用的六个工具：逆周期资本缓冲、动态贷款损失准备金率、贷款价值比或债务收入比、流动性覆盖率（LCR）、净稳定资金比率（NSFR）以及对系统重要性银行收取的资本附加（Surcharge）。前三大工具是在时间维度上进行逆周期调节，又被称为时变工具；后三大工具则主要通过识别和提高系统重要性金融机构的流动性和资本要求，降低其杠杆率和风险敞口，防止跨机构和跨市场的传染，又被称为结构性工具。七大方面，即我国央行宏观审慎评估体系借鉴国际经验并考虑我国金融改革和结构调整需求，提出从七个方面对金融机构的行为进行引导（详见第十章相关讨论）。八大核心要素，即2016年8月IMF、金融稳定委员会和国际清算银行联合发布的《有效宏观审慎政策要素：国际经验与教训》提出宏观审慎政策框架的八大核心要素，其中一半以上涉及治理架构和制度安排（详见李波，2018，第238—239页）。

宏观审慎政策也有其局限性，实现金融稳定目标需要与货币政策、微观审慎政策密切配合。第一，由于存在监管套利，不能指望宏观审慎政策包打天下。它能够增强金融系统的稳健性，但并不能很好地遏制金融周期的繁荣周期，货币政策要适度逆周期。第二，宏观审慎政策具有明显的结构性和财富分配效应，因而受制于政治经济学考量。大家都反对通胀，但没有人会反对财富增值。第三，不要过度使用宏观审慎政策。一项政策使用的时间越长，监管套利和规避监管的可能就越高。但是，货币政策则不存在这个问题：你可以逃，但你躲不了。第四，宏观审慎政策在维护银行体系稳定的同时，可能也会导致影子银行的膨胀。在宏观审慎监管方面，仅逆周期提高银行资本金要求并不够，因为企业可以从影子银行借钱，因此需要同时提高银行逆周期资本金要求和影子银行的逆周期保证金要求。

五、"双支柱"调控框架的政策协调

1. "双支柱"调控框架的协调配合

上文提到宏观审慎政策具有一定的局限性，因此需要完善货币政策和宏观审慎政策"双支柱"调控框架。那么二者应当如何分工协调？危机后的主流结论是两者分工明确，各管一摊，即"两个目标，两个工具"。货币政策负责经济稳定，宏观审慎政策负责金融稳定，两者都需要逆风而行。金融系统存在顺周期性，而逆周期资本缓冲、贷款价值比上限、动态拨备率等宏观审慎政策工具可以有效抑制信贷和杠杆率的顺周期扩张。当经济周期和金融周期高度一致时，两者同方向发力，能够起到比单凭货币或宏观审慎政策更好的协调效果，能在稳增长的同时降低金融系统不稳定性。人民银行在《宏观审慎政策指引（试行）》中也强调了强化宏观审慎政策与货币政策的协调配合，一方面宏观审慎政策可通过抑制金融系统的顺周期波动，促进金融机构稳健运行，从而有利于货币政策的传导；另一方面，货币政策环境及其变化也对金融稳定构成重要影响，这也是制定宏观审慎政策需要考虑的重要因素。

当经济和金融周期出现明显分化时，又应当遵循什么样的规则？经济周期与金融周期之间的不一致性是宏观审慎政策的理论基础。货币政策和宏观审慎政策都需要通过金融系统发挥作用，在传导机制方面二者紧密联系、相互交叉，货币政策会影响金融稳定，宏观审慎政策也会影响价格稳定。从实践上看，在西方，正是由于宽松的货币政策催生金融周期，才导致2008年全球金融危机。我国在2017—2019年三年影子银行治理期间，经济周期下行，需要货币和财政宽松；但金融周期开始进入下半场，宏观审慎和其他监管政策的加强使货币和财政宽松效果有限。对于银行主导的经济体，货币政策传导更加依赖宏观审慎政策的配合，因为后者的收紧会显著抑制信用扩张。

从理论上看，经济和金融周期不一致时，两类政策如何协调需要按照经济运行情况和冲击类型等进行决策。例如，较多文献认为当经济受到金融冲击时，货币政策与宏观审慎政策相互协调的稳定效果更加显著，货币政策可以专注于稳定物价，由宏观审慎政策来促进金融稳定（Beau et al.，2012）。当经济由供给冲击驱动时，房地产和信用周期没有发生，引入宏观审慎政策的效果还不及单独由货币政策来稳定经济（Angelini et al.，2012）。葛兰和伊尔巴斯（Gelain and Ilbas，2017）利用美国的数据发现，货币政策和宏观审慎政策协调的收益取决于宏观审慎政策对产出缺口的重视程度。如果宏观审慎政策赋予产出缺口足够高的权重，比如与货币政策拥有相同的目标，那么协调就会产生相当大的收益。如果宏观审慎政策只是专注于信贷增速，宏观审慎政策的目标会受益，但货币政策的目标会受损。莱文（Laeven et al.，2022）指出，宏观审慎政策过紧将导致信贷增速过低，从而拉低经济增长，因此货币政策和宏观审慎政策需要相互配合，以将信贷增速稳定在一个合理区间。

2. 金融周期与货币政策的跨周期调节

要不要通过货币政策主动刺破泡沫来实现金融稳定？这是个有争议的问题。2008年全球金融危机前的主流观点是不用。危机后，鉴于金融周期带来的巨大负面冲击，一方面强调要通过宏观审慎工具熨平金融周期；另一方面，也开始反思是否要使用货币政策工具如利率逆周期调节金融周期。反对的一方认为不需要，货币政策主动刺破泡沫的成本大于收益（Svensson，2017）。例如，2001年美国互联网泡沫破灭之后经济只有一个季度的衰退，因此监管认为不需要刺破泡沫，而是采用"事后清理"的方式；支持的一方如国际清算银行的博里奥等人则坚定地认为，存在金融条件和金融脆弱性的跨期取舍问题，只有货币政策才能从根本上制服金融周期。人民银行也提出了跨周期调节政策，内涵是跨经济周期，盯住金融周期。

传统的视角是央行不管资产价格，但关注资产价格如何影响宏观变量，如通胀和增长。资产价格发出信号，指示哪些投资有利可图，进而影响实体经济。一是资金成本渠道：股票价格越高，资金成本越低，提振企业投资。二是财富效应渠道：资产价格越高，居民越富有，提振消费。是否主动刺破泡沫取决于是什么样的泡沫，是否由信贷驱动。乐观预期驱动的资产泡沫即使破灭，其宏观影响也有限，央行管好增长和通胀就可以。反对货币政策主动刺破泡沫的理由层层递进：首先，泡沫事前很难被发现；即使被发现，利率工具也不一定有效，因为泡沫是非理性行为驱动的；即使货币政策工具有效，它也可能会错杀其他不存在泡沫的资产，因而不适合使用。

如果是信用驱动的资产价格泡沫，如房地产市场，则可能危及金融稳定，背后是市场失灵，需要干预，但最好的工具不是货币政策，而是宏观审慎工具如首付比、债务收入比等。米什金（2008）认为，1929年美国股票泡沫破灭和1989年日本股市泡沫破灭都是货币政策主动刺破泡沫的结果，泡沫破灭后，过紧的货币政策转向太慢，通缩又进一步推升了实际利率，加剧了萧条的程度。

资产价格泡沫主要靠宏观审慎政策来管理似乎成了危机后的主流结论。斯文森（Svensson，2014，2017）通过成本收益分析模型得出结论，认为货币政策主动刺破泡沫的成本大于收益，但也有学者（Adrian and Liang，2018）提出在这个问题上不能过早下结论。他们发现斯文森的成本收益分析模型对假设高度敏感，尤其是危机发生的概率、危机对就业的影响和货币政策对危机的影响这三个关键参数。

面对这些争议，部分学者认为只有货币政策才能从根本上制服金融周期。货币政策不仅面临当期通胀和增长的取舍，更重要的是短期增长和长期增长之间的跨期取舍。放任金融周期会透支和损害长期增长，货币政策因而需要更加前瞻，加强跨周期设计。人民银行自2020年开始，多次强调货币政策在逆周期调节的同时，要做好跨周期调节（详见本章附表12.1）。从附表中也可以进一步验证，跨周期调节的表述一般和"前瞻性"和"稳定性"等词汇联系在一起，以实现"稳增长"和"防风险"的长期均衡。

如何把金融稳定目标纳入央行的行动？一种提议是在央行的目标

函数中直接加入资产价格，但央行很难像确定潜在产出、通胀目标那样确定合意的目标资产价格。另一种提议是在央行的行动规则中加入信用利差。金融危机后的新一代宏观模型都纳入了金融摩擦和金融部门（Gertler and Kiyotaki，2010，2015；Woodford 2010，2011；Curdia and Woodford，2010）。在通胀和产出之外，这些模型还会产生一个新的状态变量，即信用活动，最优政策因而取决于信贷供给状况。不过也有研究认为，在实际操作中，传统货币政策框架在最小化产出波动这一项中已经考虑了金融稳定目标：当产出缺口较大时，金融风险不是主要考虑，全力宽松稳定经济；当产出缺口较小时，金融稳定的权重自动上升，宽松的政策会推升本期产出，但是会让未来的金融风险和产出波动变大。换句话说，要求央行关注金融稳定目标和价格稳定与最大化产出目标并不矛盾。

3. 我国"双支柱"调控的具体实践

具体到我国的实践，货币政策和宏观审慎政策双支柱之间又是如何协调的？我国对宏观审慎政策的探索相对较早，并在党的十九大报告中提出要健全货币政策和宏观审慎政策双支柱调控框架。2017年第三季度《中国货币政策执行报告》详细探讨了双支柱调控框架。宏观审慎政策框架主要包括三个方面：一是2011年正式引入差别准备金动态调整机制；二是将跨境资本流动纳入宏观审慎管理范畴；三是继续加强房地产市场的宏观审慎管理，形成了以因城施策差别化住房信贷政策为主要内容的住房金融宏观审慎政策框架。

无论是差别准备金还是房地产信贷调控，在引入之初都是货币政策逆周期调节工具，随着杠杆率和金融风险的提升，逐渐演变和升级为宏观审慎工具。我国于2004年4月引入差别存款准备金率制度，旨在抑制少数资质较差的金融机构盲目扩张信贷。2011年12月，考虑到我国信贷与GDP之比对自身长期趋势的偏离度大体领先于经济周期变化（《中国金融稳定报告》，2011），央行进一步完善和规范差别准备金动态调整机制，以提升金融机构抗风险能力并加快构建逆周期的宏观审慎管理制度框架。2016年又将差别准备金动态调整机制升级为宏观审慎评估体系，对金融机构的行为进行多维度引导。当央行推出差别存款准备金率制度时，除了限制信贷盲目扩张，还考虑了货币政策传导的有效性。但随着金融创新以及金融风险的不断积累，央行引入并完善差别准备金动态调整机制的主要目的在于抑制金融市场的过度加杠杆行为。

在2015年提出"去杠杆"之前，我国房地产调控政策主要是逆经济周期调节工具。例如，为了应对2008年国际金融危机的严重冲击，央行采取了极为宽松的货币政策，房地产政策也大幅放松，将商业性个人住房贷款利率下限扩大为贷款基准利率的0.7倍，最低首付款比例调整为20%。金融危机后我国杠杆率快速攀升，金融风险逐渐累积，2015年推出供给侧结构性改革和"三去一降一补"政策。房地产调控政策从此被赋予了宏观审慎的职能。2016年上海制定了房地产金融宏观审慎管理框架，在全国率先实施房地产金融宏观审慎管理；同年底的中央经济工作会议指出要坚持"房子是用来住的、不是用来炒的"定位，构建房地产市场健康发展长效机制。

为更好地理解"双支柱"背后的调控机制，图12.5尝试梳理了货币政策与宏观审慎政策对经济与金融变量的影响渠道，其中实线为货币政策的影响，虚线为宏观审慎政策的影响。首先，宏观审慎政策可以对金融机构、居民部门与企业部门的杠杆率扩张起到抑制作用。其次，在对房价增速的影响方面，宏观审慎政策一方面可以通过房地产信贷工具作用于居民部门，如利用房贷首付比、房贷收入比等限制居民的购房杠杆；另一方面，宏观审慎政策也可以利用结构性工具与窗口指导，限制过多资金流入房地产市场，从而从居民需求端与资金供给端两方面抑制房价增速。最后，宏观审慎政策也可以通过跨境资本监管政策，如外币借款限制、跨境资本交易管理工具等，降低国际资本流动的冲击，起到稳定股市的作用。

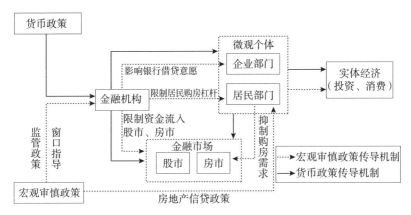

图 12.5　"双支柱"政策调控框架与影响渠道
注：图中实线代表货币政策传导机制，虚线代表宏观审慎政策传导机制。

　　我国的实践经验显示抑制金融周期需要货币政策和宏观审慎政策相互配合。房地产投资带有杠杆，房价快速上升时，加息很难抑制房地产投资，只能通过提高首付比甚至限购和限贷等政策直接控制杠杆率，才能抑制资产价格上涨和金融周期扩张。从 2003 年起，我国央行就开始通过提高首付比对房地产进行调控。当时经济刚刚走出之前几年的疲弱和通缩以及"萨斯"（SARS）疫情负面冲击，并未过热；而房地产市场则显示过热迹象。这种形势不适宜采用加息等总量措施，通过提高首付比等更有针对性的宏观审慎措施，可以避免对整体经济造成冲击。我国后续的调控实践还证明，仅靠宏观审慎也不能避免金融周期，资金是流动的，货币宽松之下资金最终仍然会流向房地产市场，出现了房地产价格越调越高的现象。这背后的原因是多方面的，至少包括土地财政、住房供给不足和居民投资渠道缺乏，但掌控好货币总闸门也是重要启示。

附表 12.1　人民银行关于跨周期调节的部分表述

发布时间	政策报告	内容
2022年3月30日	货币政策委员会2022年第一季度例会	要稳字当头、稳中求进，强化跨周期和逆周期调节，加大稳健的货币政策实施力度，加大跨周期调节力度，增强前瞻性、精准性、自主性。
2022年2月11日	2021年第四季度《中国货币政策执行报告》	稳健的货币政策要灵活适度，加大跨周期调节力度，精准发力。 2021年，人民银行按照稳健的货币政策灵活精准、合理适度的要求，坚持稳字当头、搞好跨周期设计，综合运用降准、中期借贷便利（MLF）、再贷款、再贴现和公开市场操作等货币政策工具投放流动性，进一步提高操作的前瞻性、灵活性和有效性。 下半年人民银行加大跨周期调节力度，统筹做好两年度货币政策衔接，引导金融机构加大对实体经济支持力度，着力增强信贷总量增长的稳定性，保持经济运行在合理区间。
		2020年5月后货币政策逐步转向常态，2021年以来保持了前瞻性、连续性、稳定性，加大跨周期调节力度，继续为经济稳步恢复保驾护航。
2022年1月4日	2021年中国人民银行工作会议	自2021年12月15日起，全面下调金融机构人民币存款准备金率0.5个百分点（不含已执行5%存款准备金率的机构）。此次降准是货币政策常规操作，目的是加强跨周期调节，坚持总量政策适度，降低融资成本，支持实体经济三次政策取向、搞好跨周期设计、三次降低存款准备金率，提供1.75万亿元长期流动性，前瞻性引导利率下降，推动实现金融系统向实体经济让利1.5万亿元目标。累计推出9万多亿元的货币支持措施。
2021年12月24日	货币政策委员会2021年第四季度例会	要稳字当头、稳中求进，加大跨周期调节力度，与逆周期调节相结合，统筹做好今明两年宏观政策衔接，支持经济高质量发展。

时间	文件	内容
2021年11月19日	2021年第三季度《中国货币政策执行报告》	稳健的货币政策要灵活精准、合理适度，以我为主，稳字当头，把握好政策力度和节奏，处理好经济发展和防范风险的关系，做好跨周期调节，维护好经济大局总体平稳，增强经济发展韧性。
2021年9月	易纲《中国的利率体系与利率市场化改革》	我国货币政策搞好跨周期设计，能够更有效地应对发达经济体货币政策调整带来的外部冲击。央行确定政策利率要符合经济规律，宏观调控和跨周期设计，并以此促进经济增长。"保持货币币值的稳定，我国货币政策的最终目标是"
2021年8月9日	2021年第二季度《中国货币政策执行报告》	通过跨周期安排降低流动性波动，稳定市场预期，降低预防性资金需求，提高央行流动性操作效率。
2021年5月11日	2021年第一季度《中国货币政策执行报告》	人民银行将继续按照稳健的货币政策灵活精准、合理适度的要求，坚持"稳字当头"，把好货币供应总闸门，做好跨周期政策安排。
2021年2月8日	2020年第四季度《中国货币政策执行报告》	搞好跨周期政策设计，促进经济总量平衡，结构优化、内外均衡，完善宏观调控跨周期设计和调节。
2020年12月22日	《中国金融稳定报告》（2020）	扎实做好"六稳"工作，全面落实"六保"任务，保就业、继续做好"六保""六稳"工作。
2020年8月6日	2020年第二季度《中国货币政策执行报告》	完善跨周期设计和调节，处理好稳增长、调结构、防风险、控通胀的关系，实现稳增长和防范长期风险均衡。

资料来源：中国人民银行，作者整理。

第十三章　金融危机的成因和应对

> 历史不会重演，却总会押着相同的韵脚。

——马克·吐温

　　防范和化解金融风险是央行的重要职责。金融危机是系统性金融风险跨产品、跨市场的集中爆发。金融周期通常有繁荣期、压力期和危机期三个阶段。金融危机的压力期集中体现为流动性压力，严重时会出现流动性枯竭，但是压力期不必然全面升级到金融危机，后续演变取决于政策应对和基本面的互动。金融危机源自金融内生的不稳定性，很难事前预防，它的根源在于人性。没有两次危机是一样的，但是会押着相同的韵脚。白芝浩规则是央行应对危机的金科玉律，2008年全球金融危机暴露出传统白芝浩规则的不足：系统性危机时优质抵押物缺乏，罚息带来"污名化"，尤其是银行体系融资流动性向与实体经济更相关的市场流动性传导不畅。美联储通过一系列工具创新，突破了传统白芝浩规则的限制。2020年新冠疫情来袭时又更进一步，充分发挥最终做市商的职能，与财政部密切配合，成立特殊目的实体，向包括非银金融机构和企业在内的实体部门直接提供市场流动性，担保其债务价值。美联储的危机救助再次赢得金融市场的高度赞誉，但是，危机从来就没有被消灭，只是被转移了，每一次危机应对常埋下下一次危机的种子。天下没有免费的午餐，大水漫灌的后果是通胀和经济效率的下降，这些将在长期困扰主要央行。

一、什么是金融危机?

什么是金融危机？股票价格的快速和大幅下跌算不算发生了金融危机？2020年3月9日至18日，短短八个交易日美国股市熔断四次，自1987年10月19日"黑色星期一"美国股市闪崩引入熔断机制以来，在这之前还没有触发。①美国发生金融危机了吗？这是一个重大判断。

金融危机是系统性金融风险跨产品、跨市场的集中爆发。虽然有人把主权债务、货币、国际收支、银行甚至通胀危机都称为广义的金融危机（Reinhart and Rogoff，2009），但这不是约定俗成意义上的金融危机。金德尔伯格（Kindleberger，2018）在《新帕尔格雷夫经济学大辞典》里将金融危机定义为"所有或者大部分金融指标短期快速恶化，并伴随着企业破产和金融机构倒闭"。这个定义强调的是金融系统出现跨产品、跨市场的系统性金融风险。单个行业或者市场的危机则被称为银行危机、货币危机或者次贷危机等。其中，有些危机是有定量标准的，例如一年内货币贬值幅度超过25%就被认为发生了货币危机，但大多数危机难以按明确的量化标准断定，更依赖于主观判断和标志性事件，如重要机构倒闭。被公认的1997年亚洲金融危机和2008年全球金融危机都出现了系统重要性金融机构破产和多种资产价格的大幅下跌。

个别资产价格下跌或金融机构破产不足以构成金融危机。2000—

---

① 美国股市熔断机制自1988年推出以来，仅在1997年10月27日触发过。道琼斯工业指数当日下午2：36分下跌354点，超过350点的阈值，但下跌幅度仅4.6%，被批评熔断阈值定得太低。1998年改革提高阈值到10%、20%、30%三档。2008年危机期间股票市场多日跌幅超过7%，但均未超过10%，并未触发熔断。2012年5月31日纽交所把基准指数改为标普500指数，并设立7%、13%和20%三档熔断触发阈值。

2002年纳斯达克指数下跌了75%，被称为科技股泡沫破灭而不是金融危机。1998年长期资本管理公司破产，20世纪80年代美国储贷危机中很多银行和金融机构破产，这两个时期均不被称为金融危机。长期资本管理公司危机持续数月，储贷危机持续数年。日本20世纪90年代房地产泡沫破灭后，银行业持续承压，但由于有政府托底，僵而不倒。这样的政策是否可取值得辩论，但较少有人明确将日本90年代的情况称为金融危机。

金融周期通常有三个阶段：繁荣期、压力期和危机期。若金融系统的产品、机构和市场同时出现金融风险，金融市场压力则可能集中爆发而演化为金融危机。个别资产价格下跌或金融机构破产均属于金融市场的压力期，介于金融市场繁荣和危机之间，即市场参与者不再预期资产价格上涨，但并未完全转向持续下跌预期。此时金融市场通常表现为风险情绪集中释放带动风险资产价格大跌，并可能进一步发展为流动性枯竭。金融危机首先是流动性危机，看似充足的流动性会在危机时瞬时枯竭。本章专栏对流动性的类别、创造和毁灭进行专门分析（详见专栏8）。

压力期持续时间可长可短，可能以危机结束，也可能不会演变为危机。当金融系统的产品、机构和市场同时出现金融风险且政策空间有限时，金融资产价格下跌、金融机构破产与市场流动性枯竭相互叠加，最终引发金融危机。20世纪80年代拉美债务危机的起源是政府外债积累过多，叠加货币大幅贬值，最终导致银行破产，政府债务违约，经济大幅下降，触发金融危机。1997年亚洲金融危机则是货币危机伴随着私人部门债务危机，导致企业和银行倒闭。2008年全球金融危机发源于美国次贷危机，随后传染到股票、货币市场，导致雷曼等大量金融机构倒闭，并溢出至其他国家。2010—2013年欧洲边缘国家银行危机与主权债务危机相互叠加，边缘国家财政空间受限，又没有独立的货币政策和浮动汇率，最终酿成欧债危机。

金融危机的压力期集中体现为流动性危机，又可分为三个阶段：风险畏惧、寻找安全资产、流动性枯竭（又称只要现金，dash for cash）。2020年新冠疫情冲击就很好地体现了这三个阶段。第一阶段，2020年1月中旬疫情暴发，股票等风险资产价格开始下跌，但是公司债券价格仍保持高位。第二阶段，2020年2月中下旬，疫情在欧洲暴发，全球股票进一步下跌，公司债开始下跌，尤其是高收益债。第三阶段，2020年3月9日开始，俄罗斯和沙特原油市场博弈增产，油价暴跌，加剧疫情下的悲观经济预期，流动性危机进入高潮，大家都只要现金，连国债也出现下跌。

但是压力期并不必然全面升级为金融危机，后续演变取决于政策应对和基本面的互动。在2020年新冠疫情暴发前的100年里，美国10年以上股票牛市崩盘发生过三次，每次都伴随经济衰退，但不一定发生金融危机。最乐观的情形是2001年，股市泡沫破灭引发经济技术性衰退，没有发生金融危机，连房价都没有下跌。次之的是1973—1974年，股市在15年牛市后下跌50%，美国经济陷入衰退，并出现了大量破产，包括宾州中央铁路公司、大型钢铁公司和大量的金融机构，甚至纽约市也濒临破产边缘。最差的情形是1929年，股市泡沫破灭引发了1929—1933年大萧条。如果疫情冲击下，美国企业大面积破产推动失业率上升，引发银行巨额损失，货币政策一如大萧条时收效甚微，那么不排除1929—1933年的金融危机将重演。但是我们看到美国在2020年3月股灾之后迅速推出了史无前例的天量财政和货币协同宽松，直接为中小企业在内的非金融机构提供融资支持，流动性危机很快缓解，股市随之反弹。虽然经济在疫情冲击之下出现衰退，但金融危机并没有发生。

二、为什么会发生金融危机？

推演金融危机面临一个悖论：事前很难被预测，事后回看则又是必然。如果事前甚至事中能被预测，市场主体和监管机构就会采取措施，消灭危机于无形。正因为危机事前难以预测，才会有极度的疯狂和上涨，相信"这次不一样"。但危机事后看又是必然的，那么多错误的假设，不可理喻的乐观，膨胀的杠杆率和资产价格，起高楼、宴宾客直到轰然倒塌。2008年全球金融危机的风暴眼是金融体系的核心金融机构，很难预测和防止。但也正是由于2008年的教训，金融机构和居民部门的杠杆率得到控制，2020年新冠疫情虽然实体经济受到较大冲击，仍能有惊无险。

金融危机常常以出人意料的方式在出人意料的时刻爆发。预测不了危机是因为观察者想象力的匮乏。引发危机的扳机和恐慌时刻都难以预测，但基本面和金融市场的脆弱性和放大机制可以观察和推理。危机演进一般会遵循如下三条路径：一是遵循阻力最小原则绕开监管，产生金融创新和新的影子银行。新的危机往往是为了逃避上次危机后的强监管进行金融创新的产物，"危机—加强监管—金融创新—新的危机"，如此循环往复。二是脆弱性的积累，其标准配方是"三位一体"：高杠杆率、期限错配和被挤兑的可能，总结起来就是"可被挤兑的短期杠杆融资"。三是金融市场和基本面相互作用，直到发生标志性事件，引发恐慌效应。

我们以2008年全球金融危机为例，通过复盘分析其发生的原因，尝试总结爆发危机的风险点。

1. 金融的内生不稳定性

危机的根源首先在于金融的内生不稳定性。金融是建立在信心之上的，没有了信心，金融也就不复存在。金融一定会做久期转化：银行借短投长，负债是短期存款，资产是长期贷款。一旦存款人都来提取现金，就会出现挤兑。为增强公众对银行的信心，银行大楼一般都是当地最好的，还喜欢用花岗岩和大理石等坚固材料传递信心。为吸收贷款损失和应对可能的挤兑冲击，银行要有资本金和流动性准备金。各国还成立了存款保险机构，由银行同业缴费集中管理，保障储户一定额度（通常是10万美元，我国是50万元人民币）以内存款的安全，降低挤兑的风险。

金融一定会做的另一件事是杠杆，用借来的钱赚钱，杠杆放大本金的收益率，当然也会放大损失。银行表外资产如"特殊投资实体"（SIV），还会增加银行的实际杠杆率。投资银行不受资本金约束，杠杆要高于商业银行，贝尔斯登年报显示其2006年末杠杆率为29倍，雷曼同期的杠杆率也在30倍左右。同时负债都是最短期的隔夜融资，因为成本比长期债券低。

更重要的是衍生品带来的复合杠杆（synthetic leverage）。根据国际掉期与衍生工具协会（ISDA）数据，衍生品名义价值从2001年的70万亿美元猛增至2007年的445万亿美元，其中信用违约掉期（CDS）从不到1万亿美元猛增至62万亿美元。信用违约掉期的三个特点导致其伤害性很大。第一，巨大的复合杠杆。信用违约掉期最初是提供保险，后来直接变成了对赌的工具。赌赢的人，以小博大，赌输的人赔付。第二，写保险的人风险敞口大。赌博有输赢，愿赌服输，没问题，但如果输的人赔不起怎么办，谁来保险这些写保险的人，如最大的信用违约掉期发行人美国国际集团？让它们倒闭？但倒闭有时后果很严重。第三，中间商的风险暴露。经纪商如银行撮合信用违约掉期对赌双方以赚取佣金，有的找到了买家，但是卖家还没找到，这些库存就砸在自己手里了。当然，有些觉得收保费也不错，干脆自己来写保险，没有认识到写这个保险的风险有多大。

除了衍生品，影子银行也会提高金融机构的真实杠杆率。非银金融机构干起了银行业务，吸收短期资金用于长期放贷，但不在监管覆盖范围内，不受资本金、杠杆率和流动性约束。因为不受监管约束，影子银行的资金不受监管保护，没有存款保险的保护导致更容易发生挤兑，出现挤兑也不能去央行的贴现窗口借钱。

2. 监管的碎片化

美国的银行受美联储、财政部货币监理署（OCC）、联邦存款保险公司（FDIC）和储蓄机构管理局（OTS）等多家机构监管，各家机构之间责任界限不分明，存在不同监管机构之间的监管套利。银行可以自己选择由谁监管。比如美国国家金融服务公司（Countrywide）是一家银行，之前由美联储和货币监理署等监管，它把名字和组织架构改成储蓄机构（Thrift）就改由标准最松的储蓄机构管理局监管。其他金融机构的监管更是形同虚设。房地美和房利美这两家在华盛顿的政府支持企业（GSE）很容易俘获其在华盛顿的监管者。投资银行由证监会监管，后者主要是做些投资者保护的事情，没有去监管投行的高杠杆和对短期融资的依赖。

最关键的是，这么多家监管机构都是从微观层面出发，监管单个机构，没有协同，也没有一家机构为整个系统的稳定负责。直到2010年《多德–弗兰克法案》生效，美国建立金融稳定监督委员会（FSOC）填补宏观审慎监管缺位。

3. 想象力的匮乏

危机前，监管者也一直担心，但想象不到危机会以何种方式剧烈爆发。影子银行虽然是短期融资，但都有担保，想不到有担保的融资也会发生挤兑，因为没想到平时看上去高品质的担保品在恐慌时会一文不值。复杂的金融产品没有人要，就没有办法为这些产品定价，越没法定价就越没人要。

从2001年开始，普林斯顿大学的克鲁格曼教授就在《纽约时报》专栏上写文章批评美国存在房地产泡沫。至2002年，房价扣除通胀后五年里实际上涨了30%，这是一个很大的涨幅。要知道如果以1890

年为起点，把房价标准化为100，到1995—1997年美国的真实房价指数平均在110，也就是说100年的时间里年复合增长率只有0.09%（Blinder，2013，第32页）。2004年有"末日博士"之称的鲁比尼也开始警告地产泡沫和危机。但是2004—2005年房价还在加速上涨，认为房价是泡沫的声音反而变少了。伯南克2004年在华盛顿买了房，2005年10月发文称虽然过去两年房价上涨了25%，但是有基本面支撑。

美国房地产价格开始下跌是在2006—2007年，取决于使用哪个指数，但是房地产投资见顶则是在2005年。喊房地产价格泡沫的人大多数都喊早了。即使有泡沫，破灭的时点也很难确定。市场不理性的时间可能要久于你保持流动性的能力。做空不能太早。总是喊狼来了，不一定是预判好，有可能只是运气好。一个停摆了的钟，一天还能准两次呢。IMF以前有一位首席经济学家就开玩笑说："我会一直预测衰退，直到它发生。"

过去100年里房价的平均涨幅不超过通胀，那为什么大家认为房价会一直涨呢？一种看法是住房抵押贷款不会集体赖账，以房贷为支撑的债券不会违约，即使个别区域房贷违约，但打包证券化之后的房贷能够更好地分散风险。在20世纪80年代拉美危机之前很多人认为主权国家不会违约，在1998年俄罗斯拖欠债务之前也有人认为核武器国家不会违约。历史上，美国房贷违约率远低于1%，就是在经济衰退的2001年也只有0.5%，2008年金融危机期间才上升到3%。国债利率很低，购买MBS是为了追求高收益，看上去也没有什么风险。加杠杆买房，放大了房价上涨带来的收益。即使房价和通胀一起上涨，真实价格不涨，有杠杆仍然可以获利。杠杆让人迷失方向，忽视房价可能集体下跌的风险。

4. 长期繁荣带来的自满

危机前，纽约联储让银行做经济衰退情境下的压力测试，没有一家银行的测试结果显示其资本金不足。事后看，压力测试的情景假设太宽松了，25年没有发生大的衰退，银行的风险胃口越来越大，资本金的质量逐渐变差，普通股一级资本（common equity）减少。更重要的是，银行真正的杠杆在表外和衍生品，没有被计算进来。也不是银行故意隐瞒，它们也不知道怎么算。这种自满情绪不仅体现在金融市场的被监管对象，也体现在其监管者身上。伯南克2005年在总统经济顾问委员会主席任上曾想加强"两房"的监管，保尔森2006年来华盛顿更进一步，推动众议院通过了相关法案，但是在参议院被搁置。加强对住房贷款的监管来得太迟了，一直受到阻力，部分原因在于住房是"美国梦"的一部分，2005年住房拥有率达到了最高点69%。危机后再加强监管，是亡羊补牢。

5. 危机自我加强的循环很难打破

金德尔伯格说危机遵循"疯狂－恐慌－崩溃"（mania-panic-crash）路径。在危机集中爆发时刻会出现非线性放大的恐慌效应。伯南克、盖特纳、保尔森在《灭火》一书里将这种效应比喻成"大肠杆菌传染效应"：某家汉堡店的某个汉堡里的牛肉有问题，恐慌的结果是全国消费者所有的肉都不吃了，而不是理性分析是哪个地方哪个分店的哪些肉出了问题。对某些资产的担忧会导致抛售，抛售让资产价格下跌导致追加保证金要求（margin call），保证金要求又导致更多的抛售，进一步压低资产价格和投资者净财富。保证金螺旋和净财富螺旋相互加强的反馈机制在危机的形成和泡沫破灭中都有发生，本章专栏8对此有进一步的阐述。

6. 危机的终极根源在于人性

"太阳底下无新事。"危机的背后是人性，作为群居动物，恐惧和羊群效应在我们进化的基因之中。人的贪婪和恐惧交织，资产价格的暴涨和暴跌交替。人性不可能被消灭，因而危机总会发生，繁荣和萧条是金融的固有形态。上一场危机的应对常常埋下下一场危机的种子。从2001年互联网泡沫到2008年房地产泡沫，从大衰退后的量化宽松到资产价格繁荣。危机发生，应对危机，宏观刺激，形势好转，监管放松，志得意满，危机又爆发，如此周而复始，政策、市场和人性纠缠在一起。

现在来看2008年全球金融危机，美国发了十万亿美元次级贷款、百万亿美元信用违约掉期对赌，整个金融市场泡沫化，发生危机是必然的。大家都把雷曼倒闭当作2008年全球金融危机的标志性事件。如果没有雷曼事件，结果会不会不一样？美联储没有救雷曼，救了贝尔斯登。事实上雷曼总资产约7 000亿美元，贝尔斯登约4 000亿美元，雷曼比贝尔斯登大不了多少。如果把雷曼救了，也许不一定会引发一系列的连锁反应，但历史无法假设。

危机真正传染开来、引发恐慌是在货币市场这个看上去最安全的市场。货币市场基金主要储备基金（Primary Reserve Fund）大约持有雷曼1%的商业票据，雷曼倒闭之后该基金出现亏损，投资者的1美元只能给付97美分，也称跌破净值。原来大家都觉得买基金是最安全的，与存银行一样，但基金毕竟不是银行，没有存款保险保护。亏损发生后，买了这只基金的人就开始集中赎回，结果引发了发生挤兑。

当时货币市场的规模是3.5万亿美元，约有3 500万人投资货币市场。巴菲特回忆说参加聚会，发现大家都在讨论货币市场是否安全。如果只挤兑这一家基金还行，但这个时候还会发生"大肠杆菌传染效应"。自从雷曼的商业票据出了问题，很多家货币市场基金都遭到了挤兑，因为货币市场基金持有很多大公司的商业票据，如通用电气、苹果、微软等企业的商业票据。平时大家觉得没有风险，不会破产，到这个时候就会想这些公司的票据会不会也有问题？所以一家公司的商业票据、一个产品出了问题，市场就认为所有公司的商业票据和其他产品都有问题。危机一定有意想不到的、协同的、夸张的恐慌效应，从很乐观到恐惧再到崩盘。

危机的爆发也有可能是"灰犀牛"，即在一系列预警信号和危险迹象之后仍然发生的大概率事件。金融危机更多是"黑天鹅"，发生在事前没有想到和监管没有照顾到的角落。如果吸取了以前的经验教训，把监管漏洞堵起来，同样的危机就不会再次发生，风险聚集和金融创新都符合"最小监管阻力原则"，发生在监管边缘地带。回顾以前发生过的危机，比如20世纪30年代的银行危机，为避免银行挤兑，推出了存款保险，银行挤兑就很少见。再比如2008年出问题后，对房地产市场和银行与影子银行体系监管较为严格，2020年新冠疫情冲击时，这些部门的杠杆率得到有效控制，未发生系统性风险。

没有两次危机是一样的，但是会押着相同的韵脚。2008年全球金融危机暴露出了影子银行的问题，没有监管到影子银行有很多表外业务，成立了表外的"特殊投资实体"，加了很多杠杆。投资银行也都依赖短期批发融资，杠杆率更高，再就是签了很多信用违约掉期对赌协议，内嵌有复合杠杆。监管没到位，杠杆率又很高。

三、如何应对危机？

1873年白芝浩在《伦巴第街》中提出被公认为央行作为最后贷款人应遵循的三大准则。一是央行应尽早并大规模提供流动性，以缓解金融市场恐慌情绪，为实体经济注入资金；二是提高这些贷款的利息成本，以防范道德风险；三是要求高质量的抵押品，以确保央行自身资产负债表的稳健。

美联储在成立之初是按照真实票据理论再加上金本位来运行的。对企业的真实票据进行贴现能够保证货币政策的弹性，为实体经济提供资金，金本位则保证货币不会超发。20世纪30年代大萧条期间，受破产有助于市场出清和优胜劣汰的"清算主义理论"（liquidationist theory）影响，以及金本位限制，美联储未能充分履行最后贷款人职责，银行业发生"破产潮"，近万家银行相继倒闭，引发信贷萎缩和通货紧缩，金融危机最终演化为大萧条。在这之后美联储开始遵循白芝浩规则，在20世纪80年代成功化解了储贷危机，又在1987年股灾以一句话声明承诺提供流动性重新稳定了市场信心。

白芝浩规则在应对一般危机时绰绰有余，但是在系统性金融危机时有四方面不足。一是只能借钱，不能注资，没有杠杆效应；二是只能借给银行，不能借给非金融机构；三是对抵押品的要求过高会导致抵押品不足；四是罚息，这一规则的核心是防止道德风险，罚息的问题在于"污名化"。危机之初，银行不愿意到美联储的贴现窗口借钱，利率高不说，更担心名字被泄露，引发挤兑。

白芝浩本人也写道："每一个银行家都知道，当他需要去证明自己的信用时，不管能提出多么有力的证据，他的信用已经失去了。"因此，"制止挤兑的唯一办法就是向全世界表明根本没有去挤兑的必要"。央行出手就是要向全世界表明没有必要再挤兑金融系统。问题是救助的标准定在哪里，什么时候出手，多重？危机之初，处在压力期，有很大的不确定性，如果一有问题就救助，反而会推高泡沫和造就更大的僵尸银行体系，最终整个金融体系会从更高的悬崖上摔下来。但如果出现流动性坍塌（liquidity crunch），央行应该快速出手，不然就太晚了。

美联储第一次出手是在2007年8月9日。当时，法国最大的银行法国巴黎银行（BNP Paribas）出现流动性问题，美联储开始升级危机应对，认为这就是典型的信用市场冻结。应对措施包括降低贴现窗口罚息，延长贴现期限，同时在公开市场上购买了620亿美元国债，为整个金融市场提供更多流动性。

出手多重呢？资本主义要靠创造性毁灭，市场有自我修复机制，适者生存。大包大揽会让市场机制失效。但金融恐慌并不能自我修正，不仅会吞灭不负责任者，还会伤及弱小者和无辜者，哪怕再强大、再谨慎的机构都有可能倒下。真正出现系统性风险时，对道德风险的考量往往居于次要地位，美联储一步步突破了白芝浩规则的限制。

第一个到美联储求助的银行是2007年8月15日来的美国国家金融服务公司，美联储拒绝了，因为它自己还有115亿美元的信用额度可以用。之后美国银行收购了美国国家金融服务公司。到了11月，花旗和美林都公布较大的损失，这些损失的来源更让人担心，都是表外资产和衍生产品。时任财长保尔森一度想让私人资金牵头成立一个超级表外资产处置机构（Super SIV）买下这些表外资产以避免抛售。到了2007年12月，传统白芝浩规则的局限越来越明显。很多问题是在银行体系之外，银行就是从贴现窗口借到了钱也不再往外借。

第二次升级救助措施是在2007年12月设立期限拍卖便利（TAF），更彻底解决贴现窗口的"污名化"问题。商业银行按照市场价格通过竞价拍得资金，而不再是带有罚息的固定利率借款。美联储还和其他主要央行设立了货币互换。公开拍卖部分缓解了"污名化"问题，但仅限于银行体系，非银机构仍不能直接从央行获得紧急流动性。

第三次升级是在2008年3月11日贝尔斯登事件前夜设立短期证券借贷工具（TSLF），允许非银机构以AAA评级的MBS债券为抵押获得高流动性的国库券。短期证券借贷工具是"券券兑换"，美联储并未直接给非银机构提供现金，所以并没有正式动用《联邦储备法案》第13（3）条款。按这一条款，美联储在"异常和紧急的情况下"可以向任何实体提供贷款。之前美联储拒绝了桑恩伯格房贷公司（Thornburg Morgtage）从美联储借钱的要求，因为它不是银行。两天后，为救助贝尔斯登，美联储不得不在1936年后第一次动用这一条款，贝尔斯登的现金储备在四天之内从180亿美元降到了20亿美元，第二天（3月14日）就要破产。纽约联储临时担保贝尔斯登的回购一天，借钱给摩根大通，摩根大通再把钱借给贝尔斯登，同时接受贝尔斯登不再被别家机构接受的抵押品。摩根大通收购贝尔斯登要求美联储承担一部分房贷资产的风险，自己出资10亿美元做劣后资金，也即摩根大通对这部分资产最多只承担10亿美元的损失。美联储不得不动用13（3）条款，以纽约联储所在街道Maiden Lane为名成立一个壳公司，借290亿美元给Maiden Lane，后者再从摩根大通购买300亿美元贝尔斯登的坏资产。

第四次升级是在贝尔斯登之后于3月16日设立一级交易商信贷便利（PDCF），专门给投资银行借钱，从"券券兑换"升级为"钱券兑换"，且对抵押品的要求比短期证券借贷工具更低。贝尔斯登让美联储看到了投资银行的风险，这些风险主要在隔夜批发融资市场。2008年7月11日，加州印地麦克银行（IndyMac）的门前储户排起了长队，零售融资也出现了挤兑。

第五次升级是在2008年9月15日雷曼申请破产之后，整个商业票据融资市场出现了挤兑，货币市场基金因为持有商业票据也出现了问题。美国财政部动用外汇稳定基金（ESF）对货币市场基金进行担保，美联储配合在9月19日推出货币市场基金便利（AMLF）为购买商业票据的银行提供流动性，并于10月7日设立针对企业短期融资的商业票据融资工具（CPFF），由美联储成立特殊目的实体直接购买商业票据。2008年11月在救助花旗银行之后，又设立了针对消费信贷的定期资产抵押证券贷款工具（TALF）。

在2008年全球金融危机期间，美联储五次升级救助措施，逐步突破了白芝浩规则的界限。五次援引13（3）条款释放流动性，不仅是向银行，还向非银金融机构美国国际集团，非金融企业如三大车企，投资银行如贝尔斯登等提供充足流动性。与此同时，还放松了抵押物的标准，而且也没有收取惩罚性利率，包括对美国国际集团的救助。美联储实际上是以极低的利率和较低的抵押品质量去大幅扩张信贷。

美联储的救助得到了财政部等监管机构的配合。财政部也有很多创新，动用外汇稳定基金为货币市场基金提供担保。不良资产救助计划（TARP）在向国会申请的时候说好是用来买资产的，但在使用的时候变成了对金融机构的注资，充分发挥资金的杠杆作用，不仅对金融机构，还对"两房"先后两次共注资4 000亿美元。其他监管机构在危机时也表现出监管宽容，比如联邦存款保险公司担保所有金融机构的新发行债务。

美国监管机构在2008年全球金融危机期间的救助表现可圈可点。但是还有一桩公案，就是雷曼的倒闭，如果雷曼不倒闭，会不会有后面的大危机？当事人事后一致的说法是，美联储想救，但是按照白芝浩规则不能救，雷曼没有足够的抵押品，也没有买家。在9月15日让雷曼破产的第二天美联储救助了保险巨头美国国际集团，其体量更大。辩词是美国国际集团有真实可盈利的保险业务，所以其抵押品资质够。但是贝尔斯登和雷曼一样是投资银行，所有业务都是基于信任，2008年3月已经没有人相信贝尔斯登了，为什么美联储救得了贝尔斯登？解释是贝尔斯登有买家摩根大通，但雷曼最终没有任何买家。"两房"也没有买家，财政部直接接管了"两房"，财政部能救"两房"而不能救雷曼的解释是救助"两房"有国会授权。为安抚市场，美联储当时还不能公开承认它没有能力救雷曼，愈发造成了监管者故意让雷曼倒闭的印象。因在雷曼事件上坚持白芝浩规则，有参议员称2008年9月15日雷曼破产是美国的自由市场日，但仅持续了一天。

四、从最后贷款人到最终做市商

2008年一系列的危机救助为2020年应对新冠疫情冲击做了很好的预演。在危机时期，央行不仅要做最后贷款人向银行体系提供融资流动性，还要做最终做市商，向包括非银金融机构和企业在内的实体部门直接提供市场流动性，担保债务价格不低于一定底线。融资流动性和市场流动性高度相关，但在做市商的资产负债表受限时，哪怕是再充裕的融资流动性也不能转换成市场流动性。系统性金融风险发生时，央行在财政配合下需要做四件事情：（1）不仅注入流动性，还要注入资本金；（2）担保债务；（3）购买资产；（4）有序处置破产机构。总结起来就是"买买买"再加上风险隔离。2020年3月上旬新冠疫情在美国暴发并引发资本市场熔断后，美联储于3月23日迅速推出一揽子流动性救助和刺激计划，不仅无限量在二级市场上购买国债和住房抵押贷款支持证券，还"跨过卢比孔河"首开主要央行在一级市场上无抵押直接购买企业债券的先河。相比2008年危机救助，这次政策出台更加迅速和激进，体现出以下特点。

第一是响应更快。2008年一季度危机扩散至整个金融体系后，美联储才推出定向融资工具。2020年政策前置，3月中旬短期流动性出现紧张迹象时立即推出多个定向融资工具。在2008年设立的多个信贷工具先后被重新投入使用。

第二是力度更大。之前的量化宽松都是每月限量购买，2020年无限量购买国债和机构MBS，还将商业地产抵押贷款支持证券纳入购买。2008年美联储完成1.725万亿美元的第一轮量化宽松用时超过一年；2020年无限量第四轮量化宽松，3月15日加速购债，一个月几乎就完成了第一轮量化宽松一年的购买量，至2022年3月结束第四轮量化宽松时，美联储资产负债表两年扩张4.8万亿美元，比之前六年三轮量化宽松的总和还多1.2万亿美元。

第三是范围更广，从华尔街到主街全覆盖，不仅是最后贷款人更是最终做市商。相比2008年，美联储2020年新设立了（1）大众企业贷款计划（MSLP），额度为6 000亿美元，直接在一级市场上购买中小企业贷款，信用风险由发放贷款的银行转到美联储和财政部联合成立的特殊目的实体，财政部注资750亿美元做"劣后"，当贷款购买额度少于此数时，资金实际上完全由财政部提供。（2）薪资保护计划贷款便利，支持约3 500亿美元的小企业优惠贷款，允许商业银行以该类贷款为抵押，以无追索权形式获得廉价融资。这一项目由财政部提供100%的担保，没有信用风险，美联储因而不需要设立特殊目的实体隔离风险。（3）一级和二级市场公司信贷便利（PMCCF和SMCCF）直接购买企业债，总规模7 500亿美元，将部分疫情后遭降级的垃圾债纳入购买范围。这两个工具因为利息较高，使用较少。（4）市政流动性便利将购买5 000亿美元美国各州、郡和市镇发行的短期票据。（5）扩大抵押品范围。美联储将浮动利率市政票据（VRDN）纳入货币基金流动性工具（MMLF）和商业票据融资工具（CPFF）抵押品范围，将商业地产抵押贷款支持证券和担保贷款凭证（CLO）纳入定期资产抵押证券贷款工具（TALF）抵押品范围。这些创新兼顾大（PMCCF/SMCCF/CPFF）、中（MSLP）、小微（PPP/EID）企业；兼顾银行贷款的间接融资（MSLP/PPP）与企业发债的直接融资（PMCCF/SMCCF/CPFF）；兼顾长期债务与短期商业票据融资（CPFF），真正做到了全覆盖。

第四是财政货币协同发力。2008年财政部只是利用外汇稳定基金提供担保，并未向美联储设立的任何特殊目的实体注入资本金。2020年美联储设立的特殊目的实体均由财政部提供资本金支持，再按资本金平均10倍杠杆的规模放贷。财政部是最终付款人，提供资本金，吸收信用风险；美联储是最后贷款人和最终做市商，提供流动性；商业银行是"手和脚"，负责对中小企业贷款的审核与发放。

不仅美国，其他主要央行也在疫情期间大胆创新，履行最后贷款人和最终做市商职能。欧洲央行推出7 500亿欧元紧急抗疫购债计划，首次纳入希腊国债和非金融机构商业票据，购债规模、资产构成和国别分布均可灵活调整，且突破此前购债不得超过发行额三分之一的限制。日本将股票型交易所交易基金（ETF）年度购买目标由6万亿日元提高至12万亿日元，并推出约2万亿日元的商业票据和企业债购买计划。英国央行也设立新冠疫情企业融资便利工具（CCFF）购买商业票据。

全球央行以"直升机撒钱"的方式将救助范围扩大到企业和居民

部门，根本原因在于新冠疫情冲击的特殊性。2020年和2008年金融市场波动都表现为流动性危机，但背后的根源不一样。2008年市场波动、流动性枯竭，美联储给各个金融市场注入流动性，给银行注资，通过联邦存款保险公司给所有金融机构新发行的债务进行担保，还剥离了一些坏资产。当时危机的风暴眼在金融部门，救金融、救银行就能把整个危机止住，信贷恢复，经济复苏，股市反弹。但2020年危机更多是在企业部门和实体经济，经济骤停表现为流动性危机，实质是偿付能力危机，会随经济冲击的持续而恶化。美联储对此并没有太好的应对工具，除非大水漫灌直接干预股市或者买公司债，而美联储确实这样做了。

美联储也不是一味地"买买买"，尤其是在涉及信用风险时，还是做了隔离。无论是购买公司债还是公司贷款，只要涉及信用风险，都由财政部注资成立了特殊目的实体。这些实体按照《联邦储备法案》要求需要和美联储并表，但其资本金来自财政部，美联储借钱给财政部，购买的资产出现损失首先由财政部提供的资本金承担。换言之，美联储作为最终做市商承担尾部的流动性风险，但是不承担信用风险。

美联储2020年救助最大的缺点是大水漫灌，精准性差。央行绕过金融体系，直接在一级市场上无抵押购买企业债券，远超出央行作为最后贷款人在危机时提供流动性的职责。央行充当最终做市商，担保企业债券的价格。设定这一底线是为了避免出现跳楼甩卖，但也不能定得太高，要比正常市场价格低，避免扭曲市场激励机制，成为"最先做市商"。欧洲央行和日本央行购买企业债主要是在二级市场上从银行手里买，这或许只是面纱，但没有替代市场定价，也没有直接挑选赢家和输家。美联储的一些工具先到先得，对申领的小企业类型几乎没有限制，部分工具没有收取罚息或者做市费用。无论受灾大小，甚至在灾中获益的，一视同仁都可领取。"宁可错救一万，不可漏救一个"，极大地刺激了政府和居民部门加杠杆。

危机从来就没有被消灭，只是被转移。每一次危机应对常埋下下一次危机的种子。比如，应对2000年科技股泡沫破灭和经济衰退，格林斯潘时期的美联储降息并维持利率低位，助涨了房地产市场泡沫和居民部门加杠杆；2008年危机后，三轮量化宽松又推动企业部门加杠杆，股市与债市双重繁荣。2020年新冠疫情冲击企业现金流和资产负债表，美联储和财政部推出激进的无差别救助政策，赢得金融市场的高度赞誉。巴菲特在股东大会上将鲍威尔与20世纪80年代驯服大通胀的美联储前主席沃尔克相提并论。天下没有免费的午餐，大水漫灌的后果是通胀和经济效率的下降，这些将在长期困扰美国经济和美联储。

专栏8　流动性从哪里来，又如何消失？

一、流动性的定义

全球流动性一直是个比较晦涩的议题。在各种研讨会上，它的出现常让人既兴奋又困惑，直到失去兴趣。因为流动性复杂多样，涵盖议题可以无所不包，从货币政策到金融稳定再到资本流动。同时它又很难量度，只有蛛丝马迹，没有明确定义，更不可预测，看似充足的流动性会在危机时期瞬时枯竭。

2008年全球金融危机之后，对流动性的关注被提到前所未有的高度，金融危机首先是流动性危机，在G20的专门要求下，IMF和国际清算银行才尝试着给出流动性的框架性定义。一般认为流动性体现为将资产转换为支付能力的难易程度（Borio，2010；Domamski et al.，2011；IMF，2010）。转换方式又包括直接出售和将资产抵押借款两种，分别对应市场流动性和融资流动性。这两者相互影响，共同决定总体流动性。新一代文献包括雷伊等人（Rey et al.，2013）指出决定全球流动性的主要是美国货币政策。美联储加息以及由此引发的市场恐慌情绪（VIX）上升与利差收窄等在历史上常常大幅收紧市场流动性。申铉松（2013）则指出2008年金融危机之后，全球流动性已经从银行主导的第一阶段（2003—2008年）过渡到资产管理者主导的第二阶段（2010年以来），具体表现为流动性的创造从商业银行提高杠杆、跨境放贷到资产管理者"追逐高收益"和债务融资占比的上升。但对影子银行和资产管理者在全球流动性中所起作用的研究还十分有限。梅林（2010）和波萨（Poszar, 2014）提出要从更加广义的角度理解货币和流动性，尤其是突出以做市商银行和货币市场基金为代表的影子银行在流动性创造中的重要作用。

市场流动性是资产能够快速转让而不产生价值大幅损失的能力（Fisher, 1959），反映资产转换成现金的难易程度或交易能否得到立即执行（Massimb and Phelps, 1994），在文献中主要以买卖价差（bid-ask spread）来衡量（Comerton-Forde et al., 2010）。融资流动性指投资者资金的可得性，主要由各类借贷利差来衡量，反映金融机构的短期债务融资成本。前者是变现的难易程度，后者是借钱的难易程度，两者合称融资的难易程度。

市场流动性和融资流动性高度正相关：当市场流动性不好时，贷款人意识到借款人面临更大的违约风险，将收紧信贷标准，导致借款人融资流动性下降；进一步地，负责撮合交易的投资银行也依赖融资，融资流动性下降使其融资成本上升，它不得不要求更高的买卖价差，这又导致市场流动性下降。因此，市场流动性下降和融资流动性下降可能相互加强，产生"流动性螺旋"（Brunnermeier and Pedersen, 2007）。

流动性创造是投资者以资产作抵押进行借贷的过程。做金融需要有本金，而借钱则需要有抵押物。当投资者以自己的本金购入金融资产，并将它用作抵押品，从信贷链条上游获得一笔借款的时候，他就可以利用这笔借款去购买其他资产或者进行支付。流动性就这样被创造了出来。而当他因为这样或那样的原因选择还钱并赎回抵押品的时候，被创造出来的流动性就消失了。

流动性的多寡体现为投资者债务融资的多寡。如果说融资流动性的本质是投资者借取资金的难易程度，那么抵押物的市场价值越高时，借款人的净财富就越多；而净财富越多，能借到的钱也就越多。因此，流动性的多寡最终就体现为投资者以某资产为抵押获得的债务融资的多寡。这与中国人民银行对"宏观流动性"的定义异曲同工。中国人民银行（2006）将流动性定义为不同统计口径的货币信贷总量，其实质就是实体部门的债务融资。更多的流动性既可以来自更高的杠杆，也可以来自更高的净值。当杠杆率在金融监管约束下不能提高时，流动性的多寡就取决于资产价格。

二、流动性的特点

由这些定义出发，我们可以得出流动性的一些本质特点。

首先，流动性是内生的。市场向好时，流动性自我增强。当可以用作抵押的资产价格上涨时，投资者净财富就会因杠杆存在而更大幅上升。净财富的上升会进一步提高投资者的借贷能力，形成"抵押品价格上涨→投资者净财富上升→借贷能力和负债规模上升→购买资产→资产价格进一步上涨"的正向反馈，市场的流动性将愈发充裕，甚至带来资产泡沫。资产价格和流动性之间的正向循环，在文献中被称作"净财富螺旋"。流动性也可能伴随资产价格下跌而迅速蒸发，就像充了气的皮球被刺破一样。如果资产价格大幅下跌，上述正向的自我加强则会颠倒，形成"资产价格下跌→投资者净财富受损→借贷能力和负债规模下降→抛售资产→资产价格进一步下跌"的负向循环，市场中原本充裕的流动性可能瞬间枯竭。这在文献中被称作"损失螺旋"。

其次，流动性是非线性的。流动性枯竭的速度远远快于资产价格下跌的速度。4倍杠杆率下股价下跌1%就会造成相当于净财富20%的流动性损失，后者是前者的20倍。这个20倍从何而来？第一，资产价格下跌先以（杠杆率+1）的倍数优先折损投资者净财富，这是第一层放大。第二，投资者的借贷能力和债务规模又取决于其净财富，是净财富的杠杆率倍数，这是第二层放大。因此，给定杠杆投资者的净财富，最终流动性相对于投资者净财富的缩水幅度就是股票跌幅的杠杆率×（杠杆率+1）倍。

最后，央行控制流动性的总闸门。流动性既可以是官方提供的央行流动性如基础货币，也可以是私人部门创造的流动性如银行信贷和债券融资。官方流动性由央行控制是外生的，而私人流动性则是内生的，受市场参与者的风险偏好和信贷条件等因素影响；两者之比是货币乘数。金融危机时私人流动性枯竭，货币乘数降到零，只有官方流动性。官方流动性的多寡、政策利率的高低不仅影响每一个微观主体的资产负债表和财富净值，还影响金融资产（抵押品）的价格和金融体系的放贷意愿，抵押品价格（上涨）和信贷（增加）相互叠加，形成正向循环，也就是货币政策传导渠道中的金融加速器效应。

2008年全球金融危机以来，全球流动性也出现一些悖论，突出表现为融资流动性多、市场流动性少和宏观流动性多、微观流动性少。央行通过量化宽松释放了很多官方融资流动性。但对私人市场流动性创造却帮助不大，货币政策陷入"推绳子"困境，货币乘数下降。官方流动性购买政府债，导致安全资产净供给减少，私人部门拥有的高质量担保品的空间与速度下降。叠加对流动性和资本充足率的监管不断加强，做市商做市的能力和意愿下降，微观流动性下降导致市场波动率上升，就连美国国债这样的高流动性资产都不一定能流动。监管加强导致微观流动性下降最鲜明的例子是货币互换基差（forex swap basis）上升。按照抛补利率平价（CIP），互换基差应该接近于零，危机前也确实如此。危机后监管加强，货币互换也占用资本金，欧元和日元对美元的互换基差从几个基点上升到几十个基点，做市商要额外收取一笔"资产负债表占用费"才肯做市。

三、流动性的幻灭：美国国债也会没有流动性？

美国国债通常被认为是最安全和流动性最高的资产，国债市场流动性危机较为罕见。但是如果市场都在同方向交易，都在买或者都在卖，而没有人做对手方，就连美国国债也会出现流动性问题。2020年3月在流动性压力最大的时候，大家都要现金，美国国债价格也出现下跌。

国债的现券（cash bonds）是占资产负债表的，国债的衍生品如期货，则不占资产负债表，在表外。而且期货还可以用杠杆，2%的保证金，就是50倍的杠杆率。所以很多风险平价策略用债券对冲股票长头寸时都是用期货做。省下来的钱还可以在短端持有国库券，甚至持有利率更高的新兴市场国债（EMBIG）。

相对价值交易（relative value trade）会进一步放大债券市场的杠杆率。1998年破产的长期资本管理公司就是以做债券的相对价值交易起家。同一期限的债券如30年期国债，老券（off-the-run）和新券（on-the-run）流动性不同，流动性好的新券价格更贵，老券更便宜，如果持有到期，最终价值应该相同。相对价值交易就是持有老券（便宜的），卖出新券（贵的），虽然价差只有几个基点，相当于一分钱一分钱地去捡，但是杠杆可以很大，用推土机去扫货，效果也很可观。

21世纪20年代的相对价值交易是在现券和期货之间。现券因为占资产负债表，所以便宜，期货更贵。相对价值交易持有便宜的现券，卖出贵的期货，等到期时现货升值获利。正常情况下，便宜的东西会变贵，贵的东西会变便宜，价值趋同（value converging）。但是在流动性不好的时候会发生净财富损失螺旋和保证金螺旋，越便宜的东西反而越没有人要，大家都在卖债券以获取现金。

净财富损失螺旋是指当资产价格下跌、投资者净财富受损、杠杆率被动抬升时，为维持杠杆率抛售资产，资产价格进一步下跌的循环，类似于信用周期（Kiyotaki and Moore，1997）。保证金（杠杆）螺旋是指当借款方净财富受损时，贷款方如银行或交易商提高保证金要求，追回贷款，强迫借款人变卖更多的资产。净财富损失螺旋和保证金螺旋叠加，类似于股票市场上的"戴维斯双击"，即企业盈利和估值预期的双重下调，导致杠杆驱动的资产价格迅速大幅下跌。

四、流动性与资产价格暴跌

金融危机常常首先表现为流动性危机。政策制定者为什么这么担心股票市场和债券市场这些资本市场波动带来的问题？资本市场是零和交易，有人赚钱就有人亏钱，怎么会引发金融危机呢？流动性危机有什么可怕的，央行不是最擅长解决流动性危机吗？

首先，股票市场有很强的财富效应，是金融条件非常重要的组成部分。在股票上涨的时候，有很强的正面刺激效应，在下跌的时候，不仅公司的资产负债表恶化，居民部门的资产负债表也会恶化，财富效应也会变为负向，有很强的实际经济含义，不仅仅是两个成年人之间你情我愿的赌博。2020年初，美国三大股市总市值36万亿美元，股指下跌25%，将导致8.5万亿美元的财富缩水。美股市值每下跌1美元，经验规则是居民消费支出将减少3美分（Poterba，2000；Chodorow-Reich et al.，2021）。如果8.5万亿美元的市值蒸发持续一年，美国居民消费将下降2 550亿美元，将分别拖累消费和GDP约1.7和1.2个百分点。

其次，股票价格下跌也会影响金融市场流动性。这取决于有多少杠杆资金进入股市和杠杆率的大小。股票下跌导致流动性的蒸发是非线性的，是杠杆率的平方。如果股票市场没有杠杆资金，就没有额外的流动性损失。流动性损失和杠杆率的公式如下：

$$\Delta \text{流动性} = \Delta \text{资产价格} \times \text{净财富} \times \text{杠杆率} \times （\text{杠杆率}+1）$$

美国股市主要存在两类杠杆投资行为：一类是融资投资者（机构），其杠杆来源是以美股为抵押进行债务融资，另一类是带杠杆的交易型开放式指数基金（ETF）和对冲基金，其杠杆来源是衍生品。其中，融资投资者规模可以从美国金融业监管局（FINRA）公布的投资者融资余额进行推算，截至2020年2

月末其融资余额大致处在5 450亿美元的水平。杠杆交易型开放式指数基金规模则可以从彭博终端查询得出，在2月中旬美股暴跌前总资产约处于1 000亿美元水平。对冲基金规模可以从美国证券交易委员会定期发布的报告得出，截至2019年二季度末，受美股下跌影响比较严重的单向做多策略和管理期货策略对冲基金的总头寸约为5 800亿美元。杠杆率方面，对美股的杠杆率水平缺乏准确统计，市场估计区间为2~4倍。如果按平均3倍杠杆率估算，美股下跌25%一方面带来账面市值损失约8.5万亿美元，另一方面导致约1.28万亿美元实有流动性蒸发。流动性损失远小于市值损失，是由于美股市场的主角仍是实盘投资者，绝大多数股票并未被用作抵押去创造流动性。

此外，股票和公司债券大跌有可能导致公司破产。美国很多公司2008年以来一直在玩的游戏是，在市场上发债融资来回购自己的股票，也即负债端发债为资产端持有自己的股票融资。如果美联储加息，债务偿付利率上升，股票的价值下跌，会同时从资产和负债两端冲击企业。加之部分金融机构和资产管理机构不受监管，可以加杠杆投资，资产价格下跌会导致这些机构面临赎回和挤兑，甚至出现破产。

五、抄底抄出负油价？

2020年4月，我们在负利率、负货币互换基差之后居然见到了负油价。负的原油期货价格或许与流动性没有本质联系，只是局部市场的异动，但是也与2020年新冠疫情后的极端市场环境有关。

2020年3月，西得克萨斯轻质原油（以下简称WTI）价格从接近50美元每桶跌到20美元每桶的低位，比水还便宜。很多人觉得是抄底的机会，尤其是在4月中旬，沙特和俄罗斯主导的石油减产联盟OPEC+达成史上最大规模的减产协议，即每天减产1 000万桶之后，抄底买入。但是没有想到4月20日WTI油价跌倒了负值（5月WTI合约交割日为4月21日，4月20日是交割前倒数第二个交易日），而且是-37.63美元每桶的深度负值。什么意思呢？我买一桶油，卖油的人不但不收钱，还要贴钱给我，让我把这桶油处理掉。有几个原因造成空头能把多头逼到绝境，出现深度负值。

第一，WTI是在美国内地交割，受限于交割地美国俄克拉何马州库欣地区的储存能力，总容量仅7 600万桶，几乎已经储满，生产出来的油运不出来，也储存不了，就没有价值。布伦特原油则是在海上交割，可以开油轮，存储空间更大。布伦特原油的品质虽不如WTI，但在运力和库存空间受限时反而比WTI更贵。

第二，为什么不展期呢？通常而言，当近月合约（near-month contract）即将到期时，投资者会将合约展期，即在卖出本期合约的同时买入下期合约，现货交割比例很小。展期成本一般不高，因为原油现货通常存在便利溢价（convenience yield），高于期货价格。但新冠疫情导致原油现货需求大幅萎缩，曲线升水较高，远月合约贵于近月合约。以4月17日收盘价计算，WTI 5月和6月合约价差为6.8美元每桶，展期需要多付6.8美元每桶，约37%的溢价。

第三，为什么不在油价到零的时候平仓？价格在零的时候仍没有对手方，因为芝加哥商品交易所（CME）允许负值交易，空头逼仓。最后逼出来的价格反映原油实物交割的运输和储存成本。

在油价低的时候抄底期货市场，每月移仓到下月会产生损失，也称换月差。油价低时，曲线通常为升水，远月期货价格高于近月，因为预期需求会恢复，抄底期货的成本往往较高，而且如这个案例所示风险并不少，在油价抬升之前，多方可能已经流动性枯竭了。

第十四章　汇率的决定及制度选择

你是否相信市场经济？你相信到什么程度？

——易纲

　　汇率上关大国博弈，下关黎民百姓，是很多政策制定者和市场人士重点关注的指标。在有些人看来，汇率集中承载了公众和市场对央行政策、经济基本面乃至"国运"的信心。在新兴国家尤其明显，有些国家甚至把汇率稳定等同于金融稳定，存在着对汇率浮动的恐惧。把握汇率作为商品相对价格和资产相对价格的二重属性，有助于更好地理解汇率的决定和波动。影响经济的是实际汇率，影响汇率的是实际利率，作为实际变量，汇率很难人为操控，应该由市场力量决定，在长期也就是由经济基本面决定。汇率对基本面有反作用，汇率制度选择也应顺应经济基本面的变化，允许汇率发挥自动稳定器的作用。历史上，我国外汇储备大起大落的背后是资本的大进大出，资本大进大出的背后则是汇率制度的不灵活。随着汇率灵活性的提高，微观主体应该主动适应汇率双向波动。实现汇率制度的平稳转型需要增强微观主体观察外汇市场的基本面视角、避免线性外推，增强周期观点、避免顺周期，增强逆向观点、避免情绪化。

一、汇率的特点

外汇市场是全球金融市场中交易量最大、最为活跃的市场，每天交易额超过6万亿美元。2021年中国外汇市场人民币兑美元的双边日均交易额超过2 500亿元人民币。外汇市场也是唯一24小时不间断交易的金融市场，外汇市场发出的信号实时和高频。大部分宏观经济数据都是低频且有明显时滞，增长数据一个季度发布一次，通胀一个月发布一次，汇率数据最为实时和敏感。不仅如此，汇率还有以下显著特点。

第一，汇率很重要。汇率是一个国家货币兑换另一个国家货币的比值。汇率影响千家万户，居民出国旅游、留学需要用到外汇，企业购买进口商品、对外投资也需要用到外汇。汇率跟每个人息息相关，从政治家到老百姓都对汇率高度关注。

第二，汇率测不准。预测汇率有很多模型。最基本的是一价定律，同样的可贸易商品在不同的国家经汇率调整后应该卖一样的价格。由一价定律衍生出购买力平价模型；由货币市场无套利衍生出利率平价模型，以及多种经济基本面因素如经常账户、贸易条件和财政赤字决定的均衡汇率模型。这些模型预测汇率的效果总体上都不如随机游走模型。随机游走模型是指不管预测未来多长时间的汇率值，都是在过去汇率值的基础上加一个随机游走项。什么是随机游走项呢？就是预期均值为零的白噪声项，它有波动，但在做预测的时候可以忽略不计。换句话说，想通过预测汇率来击败市场基本上是徒劳的。

第三，汇率波动大。这也是和汇率测不准的特点连在一起的。汇率的波动要远远大于物价的波动，西方发达国家物价一年的涨幅在2008年全球金融危机之前是2%左右，之后十年都低于2%。但是汇率价格的波动基本上每年都在±10%上下。我国2018年以来汇率的波动加大，虽然每天的日波幅限制在±2%以内，一年下来，人民币兑美元汇率的波动也能够达到±10%。汇率的波动为什么会大于物价的波动？多恩布什超调模型（Dornbusch，1976）给出了一个比较经典的解释，汇率市场上的价格超调可以弥补产品市场上的价格黏性，从而实现货币市场和产品市场同时出清。

第四，汇率有博弈。这方面最经典的故事就是1985年《广场协议》。1971年8月美元不再跟黄金挂钩，布雷顿森林体系风雨飘摇，美元存在贬值压力。时任美国财长康纳利说："美元是我们的货币，却是你们的问题。"1985年美国通过签订《广场协议》迫使日元升值，实现了美元的相对贬值。很多人都把《广场协议》当作日本"失去的数十年"的起点，日本经济从欣欣向荣走向衰退。日本学术界和政策界反思日本的问题主要是房地产泡沫，是由自己过度宽松的政策所致。不管原因是什么，这也足以证明，汇率是国际政治博弈的重要内容。2018年开始升级的中美贸易摩擦也有汇率博弈，美国早在21世纪初就要求人民币更快速地升值。

总结起来，汇率有四个鲜明特点：（1）重要，影响千家万户；（2）扑朔迷离，看不准；（3）敏感、波动大；（4）不仅是经济也是政治，把国内和国际紧密联系在一起。汇率数据高频、实时和波动大，也给政策制定者提供了关注的基础。

二、汇率的本质

正是因为上述这些特点，很多人尝试去解码汇率，解码过程中有一些常见的误区，产生这些误解的根源在于没有正确把握汇率的本质。

误区一是认为名义利率决定汇率，美联储加息美元就会走强，降息美元就会走弱。这里著名的反例是1977—1980年，美联储大幅加息1 300个基点，联邦基金利率最高达20%，美德利差由115个基点扩大至778个基点，但是由于美国通胀仍在持续上行，美德通胀差由1%扩大到9%，美元兑德国马克汇率不仅没有升值反而贬值达27%。除了加息，美国和他国经济基本面的差异如通胀也是影响美元走势的重要因素，这个差异在每个加息周期中可能并不相同。在1980年7月到1981年1月的加息周期中，美联储6个月加息1 000个基点，加息速度史无前例，通胀被控制住，实际利率显著上升，美元DXY指数开启升值周期。

误区二是单纯的基本面决定论，美国经济出现了问题，美元必然就会走弱。这里的著名反例是2008年，全球金融危机从美国的次级贷开始，但是在危机不断发酵升级最为严重的时候，美元是升值的，美元DXY指数升值超过20%，从7月下旬的72升值到11月下旬的88。除了利率和通胀，避险情绪也能影响汇率走势。对于美元这样的高息避险货币，在流动性危机时资金会从边缘和新兴国家回流到核心国家，从追逐高收益转为追逐安全资产，推升美元。

误区三是汇率的赤字决定论，美国财政和贸易双赤字美元就会走弱。在小布什总统的第一个任期内，美国打了阿富汗和伊拉克两场战争，在克林顿政府后期财政盈余迅速转为赤字，美元也的确于2002年开启了大贬值周期。反例是在2020年新冠疫情之后，美国推出了天量的财政刺激和货币刺激，连续两年联邦财政赤字达到GDP的15%。当时很多人认为，美国双赤字，美元一定会贬值。虽然从长期看，它有可能会贬值，但现实中美元在短期反而升值，因为短期财政刺激推升了利率，让美国经济变好，让美元走得更强。

既然有这么多误区，如何把握汇率的变动呢？理解汇率需要从它的本质着手。汇率的本质就是两条。第一，汇率是相对价格，它是国内外商品的相对价格，相对意味着不仅看自己，也要看别人，尤其是竞争对手和贸易伙伴。第二，汇率有二重属性，它既是商品的相对价格，也是金融资产的相对价格。对于消费品，一般情况下是买跌不买涨，降价能够刺激需求。而对于资产，预期的作用更重要，汇率作为资产本身不具备消费价值，也不生息，持有的成本相对较低，持有的目的是希望获得投资收益。投资收益与升值预期相互影响，汇率的资产属性导致在预期不稳时会出现买涨不买跌，越贬值越没人要的循环。

虽然有这么多的误区，但如果把握住汇率的上述两个根本特质，即相对价格和二重属性（同时是商品和金融资产的相对价格），还是有比较靠谱的经济学理论能够指导实践。比如巴拉萨－萨缪尔森效应解释了富国的物价比穷国更贵。富国之所以富，是因为其贸易部门的生产效率更高，推升了非贸易部门的劳动力成本和物价，从而综合起来物价更贵。该效应还能够预测新兴国家在基本面支撑下常常出现实际汇率的持续升值，因为追赶技术前沿的贸易部门技术进步速度更快，能够推动非贸易部门的工资和物价上涨。只要这些国家物价保持稳定，其汇率实际升值将通过名义汇率的升值来实现。20世纪60—80年代的德国马克，70—80年代的日元和2005—2015年的人民币都经历了名义汇率持续升值的阶段。

三、汇率决定的理论与实践

学术界对汇率的理论研究框架形态各异，但都可以追溯到购买力平价理论或利率平价理论。购买力平价从商品市场的角度来解释汇率水平，利率平价则从资本市场的角度来解释。由于商品市场中的物价受货币发行量的影响，因此衍生出货币模型；而资本市场中存在多种多样的金融本币与外币资产，又衍生出资产平衡模型。

购买力平价理论认为汇率取决于购买力，即本国货币所能购买的"一篮子"商品和服务的数量。人民币与美金的汇率实际上是1元人民币与1美元能买到的商品的比值。因此，汇率应依据两国国内物价之比确定（绝对购买力平价），或依据两国相对的通胀率调整得出（相对购买力平价）。购买力决定了汇率，汇率的涨跌是购买力变化的结果。绝对购买力平价理论认为1美元之所以等于6.5元人民币，是因为1美元在美国的购买力等于6.5元人民币在中国的购买力。相对购买力平价是在绝对购买力平价的基础上演化而来的，由于运输和交易成本，各国物价之间会存在结构性差别。当这些结构性差异保持稳定时，汇率的变动由通胀水平的差异决定。如果中国物价上涨快于美国，人民币的购买力下降，人民币相对于美元就需要贬值。

绝对购买力平价用来解释汇率的决定，相对购买力平价用来解释汇率的变动。按照绝对购买力平价，实际汇率应该等于1，即各国货币的实际购买力相同。用公式表达就是：$e \times p^*/p=1$，其中 e 是名义汇率，一单位外币兑换本币的数量，即直接标价法；p^* 是外国物价，p 是本国物价。由于交易成本等因素，购买力平价并不总是成立，汇率会存在结构性高估和低估。通常情况是发展中国家货币的实际购买力要强于市场汇率指示的水平，汇率存在低估，实际汇率大于1。货币购买力强的国家，一般是不可贸易的服务相对更便宜。我在美国工作时家里的水管堵了，请水管工疏通管道，一个小时收费800美元，明显高于中国的标准。为什么富国的水管工收费这么贵？这也是巴拉萨－萨缪尔森效应能够解释的。富国可贸易部门生产效率高，劳动力在可贸易部门和不可贸易部门之间的自由流动让富国两个部门的劳动力工资都很高，不可贸易部门的生产效率不高却又要发高工资，其产品和服务就比较贵。举个通俗的例子，有段子说，2020年猪肉涨价了，素煎饼也跟着涨价，素煎饼里并没有肉，凭什么涨价？因为煎饼师傅自己也要吃肉。再比如，北京的课外辅导班为什么那么贵？因为辅导班老师也得在北京买房或者租房。经济中的各个部门都是联系在一起的，房价上涨会推动包括用工成本在内的所有成本上涨，这些都会体现在实际汇率之中。

第二个是利率平价。抛补利率平价解释了即使在资本完全自由流动的理想情况下，利差也能够持续存在，因为高息货币有贬值预期。在资本自由流动的情况下，国际资金套利行为将使市场汇率最终是无套利的，任意两种货币存款的预期收益率应该相同。在现实中，确实存在对应的金融产品，比如香港离岸市场人民币（CNH）远期汇率。

2021年6月CNH即期汇率为6.5，中国10年期国债利率为3%，美国10年期国债利率为1.5%。为什么不是所有人都持有高息的人民币资产，最后导致两国利率相等？利率平价理论指出高息货币之所以高息，是因为它未来有贬值预期，CNH远期市场也确实认为人民币未来一年将贬值约1.5%，这是按照抛补利率平价无套利公式算出的远期点数（forward points），虽然实际上人民币未来一年并不一定会贬值。

相对购买力平价要求汇率的变动大体等于物价的相对变动，但实际上汇率的变动要远大于物价的变动，有量级上的不同。购买力平价失效的原因除了交易和运输成本等贸易摩擦因素外，最根本的原因还在于它是产品市场局部均衡的结果。从产品市场和货币市场一般均衡视角出发，汇率作为资产价格，要使货币市场出清，其波动需要远远大于物价。利率平价表明高息货币需要有（远期）贬值预期才能保证利差存在，利差扩大时，给定远期汇率预期不变，即期汇率需要升值，所以加息导致货币升值。如果货币政策永久性收紧，给定货币中性，即在长期产出不受影响，利率和汇率会随货币紧缩而升值。问题是，利率平价会要求高息货币在远期贬值。这样矛盾就来了，即高息货币如何在贬值之后还能保持升值？多恩布什超调模型就美在这里，他指出超调可以解决这一矛盾，在资本市场上即期汇率需要比最终的均衡水平升值更多，这样才能既实现利率平价要求的货币市场均衡，又实现产品市场上的物价水平随货币收紧而最终下降。所以，货币政策变动发生后，汇率最初的变动要大于最终的均衡水平，即超调。

多恩布什模型只有两个市场（包含外汇和货币市场的资产市场以及产品市场）和一个假设，即产品市场上短期价格黏性，但是在方法上实现了由局部均衡分析走向一般均衡分析、由长期或短期分析走向长短期结合分析、由静态和比较静态分析走向动态分析的突破。因为产品市场上的短期价格黏性，资产市场上的汇率价格就需要超调以弥补前者的不灵活。如果没有价格黏性，利率、物价和汇率会瞬时实现均衡，不会有超调。我们也可以以图形的方式，从资产市场和产品市场（AA–DD）一般均衡框架来理解汇率的超调（见图14.1）。货币政策收紧，短期内价格无法调整，实际货币余额减少，外汇和货币市场均衡曲线AA_1左移至AA_2，汇率升值到E_2。随着价格逐渐调整，价格下降导致实际货币余额增加，曲线AA_2又右移到AA_3，汇率升值的幅度部分缓解，从E_2回到E_3。

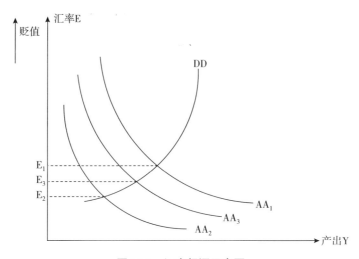

图14.1　汇率超调示意图

资料来源：Krugman et al.（2018）。

从中长期视角看，发达国家之间汇率表现出较强的均值回归特性，难以长期偏离购买力和利率平价。从1986年开始《经济学人》杂志持续发布"巨无霸汉堡指数"（Big Mac Index），旨在以轻松的方式展现购买力平价的概念，并衡量各国货币兑美元汇率是否合理。2022年1月巨无霸汉堡在中国的售价是24.40元人民币，在美国的售价是5.81美元，通过巨无霸的隐含汇率（24.40/5.81=4.20）与人民币市场汇率（2022年1月平均为6.35）相比，我们得出人民币被低估了34%。购买力平价成立要求商品是可贸易品，且同质可比，汉堡并不是完全的可贸易品，背后包含了劳动力成本和租金成本等。类似地，利率平价要求资本完全可自由流动，交易成本可以忽略不计，这在现实中仍然面临一定的障碍。

在短期观察汇率不仅要看经济基本面，更要看政策面和资金面。基本面一般体现在经常账户，短期变动较小，所以更多强调资本账户和资金流动对汇率的影响。我们经常听到这样的判断："美联储加息意味着美元升值，美联储降息则意味着美元将贬值。"这样的说法有时对，有时不对。不对的时候，就有评论说利率平价错了。实际上利率平价并没有错，利率平价是个相对的概念，汇率也是相对的概念，不仅要看自己怎么样，还要看与主要贸易伙伴经济基本面和政策面的相对位置。

从历史数据看，利率和汇率走势相反的时期并不少。20世纪70年代末80年代初，美联储加息但美元贬值；1994年，美联储加息但美元贬值；2004—2006年，美联储加息但美元贬值；2019年美国降息但美元升值（见图14.2）。出现这种背离是因为美元的主要对手方经济基本面出现更大的变化。我们选取几个例子进行分析。

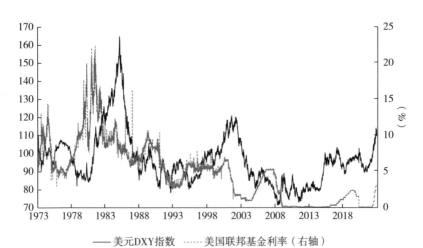

——美元DXY指数　·····美国联邦基金利率（右轴）

图14.2　美元DXY指数与美国联邦基金利率

注：截至2022年11月3日。

资料来源：Haver。

首先是20世纪70年代末80年代初，美联储加息但美元贬值。这是因为此时美国通胀高企，虽然名义利率提高，但减去通胀后的实际利率反而在下降。对汇率产生影响的是实际利率，实际利率下降，美元贬值。其原理在于汇率的购买力平价公式 $e \times p^*/p = 1$，其中 p^* 是外国物价，p 是本国物价。当本国价格 p 上升时，要保持购买力平价，本国货币汇率 e 需要贬值，1单位外币能兑换的本币变多了。

其次是2004—2006年，美联储加息但美元贬值。这一时期欧洲通过大规模向中国出口实现经常账户盈余和经济繁荣，甚至过于景气而出现了房地产泡沫。同期美国也有房地产泡沫，但是进行了阿富汗和伊拉克两场战争，贸易经常账户和财政双赤字。美元和欧元是两种主要货币，美国的经济基本面差于欧洲。因此美国此时虽然经济较好、美联储加息，但欧洲经济比美国更好，让美元相对贬值。

所以，汇率变动不仅取决于实际利率，更取决于实际利率之差。那利差又取决于什么呢？利差从长期看取决于经济基本面，是经济基本面的变化决定了货币当局的加息和减息。通胀和就业走高的时候加息，如泰勒规则要求的，反之则反是。所以，汇率长期主要由基本面决定。技术进步快和基本面好的国家，汇率有支撑，信息技术革命推动了美元20世纪90年代的升值长周期。但是货币政策的反应并不是机械地按照泰勒规则来制定，还取决于经济中的主要风险是什么，有时偏鸽派，有时又偏鹰派，有时还会犯错误。除了经济基本面之外，政策面也影响汇率。由于货币政策的惯性，政策面对基本面的偏离有时还会持续，进一步助推货币升值和贬值的长周期波动。

我们回到"汇率是相对价格"的主题。汇率是商品的相对价格，完全相同的商品（如大宗商品）在两国用本币标示的价格之比应该等于两种货币的汇率。同时，汇率也是资产的相对价格，即如果将一笔资金投资于人民币资产或者美元资产，其收益最终可以按照汇率转化为同种货币进行比较。既然汇率是资产的相对价格，它不仅受到利差的影响，还将受到未来预期汇率变动的影响，而对未来汇率的预期又受到对未来经济形势预期等多种因素的影响。

所以，在基本面、政策面之外，观察短期汇率波动还要加上第三个因素资金面，包括市场情绪和主要玩家的头寸摆布等。汇市和股市一样，价格趋势和预期形成相互影响，投资者往往追涨杀跌。但是树不能长到天上去，物极必反。价格长时间的单方向变化会造成与基本面之间的距离越来越大，最终仍会回归基本面。汇率的变化也对基本面产生反作用，贬值有利于提振出口和就业，在长期仍是个自稳定系统。2015—2017年人民银行多次表态人民币没有持续贬值基础，当时汇率预期极度发散，很多人不信，甚至引发市场调侃"人无贬基"，事后来看央行是对的。

除此以外，汇率制度也会影响汇率，如固定汇率、浮动汇率、有管理的浮动汇率制度等。1994年到2005年我国把人民币汇率定在1美元兑8.27元人民币，造成一种印象就是汇率是由央行定的。某些欠发达国家的领导人一度认为所有"弱"的东西都是不好的，他们需要强大的军队、强大的政府，也同样需要强大的货币，倾向于把汇率定高一点，让名义汇率强于实际购买力。大家可以问自己，我国为什么不能把人民币兑美元汇率定在1∶1，这样每个中国人不都更富了吗？北京一套房可以买美国10套房，出国留学更便宜，可以到处买买买。不能随意提高汇率的原因至少有以下几点。

第一，过强货币将削弱出口竞争力，本国的产品无法向国外出口。第二，过强货币会扩大进口，导致贸易逆差扩大和国内产业空心化。第三，过强货币会导致资金外流，投资者或看到经济前景变差或觉得外国资产便宜，将甩卖国内资产兑换成其他货币，冲击金融稳定。所有这些因素都指向人为设定过高的汇率得不到基本面的支撑，在实际中无法持续。

实际生活中也是如此，强货币的非洲国家制造业被削弱，很难出口。这在我们国家也发生过，改革开放之前和初期，人民币兑美元汇率被设定在1美元兑1~2元人民币之间，明显强于黑市价格，国内产品难以出口，无法赚取外汇，居民和企业结汇意愿很低，都希望持有外汇，国家长期外汇短缺。所以，20世纪80年代改革初期，第一项重大改革措施就是人民币贬值，兑美元汇率从1.9贬值至2.8。

那是不是人为把汇率设置得越低就越好呢？假设把人民币兑美元汇率定在1：10，此时上面讲的三条原因都会翻转过来，出口大增，进口减少，国内居民购买力被削弱，产出大部分用于出口积累外汇，但无法用于本国消费。外国投资者将涌入收购国内资产和商品，抬高资产价格和物价，从而使实际汇率升值。此时名义汇率的固定将失去意义。这也是我国自2005年开始让人民币升值的原因。

为了让名义汇率和价格水平都保持稳定从而保持实际汇率稳定，我国货币当局在21世纪头十年面对贸易和资本流动持续双顺差，不得不持续干预外汇市场，同时发行央行票据进行冲销操作避免扩大基础货币供应。因为发行央行票据存在期限和利息成本，还有流动性溢出效应，又不得不同时大幅度提高商业银行存款准备金率以深度冻结人民币流动性。但是，所有这些措施还是阻止不了人民币持续升值。名义汇率虽然被压住不动直到2005年7月21日汇改开始缓慢升值，实际汇率随着价格尤其是房地产和劳动力成本的上涨早就开始升值。

实际汇率是个真实概念，不是可以通过政策人为长期操控的。经济基本面好，技术进步快，就会体现在更多的顺差和资本流入上，面对双顺差，压制名义汇率不让其升值，会进一步导致更多的顺差，最后外溢到经济其他部门，通过房地产价格和劳动力成本推升实际汇率。

四、汇率制度选择的理论与实践

汇率是一国最为重要的金融制度安排，没有一种汇率制度适合所有国家或者一个国家的任何时期。在20世纪80年代改革开放之初，人民币兑美元汇率存在官方设定的汇率和市场形成的调剂汇率（黑市汇率），也即双轨制。官方汇率用于对国有企业进行支持，其他市场参与者则适用市场汇率。市场汇率兑美元波动较大，1993年时贬值到9，后来贬值到11。1994年初中国成功进行汇率改革，人民币汇率并轨，官方汇率完全并轨到调剂汇率，建立了单一的有管理的浮动汇率制度。此前官方汇率太强，导致外汇短缺，一直到2003—2004年仍然存在外汇黑市。1994年汇率并轨后，人民币兑美元汇率非常稳定地维持在8.27，直到2005年7月21日汇率改革，实行以市场供求为基础、参考一篮子货币进行调节、有管理的浮动汇率制度（见图14.3）。人民币开启长达10年的逐渐升值周期，最高在2014年1月14日升值到6.04，同时每日波动幅度也逐步扩大。

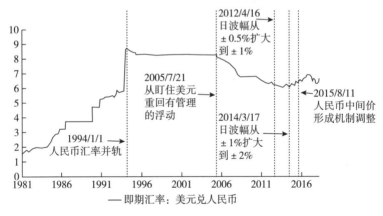

图14.3　人民币汇率制度的历史选择：从固定汇率制到中间汇率制
注：IMF分类：硬盯住固定汇率制度→软盯住固定汇率制度或其他。
资料来源：缪延亮（2019）。

2015年"8·11"汇改开启了人民币汇率双向波动的新局面。2015年11月IMF决定将人民币纳入特别提款权（SDR）货币篮子。人民币成为第五种加入特别提款权篮子的全球货币，权重为10.92%，超过

　信心的博弈：现代中央银行与宏观经济

英镑和日元，仅次于美元和欧元。人民币在2015—2016年持续贬值，2016年末接近破"7"的边缘，2017年转为升值，2018年5月随着中美贸易摩擦升级又开始贬值，最低于2019年8月破"7"，贬值到7.2，但2020年后又逐渐升值到6.4。随着汇率改革的推进，央行退出常态化干预，人民币汇率波动率明显提高。2018年人民币兑美元的波动率提高到4.3%，首次超过新加坡元，接近美元、欧元、日元等主要浮动货币的70%。必须强调，固定汇率的波动率为零，单边升值或者贬值的汇率波动率也是零，只有双向波动，汇率灵活性才能真正得到提高。

对于我们的汇率制度在哪，未来将去向何方，我在《从此岸到彼岸：人民币汇率如何实现清洁浮动》一书中有较为清晰的分析框架和可供操作的路线图，在此不做过多阐述，仅扼要讲明逻辑和观点。

官方用三句话定义了目前的人民币汇率制度：以市场供求为基础，参考一篮子货币进行调节，有管理的浮动汇率制度。如何理解这三句话呢？"8·11"汇改前，人民币兑美元中间价报价主要取决于货币当局的管理目标，形成机制不透明。"8·11"汇改后，中间价报价参考上日收盘价。具体公式为：

$$\varepsilon_1 - \varepsilon_0 = (1-\rho)\, \Delta A + \Delta B$$

每个交易日早上9：30以中间价 ε_0 为开盘价，交易到下午4：30收盘汇率变动为 ΔA，到次日早上7：30的闭市期间根据篮子权重和外币对汇率计算保持隔夜人民币兑篮子货币汇率不变所需的人民币兑美元汇率变动 ΔB，次日早上9：30根据上式计算新的中间价 ε_1。其中 ρ 是逆周期因子，调节市场汇率变动在中间价制定过程中的权重。

为什么中国过去采用固定汇率，而现在又采用有管理的浮动汇率，且灵活性不断上升？应该如何选择最合适的汇率制度？早期研究集中于固定汇率制度的"角点之争"，蒙代尔不可能三角是最常用的一个分析框架，对于一国而言，资本完全自由流动、货币政策独立性和稳定的汇率，三者最多只可得二。

蒙代尔-弗莱明模型在封闭经济体中引入了对外收支平衡曲线，也即ISLM-BP模型。在资本自由流动的情况下，如果是固定汇率，则货币政策无效，也即不可能三角。如图14.4所示，IS曲线代表商品市场均衡，LM曲线代表货币市场均衡，BP代表国际收支均衡，三条线的交点E代表经济处于均衡状态，对应着均衡利率r^*。BP线水平，说明r^*是国际市场利率，隐含假设是资本完全自由流动。当国内货币政策变得宽松时，LM曲线下移至LM'，与IS曲线形成新的交点E'，对应着较低的利率r'。可见E'在BP曲线下方，国际收支出现逆差，本币承受贬值压力，如果要维持固定汇率，则需要卖出外汇储备来买入本币，收回本币流动性使得LM'又移回LM，固定汇率制度下的货币政策无效。

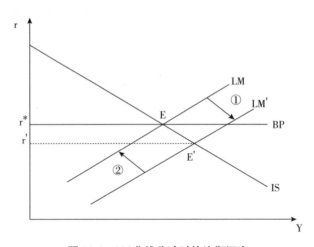

图14.4 LM曲线移动时的均衡汇率

在角点解之外，存不存在中间解？在世纪之交，有一种观点认为中间汇率制度将趋于消亡（Fischer，2001），汇率要么自由浮动要么盯住中心国家。现实之中我们看到采取固定、浮动和中间汇率制度的国家大约各占三分之一，中间汇率制度并没有消失。这似乎在提示中间解或许值得追寻，比如以部分的资本管制来获得货币政策空间，这是可能的但并不一定可取，尤其是对于大国而言。人民币要成为国际储备货币，扩大开放是大势所趋。除了资本管制，维持中间解还有一种可能就是继续干预汇率，牺牲一部分货币政策独立性以换得部分的汇率稳定。我认为这比资本管制更不可取。

人民币从固定汇率走向浮动是中国大国进程中的重要一环。人民币作为国际货币，如果币值还爬行盯住美元，就不能满足储备资产货币分散化配置的要求。更重要的是，今天的中国是由内需驱动的世界第二大经济体，需要独立的货币政策，因而需要浮动汇率。否则，预期外国加息将导致套利资本流出、本币贬值，为维持汇率稳定，不仅限制汇率发挥自动稳定器作用，还限制了货币政策。

正是灵活的汇率提高了中国货币政策的独立性。2017年中国人民银行曾两次跟随美联储加息。2018年，美联储再加息四次，但我国除了3月份小幅跟随加息5个基点，先后四次调降了存款准备金率，是新兴国家中唯一不但不跟随美联储加息反而降息的央行。灵活的汇率打开了货币政策空间，货币和财政逆周期调节又通过稳定基本面来稳定汇率。通过提高汇率的灵活性，中国实现了从以汇率为锚到以利率为纲的转变，我把这一过程称为我国央行悄无声息的革命。

从全球经验看，汇率从固定走向浮动往往伴随着市场波动和巨大争议，存在对"浮动的恐惧"。历史上，从固定汇率制退出的很多国家发生了危机，如1992—1993年的欧洲汇率机制危机和1997—1998年的亚洲金融危机。2015年8月11日汇改后，市场情绪高度顺周期，一度也对人民币形成了一致性的贬值预期。另一方面，我也发现，与普遍的看法相反，固定汇率制的退出可能耗时数年乃至数十年，但不必然以危机收场，比如我访问过的以色列央行，就被奉为成功实现自由浮动的典型。

平稳有序退出固定汇率是个一般性问题，可以借鉴国际经验。但中国的汇率市场化改革还要考虑其独特之处，比如经济体量巨大、拥有3万亿美元外汇储备、汇率预期形成机制并不市场化、市场参与者顺周期性较强、外汇市场不够发达、风险管理工具相对有限等。这些个性问题要求观察者植根于我国实际进行理论创新，我们尝试构建包含外汇储备和全球流动性的汇率决定的一般均衡模型，也就是外汇储备的视角。

我国积累了大量的外汇储备。面对冲击，可以选择以汇率价格波动来调整还是以外汇储备数量干预来调整。数量出清和价格出清从逻辑上看似乎是对称的，但实际上并非如此。

储备的积累和使用存在正反馈机制和不对称性。2005—2015年人民币缓慢升值，货币当局积累外汇储备，压低汇率。中国不仅利率高，汇率还在升值，大量资金（约1万亿美元）从海外涌入，同时获得利差和汇差。而且套利的风险很低，因为汇率波动性低。外汇储备的积累边际上压低汇率水平，本国资产更加便宜，吸引了更多的资本流入，进一步推高外汇储备规模，这一正反馈机制导致外汇储备的"大起"。储备积累得越多，全球流动性趋紧时的资本流出压力越大，为避免尾部风险，使用外汇储备进行对冲也就表现为外汇储备的"大落"。如果外汇储备在流动性充裕时出现"大起"，流动性反转时就需要"大落"以对冲套利资本外流，这本质上是以外汇储备的"数量超调"避免汇率水平的"价格超调"。

在正反馈机制作用下，外汇储备积累是无上限的，但在使用时不仅存在物理的零下限制约（因为可能被用完），还会在此之前很快就遭遇心理下限。外汇储备的积累和使用存在很强的不对称性。我国外汇储备规模长期居于全球第一，外汇储备政策也时常成为市场争论的焦点。2013年外汇储备达到3万多亿美元，各界轮番上阵认为外汇储备"太多了"，是沉重负担。短短两年后，2016年外汇储备从高峰接近4万亿美元回落到3万亿美元，各界包括一些专家和学者又认为同样的3万亿美元外汇储备太少了，因为此时外汇储备开始被使用了。

如何看待外汇储备的大起大落？要清晰回答这个"万亿美元的问题"，既需要我们借鉴最前沿的学术成果，也需要我们植根于我国实际情况进行理论创新。"汇率的决定"始终是国际金融的未解之谜，汇率的影响因素本来就纷繁复杂，如何从理论上既抓住主要矛盾，又能如实反映外汇储备的作用，这是一个难题。

鉴于官方资本流动体量一度接近私人资本流动，我和合作者尝试把外汇储备纳入模型[①]，从"充足度"和"使用意愿"两个维度来刻画官方资本的变动，其中"使用意愿"代表官方机构逆周期使用外汇储备对冲全球流动性冲击的意愿。

我们发现外汇储备大起大落的背后是资本的大进大出，资本大进大出的背后则是汇率制度的不灵活。不灵活的汇率会通过正反馈机制放大资本流动的冲击：外汇储备的积累把人民币资产价格压得相对较低，在边际上会吸引更多的资本流入，导致资本大进和外汇储备大起。等到全球流动性收紧、资本流动反转时，不使用前期积累的外汇储备，贬值压力将会被放大，使用外汇储备干预则面临着向下刚性问题，不仅是物理意义上的零下限，还有外汇储备规模下降带来的心理冲击。

从这一视角看，由于外汇储备积累的正反馈性和使用的不对称性，资本账户越是开放，用外汇储备的数量调整来代替汇率的价格调整就越不可取，提高汇率灵活性也就越有必要。在扩大开放的新格局下，外汇储备"超调"的隐性成本不断上升，需要更多发挥汇率灵活性的出清作用。稳步推进人民币汇率形成机制改革，提高汇率弹性，可以避免外汇储备的大起大落。

在快速积累外汇储备的20年间，中国经济取得了长足发展。没有一种汇率选择适合所有国家或者一个国家的任何时期。通过外汇储备

---

① 缪延亮、郝阳、杨媛媛. 外汇储备、全球流动性与汇率的决定［J］. 经济研究，2021（8）：39-55.

积累和使用来保持汇率稳定，在一定的发展阶段发挥了历史性作用。天下没有免费的午餐，"中国的实践证明，单一的过于稳定的汇率没有从根本上取消风险，实质是由央行替代市场主体实施风险管理，在微观上形成了市场主体的权责非对称制度安排并引发政策套利，在宏观上形成货币被动发行或被动回笼"（陆磊，2019）。外汇储备也是一把双刃剑，只是积累而不使用，反而会放大汇率波动，使用又难以把握平衡。在新发展阶段和新发展格局之下，无论是独立的货币政策，还是避免资本的大进大出，都需要更加灵活的汇率安排。

2019年8月人民币兑美元汇率突破天花板，破"7"又回到"7"。这是国际货币体系的重大事件。有大量的研究证明我国应该坚决退出常态化干预，完成汇率清洁浮动。但汇率浮动知易行难。汇率制度的选择取决于认知水平。总体来看，人民币汇率波动性不断加大，2020年新冠疫情期间汇率一度贬值到7.2，后又逐渐升值到2022年2月的6.3，反映了汇率制度改革不断深化。面对汇率波动，我们仍然要抵制对浮动的恐惧，唯一值得恐惧的就是恐惧本身。

当然，提高汇率灵活性并不是波动性越大越好；清洁浮动也不代表任何情形下都是零干预，而更有可能是随着外汇市场建设和各方面改革协调推进水到渠成的结果。但现阶段的主要矛盾仍是需要继续坚持退出常态化干预。这考验信心和定力，尤其是在关键时刻，"你是否相信市场经济？你相信到什么程度？"我坚定地认为，只要我们坚持改革开放，中国经济增速仍将长期高于主要发达经济体，这决定了人民币不是弱势货币。

五、利率、汇率与中国跨境资本流动

汇率将资本流动、内部均衡和外部均衡紧密联系在一起。2015年"8·11"汇率改革，完善人民币中间价形成机制，当天人民币汇率贬值2%。之后的一年半时间里，为维持汇率稳定，外汇储备规模持续下降，到2017年1月降至2.99万亿美元，相比2014年6月的高点整整减少1万亿美元。这一时期，外汇市场还几度出现较为严重的负向螺旋："跨境资本大规模流出-外汇储备持续下降-人民币贬值压力增大"。

为何资本总是大进大出，是什么因素决定了中国的跨境资本流动？从分项看，我国跨境资本流动主要包括直接投资、证券投资与其他投资。其中，直接投资是我国资本流入的主要支撑项，总体较为平稳。证券投资因并未完全开放（管道式开放），占比相对较低。因此，资本流动的大进大出主要是国际收支项下的其他资本项主导，具体包括银行的海外存款头寸、企业海外发债与借款等，也即通常意义上的"热钱"，主要受利差和汇率等影响。可以说利率、汇率和资本流动三者相互影响、相互决定，它们到底是什么关系？

2019年我提出"中国的跨境资本流动之谜"问题并发表于2021年第8期《金融研究》首篇。一般认为跨境资本流动由利差决定，政策制定者也强调利差对资本流动的指示意义。但是，我发现在实证研究中对我国跨境资本流动进行回归时，利差本来很显著。在加入多边美元汇率（DXY美元指数）这一控制变量后，中美利差对资本流动的影响不再稳健，美元指数成为影响资本流动的最主要因素，比利差、人民币双边汇率对资本流动更具解释力。这表明，历史上我国跨境资本流动主要是由套汇而非套息资本决定，而且套汇的显著指标是多边美元指数（DXY）而非人民币兑美元的双边汇率，我把这一现象称为"中国的跨境资本流动之谜"。为何汇率影响大于利率，且多边汇率影响大于双边汇率？我提出其根源在于历史上人民币兑美元双边汇率缺乏灵活性，不能及时和充分反映中美基本面的变化，而美元指数是市场指标，能够预示人民币兑美元双边汇率的走势，进而驱动汇率走势和资本流动。

到底利率和汇率是什么关系？我们的研究似乎证明利差不再重要，至少历史上利差不如汇差重要，尤其是当汇率预期驱动资本流动时。

这其实是辩证关系，当汇率预期稳定，没有套汇机会时，利差又变得重要。按照利率平价理论，高息货币需要在即期汇率市场升值，这样在汇率预期锚定的情况下，它才有贬值的空间。

在现实中，高息货币会吸引资金流入。外资持有人民币资产，不论是长期国债或者短端的货币市场资产，都会面临一个问题，要不要覆盖汇率风险。如果不套期保值，就要承担汇率风险，或者说隐含了投资者对人民币汇率的观点，即认为人民币汇率会平稳，长期甚至会升值。如果这样的投资者多，那么主要是长端利差影响资本流动。如果覆盖汇率风险，在持有人民币资产的同时，就会反向在远期（一般是3个月）卖出人民币以锁定汇率。这样进行对冲操作的成本就是人民币和美元的短端（3个月）利差。这个利差是套期保值必须支付的成本，在此之外，根据货币相对稀缺程度，还要再付出一个叫作"货币互换基差"的成本。

这也可以理解成借短投长，对每一个投资者来说，短端利率加上基差是他的融资成本，长端利率是他的收益。这样一来，外资持有中国国债的净收益就变成了中国的收益率曲线减去美国的收益率曲线。持有的收益是中美长端利差，而对冲汇率风险的成本则是中美短端利差。2022年初美国的短端利率在零附近，人民币则在2.3%，基差也是小幅为正，也就是对冲汇率波动的成本高达2.5%左右。这样高的短端利差造成的结果可能就是投资者拿人民币资产不进行汇率对冲，只有买入操作，而没有反向的对冲操作，进一步支撑了人民币汇率。

以上分析表明短端利率和长端利率都会影响跨境套息资本，到底是长端还是短端更重要，需要视长、短端利率自身的变动情况而定。根据我在《从此岸到彼岸：人民币汇率如何实现清洁浮动》一书中给出的实证结果，可以认为历史上5~10年等长端利差驱动中国境外资本流动，进而驱动了人民币兑美元的汇率。货币政策、经济基本面、通胀走势等因素都会影响长端利率的走势。此外，在我研究的样本期内

（2002—2019年），中美短端利差基本稳定，长端利差变化更为丰富。2021年，以10年期国债收益率之差衡量的中美长端名义利差从年初的2.1%回落到年末的1.4%，以扣除了核心CPI的中国10年期国债收益率与美国10年期通胀指数债券收益率之差衡量的中美长端实际利差从年初的4.5%回落到年末的2.7%。长端利差在下降，人民币却在升值，显示长端利差对2021年人民币升值的解释力不大。

反观短端利率，中美短端实际利差在2021年达到了历史峰值！2021年，以中国3个月SHIBOR利率与美国3个月LIBOR利率之差衡量的中美短端名义利差从年初的2.4%小幅回落至年末的2.3%，但扣除核心CPI后的中美短端实际利差从年初的4.1%大幅上升至年末的6.6%，显示短端利差可能边际助推了2021年人民币的升值。这么高的短端利差很难持续，美国短端利率会随着美联储加息上升，但是并不能据此断定，人民币会一直贬下去。2018年在美债收益率陡增、中美贸易摩擦、美联储四次加息的背景下，中美利差很快收窄，但是当时人民币兑美元汇率并没有很大的贬值，原因是2018年美股美债的收益均不理想，追求更高收益的资金会配置人民币资产。这一现象可以从技术上解释成大家愿意付出的套保成本，也就是人民币对美元LIBOR的基差一直为正；也可以解释成资产配置，也就是海外资金有配置人民币资产的需求，导致人民币相对稀缺。

不过，我们最重要的发现是历史上驱动人民币汇率的因素中汇率预期比利差更加重要。事实上，正是汇率预期驱动着我国跨境资本流动中占比最大的项目，也即其他资本流动，尤其是其中的外债和货币头寸。随着近年来人民币和美元脱钩，两者双向波动，对人民币汇率的预期更加市场化，这时利差和DXY美元指数对人民币汇率的影响力都下降，人民币汇率的弹性和货币政策的空间都更大。这在某种程度上可能也解释了2021年人民币振幅的收窄，因为做空和做多的力量相对均衡，没有明显的趋势。

六、理性看待外汇市场波动

从汇率的基本属性看，它既是商品的相对价格，又是金融资产的相对价格，存在双重属性。作为资产价格，它有多重均衡，预期很重要。如果所有人都认为人民币会贬值，把手里的人民币换成美元，预期就会自我实现，导致人民币贬值。如果我们的企业、居民不能理性看待外汇市场的波动，那汇率市场化改革就会受到很大的制约。这也是为什么有必要把汇率决定这个问题提出来、讲清楚。

汇率从短期看受情绪和资本流动影响，存在多重均衡；从长期看则取决于经济基本面。观察外汇市场不能过于情绪化和顺周期。实现汇率制度的平稳转型需要增强微观主体观察外汇市场的基本面观点、避免线性外推，增强周期观点、避免顺周期，增强逆向观点、避免情绪化。

首先，增强观察外汇市场的基本面观点，避免线性外推。从长期看基本面决定汇率，汇率对基本面有反作用。随着经济体量在全球占比的下降，强势美元对美国经济的制约越来越强。中国经济增长质量更高，且增速仍将持续高于全球大部分经济体，在巴拉萨－萨缪尔森效应的作用下，人民币仍是强势货币。2020年底，一位企业家给我写了几个数字8.5：1，1：6.0。什么意思呢？她在十几年前把资产汇出去，当时人民币兑美元汇率在8左右，因为交易成本，所以8.5亿元人民币出去，只换了1亿美元。十几年过去了，现在人民币升值到6.5，她又把钱换回来了，因为交易费用，1亿美元只换了6亿元人民币，折腾来折腾去，十几年前的8.5亿元人民币只剩6亿元。我们要相信人民币不是弱势货币，只要不发生系统性金融风险，只要掌控好货币的总闸门，宏观经济学里很多东西都是可以争论的，但是巴拉萨－萨缪尔森效应，即追赶的国家实际汇率会升值，还是存在的，比如日本和德国，在成功进入发达经济体前后，汇率都有了较大升值。

其次，增强观察外汇市场的周期观点，避免顺周期。货币走强与走弱都是周期现象，只要是周期就会有反转的时刻，不能过于顺周期。比如2016年底2017年初，人民币兑美元持续贬值，汇率逼近"7"的关口，DXY美元指数达到高点103，很多人把美元的周期性走强进行了趋势性外推，认为人民币兑美元会一直下跌，破"7"后继续贬值几乎是市场共识。企业出口收入并不结汇，积累了大量的美元长头寸。2017年1月8日我写了一份报告，收录在《从此岸到彼岸：人民币汇率如何实现清洁浮动》一书的附录里，从三个角度谈人民币汇率可能正在面临由弱转强的拐点，提示美元长头寸敞口面临较大的美元下跌风险。事实上，人民币兑美元很快就转为升值。也是在2017年春节前，香港的一家金融机构和我谈人民币汇率，我劝他不要做空人民币。两年后再见时，他们做空人民币亏了几千万美元，已经关门了。实际上并不是我看得有多准，我只是从周期的角度出发，看到当时美元升值的长周期和大周期已经过了大半，是强弩之末。

再次，增强观察外汇市场的逆向观点，避免情绪化。中美贸易摩擦期间，人民币汇率的波动有效吸收了关税冲击，起到了自动稳定器的作用，并没有导致贬值预期发散。2019年8月汇率破"7"以后，一度有观点认为人民币将一路下跌。实际上，随着中美贸易谈判的积极进展，人民币在11月又回到了"7"。2020年12月在国际货币体系的理论课上，快下课时有同学说，老师你给我们讲点"干货"，美元怎么走，人民币怎么走？我一般不对汇率问题尤其是具体点位发表看法，原因就是汇率测不准原理。这位同学一定要让我说说大家都关心的美元指数DXY。当时美国推出了天量财政和货币刺激，美元指数走到90以下（89左右），市场上流行的观点是双赤字之下美元将开启大贬值周期。我觉得美元不是一路贬值的行情，更多是区间震荡，甚至是走强的行情。事实也是如此，美元指数2021年12月升值到96，全年升值近10%。同学接着问，美元走强，那人民币走贬？历史上看是这样，但以后不一定。2019年8月破"7"、人民币汇率脱钩美元后，中国经济和政策周期与美国差异加大，新冠疫情冲击进一步放大了这一差异。2019年8月是国际货币体系重要的分水岭，其意义估计要到很多年以后才会完全体现。一个直接后果就是现在世界上可能同时有两种强势货币。美元是对其他发达国家强势，但人民币是总体强势，包括对美元，只要中国不出现大的系统性危机如房地产泡沫。这个长期趋势不代表没有短期波动。可以画一条长期趋势线，再在上面叠加一条短期波动线，长期趋势向上，但是短期波动的方向就取决于汇率走势相对基本面的偏离，一段时间升值快了，可能就有向趋势线回归的压力。基本面在当下又和疫情形势、经济和货币政策周期差异等高度相关。

最后也最重要的是，管理好风险，不要轻易赌汇率的方向。绝大多数汇率预测模型的准确度都比不上随机游走模型。预测汇率其实很简单，眼前的汇率就是你能得到的最好估计。这也太简单了，不是吗？是也不是，因为有太多的人有太强的观点，尝试预测拐点，火中取栗。2022年1月5日《金融时报》发文提到"四差变化"会带来人民币贬值风险。四差分别是本外币利差缩小，经济增长差变化，对外贸易顺差缩小，风险预期差逆转，所有指标都指示2022年人民币汇率会贬值。我们再回想2020年底对2021年的预测，主流观点也曾做出类似推断：美国的货币政策不会持续宽松，疫情会有好转，2021年不会延续上一年度医疗卫生用品出口的强势等。然而，回望2021年，疫情持续并带来诸多不确定性，国际供应链的脆弱性超出预想，市场并没有按照2020年底主流观点的预想去演绎。主流观点很容易被市场价格消化，反而不会成为主要的干扰力量。影响外汇市场短期波动的因素太多，地缘政治、经济基本面、政策差异、供给冲击都能在外汇市场激起涟漪，明智的市场参与者包括央行都需要顺应市场力量，不积累失衡，允许汇率发挥自动稳定器的作用。

第十五章 国际货币体系的改良与革命

> 有时候几十年里什么都没发生，有时候几星期就发生了几十
> 年的大事。
>
> ——列宁

全球所有经济体，即使采取浮动汇率制度和通胀目标制，也不能做到对美联储的政策完全免疫。任何央行要实现国内经济和金融稳定都离不开外部制度环境，也就是决定汇兑安排和国际资本流动的国际货币体系。对于国际货币体系而言，用列宁这句话来描述2022年2月24日俄乌冲突爆发后的几周再恰当不过了。欧美联手采取了空前的金融制裁措施，不仅将俄罗斯主要银行从以美元为主的金融体系中踢出，禁止其使用SWIFT（环球银行金融电信协会）系统，更是史无前例地大规模冻结俄罗斯央行外汇储备。将金融基础设施和美元储备货币地位等公共品武器化引发了激烈争论，有观点认为这从根本上改变了储备货币的功能和定位，对国际货币体系是重大分水岭。布雷顿森林体系解体后，美元主导的国际货币体系一直存在不平衡、不协调、不充分和美元武器化四大结构性矛盾。俄乌冲突有可能是加速器和放大器，进一步加快国际货币体系的多元化和碎片化，并给国际货币体系带来革命性的变化，引发国际货币体系的巴尔干化，甚至终结金融全球化。多元化能够缓解国际货币体系不平衡、不充分问题并一定程度上约束

美元武器化，但仍无法解决不协调的问题。国际货币体系的缺位将加剧以美元周期为代表的全球金融周期的外溢性，全球经济和金融体系在效率和稳定两个方面都将面临前所未有的挑战。

一、现行国际货币体系是美元体系

1. 什么是国际货币体系？

国际货币体系是全球公共品，包括三个方面的制度安排（Carney，2009，2019）。首先是汇率制度安排，不同国家的货币如何兑换，可以是固定汇率制度，也可以是浮动汇率制度。其次是资本流动的制度安排，资本如何跨境流动，可以是金本位时期完全自由的流动，也可以是布雷顿森林体系下经常账户自由兑换但资本账户下的交易相对受限。再次是全球金融架构，或全球金融安全网，也即当某些国家陷入经济和金融危机时，国际货币体系如何提供融资和政策支持，帮助它们以较小代价尽快走出危机。

国际货币体系主要服务于两个目的：一是维护全球贸易和金融稳定，二是促进灵活的外部账户调整。效率和稳定之间始终存在一定的张力，要求国际货币体系三个方面的制度安排相互配合以取得平衡。从促进全球贸易和资本跨境流动的角度看，固定汇率制度有利于降低交易成本，更有效率。历史上很多年国际货币体系都是固定汇率制度。但固定汇率制度和资本自由流动也会带来一些问题，实际汇率会因为资本流入、物价上涨和名义汇率被固定而高估，导致货币错配、外部账户失衡和金融稳定风险等一系列问题。换句话说，固定汇率有效率但不一定稳定，如果汇率长期固定不变，最终会因为外部账户失衡而不可持续。因此国际货币体系的第二个目标是促进灵活的外部账户调整。除了引入汇率灵活性，必要时的资本流动管理措施以及在危机时期提供融资安排的全球金融安全网也是灵活调整的重要组成部分。

国际货币体系经历了三个主要发展阶段。第一阶段是金本位制度（1816—1930年）。1816年英国颁布《金本位法案》，从法律上正式确立了自1717年已实际实施一百年的金本位制。各国纷纷效仿，国际金本位制度逐渐形成，各国货币发行都需要以若干重量的黄金为支撑，货币之间的汇率由各国货币的含金量之比即金平价来决定。同时资本自由流动，资本流动带来的市场竞争压力促使各国采取政策维护金平价。例如，一国更具竞争力会形成经常账户盈余，该国货币存在升值压力，资本流入会加剧升值压力。为了保持固定汇率，该国会降低利率，在减少资本流入的同时通过刺激经济和抬升物价来减少出口盈余。与之相对应，货币存在贬值压力的国家会采取加息措施来吸引资本流入并通过压低物价来恢复出口竞争力。在金本位制度下，因为维护金平价的市场竞争可以约束各国，所以不需要也没有最后贷款人。一战时期，英国庞大的军费开支造成财政赤字剧增，政府只能依靠增发国债和纸币来填补亏空，并停止黄金兑现，暂时放弃金本位制。一战结束后，英国时任财政大臣丘吉尔不顾凯恩斯等人的反对，推动英国于1925年以战前的英镑与黄金平价恢复了金本位制。但当时的英国通胀严重，英镑实际已贬值，按照战前金平价恢复金本位，英镑明显高估，造成英国商品需求下降，失业增加，英镑不得不继续贬值。套利者将英镑换成黄金导致英国黄金进一步流失，被迫于1931年彻底放弃金本位。美国也紧随其后于1933年放弃金本位，国际金本位制度彻底崩溃。

第二阶段是布雷顿森林体系（1944—1973年）。布雷顿森林体系试图解决金本位制度的缺陷。固定汇率如果时间过长，会带来外部账户失衡，国内经济稳定和就业的重要性上升使一国很难再通过持续加息来解决外部失衡。因此，各国既需要固定汇率保证国际贸易的顺利进行，同时又需要灵活汇率来化解外部失衡，所以布雷顿森林体系是固定但可调整的汇率。每个国家的货币挂钩美元，然后美元挂钩黄金，在特定情况下可以调整挂钩汇率。为了保障该体系的稳定，避免大萧条期间的无序贬值，需要采取金融抑制的做法，限制跨境资本流动。同时成立IMF作为准最后贷款人，当一国存在国际收支失衡问题时，可以加息、减少支出，也可以同时向IMF申请贷款，减少政策调整的幅度和痛苦。

但布雷顿森林体系也存在问题。理论上汇率是固定但可调节的，而实际上汇率一旦固定住，各国并不愿意调整汇率，因为一旦调整汇率，便会被市场视为存在问题，受到投机攻击。自1958年欧洲国家实现经常账户可兑换，越来越多的国家经常账户完全开放，一旦开放经常账户，则很难再限制资本账户，因为经常账户和资本账户的一些交易密不可分。布雷顿森林体系最终于1973年解体。诚然布雷顿森林体系解体跟1971年8月"尼克松冲击"，即美元与黄金脱钩有关，但固定汇率制度本身是导致布雷顿森林体系解体的重要原因。固定汇率和日益增加的跨境资本流动之间的矛盾无法调和，这也是1944年在设计布雷顿森林体系时凯恩斯提出却被忽视的洞见。

第三阶段是后布雷顿森林体系（1973年至今）。1973年以来的国际货币体系有多个不同的名称。有人称之为"牙买加体系"[①]，有人称之为"布雷顿森林体系2.0版"，还有人说是"没有体系的体系"。不管称谓如何改变，现行国际货币体系的实质都是美元体系。该阶段的特点是美元主导国际储备货币，主要发达经济体的汇率制度为浮动汇率，资本相对自由流动。各国需要管好自己的事情，对国际货币体系的需求下降，转而通过积累外汇储备来为自己提供保险。

2. 现行国际货币体系是美元体系

布雷顿森林体系的解体解除了对美元货币发行的约束，全球进入

---

① 1976年4月在牙买加第二次修订《国际货币基金组织协定》，新修订的第四条款将促进"货物、服务和资本的交换"作为成员国的一般义务，1978年4月正式生效，IMF由布雷顿森林体系下限制资本流动转为积极倡导资本自由流动，"牙买加体系"由此确立。

信用货币时代，美元作为主要储备货币的特权更加突出。按购买力平价测算，美国经济占全球之比从1973年的22%降至当前的不足1/6，但美元的优势储备货币地位从未动摇。国际储备货币需要承担三大功能：计价、交易结算和价值储藏。目前美元计价的大宗商品交易占全球交易额的80%~90%，全球国际债务约60%是美元债务，50%的国际贸易以美元结算，60%的储备资产是美元资产。

美国经济占全球之比不断下降，为何美元地位仍然稳固？这至少有四个方面的原因。一是汇率盯住美元的美元区产出占比仍较大。虽然美国经济占比持续下降，但汇率与美元保持稳定的经济体GDP稳定在全球的60%左右，故美元仍是优势储备货币（McCauley and Chan，2014）。汇率事实上盯住美元的经济体包括沙特、阿联酋等海湾合作委员会国家（Gulf Cooperation Council），中国香港以及2015年"8.11"汇改前的中国。按此逻辑，随着人民币与美元汇率脱钩，美元在全球外汇储备中的份额将相应下降，但储备货币地位有较强的网络效应，美国在1872年就成为全球第一大经济体，到1945年之后才逐渐取代英镑成为主要储备货币。因此在相当长的时间里，美元优势地位仍将稳固。

二是离岸美元是最重要的融资货币。离岸美元市场包括欧洲美元存款、欧洲美元债券等金融产品。欧洲美元指在美国境外的美元存款，并非特指在欧洲的美元；欧洲欧元指在欧元区境外的欧元存款。离岸欧元一度有和美元并驾齐驱成为融资货币的势头。2008年金融危机前，欧洲欧元规模增速大于欧洲美元，但危机后受到重创，2012年欧债危机后规模继续缩小，截至2021年末仅约4.6万亿美元。金融危机后欧洲美元规模一度下降，但欧债危机后又恢复增长，截至2021年末约14万亿美元。

三是在岸美元是最重要的安全资产。在美国对全球其他国家的负债中，现金、国债、回购等安全资产占比较大。在美国持有的全球其他国家资产中，直接投资、公司股权等风险资产占比较大。美国从世界其他国家以较低利率借入短期资金，投资到国外长期风险资产中获得更高收益率，不仅是世界的银行家，借短投长，更是世界的风险投资家，以债权融资获取股权收益（Gourinchas and Rey，2005）。截至2021年四季度，美国虽然国际投资净头寸（NIIP）为负债18万亿美元，但净收益仍为正，连续9年每年超过2 000亿美元。

最后也是最重要的原因，没有其他货币能替代美元的地位。尽管其他主权货币如欧元和日元等在国际货币体系中扮演一定的角色，但在历次金融动荡和危机发生时期，美元的避险功能仍显示其具有"别无选择"的优势。即使源自美国的危机，如2007年次贷危机和2008年全球金融危机，最后受到伤害较大的反而是中心国以外的国家。表面上看，欧元的问题在于市场深度不够，危机时用处有限；人民币的问题则在于并未完全开放资本账户（Brunnermeier、James and Landau，2022）。更深层次的问题则在于国际储备货币地位不仅是货币现象，更是一国科技创新、军事、经济等软硬综合实力的体现。

3. 美元安全资产的地位为何无可替代？

2008年全球金融危机爆发后，国际投资者更加倾向持有美元资产（Maggiori et al.，2018）。美元为何是最重要的安全资产？对这一问题有两种针锋相对的解释：水星假说和火星假说。在古罗马宗教和神话里，水星是贸易之神，火星是战神。水星假说认为持有美元是出于对安全、流动性、网络效应和贸易联系等经济因素的考虑，该假说主要由哈佛大学学者提出，也被称为哈佛学派。火星假说则指出于地缘政治的考虑，持有战略、外交、军事上有优势的美元，该假说主要由加州大学伯克利分校的学者提出，也被称为伯克利学派。相比水星假说，火星假说更加强调地缘政治因素边际上对外汇储备货币占比的解释。经济发展模式相似的国家持有的美元外汇储备占比有明显区别：日本外汇储备中美元占比明显高于中国，沙特外汇储备中美元占比高于俄罗斯，德国外汇储备中美元占比高于法国。一种解释是日本、沙特和德国都依赖美国的军事保护，因而美元外汇储备占比更高，而中国、俄罗斯和法国都有核武器，对美国的军事依赖度更低，持有的美元外汇储备占比也更低（Eichengreen、Mehl and Chitu，2018）。两种假说并不矛盾，只是视角不同，持有储备是经济和政治因素的综合考量。一国储备货币地位的获得都是以政治意愿为前提的，购买和持有外汇储备也是以承认现行国际秩序尤其是现行国际货币体系为前提的。现行国际货币体系仍以美元为主导，对各国而言，出于经济和政治的考量持有美元安全资产仍是最为安全和保险的方式，也是对现行国际秩序和国际货币体系的认可。

二、国际货币体系的结构性问题和矛盾

现行国际货币体系是美元体系。一国主权货币充当国际货币带来了三重结构性问题：不平衡、不协调、不充分。这三大问题具体体现在美元作为储备货币的美元霸权（Exorbitant Privilege）和义务（Exorbitant Duty）之间的不对等（Gourinchas、Rey and Govillot，2017；Farhi and Maggiori，2017）。由于美元霸权远大于其需要承担的义务，这带来了国际货币体系的第四个问题：金融基础设施的武器化，具体而言是美元的武器化。本节我们具体讨论国际货币体系的四大结构性矛盾。

1. 国际货币体系的不平衡矛盾

不平衡是指美元一家独大与美国实体经济地位的不对称。美元在全球金融交易、贸易结算交易和计价以及储备货币中仍占主导地位，目前全球国际债务约60%是美元债务，50%的国际贸易以美元结算，60%的储备资产是美元资产。与之对比，美国实体经济地位远低于美元地位，截至2021年，美国GDP占全球GDP比重仅为15%，美国贸易占全球贸易比重也仅为10%。国际货币体系的不平衡矛盾引发了关于特里芬难题的众多讨论。

作为优势储备货币，理论上美元会面临特里芬难题。特里芬难题的核心问题是"（单一）储备货币发行国无法在为全球提供流动性的同时确保币值的稳定"（周小川，2009）。特里芬难题有几个不同版本。特里芬难题在1960年最初提出时，是指美国提供全球流动性与黄金储备上限的矛盾，这一矛盾是真实存在的。1958年12月布雷顿森林体系开始正式运行，在美元与黄金挂钩、其他国家货币与美元挂钩的"双挂钩"制度下，美元成为单一储备货币。1960年耶鲁大学经济学教授罗伯特·特里芬出版《黄金与美元危机》①一书，提出"如果美国减少国际收支逆差，则美元的国际供给将不足以满足全球经济中的流动性需求；若美国持续国际收支逆差，则由此积累的海外美元资产必远超过其黄金兑换能力"。特里芬难题1.0版有35美元兑换1盎司黄金的特定制度安排，但布雷顿森林体系解体后，美元不再与黄金挂钩，特里芬难题1.0版自动消失。

特里芬难题2.0版将美元的币值稳定问题和经常账户赤字或财政赤字联系起来。特里芬难题2.0版有两种说法。一种说法是美国提供全球流动性与经常账户逆差可持续性的矛盾，作为储备货币的前提是必须保持币值稳定，这又与长期经常账户逆差相矛盾。有研究指出这从根本上误读了经常账户赤字和美元储备货币地位的关系，经常账户版本的特里芬难题是个"神话"（Bordo and McCauley，2018）。充当国际货币提供全球流动性，并不必然要求一国以经常账户赤字作为支撑，这个命题从特里芬提出时就一直被误读。实际上，在20世纪80年代以前，美国在多数年份是经常账户盈余，届时美元已经充当了30多年的储备货币。

---

① Robert Triffin. Gold and The Dollar Crisis [M]. Yale University Press，1961.

这一命题混淆了总资本流动和净资本流动，净资本流动和经常账户一一对应，但是储备货币地位对应的不是净资本流动，而是总资本流动中的一部分，是外国官方资本流入持有该国国债，和经常账户并没有对应关系，并不要求经常账户是赤字。即便退一步讲，充当储备货币或许边际上压低了美国的利率，刺激了消费，导致经常账户盈余低于正常水平，但美国经常账户可持续性目前并不是问题。美国原油已实现自给自足并开始出口，且美国对外投资主要是股权、FDI（对外直接投资），持续带来超额收益并能部分弥补货物和服务贸易赤字（见图15.1），因而其经常账户逆差可以长期维持（Gourinchas and Rey，2005）。

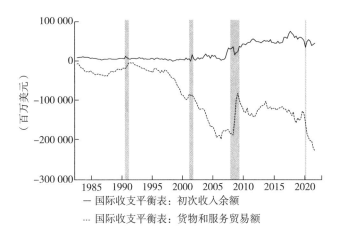

图15.1 美国对外净投资收益能部分弥补货物和服务贸易赤字
资料来源：美国经济分析局。

第二种说法是美国提供全球流动性与财政可持续性的矛盾。海外对作为安全资产的美国国债的需求快速增长，随着债务积累美国难以保持国债的价值。当前美国财政赤字虽然在上升，但距离可持续性危机或"特里芬时刻"似乎还很遥远。20世纪80年代以来，美国公众持有的公共债务占GDP比重快速攀升，2021年末已经突破125%，超过二战结束后的历史高点118%。但美国联邦利息支出占财政收入之比却随利率一路下行，目前不到13%，低于90年代末克林顿政府实现财政盈余时的18%（见图15.2）。

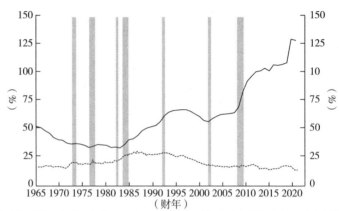

－美国公众持有的公共债务占GDP比重 ··· 美国联邦利息支出占财政收入比重（右轴）

图15.2　美国联邦利息支出占财政收入比重和未清偿债务占GDP比重
资料来源：美国财政部、美国管理和预算办公室。

2. 国际货币体系的不协调矛盾

不协调是指美联储根据美国国内经济状况制定政策，美联储政策调整会与全球经济周期不匹配。由于美元是全球最主要的融资货币，美联储的政策调整会引发美元汇率和全球融资条件的变化，全球金融周期就是美元周期（Rey，2013）。几乎每次全球经济和金融市场动荡背后都有美国货币政策调整的影子。有学者相应提出，国际货币体系不仅是货币，还应包括金融，也即国际货币和金融体系（Borio，2016）。全球所有经济体，即使采取浮动汇率制度和通胀目标制，都不能做到对美联储的政策免疫。美国货币政策具有极强的外溢性，带来资本的大进大出，容易导致一国国内经济和金融周期被全球金融周期主导，也被称为资本账户主导。例如，2010—2011年美联储实行大规模资产购买政策，货币政策大幅宽松，导致新兴市场经济过热，通胀快速上升，新兴市场资本大幅流入；2013年5月，美联储主席伯南克暗示将逐渐缩减购债规模，金融市场担心美国政策收紧，美债收益率快速上升，新兴市场资本大幅流出。资本大进大出威胁全球金融稳定。

3. 国际货币体系的不充分矛盾

不充分是指全球金融安全网发展不充分。美国作为国际货币发行人并未承担起世界央行的职责。美联储设置了双边货币互换协议（bilateral currency swaps），当危机发生时，与美联储有货币互换协议的国家可以向美联储借款获取美元流动性。美联储在2008年全球金融危机和2021年新冠疫情期间都以双边货币互换的形式向盟国央行提供了美元流动性。问题在于不是所有国家都能借到，就算借到了，作为美国盟友，在安全、经济、政治和贸易等领域也要付出相应对价，这些对价可能会损害其他国家的利益。

由于没有世界央行，没有统一的全球安全网，全球的金融安全得不到充分保障。布雷顿森林体系解体后，IMF救火能力严重不足，没有与全球经济和跨境资本流动的规模成比例增加，目前IMF掌握的危机救助额度仅有不到1万亿美元。危机发生时区域组织也难以发挥作用。

不充分的全球金融安全网加剧了安全资产的稀缺。为保障自身金融安全，各国只能积累外汇储备作为安全资产备用并自救，这进一步放大了安全资产的短缺问题。此外，由于美元一家独大，其他货币资产难以成为安全资产，安全资产的供给也受限。2008年全球金融危机后，各发达经济体央行实行量化宽松货币政策，不断扩大资产购买规模，利率甚至突破零下限，带来安全资产收益率走低和安全资产缺失（Caballero、Farhi and Gourinchas，2008）。欧洲和日本都是负利率，美元安全资产的地位因其相对较高的回报而更加凸显。不仅如此，2020年新冠疫情以来，一个新的现象是风险资产日益追捧美国股票和权益类资产，标普500指数从新冠疫情暴发前的3 200点短暂下挫后一路飙升至2021年12月的高点4 700点附近。

4. 美元霸权和美元武器化问题

国际货币体系不平衡、不协调、不充分的三重矛盾，正是美元作为储备货币的美元霸权和义务之间不对等（Gourinchas、Rey and Govillot，2017；Farhi and Maggiori，2017）的具体体现。对美元权责不对等最精炼的概括是"美元是我们的货币，却是你们的问题"。由于美元霸权远大于其需要承担的义务，带来了国际货币体系的第四大问题美元武器化，并且近年来这一倾向愈发明显。

美元霸权主要体现在三个方面。一是由于美元资产更为安全和保值，各国都希望积累美元外汇储备，一旦各国投资美元资产，美国便能以较低的成本进行融资；二是可以发本币债，当然这并非美国独此一家，欧元区也可以发欧元债，但对新兴市场国家而言，相当一部分在相当长的时间里无法以本币借债，这也被称为"原罪"（Bordo、Meissner and Redish，2003）；三是美国可以在非危机时期投资风险资产并获得更高的回报。美国持有的全球其他国家的资产中，直接投资、公司股权等风险资产占比较大。截至2021年四季度，虽然美国国际投资净头寸为负债18万亿美元，但全年净投资收益仍为正2 825亿美元。

美元义务也体现在三个方面，但相较于美元霸权，美元需要承担的义务相当有限。一是高的经常账户赤字，由于可以通过更低的成本融资，因而消费更多、进口更多带来较高的经常账户赤字。二是因高的经常账户赤字导致汇率可能被高估和竞争力损失。这两项义务理论上存在，但研究发现这两项义务对美元的限制可能非常有限（Bordo and McCauley，2018）。三是在危机时美国需要承诺不贬值，向其他国家进行财富转移，也即"保险赔付"。危机时期由于各国追求安全资产，资金流入美国会导致美元汇率升值，其他国家货币汇率贬值，美国持有的其他国家资产相对贬值，因而美国向其他国家转移净财富（Gourinchas and Rey，2017）。2008年全球金融危机提供了一个很好的经验案例，2007年第四季度到2009年第一季度，美国的外国净资产占GDP比重大幅缩水了近21%。

从保险的角度可以更好地理解美元的权责不对等。美国作为全球国际货币的主要发行者，是国际保险的提供者，美元霸权是美国对全球征收的保护费或者垄断租金；而新兴经济体积累外汇储备，可以抽象为向美国交"保护费"或者"保险费"。

但2008年金融危机后，尤其是2020年新冠疫情以来，美国"卖保险"和其他国家"交保费"的能力和意愿都发生了重要的边际变化。一方面是"不负责任的卖保险者"，美国为了保障国内经济稳定，实行大规模资产购买政策，压低国债收益率，提高保费，同时还积累了通胀和美元贬值风险，降低了赔付能力和赔付意愿，增加了新兴市场国家储备资产被高通胀和美元贬值"薅羊毛"的可能。另一方面是"更强大的被保险人"，新兴经济体自身经济稳健性变强，逐渐转为浮动汇率制，用汇率波动吸收冲击，汇率的波动性和灵活性均上升。这背后的本质是国际货币体系正在由单一的美元体系开始向多元体系过渡。

三、俄乌冲突对国际货币体系的影响

上一节我们讨论了国际货币体系的结构性问题和矛盾。这些问题和矛盾在俄乌冲突前便已存在。俄乌冲突爆发以来，西方对俄实行了空前规模的金融制裁，冻结俄央行储备资产，引发了关于美元武器化、美元地位是否受到威胁的激烈讨论，甚至有观察者提出国际货币体系已经进入布雷顿森林体系3.0版。那么，俄乌冲突后国际货币体系是否会发生显著改变，是加速和放大原有的多元化趋势，还是会有根本意义上的格局变化？本章将回应这一争论，并探讨俄乌冲突对国际货币体系的长期影响。

事实上，国际货币体系的演变早在俄乌危机前便已发生，俄乌冲突对国际货币体系的影响是加速器和放大器，但在某些层面还会是格局转换器。俄乌冲突将加速国际货币体系向多元化的改良，但同时也将为国际货币体系带来一系列变革。

俄乌冲突前，国际货币体系的多元化便已发生。最重要的分水岭是2015年，全球储备规模停止快速增加（见图15.3）。其中，美元在全球外汇储备中的占比也是自2015年达到65%的阶段性高点后开始逐步下降，2021年以来进一步下降（见图15.4），这表明2015年后流入美国的官方资本停滞甚至下降。

俄乌冲突后，国际货币体系产生了新的多元化，各国因供应链安全考虑而加速去全球化，全球贸易、金融和投资更加碎片化。俄乌冲突在三个具体层面带来结构性变化。

一是全球贸易版图重构将带来国际货币体系的巴尔干化。俄乌冲突爆发后，欧洲摒弃对俄能源依赖，重构全球能源贸易版图。欧洲能源高度依赖进口，尤其依赖自俄能源进口，欧洲能源总消费中天然气占24%，其中自俄进口占41%；能源总消费中原油占比39%，其中自俄进口占27%。俄乌危机后欧洲加速摆脱对俄能源依赖。2022年3月9日，欧洲推出REPower EU计划并给出路线图，年内降低对俄天然气依赖的2/3，2030年完全摆脱俄罗斯的天然气；6月欧盟对俄罗斯海运石油禁运达成一致，覆盖欧盟自俄原油进口的3/4。欧洲对能源安全重视度上升将加速全球贸易碎片化，而贸易的变化将直接影响国际货币体系中的交易环节，国际货币体系将进一步碎片化。短期内，欧洲对俄能源依赖度下降，对美能源依赖度或将上升，美元地位受益于能源相关交易将得到提升。

此外，各国按照价值观选边站队，重构全球供应链。俄乌冲突导

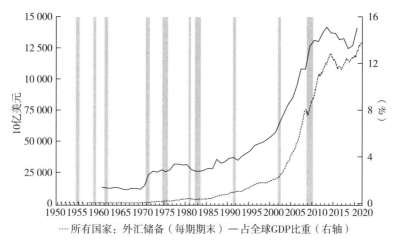

图15.3　全球外汇储备绝对规模和占GDP比重

资料来源：IMF，Haver。

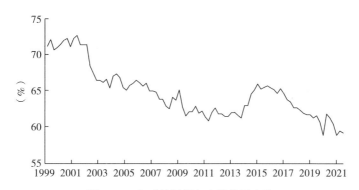

图15.4　全球外汇储备中的美元占比

资料来源：IMF。

致各国对军事、国防的重视程度显著上升，德国国防政策发生世纪转向。2022年2月27日，德国总理舒尔茨宣布将全面调整德国国防和能源安全战略，"普京的战争"对德国和欧洲来说不亚于"时代变迁"，德国国防支出从占GDP的1.3%提升至2%，将成为继美国、中国后的全球第三大军费支出国。当政治结盟发生变化时，全球供应链和金融联结将会相应转向，影响主要货币的相对重要性。对俄制裁将导致部分国家从美元转向分散化，但大部分国家站在俄罗斯对立面，可能会更加依赖美元。欧俄长期对抗，欧美联结更紧，欧洲对美安全及能源依赖增强，联合制裁等一致行动将增加美欧互信。

二是西方对俄制裁前所未见，俄乌冲突将放大国际货币体系的不充分问题。将俄乌冲突与新冠疫情对比，可以更好地理解俄乌冲突对国家货币体系的冲击。俄乌冲突直接从根本上全方位冲击二战后的国际秩序。新冠疫情更多影响贸易全球化和本国内的政策协调。新冠疫情导致美国实行大规模资产购买计划，国债收益率下降，美元贬值，美元资产回报下降，相当于美元提供"保险"的意愿和能力下降。而俄乌冲突则是冻结央行资产，相当于"本金"直接没了。俄乌冲突与新冠疫情对国际货币体系的影响相当于本金和利息的差别，前者的影响也更直接。

俄乌冲突引发了关于西方制裁俄罗斯央行外汇储备资产是否改变了外汇储备资产定义的激烈争辩。G20国家和安理会常任理事国的央行资产被冻结前所未有，央行资产并未享受不被制裁的豁免权。有观点认为西方制裁俄罗斯央行外汇储备资产是对俄罗斯"入侵主权国家"极端行为的极端反应。如果不发生极端情形，西方不会采取此类极端政策，因而并未改变外汇储备资产的功能和定位。换言之，西方制裁央行外汇储备资产是0和1的二元变量，仅在战争等极端情形下发生。但也还有一种可能，随着美国发起极端制裁的阈值逐步降低，对外汇储备资产制裁的门槛会变成一个连续变量，越来越容易被触发。即便在现在情形下，如果西方对俄升级制裁，比如纳入对其他国家的二级制裁，外汇储备资产的安全性也会受到挑战。

三是西方对俄制裁有可能终止金融全球化，全球外汇储备总规模可能停止增长。原本持有外汇储备的动机是贸易和金融全球化，因国际货币体系不充分才需要留有外汇储备自救。俄乌冲突可能标志着

1989年冷战结束以来金融全球化的终结。全球化的产业链和供应链停滞，外汇储备作为外债最后贷款人的必要性下降，储备规模可能停止增长。但全球储备构成不一定有太大变化，仍是以美元为主。各国减少外汇储备持有将进一步加剧国际货币体系的不充分问题。

最后，俄乌冲突是加强还是削弱了美元地位？关于此问题存在较大争议。一方观点认为俄乌危机削弱了美元地位。美元的武器化虽然在一致行动的当下得到了欧洲的支持，但在长期还是会削弱美元的地位。有市场人士认为俄乌冲突欧美冻结俄罗斯外汇储备，让建立在美元内生货币基础上的布雷顿森林体系2.0版轰然倒塌，基于外部货币（黄金和大宗商品）的布雷顿森林体系3.0版的新秩序呼之欲出（Pozsar，2022）。虽然不赞成这一激进观点，IMF第一副总裁吉塔·戈布纳斯（Gita Gopinath）也表示，一些国家已经在重谈贸易结算货币，在全球贸易中更多地使用其他货币将导致各国央行持有的外汇储备资产进一步多元化，对俄罗斯的制裁并不预示着美元作为储备货币的消亡，美元仍将是全球主要货币，但在较小水平上的分裂是很有可能的。另一方观点则是美元地位并未受到影响，俄乌冲突甚至加强了美元地位，从美元走强的市场表现就能看出来。普林斯顿大学教授布伦纳梅尔（Brunnermeier，2022）指出美国过去几十年的行动都在致力于促进、保护美元作为安全资产的地位，目前只有美国能为世界提供庞大、高流动性的政府债券和完全开放的资本账户，并不存在有吸引力的美元替代品。*总的来看，俄乌冲突仍难以危及美元的主导地位，短期内美元地位或将得到加强。

总而言之，俄乌冲突加剧了国际货币体系不充分的问题，全球金融安全更加得不到保障。国际货币体系将加速多元化、碎片化，甚至

---

* 有关布伦纳梅尔的更多观点，可参见他的新书《韧性社会》（中信出版集团，2022）。
——编者注

出现巴尔干化。多元化是指储备资产的币种和资产类别更加多元;碎片化是指俄乌冲突加剧国际货币体系"不充分"的问题,全球统一的金融安全网愈发缺位;巴尔干化则是指金融全球化的终止,各国按价值观选边站队,重构产业链和供应链。俄乌冲突也许不是美元主导地位的终结,但可能是各国快速积累外汇储备时代的结束。

四、国际货币体系何处去?

俄乌冲突是国际货币体系重要的分水岭,国际储备货币的定位和功能都将受到影响,对我国而言机遇与挑战并存。多元化是国际货币体系的发展方向,更加公平和稳定的国际货币体系需要人民币顺应市场力量,逐步成长为国际储备货币。

1. 国际货币体系发展方向

我们是否需要以及需要什么样的国际货币体系?如果没有国际货币体系和政策协调,已有的国内金融周期会被全球金融周期放大,金融溢出效应将加剧各国维护其经济和金融稳定的难度。金融溢出效应主要通过三个渠道影响各国:一是汇率渠道,美国政策变化通过美元币值变动影响其他货币汇率,导致竞争性的宽松和收紧周期;二是风险承担渠道,例如2008年金融危机后美国货币宽松,美元贬值,美元融资变容易,中国房地产企业大量借美元债,加剧金融风险;三是资本流动渠道,货币政策和汇率变动容易导致新兴国家资本大进大出。更加多元和协调的国际货币体系有助于缓解中心国家货币政策的外溢效应。

多元化可以缓解国际货币体系不平衡、不充分的问题,提供更多元的外汇储备资产供给和更充分的全球金融安全网络。由于国际货币体系存在金融基础设施武器化问题,因而需要机制来约束中心国家的行为，多元化可以通过竞争机制来约束中心国家和上升国家，中心国家货币超发会丧失主导地位，上升国家则需要继续坚持改革开放。

但多元化难以解决国际货币体系的不协调问题。解决国际货币体系的不协调问题需要系统性改善全球的危机管理能力，各国在管理好自身事务的同时管理好全球的事情。对各国国内而言，需要通过货币政策、宏观审慎政策、财政政策、结构性政策的组合来协调处理国内问题，节省政策空间并确保金融稳定；对国际而言，各国需要在制定国内政策时更多考虑其政策的外溢效应以及可能的外溢溢回效应，加强各国政策之间的合作，甚至应发展新的国际机制以约束主要国家国内政策的外溢影响（Borio，2016）。

建立一个超主权货币为主导的国际货币体系才能从根本上解决问题。提升IMF特别提款权（SDR）的作用，逐步使之成为真正的超主权国际储备货币是未来的努力方向。SDR不是主权货币而是国际化的一篮子货币，目前仅限于官方货币当局使用，且缺乏发行准备机制，流动性提供能力受限。20世纪七八十年代数次讨论过的"替代账户"机制，将主权国家的外汇储备转化为SDR计价的债券，不仅能克服主权国家信用的内在风险，更是SDR增发的准备机制，在提高全球流动性的同时，还能降低外汇储备中的主权货币比重，是增强SDR作用、改革国际货币体系的重要一步（Kenen，2010）。面临替代账户的压力，中心国家不能随意超发货币，同时还要承担国际收支失衡的责任，有利于促进政策协调。但自1969年IMF的SDR分配机制诞生以来，始终面临技术和政治博弈等层面的重大约束。从技术层面来看，SDR只是记账单位，与其他主要货币缺乏清算机制，无法成为国际贸易和金融交易广泛接受的支付、交易和清算工具。此外，SDR只适用于官方机制，且通过配额分配也限制了它进一步发挥作用的空间。从政治博弈看，美元霸权作为美国经济金融霸权的重要载体，SDR的发展势必挤占美元霸权的施展空间。因此，美国参与SDR改革和替代账户机制的国际合作意愿非常淡薄。从历史上看，当美元面临系统性危机或持续贬值压力时，更有利于形成改革国际货币体系的共识。如何加强国际货币体系的国际协调仍将是重大挑战和未来一大研究方向。

2. 人民币的机遇与挑战

俄乌危机后，储备货币的地位将长期受到影响。国际货币体系的多元化和巴尔干化将为人民币带来新的机会和挑战。为更好地理解人民币的机遇和挑战，我们首先回顾国际储备货币的功能和起源。

国际储备货币需身兼三职：计价、交易结算和价值储藏，三者相互循环、相互加强，同时具有三个功能才能成为真正意义上的国际储备货币。关于国际储备货币三个功能谁先谁后有两种观点：一种观点强调货币的价值储藏功能，认为一国货币需要先成为安全资产，再慢慢发展其交易和计价功能；另一种观点则认为是先有交易和计价货币，然后才愿意持有货币，成为储备资产。

这两种观点都有其理论渊源。传统的货币理论强调货币的交易属性。古典传统货币数量论强调货币的交易媒介职能，重视影响交易的货币流通速度、金融体制等客观因素。凯恩斯的流动性偏好理论强调货币的价值储藏功能，认为人们持有货币的原因是存在流动性偏好，愿意持有流动性最强的货币而不愿意持有缺乏流动性的资产，对货币的需求基于三种动机：交易动机、预防动机和投机动机。古典货币数量论和凯恩斯的流动性偏好理论分别强调货币的交易和价值储藏属性，持有货币基于货币的实际用途而非预期。以弗里德曼为代表的现代货币数量理论则强调预期的作用，将货币看作资产的一种，持有货币与消费者的收入、货币及其他各种资产的预期收益率以及消费者本身的偏好相关，持有货币本质上是对货币的信任。理论上，不同观点对货币三种功能的强调有所区别，而实证上，关于货币三个功能谁先谁后则并无统一答案。

因此，先有交易货币还是先有储值货币，属于先有鸡还是先有蛋的问题。国际储备货币存在网络效应，先行者具有明显的优势，地位很难被撼动。以美元的原油定价为例，美国很早便在经济实力、国债市场、储备货币地位上超过英国，于1944年布雷顿森林体系协定确立美元国际货币地位，但美元的大宗商品定价权仍远滞后其储备货币地位。早在1872年，美国GDP总量便超过英国；1929年，美元债券全球份额便超过英镑债券；1950年，美元超越英镑成为实现价值储藏功能的全球主要储备货币，但1950年美元在原油计价中并未完全取得主导地位。一方面，英国依托石油产业优势，垄断全球石油产业的"石油七姐妹"中有两家为英国公司（壳牌与BP），更倾向于使用英镑结算；另一方面，石油是工业经济体的血液，能源定价权是大国博弈的焦点，面对二战后美国的崛起，英国用其经济、政治影响力排挤美国石油公司，限制石油贸易中美元计价的比例，推迟了美元主导石油定价的进程。美国积极寻求突围之策，与沙特签订协议，沙特石油销售全部以美元计价，沙特将结余出口收入投资美国金融市场，购买美债，即"石油—美元"循环。直到20世纪70年代英镑危机发生后，原油的定价才逐渐转为美元主导。

俄乌冲突后国际储备货币的三个职能有所分离，计价、结算跟储值有所分割，因而先有计价交易、后有储值的循环变得更有可能。俄乌冲突后，人民币在结算支付和计价领域获得更大的机会。具体而言，人民币或将在大宗商品领域发挥一定的影响力。尽管人民币难以撼动现有大宗美元计价体系，但我国具有巨大的能源需求，有望在能源结算领域获取更大的话语权。结算较计价更易推进，结算仅涉及货币支付和转换，而计价则是包含底层的价格形成机制。据《华尔街日报》报道，2022年4月以来沙特正与中国就对华出售石油使用人民币结算进行谈判，并考虑将人民币计价的石油期货合约纳入沙特阿美计价体系。这背后既有经济利益也有地缘政治的考量，一方面，中国已是沙特的最大贸易伙伴，沙特借此扩大对华石油贸易规模；另一方面，俄乌冲突后美沙关系趋冷，沙特也在寻求其他政治安全联盟。如果国际储备货币先用于交易再用于储值这一顺序仍有效，可能会利好人民币（Brunnermeier、James and Landau，2022）。

但俄乌冲突后各国更加站队，国际货币体系更加碎片化，对人民币国际化仍构成挑战。一方面，我国贸易体量大，和欧洲一样依赖于全球化而非碎片化，应该坚定不移地走全球化和多边主义的道路。虽然人民币在大宗商品领域具有一定的影响力，但全球大宗商品市场面临的问题不在货币层面，而在物流层面（Jim O'Neill，2022）。即便中沙能源贸易联结更趋紧密，并不代表中国将持久地影响全球大宗商品市场，特别是考虑到俄乌冲突后西方国家之间可能会形成新的能源贸易和运输网络。人民币或许在短期能发挥一定作用，但也可能不具有结构性。另一方面，俄乌冲突后各国按圈子划线，中国应避免被现行优势货币隔离。目前的国际货币体系仍以美元主导，以美国为首的西方国家仍有较强的金融实力和地位（Brunnermeier、James and Landau，2022）。俄乌冲突后，西方国家有可能借俄乌冲突逼迫各国和全球投资者选边站队，各国的周旋余地有限，应对也非常被动。多元化的国际货币体系符合所有国家利益，有利于降低各国对美元的系统性依赖，保障各国对外经贸活动和外汇储备的稳定性与安全性，同时提高被制裁的筹码和成本。

当前，我国在全球货币体系中面临的战略风险是主观层面的被边缘化，以及客观层面的金融市场发展和开放不足。目前人民币在全球外汇储备中占比还不到3%，仍有很大的提升空间。进一步提升人民币国际化和储备货币地位存在历史机遇，也是必然发展趋势。多元化的国际货币体系也符合我国和绝大多数国家的长期利益。我们应以夯实内功为主，深耕人民币国际化的制度和市场基础，继续做好自己的事情。具体而言，重点突破人民币跨境贸易结算、推进金融市场发展和开放、以区域化为抓手推动人民币国际化和储备货币地位的持续提升。

五、总结

现行国际货币体系是美元体系，全球储备资产仍是美元主导。现行货币体系仍面临着不平衡、不协调、不充分、美元武器化的四大矛盾。俄乌冲突前国际货币体系的演变早已发生，俄乌冲突对于国际货币体系而言是加速器和放大器，但在某些层面仍是格局转换器，国际货币体系将面临更大的变革。俄乌冲突后，欧洲对能源安全的重视前所未有地上升，各国按照价值观选边站队，西方对俄制裁可能终止金融全球化。短期看，欧美联结更为密切将提振美元地位。长期看，全球贸易、金融全球化停滞的结果可能是外汇储备规模停止增长，全球金融安全将更加得不到保障，加剧国际货币体系不充分问题，国际货币体系将加速多元化、碎片化，甚至会出现巴尔干化。多元化能解决国际货币体系不平衡、不充分的问题，一定程度上约束美元武器化，但仍难以解决不协调的问题。国际货币体系的缺位将加剧以美元周期为代表的全球金融周期的外溢性，全球经济和金融体系在效率和稳定两个方面都将面临前所未有的挑战。往前看，如何加强国际货币体系中的国际协调仍是有待克服的挑战。国际货币体系改革很难一蹴而就，但是变革正在发生。

第十六章 后危机时代央行的十大争议

过去20年的经验证明，速度、力度和创新对21世纪的货币政策至关重要。

——斯坦利·费希尔

2008年全球金融危机以来，主要央行在利率零下限背景下的政策创新彻底打破了"大缓和"时代的央行共识。自1983年沃尔克领导的美联储成功制服通胀至金融危机前夜，主要经济体的增长和通胀波动率同时下降，这25年被称为"大缓和"时代，并形成了以"一个目标，一个工具"为核心的央行共识。第一，央行应该独立，不受政治压力，避免货币宽松降低政府债务负担的政策倾向。第二，央行应该透明，它有利于引导预期。第三，主流政策框架为通胀目标制，以实现低而稳定的通胀为主要甚至唯一政策目标。第四，主要货币政策工具为短期利率，通过改变短期名义利率来影响实际信贷利率。第五，央行资产负债表应该稳健和可控，以短端国债为主，增强央行可信度。第六，央行不应该直接分配信贷，避免扭曲价格形成和资源配置效率。第七，货币政策采取委员会决策制度，因为"三个臭皮匠，顶个诸葛亮"。

危机以来，以上七条共识中的前六条都被颠覆。第一，央行看上去不那么独立，它们直接或者间接为政府提供融资。第二，央行和市场的沟通方式大大改变，前瞻指引和预期管理的作用被强化。第三，通胀目标制不再是主流，金融危机引发了对金融稳定目标的再思考。第四，政策工具在利率零下限附近得到了创新，央行资产负债表的规模、构成甚至是扩张速度都被纳入政策工具箱。第五，央行的资产负债表不仅激增而且其资产更具风险。第六，不少央行直接分配信贷，比如美联储购买MBS，欧洲央行购买资产支持债券和资产担保债券（Covered Bonds），日本央行甚至购买了企业股票指数基金（ETF）。

和危机前相比，央行的目标和职责被显著拓宽，大部分央行都把金融稳定目标放到更加突出的位置。危机让央行意识到稳定的通胀和经济增长并不一定带来稳定的金融。货币政策不一定是防范金融风险最有效的工具，应该主要由宏观审慎政策来实现金融稳定目标。在多元化目标的影响下，货币政策工具也由单一的利率调控转变为包括资产负债表、宏观审慎和预期管理等多元化工具。旧的共识被彻底打破，新的共识尚未形成，尤其是新工具的效率和效果，不同工具之间如何协调配合仍处在争议之中。本章通过梳理2008年全球金融危机以来关于央行的十大争议来显现央行的新发展及其面临的新挑战。

争论一：量化宽松的挑战与出路

量化宽松是危机后非常规货币政策的新常态，使用最广和最频繁，我们在第七章对此做了详细介绍。实施量化宽松的央行和学术界对其相对更加认可，其他央行对量化宽松的效果仍存疑。推出量化宽松的央行认为量化宽松有效降低了长端利率、改善了整体金融条件，对提振实体经济以及预防通缩意义重大，否则金融危机将会造成更久、更深的损害。质疑量化宽松有效性的观点则指出，2008年全球金融危机以来全球经济复苏乏力，通胀长期低于货币政策目标。相比传统政策工具，量化宽松向金融市场和实体经济的传导效果均偏弱。量化宽松对长端利率虽有影响，但持续时间短暂，通常在政策推出1~2个月后完全消退。量化宽松的成本与风险可能比传统工具更大，包括基础货币急速扩张可能引发高通胀，央行持续、大规模购债可能干扰金融市场运行，充足甚至过度的流动性供给可能催生资产泡沫，量化宽松的再分配效应显著导致央行独立性招致更大质疑等。

量化宽松如何起效在理论上和实证上都存在一定的争议。政策利率被锚定在零下限，量化宽松主要通过压低期限溢价和风险溢价来实现传导。传导渠道理论上可以总结为三大效应：信号效应、存量效应和流量效应。部分市场人士认为量化宽松主要是流量效应，取决于边际购买量对流动性的影响[①]；相对应地，如果是流量效应主导，量化宽松不仅难以退出，就是边际上减少购债规模也会引发市场震动，如2013年5月发生的"缩减恐慌"。大部分实证研究发现，量化宽松是以资产组合再平衡渠道为主的存量效应主导，兼具一定的信号效应，而流动性渠道（流量效应）更多是在流动性危机期间起效。综合已有实证文献，量化宽松每降低10年期国债利率100个基点，其中50~75个基点来自存量效应，20~45个基点来自信号效应，只有5个基点来自流量效应。

和常规货币政策相比，量化宽松在压低长端利率和风险溢价方面体现出更明显的边际效果递减。向前看，随着金融市场风险溢价的普遍降低，信号效应进一步降低预期政策利率，流量效应压低流动性溢价，以及存量效应压降风险溢价的空间都将愈发受限。量化宽松对实体经济的传导可能要弱于对资产价格的传导，尤其是和传统利率工具相比。正常货币政策降息可以在全收益率曲线上无差别地压降无风险利率，而量化宽松只能降低特定资产购买对象的风险溢价，对未被购

---

① 比如，笔者的一位同事就持此观点。2015年6月，我陪同他会见时任美联储理事的鲍威尔，专门求证，鲍威尔说是存量效应主导，我们将信将疑。

买的资产有一定外溢效应，但效果有限。

决定一项政策的不仅在于它的进入，还在于它的退出。量化宽松易进难出，不仅边际效果递减，边际成本还会递增。量化宽松使得央行和金融市场深度绑定，难以退出，不仅需要防止缩减购买规模的反面信号效应引发"缩减恐慌"，还需要防止缩表带来金融条件过于剧烈的收紧。美联储第一次缩表始于2017年6月，止于2019年9月17日国债回购市场的"钱荒"。纽约联储被迫紧急启动临时回购窗口，向一级交易商提供流动性支持，并于同年10月重新扩表。美联储错判了缩表的终点，其资产负债表规模取决于银行体系的准备金需求，缩表意味着美联储在减少准备金的供给。2019年停止缩表时，美联储资产负债表规模从4.5万亿美元降到3.7万亿美元，准备金规模为1.5万亿美元，高于之前美联储对美国银行体系所需准备金水平的估计。[①]《巴塞尔协议Ⅲ》对流动性覆盖率的监管提高了银行体系日末流动性的需求；以《多德–弗兰克法案》为代表的美国国内监管改革，基于破产清算假设，要求大型银行在日内任一时刻，而非仅仅在日末，都需要满足流动性覆盖率等监管指标（Pozsar，2019；Copeland et al.，2021；Ihrig et al.，2019）。日间流动性要求才是对银行体系的硬约束，经验规则显示它大约是日末流动性要求的两倍，这进一步增加了央行退出量化宽松的不确定性。

多轮量化宽松之后，央行资产负债表的规模越来越庞大，从根本上改变了货币调控的模式。央行调控银行间市场利率的难度增加。危机以前通过公开市场操作微调银行间流动性进而调整政策利率的做法不再可行，主要央行的货币政策框架由之前的利率走廊系统调整为利率下限系统。央行货币政策正常化必须同时提高准备金利率和隔夜逆

---

① 美联储根据2019年8月的高级司库官调查（SFOS）估算美国银行体系所需的最低舒适度准备金水平（LCLoR）约为8 000亿美元。

回购利率等利率下限，利率越高，央行所付的成本也越大，加大货币政策正常化对央行资产负债表的压力。

尽管面临这些争议和后遗症，量化宽松是在利率零下限时央行为数不多的工具中相对而言争议最少的。最好的治疗是预防，央行应该尽量避免陷入利率零下限，尽可能保持和用好正常货币政策空间，通过财政、货币和宏观审慎政策协同发力扩大政策空间。

争论二：要不要提高通胀目标？

本书第一章讨论了最优通胀率及其确定，由于通胀的成本是非线的，通胀应该在5%以下。但通胀目标是不是越低越好？对此有不同的看法。2008年全球金融危机之后，主要央行长期处于利率零下限，货币政策空间受限。威廉姆斯和布兰查德等人都主张提高通胀目标从而提高名义利率，避免频繁触及零下限。支持提高通胀目标的理由包括：（1）由于名义工资的刚性，只能上调不能下调，略高一点的通胀让实际工资调整更为容易，名义工资增速可以低于通胀从而实现实际工资调整；（2）更好地避免通缩，主流观点认为通缩猛于虎；（3）通胀测量不准确，高估实际的通胀，2%的通胀目标对应的实际通胀可能是零，因为折扣、质量调整和新产品等因素没有被很好地纳入通胀统计；（4）提高均衡名义利率，避免名义利率触及零下限从而提高货币政策空间。[1]

反对方的主要理由是改变通胀目标会损害央行的声誉。今天可以把目标值从2%提高到4%，以后会不会从4%提高到6%？尤其是在当前通胀上行的时候提高通胀目标，更容易导致对央行抗通胀决心的怀疑。维护央行声誉可以帮助更好地锚定通胀预期，给央行更多灵活操作的空间，还有助于保持对其独立性的支持。如果说金融是信心的博

---

[1]　关于提高通胀目标的讨论，可参见 Blanchard et al.（2010），Williams（2016）以及 Gagnon and Collins（2019）。

弈，那央行管理通胀就是声誉的博弈。支持者则认为这是对央行声誉的过度担忧。央行完全可以将提高通胀目标的理由解释清楚，说服公众相信这是一次性的调整。

如果提高通胀目标的好处主要来自减少触及零下限的概率，以及由此带来的收益，是否提高通胀目标就取决于（1）名义利率的下限到底在哪里，如果可以负很多，则没有必要提高；（2）利率触及零下限的概率有多高；（3）利率触及零下限后福利损失有多大。这三个问题都存在不少争议。有人认为利率零下限没什么可怕的，名义利率下限不是零，负利率和正利率是对称世界，成本并不大，与其提高通胀目标，不如等零下限到来时，大胆降到负利率。还有人认为零下限发生的概率很低，这一观点在危机前比较流行。经济面临冲击的大小和冲击持续的时长都会影响零下限的概率。之前的研究认为零下限发生的概率很低（Chung et al.，2012），不到5%。这些研究有可能既低估了冲击的大小也低估了冲击的持续性（Williams，2014）。经济中的技术、偏好和财政政策冲击集中体现在中性利率这一概括统计量（summary statistic）上，中性利率的持续下行使得零下限发生的概率显著提高，从危机前不到5%到危机后三分之一的时间都有可能在零下限。

尚没有国家公开提高通胀目标值。美联储在2020年8月改变货币政策框架，引入"灵活平均通胀目标制"（FAIT），平均通胀目标仍为2%，允许通胀在一段时间内高于2%以回补之前通胀长期不到2%的目标。这可以看成是变相提高了一段时期内的通胀目标值。欧洲央行也相应修改政策目标，把通胀由不对称的"接近但低于2%"改为对称的"2%"通胀目标。未来看，随着全球化停滞和老龄化加速，这些结构性的变量或会缓慢但持续推升通胀，央行或不得不接受更高的通胀目标。

争论三：要不要搞负利率?

如果通胀目标暂时不宜提高，利率又被困在零下限，一种解决办法是引入负利率。欧洲和日本相继引入了负利率，英国也对负利率持开放态度并于2021年将其纳入工具箱。对负利率比较排斥的是美联储。伯南克（2020）的结论是负利率的成本虽然不大，但是收益也不大，甚至会面临操作上的困难。[①]因为美国《联邦储备法案》不一定允许实行负利率，法律规定美联储可以给银行的准备金付息，但没有说是否可以付"负的利息"。绕过这一规定，美联储可以对银行的准备金收取服务费，但法律规定，美联储收取的服务费用应该反映其提供该服务的真实成本。伯南克不建议美国采用负利率。美联储2010年的研究认为美国利率的下限在–0.35%，低于这一水平，民众将大量持有现金。这一空间要小于欧洲，瑞士和丹麦央行的负利率都降到过–0.75%。

反对负利率的理由主要是对银行体系的负面影响。负利率通过两个渠道影响银行的盈利空间。一是负利率本身就是一种税，是对银行在央行的存款准备金征税。面对税收负担，银行要么自己承受；要么降低存款利率，将其转嫁给存款端的居民和企业；要么抬高贷款利率，将其转嫁给贷款端的企业。在实践中，银行很难把负利率转嫁给居民的零售存款，但可以转嫁部分成本给企业存款人和批发融资提供者，自己承担一部分成本。二是负利率下收益率曲线更加平坦，银行借短投长能获得的息差空间，也即银行的盈利空间，受到压缩。息差虽然降低，但可以通过贷款量的提高来提升盈利，这也是央行负利率政策期待的。问题是，负利率持续时间越长，对银行的负面影响越大。为避免负利率对银行体系的负面影响，央行可以推出分级利率，豁免大部分银行存在央行的准备金。

负利率还会影响货币市场基金。2010年美联储评估负利率时的主

---

① 但不是所有的经济政策名家都持此论。比如布林德和费希尔在与我的书面交流中，都认为美联储应对负利率持更加开放的态度。

要顾虑是负利率会导致对货币市场的挤兑。货币市场是银行和非金融公司的融资来源，如果货币市场基金枯竭，银行和企业的融资都会受到影响。传统上美国投资者都把货币市场基金当作银行存款，存1美元至少能收回1美元，不能低于1美元。2014年美国证监会改革，优先型（prime）货币市场基金自2016年10月开始显示浮动净值，不再像之前那样净值一直稳定而且至少是1股1美元。货币市场基金改革会减少对实施负利率的掣肘，然而美联储仍对负利率讳莫如深。

负利率虽然不常见，但实际利率为负每次衰退都出现过，而且可以是深度负值来刺激经济。2008年全球金融危机后美国实际利率大部分时间为负，最低是在2011年9月，达−3.8%。2022年初通胀超过7%，政策利率仍在零下限，实际利率为负的程度打破了这一纪录。

名义利率为负是否存在下限？布伦纳梅尔和柯比（2018）提出反转利率的概念，央行降息到一定程度，宽松的货币政策会反转变成紧缩性的。反转利率不一定是负的，有可能是在零以上，取决于银行资产负债表对利率变化的敏感程度。四个因素决定反转利率的水平：（1）银行持有长期债券的存量，（2）银行资本金情况，（3）银行所受资本金约束的松紧程度；（4）存款对利率变动的敏感程度（弹性）。降息能够提高长期债券的市值，所以银行持有长期固定收益资产越多，反转利率就越低，央行就越有降息空间。但是低利率损害银行体系的盈利能力，银行的起始资本金越少，所受资本金约束越严格，反转利率就越高。此外，存款对利率越敏感，尤其是当利率很低可能出现贮藏现金或者银行竞争存款等非线性效果时，反转利率越高。

反转利率不是一成不变的，低利率或者负利率时间持续越久，反转利率就越有可能上升。因为利率下降带来的固定收益资产价值重估不能持续，随着持有资产到期，其估值提振效应越来越小，但是它对银行盈利能力的打击则是持续和累积的。反转利率的存在意味着量化宽松和降息之间存在最优顺序，在推出量化宽松之前，应该先把利率降下来。量化宽松买长债会减少银行持有的国债存量，减弱降息给银行带来的资产重估提振效应。

反转利率虽然是银行体系局部均衡分析的结果，只考虑了银行借贷，没有考虑经济中其他部门如居民和政府的经济决策，但它的启示是负利率的适用边界随经济条件和使用程度而变，不一定适合所有国家或者一个国家的所有时期。我们的研究显示负利率的传导有别于常规降息，兼具"超对称性"和"非对称性"。负利率在利率、汇率、投资组合再平衡这三个渠道上表现出"超对称性"传导，其效果甚至要优于常规降息，但负利率还会导致银行、企业和居民的行为发生异化，实施越久，成本越高，其政策边界取决于银行体系、经济结构和人口构成等初始条件（缪延亮和潘璐，2022）。动态来看，央行可以通过分级利率、补贴银行和去现金化等拓宽其边界。但负利率的实施成本随时间而累积，对预期和行为的非对称影响难以根除。

争论四：要不要控制收益率曲线？

在2016年1月引入负利率之后，日本央行发现银行体系和保险公司承受很大压力，收益率曲线过于扁平，长端收益率过低，银行利润受到挤压。2016年9月日本央行引入收益率曲线控制，希望在不影响短端利率的情况下，边际提高10年期国债收益率，缓解银行和保险公司压力。收益率曲线控制的首创者其实是美联储。二战期间，为支持战争经费，压低国债收益率，美联储从1942年4月开始将国库券收益率定在0.75个百分点并把长端国债收益率的上限设在2.5个百分点。直到二战结束后的1947年，国库券的收益率才被允许小幅抬升，但长端国债收益率2.5%的上限一直维持到1951年美联储和财政部达成给予美联储更大独立性的货币协定。

收益率曲线控制和量化宽松都是以控制中长端利率为目标，但操作有点像是镜像关系。量化宽松一般是央行给定购买量，由市场决定价格。收益率曲线控制则是央行给定价格，购买量由市场决定。在引入收益率曲线控制前，日本央行实行每年80万亿日元的量化宽松政策，央行手里的国债接近存量的50%，10年期国债收益率已经低于短端政策利率。央行继续购买会加剧国债市场的流动性短缺，不购买又担心被解读为过早退出宽松。引入收益率曲线控制的算盘是，收益率曲线控制的信号效应会让市场自动向央行的目标靠拢，从而减少央行的实际购买量。之后，日本央行两度提高10年期收益率曲线的控制目标，在±10个基点到±25个基点区间波动，其目的是维持一定的期限溢价，让长端利率高于短端利率。2022年12月20日日本央行第三度提高10年期收益率的区间到±50个基点，被视为退出收益率曲线控制的前奏。

从操作上看，央行控制长端收益率和公开市场操作控制短端收益率没有本质差别。央行可以把长端收益率压到零乃至负值，日本央行就是这么做的。理论上，央行扩大资产负债表没有上限，它为压低利率可以把所有的国债都买下来。央行面临的约束有两方面。一是还要不要市场化定价，收益率曲线是市场定价的基础。央行如果国债买得太多，市场流动性也会出问题。二是盯住名义利率会丧失货币政策灵活性，会放大经济周期波动。首先是失去利率政策的灵活性，如果通胀起来了，名义利率还被限制住，则实际利率会不断下降，加大周期波动。其次是丧失汇率的灵活性，放大外部冲击。2018年下半年到2019年，中美贸易摩擦不断升级，股票市场大幅波动，美联储在2019年三次降息，美国10年期国债收益率快速下行，但是日本国债收益率被锚定，美日之间的利差迅速收窄，日元快速升值。本来日本更加依赖外贸，受影响更大，但是因为利率被锚定，汇率反而升值，放大了冲击。

2020年3月，为应对疫情冲击，在基准利率降无可降的背景下，澳大利亚央行（简称"澳央行"）宣布实行收益率曲线控制，将3年期国债收益率与基准利率锚定在同一水平0.25%，成为继20世纪40年代美联储和2016年日本央行之后第三个开启收益率曲线控制的央行。3年期利率是澳大利亚家庭房贷和公司信贷关键挂钩利率，将3年期国债收益率与基准利率锚定在零下限，能够加强澳央行"3年不加息"的前瞻指引，降低市场对未来利率预期的不确定性，有效降低融资成本。引入之初收益率曲线控制的效果很好，澳央行在未大量购买3年期国债的情况下成功锚定利率目标，避免了资产负债表大规模扩张。然而，随着疫情后经济复苏不断超预期，全球央行快速转鹰，全球利率上行，澳央行目标利率不断遭受市场挑战。2021年7月，由于经济复苏超预期，澳央行试图"温和"退出收益率曲线控制，宣布不再滚动盯住3年期国债，而是盯住2024年4月到期的国债，澳央行试图逐步缩减锚定期限，待2024年4月国债到期后自动退出。相对于突然放弃收益率曲线控制目标，这种退出方式更温和，有助于减少政策退出造成的金融市场波动。

但是，全球经济超预期复苏和通胀超预期上行没有给澳央行温和退出的选项。澳央行3年期的收益率曲线控制目标与其"2024年前不加息"的前瞻指引相绑定，若经济超预期复苏，澳央行早于2024年4月加息，必须同时放弃收益率曲线控制。2021年11月，全球通胀压力加大，澳央行关注的中位通胀指标（trimmed mean）同比快速升至2.1%，为2015年来首次达到目标区间。在此背景下，市场加息预期上升，澳央行"2024年前不加息"的前瞻指引可信度下降，市场质疑收益率曲线控制政策存续的合理性，开始"攻击"澳央行3年期国债收益率目标。面对目标收益率飙升，澳央行并未出手购买国债，而是在11月议息会议上宣布不再盯住收益率曲线控制目标，并放弃了"2024年前不加息"的前瞻指引。

澳央行短短20个月的收益率曲线控制实验并不愉快。澳央行行长菲利普·洛（Philip Lowe）称，未来澳央行很难再度使用收益率曲线控制。收益率曲线控制是一把双刃剑。它有效是因为央行承诺的可信，从而节省"子弹";它失效是因为当经济形势变化快时,它恰恰绑住了央行的手脚。和日本央行收益率曲线控制有一定的浮动空间相比,澳央行收益率曲线控制对收益率目标和持续时长设定都过于明确,限制了政策灵活度。一旦经济复苏超预期,经济基本面的变化要求货币政策转向,央行很难持续与市场对抗。

中国人民银行也在进行某种程度上的收益率曲线控制。我国的政策利率体系既有7天短端利率,也有1年期中期借贷便利的中端利率。和发达国家收益率曲线控制的差别在于,发达国家央行控制的是两个不同期限的国债市场利率,中国人民银行控制的是两个政策利率,而政策利率是可以随时调整的,并未像收益率曲线控制那样承诺固定在某一个水平不变。两个政策利率带来的挑战是两者可能会发出不同的信号,类似于有两个司令部,可能会影响货币政策传导效果。因此,两个政策利率一般会联动,保持息差不变。这样做,中国人民银行一定程度上替代市场为收益率曲线进行定价。由于中期政策利率盯住1年期,期限要短于澳央行的3年期和日本央行的10年期,为市场的收益率曲线定价留出了空间。

争论五:要不要搞直升机撒钱?

"直升机撒钱"这一比喻来自米尔顿·弗里德曼1969年"最优货币数量"的论文。央行印钱,然后开着直升机撒给满怀感激的居民,又被称为"人民量化宽松"。通常的量化宽松是央行在二级市场上从银行手中购买政府债务,是资产置换,能否传导到实体经济要取决于银行体系的放贷意愿和企业与居民的需求。直升机撒钱是直接发到居民手中,不需要经过银行体系。把直升机撒钱再引申一步,每个人的银行存款后面加一个零,翻10倍,如果供给能力没有跟上,这样只会导致通胀,先把钱花出去的人受益更多。所以,弗里德曼最初提出这一比喻时也强调,这样做的前提条件是公众相信如此极端的政策只会发生一次。

弗里德曼意义上的直升机撒钱尚未发生过。最接近直升机撒钱的是美国在2020年新冠疫情暴发后的货币和财政协同宽松，财政给居民和企业寄送支票，央行在二级市场上无限量购买政府债券，降低政府债券成本，并在一级市场上直接购买企业债。伯南克在2002年的一次演讲中提出由货币负责融资的减税实质上就是直升机撒钱。引用这一比喻为他赢得了"直升机本"（Helicopter Ben）的绰号。财政刺激分成两种，减税和增支，其效果取决于钱从哪里来。如果是通过发债融资，政府债务率会上升，居民预计今后的税收收入会增加，真实收入不变，财政刺激的效果受到抑制，即巴罗−李嘉图等价定理。如果是通过央行印钱来支付赤字，则不会存在债务上升挤出居民支出。因此，财政刺激要起到直升机撒钱的效果需要采取货币融资的形式。

货币融资一定会优于债务融资吗？不一定！尤其是从长期看，持续发钞刺激可能会引发恶性通胀导致系统不稳定。而发债刺激，在能够保持系统稳定的前提下，即政府能够还本付息，其效果可能要好于发钞进行刺激。货币和财政政策相互配合的协同宽松，更有利于系统稳定，能够为对方扩大空间。货币宽松维持低利率，有助于保持债务可持续和系统稳定；财政刺激避免伤痕效应，防止中性利率快速下滑，扩大了货币政策空间。低利率环境下，政府支出的挤出效应比较小，高债务之下的协同宽松仍能通过以下途径来刺激经济：

1.政府定向支出的直接提振效应，不需要经过银行等中介组织，直达居民；

2.居民税后收入增加，更多消费，牵引企业投资；

3.货币供应上升带来的通胀效应，实际利率下降进一步刺激消费和投资；

4.货币融资的赤字不增加未来税收负担，减少挤出。

直升机撒钱是现代货币理论（MMT）吗？直升机撒钱和现代货币理论的做法看上去一致，都是政府花钱，货币买单。但背后的理念并不一样。提出直升机撒钱的学者和政策制定者认为这就是财政政策，不是货币政策，同时也强调这不是什么新理论，而是古老的实践。换言之，现代货币理论，既不是现代才有的，也不主要是关于货币，更不是理论。

问题是，什么时候需要启用直升机撒钱，如何防止其后遗症，包括对货币政策独立性的质疑，尤其是恶性通胀？一般认为直升机撒钱是最后一招，即使不能刺激经济，也可以提高通胀预期，但副作用也比较大，要慎用。

争论六：结构性货币政策的效果与条件？

2008年全球金融危机后，传统总量货币政策空间和效果受限，结构性货币政策因其精准性和针对性得到广泛使用。本书第八章对结构性货币政策的定义和效果做了辨析。根据央行提供流动性的方式，结构性货币政策可以分为两类：一是央行直接提供流动性，即面向终端的结构性货币政策，主要用于危机应对。美联储在大萧条、2008年全球金融危机以及2020年新冠疫情危机中设立众多融资便利和特殊目的实体，向金融机构和企业临时提供流动性。二是央行通过银行体系向终端企业和居民提供便宜且稳定的中长期资金，通常用于稳增长。例如，英国央行的贷款换融资计划（FLS）、欧洲央行的定向长期再融资操作（TLTRO）以及中国人民银行的抵押补充贷款（PSL）和各种央行再贷款。

结构性货币政策实质是信贷政策，而信贷政策实质是财政政策，但结构性货币政策仍然有别于财政政策。与财政政策直接分配信贷不同，用于稳增长的结构性货币政策大多通过银行体系对接终端企业，流动性分配的最后一公里仍然是市场化的。

央行直接提供流动性用于危机应对的结构性货币政策往往较为有效，但通过银行体系的结构性货币政策的有效性取决于银行和企业的资产负债表情况。我们提供了一个结构性货币政策有效性的分析框架，结构性货币政策实际上是一种风险共担的机制安排，在银行体系不愿意或没有能力承担风险时，央行帮助银行承担一部分风险，提供低成本和长期的资金，帮助实现货币政策的顺利传导（缪延亮等，2022）。我们对欧洲央行和英国央行的实证研究发现，银行和实体经济终端的资产负债表质量均会影响政策效果，银行和实体经济终端资产负债表质量较好时，结构性货币政策的效果最好。

结构性货币政策的成本不容忽视，尤其要警惕因过度使用结构性货币政策而延宕结构性改革。第一，政策本身可能无效。当银行或实体经济终端的资产负债表受损严重时，政策效果受限。具体可以体现为资金的空转、挤出和挪用。第二，央行独立性与信誉可能会遭受损失。结构性货币政策导致央行承担信用风险，模糊财政和货币界限，危及央行独立性。即使没有独立性的央行，结构性政策也由于央行直接制造赢家和输家而会对其公信力造成挑战，未得到信贷支持的机构会质疑央行政策。第三，道德风险上升，商业银行等金融机构会依赖央行帮助，争取更多政策支持的动力增强，而自我风险管控的动机减弱。第四，结构性货币政策在实践中往往难以退出，存在自我强化的倾向，扭曲市场激励机制，加重央行与财政负担。

结构性货币政策什么时候用、如何用，需要综合考虑与总量政策、财政政策的权衡以及是否具备适用条件。首先，在危机应对时，结构性政策可作为最优政策大胆使用。通过"滴灌"直接为经济中重点环节和薄弱部门提供金融支持，有效克服流动性危机，发挥央行最后贷款人的作用。需要注意的是，流动性支持政策的持续期不宜太长，应适时退出。其次，在稳增长时，结构性政策可能是次优政策，尤其适用于主要矛盾不在于总量而是结构问题，比如信贷需向特定部门或行业倾斜的情景。总量货币政策是宏观调控的首选工具，比结构性政策更具冲击力，可以同时从供给（银行）和需求（居民和企业）两个方面缓解资产负债表压力。但是总量政策可能会传导不畅，尤其是在金融体系资产负债表受损、风险承担意愿不足时，需要央行资产负债表直接和有针对性地承担部分风险。最后，结构性政策的设计需要激励相容，有时还需要财政政策的配合。财政政策也能够实现对终端的定向救助，降低风险溢价，但市场化程度不高、存在道德风险问题。结构性货币政策能够使央行、银行和企业三者之间实现风险共担和激励相容，但能否生效取决于银行和企业风险共担的能力，即资产负债表的质量。当银行和企业资产负债表质量很差、结构性货币政策的效果受限时，需要首先依靠财政政策修复银行和企业的资产负债表。

争论七：预期管理的"时、度、效"

预期是社会科学区别于自然科学的关键变量。将微观主体的预期纳入考量，使经济科学更加贴近现实。但预期并不总是理性的，给予央行管理预期的空间。在2008年全球金融危机之前，央行逐步提高透明度以加强货币政策传导，就出现了与市场沟通未来政策利率路径的零星尝试，即前瞻指引（详见本书第十一章和专栏7）。例如2003年，美联储主席格林斯潘曾使用前瞻指引来管理利率预期。2008年全球金融危机后，随着政策利率触及零下限，传统政策空间消耗殆尽，央行愈发重视金融市场预期管理，前瞻指引也成为独立的政策工具，甚至是最重要的工具之一，并被戏称为新时代的"公开市场操作"。当政策利率处于零下限时，前瞻指引可有效降低市场预期政策路径，从而扩展了货币政策工具箱，用于长期维持货币宽松（Eggertsson and Woodford, 2003）。

但前瞻指引是把双刃剑。一方面，央行并没有水晶球，可能误导市场并致使信誉受损。经济面临高度不确定性时，央行预测的准确性并不强于市场参与者，经济基本面变化速度可能快于央行预期，政策反复将导致市场质疑央行的可信度。另一方面，市场倾向于将央行条件性的前瞻指引解读为承诺，误解沟通意图。央行推出前瞻指引时常伴随着定性或定量的门槛，并且提示这仅仅是为货币政策调整的前提或条件，但公众往往将此作为央行须无条件遵守的承诺。因此，近年来前瞻指引逐渐被政策制定者淡化或模糊化，例如，加拿大央行就经历了对前瞻指引由"接纳"到"放弃"的立场反转，英国央行因误判经济前景而被迫修改前瞻指引，美联储也曾因经济形势快速变化而调整前瞻指引。

　　主要央行对前瞻指引态度的变化反映了央行预期管理并非多多益善，而是存在时机、边界和效果的权衡。前瞻指引可能会过犹不及。莫里斯和申铉松（2002）发现，央行沟通可能导致市场短期预期过于一致，降低市场有效性。他们认为，考虑到投资者有动机预测并模仿他人的投资行为，即存在"策略性互补"，如果央行提供的公共信息精度相对较低，加强沟通可能会使投资者大幅增加对该信息及其隐含噪声的使用。这时，央行沟通对市场效率带来的正面影响，不足以弥补该信息中含有的噪声被过度利用引发的负面影响。如果央行信息的精度不足，那么央行说得越多，这种"莫里斯－申铉松效应"可能越强。同时，央行沟通还面临"回声效应"，即如果央行过分依赖金融市场信息对未来增长和通胀前景进行判断，而市场预期又由央行提供的信息主导，将导致央行在市场中只能听到自己的回声。这时，央行决策与市场定价之间的正反馈可能导致利率偏离最优水平，带来金融稳定风险。此外，伊辛（2005）还指出，如果央行之后的政策行为与沟通的内容不一致，可能会损害央行的声誉。

　　有效的预期管理需要央行的行动予以配合。虽然货币政策98%是靠预期管理，但剩下那2%的行动至关重要。央行管理市场预期的有效性建立在其政策可信度上。如果央行只说不做，没有行动支持，市场会无视央行的信息，甚至会质疑央行的信誉。1996年，格林斯潘在"非理性繁荣"讲话后，并没有实质性地调整货币政策倾向，市场仅短暂调整，随后延续上涨。而在1987年美联储和2012年欧洲央行的救市案例中，央行不仅发布口头承诺，还推出了流动性支持工具为其背书。沟通的可信度恰恰在于它能导致市场自发的调整，帮助央行节省"子弹"。国内汇市沟通案例中，2015年"8·11"汇改前后的人民币贬值压力主要来自汇率与基本面的持续偏离，此时单凭口头沟通难以逆转。沟通的目标不是汇率不贬值，而是引导已经超调的市场预期向基本面和实际政策决定的方向靠拢。而2019年8月破"7"前在离岸人民币市场建立的常态化央行票据发行机制，则保证了央行稳定离岸人民币市场预期的能力，使得央行沟通的可信度提高，成功促成了人民币汇率的平稳破"7"。

预期管理的困难还在于预期本身的不确定性。学术界对预期形成机制的认知从早期的静态预期模型，到外推型、适应性和回归型预期，再到20世纪70年代以来理性预期成为经济和金融理论的基准模型。理性预期理论认为，市场参与者在形成价格预期时能够"充分""合理"地利用一切公共和私人信息。然而，实证检验往往拒绝上述假设，反映出市场预期在大多数情况下并不符合理性预期假说（Lovell，1986）。最新的预期理论提出人们在形成主观预期时，会放大某些"代表性"信息的权重，呈现诊断型特征（Gennaioli and Shleifer，2018）。例如赌徒在掷骰子赌局中连续赌赢后，往往坚信下一次也能够赢，而忽视了每一局的输赢是完全随机的。这种"热手效应"是诊断型预期的典型例子：人们在形成预期时，不只是简单外推，而是会对新的信息做出反应，但会高估新信息包含的信号效应。

诊断型预期会导致金融市场预期的剧烈调整，加剧市场"羊群效应"，进而引发资产价格的大幅波动。因为诊断型预期意味着投资者会对某些信号过度反应，又对某些信号反应不足。例如，美国房价于

2006年就开始触顶回落，房贷违约率也显著上升，但一开始市场并不相信美国房地产市场存在严重泡沫，选择忽略这些坏消息，不少住宅抵押贷款衍生品的价格仍然持续上涨。而2008年市场对美国房地产又变得极度悲观，不少投资者认为根本无法对机构持有的、以住宅为底层资产的衍生产品进行估值，引发了对担保债务凭证（CDO）等结构化产品和以投资银行为代表的影子银行的挤兑，最终导致雷曼破产和全球金融危机爆发。正是预期的嬗变提高了央行管理预期的紧迫性，但同时也对央行把握"时、度、效"提出了更高的要求。

争论八：要不要加息主动刺破泡沫？

这是一个古老的辩论，并不是2008年全球金融危机之后才有。本书第十二章在讨论金融周期和宏观审慎工具时对此有过介绍。危机发生前的共识是央行不需要主动刺破泡沫，也被总结成是"事后清理"原则。首先，泡沫很难事前被发现；其次，即使被发现，利率工具也不一定有效，因为泡沫是非理性行为驱动的；最后，即使货币政策工具有效，它也可能会错杀其他不存在泡沫的资产，因而不适合使用。[①]

2008年全球金融危机后，鉴于金融周期带来的巨大负面冲击，一方面强调要通过宏观审慎工具来熨平金融周期。另一方面，也开始反思是否要使用货币政策工具如利率来逆周期调节金融周期。反对的一方认为不需要，货币政策主动刺破泡沫的成本大于收益（Svensson，2017），用利率工具刺破泡沫成本很高，让经济在金融危机没有发生的时候就变弱了。同时收益很低，名义债务只有增量部分受利率驱动，变动很小；此外，债务与GDP之比可能因为利率导致产出下降而上升。不过有学者（Adrian and Liang，2018）提出在这个问题上不能过

---

① 2007年秋天我去IMF参加"经济学家"项目面试时抽到了这道题，这是我当时的回答，是从布林德教授课堂上听来的，也是当年出版的格林斯潘回忆录中所持的观点。

早下结论。他们发现斯文森的成本收益分析模型对假设高度敏感，尤其是危机发生的概率、危机对就业的影响和货币政策对危机的影响这三个关键参数。支持的一方如国际清算银行的博里奥等人（2014）则坚定地认为信贷泡沫和金融失衡需要很长时间来积累，能够被提早发现，只有货币政策能够从根本上抑制金融失衡的积累，宏观审慎政策需要货币政策的配合。

到底要不要，取决于泡沫是怎么形成的。不是所有的资产泡沫都是一样的。米什金（2008）和布林德（2008）认为，由银行信用驱动的资产泡沫特别危险，宏观后果严重。因为存在资产负债表效应和放大的渠道。相对应地，股票泡沫如果只是由乐观的预期驱动而没有杠杆资金支撑的话，就不那么危险。例如，2001年美国科技股泡沫破灭，并未对宏观经济产生较大影响，只有一个季度的轻微衰退，对于这类泡沫不需要主动刺破，"事后清理"就可以。米什金（2011）还认为，信贷驱动的泡沫容易被发现，但是其他资产价格泡沫很难事前发现，因而不适合使用利率等工具主动刺破泡沫。

所以结论是，央行应该更多关注金融失衡的积累，尤其是信贷泡沫，并主动使用宏观审慎工具遏制泡沫。宏观审慎工具是第一道防线，但不是唯一的防线。在使用时，也需要考虑其成本，也即净收益。信贷增速太快和太慢都不利于经济增长，太快会产生资产价格泡沫，之后是长长的衰退，太慢经济扩张周期太短，潜力没有得到充分释放。宏观审慎应和货币政策工具相互配合，使银行风险承担和信贷增速处于合理区间。

争论九：非常规货币政策的出招顺序是什么？

低利率环境下，常规货币政策的空间显著不足。历史上衰退发生时，美联储都有500个基点以上的降息空间。1990—1991年衰退，降息680个基点，2001年衰退降息550个基点，2007—2008年衰退降息

510个基点。但是2015年美联储启动货币政策正常化以来，一共加息9次，共225个基点。这也是2020年新冠疫情危机来袭时，美联储全部常规货币政策的空间。

如何用好非常规货币政策的组合？2016年伯南克在布鲁金斯学会网站上连发三文，提出低利率环境下央行非常规货币政策工具的组合和顺序。首先，央行应先降低政策利率到零或接近零的水平。其次，央行要通过前瞻指引（"嘴炮"，对应于公开市场操作）把长端利率如长期国债和房贷利率压下来。如果还不够，第三步是量化宽松，压低长端利率，同时以行动宣誓利率将长期处于低位。第四步，利率上限或收益率曲线控制，美联储承诺购买国债，让收益率不超过某一给定水平。第五步，直升机撒钱，货币融资的财政刺激。

2020年新冠疫情来袭，各国央行基本上是按照这个顺序出牌，但也有一些差异。首先，这份清单排除了负利率，除美联储外的发达国家央行仍在积极考虑负利率选项。其次，大部分国家都没有做收益率曲线控制。澳大利亚央行采取了，但由于经济复苏和通胀上升快于预期，很快就不得不放弃，反而损害了央行的信誉。再次，最后一步直升机撒钱何时使用，争议仍然比较大。2020年美联储无限量购买政府债并且直接在一级市场上购买企业债，财政和货币协同宽松，效果很好，但是通胀很快上升且持续。欧洲央行仍然排斥直升机撒钱，认为它模糊了财政和货币政策的界限，副作用太大，类似于饮鸩止渴，并不可取。

决定货币政策出招顺序的一阶考量是什么？非常规货币政策和常规货币政策一样，都需要通过金融体系来传导，顺畅的传导又赖于健康的银行资产负债表。与常规货币政策主要依靠改变利率预期不同，非常规货币政策主要通过压低期限和风险溢价起作用，负利率和过于平坦的收益率曲线都会对银行盈利能力造成压力。从刺激效果最大化角度考虑，降息应该在量化宽松之前，先把利率降到零，让银行享受到债券价格上涨带来的收益，再推出量化宽松从银行手中买走债券。

各国央行退出非常规货币政策的顺序争议更大，尤其是关于先缩表还是先加息。支持先加息的观点认为，缩表存在很大的不确定性，应该先加息恢复常规货币政策空间再缩表，在2013年5月美联储暗示可能削减购债规模引发"缩减恐慌"之后，缩表需要更加小心翼翼。美联储2014年10月停止量化宽松，到2015年12月才启动加息，又等了一年半才宣布启动缩表，特别谨慎。这次和上一轮退出的顺序一致，但节奏更紧凑，加速退出刺激政策。先是在2022年2月缩减量化宽松并停止国债购买，3月即正式启动加息，紧接着在6月启动缩表。除了高通胀形势要求美联储加速退出之外，美联储调控流动性的工具箱也更完备，先后增设了隔夜逆回购和常备回购便利等工具，有效调控隔夜回购利率。

支持先缩表的观点则认为，量化宽松等非常规货币政策带来的扭曲较大，使私人部门持有的资产组合偏离最优，造成福利损失，应优先退出。英国央行行长安德鲁·贝利还提出量化宽松是应对流动性危机最为有效的工具，为保持政策空间以应对金融稳定风险，应优先退出量化宽松。英国央行2021年2月的议息会议上曾提出要先缩表再加息，背后的考量还包括它持有的债券总量占比较高，接近一半，购债期限也较长，如果先加息，资产负债表要承受更大的损失。虽然最后还是在2021年12月先加息再缩表，但两者几乎同时发生。瑞典央行的做法更独特，采取了先加息后停止量化宽松的做法：2022年4月将基准利率上调25个基点至0.25%，这时央行尚未停止量化宽松，仍在购买国债。

通过比较这些案例，不难发现，在启动非常规宽松政策时，央行的主要考量是刺激效果最大化，因而更愿意呵护银行资产负债表和风险承担能力，先降息后扩表。在退出宽松时，央行的考量更加多元，包括央行自身资产负债表的稳健、金融稳定以及退出的迫切程度。由于这些差异，非常规货币政策的进入和退出在顺序和节奏上都会存在一些差异。但总体而言，主要央行是沿着"降息→量化宽松→缩减购买→保持资产负债表规模和利率不变→加息→缩表"这一路径实施和退出非常规货币政策。随着央行积累更多的经验，对缩减购买和缩表的恐惧消失，央行退出非常规货币宽松的节奏正在加快。

争论十：从最后贷款人到最终做市商？

如何做到不松不紧是央行自诞生之日起就面临的最大挑战。无论是19世纪的银行学派和通货学派之争，还是20世纪的规则和相机抉择之辩都是围绕这一主题。到21世纪央行不仅要做最后贷款人化解融资流动性危机，还要做最终做市商化解市场流动性危机（相关讨论见本书第十三章）。21世纪前20年的实践证明，"速度、力度和创新对21世纪的货币政策至关重要"（Fischer，2021）。金本位时代有维护货币金平价的外部硬约束，常常导致货币过紧；信用货币时代没有了硬约束，又导致宽松倾向和资产价格大起大落。自1898年维克塞尔提出自然利率假说，至2008年全球金融危机前夜，关于央行货币调控的经济和金融观点影响力不断上升，强调流动性的传统货币观点日渐式微。按照经济和金融观点，央行货币调控主要关注物价变动，并根据物价变动来调节货币利率，使其与自然利率相符。这一思潮衍生出新的规则，如泰勒规则，为央行提供行动指南。

按照泰勒规则行事结果仍然是货币和信用的弹性有余而纪律性不足。梅林（2010）在《新伦巴第大街》中提出要回到传统的货币观点，央行不仅要做最后贷款人，还要做最终做市商，更多关注货币市场和信用市场的联动，不能只看物价。央行的一举一动必然影响货币市场上的融资流动性，而正是融资流动性决定了市场流动性和相应的资产价格。央行避而不谈资产价格是鸵鸟的做法，不仅不现实，更影响金融市场的正常运行和货币政策的传导。

20世纪80年代新凯恩斯革命以来形成的有关货币的经济学观点，

把流动性完全抽象掉，认为流动性是必然的和免费的，从而忽视货币市场这一基础设施，认为央行只需关注货币政策操作在货币市场之外的传导和影响，比如对信贷和实体经济的影响。殊不知，货币市场这一基础设施既是货币政策传导的起点，也是其起作用的终点，因为流动性的价格瞬时影响从国债到信用债几乎所有资产的价格。

对货币的经济观点还导致了长期宽松的倾向。通胀迟迟不来，央行就可以尽情宽松，信用扩张和资产价格高涨。但信用是内生不稳定的，要管理好信用，首先要管理好货币市场的流动性。回归货币观点需要央行在提供流动性时平衡好松紧。一旦确定央行要在危机时发挥最终做市商功能，就意味着在平时央行要尽一切可能避免这一情形发生。换句话说，信用和由信用决定的资产价格不能过于顺周期，尤其是没有做市商双向做市的资产，如房地产，流动性会瞬时枯竭，资产价格剧烈波动，危及金融稳定并外溢至实体经济。

最后贷款人的功能要求央行在危机发生时提供融资流动性。仅仅充当最后贷款人还是不够的，因为无论央行提供多么充足的融资流动性，银行都不一定将这些货币市场上的融资流动性转换成资本市场上的市场流动性，尤其是在危机发生存在各种交易对手方风险时。2008年全球金融危机之后，监管的加强尤其是沃尔克规则禁止交易商银行从事自营业务，银行作为中介在风险上升时主动做市的能力和意愿都不如以前。这些都需要央行发挥最终做市商的角色，在危机时期直接提供市场流动性，直接购买流动性出问题的信用资产，充当最终做市商。

央行充当最终做市商仍需要遵循白芝浩规则。购买资产不是担保私人部门债务一定会被100%偿还，也不是取代市场定价，而是从整个金融体系的视角出发，为保证资本市场正常运作，提供一个资产价格下限的担保。从避免道德风险的目的出发，这一价格应该相当程度地低于市场价格，好比央行作为最后贷款人要按照白芝浩规则收取更高的利息，央行担当最终做市商也要收取更高的风险溢价。

2020年在新冠疫情冲击之下，美联储更加充分地发挥最终做市商的角色。新冠疫情冲击是流动性冲击，要防止流动性冲击持续，进而演变成偿付能力冲击。流动性冲击意味着微观主体的现金流入和流出存在错配，从而产生支付危机，但未来现金流净现值仍大于零，不是偿付危机。因此，央行推出的工具，一是要直达微观主体；二是要央行、财政和企业分担风险。央行可以承担尾部的流动性风险，但不承担信用风险，财政部出资的本金承担信用风险。央行承担流动性风险是帮助私人部门弥合现金流在时点上的错配，并不是承担现金流的损失，所以央行救助工具一般还会对企业收取高于正常时期但是显著低于危机压力时期的利息。美联储的各项救助工具总体上也是按照这个思路设计的。

如果央行做市时没有加征惩罚性的手续费和溢价，可能会引发道德风险。有了最终做市商，机构会预期在危机时总可以把这些资产卖给央行以获得流动性。因为在系统性危机面前，对道德风险的考量往往居于次要位置。这样，机构在平时可能会疏于对流动性的管理，囤积流动性比较差的资产以获得高收益。所以，在实践中要防止最终做市商退化成最先做市商（dealer of first resort）。央行过于积极做市，不仅会导致金融脱媒，挤出做市商银行正常的做市功能，还会把流动性溢价压得过低，加剧资产价格泡沫。防范道德风险的功夫重在平时，重在机制设计。

回到货币的观点要求央行不能依赖任何过于简化的规则行事，而是要通盘考虑从货币市场到债券市场再到信用市场等各个资产市场的流动性与资产价格。央行在危机时期充当最后贷款人和最终做市商，要求央行在平时更加注重防范道德风险，这条线划在什么地方考验央行的智慧。流动性措施和宏观经济稳定措施很难严格区分开来，概念上和操作上都是如此。简化会让经济理论变得更易懂，但不会让经济政策更合理。全景式的考量意味着央行把握松紧平衡不仅是科学，也不只是工程，更是艺术。

后　记

　　这本书首先是写给我自己的，是20年来作为一名央行学生的读书笔记、研究心得和学术论文的汇总和提炼。"自开天辟地以来，有三个伟大的发明：火、轮子、中央银行。"第一次听到这个说法是2006年在艾伦·布林德教授的课堂上，当时我正苦于不知道论文做什么，受此启发和激励，决心选定货币政策和央行作为研究方向。这句话的作者威尔·罗杰斯，既不是曾身居要职的中央银行家，也不是大名鼎鼎的学者，而是一名演员。惊诧之余，更多是感叹，圈外人的评述或许更能体现央行影响之广。火让人类不再茹毛饮血，还带来了光明和温暖；轮子扩大了人类活动的半径，促进了社会大融合；中央银行制度的出现，极大地改变了人类的金融生活。央行是人类历史，特别是金融体系发展到一定阶段的产物，有了央行，货币发行就和国家信用联系在了一起。

　　中央银行制度本身也随着货币、经济和金融形态的发展而不断演变。自1873年白芝浩在《伦巴第街》中提出"白芝浩规则"以来，央行成为银行的银行，在系统性危机时履行最后贷款人职能，以惩罚性利息提供充足流动性。有了最后贷款人，金融体系的运行更为顺畅，银行危机发生的概率大幅降低。偏离这一规则，就要付出惨重代价，比如1929—1933年的大萧条。再过100年到1973年，央行又进入了新的发展阶段。以美元挂钩黄金、其他货币挂钩美元为核心的布雷顿森林体系解体，人类社会进入纯粹信用货币时代，货币发行不再有任何贵金属支撑。有了现代信用货币，才有了现代中央银行。物价稳定和经济稳定的重要性不断上升，在信用货币时代央行主要是政策的银行，通过调节货币发行逆周期调节经济，做到不松不紧，在维护物价稳定的同时实现经济稳定和就业最大化。

在2006年的课堂上我一度感觉已经有了书稿的雏形。那是央行的黄金时代，经济和通胀的波动大幅降低，被归结为主要是央行宏观调控的功劳。伯南克出任美联储主席，回到普林斯顿大学发表关于货币政策的长篇演讲，美国通胀长期稳定在2%，住房拥有率达到69%的历史高点，越来越多的人实现了"美国梦"。大洋彼岸的我国，2005年"7·21"汇改顺利推进，人民币对美元由爬行盯住转为持续升值，贸易和资本账户双顺差，资本市场也迎来了空前繁荣。

2008年全球金融危机的爆发让央行发生了天翻地覆的变化。经济稳定，金融不一定稳定；除了经济周期，央行还要调控金融周期。如何同时调控经济和金融周期，旧的共识已经被打碎，新的共识尚未形成。2020年又发生新冠疫情危机，主要央行不仅作为最后贷款人向银行体系提供融资流动性，更是作为最终做市商向包括交易商银行在内的金融机构和企业提供市场流动性，担保企业债务价格。央行从最后贷款人到最终做市商，货币和信用很难割裂，需要统一考量。两次大危机都促使我们思考，什么是现代中央银行，如何建设现代中央银行。尤其是2020年初新冠疫情的骤然来袭，正如列宁说的，"有时候几十年里什么都没发生，有时候几星期就发生了几十年的大事"。主要央行在非常规货币政策的道路上越走越远，美联储祭出了无限量的量化宽松，并开启在一级市场上直接购买企业债的先河。

现代中央银行不一定是发达国家主要央行当前的形态。在经济进入停滞阶段、利率陷入零下限后，西方主要央行都在超常规量化宽松、扩大资产负债表，有些甚至使用了负利率。我国央行则有针对性地提出了要尽可能保持正常货币政策空间。我们为什么还要坚持西方一度奉为圭臬但在实践中被迫放弃的强调货币主导的政策框架？西方政府对经济的干预越来越多，我们为什么还要坚持市场化改革？这些质疑忽视了一个根本差别，即我国和主要西方国家处在不同的发展阶段，我国人均GDP刚过一万美元，距离世界生产力前沿仍有相当距离，仍是在刘易斯拐点之后的黄金时期和追赶阶段。这一阶段持续越久，生产、收入和消费的正向循环也就越久，经济潜力的释放也就越充分。这些都需要稳健的货币，既要防止货币超发出现严重通胀和资产泡沫，又要防止信用紧缩引发经济危机。我国央行面临的挑战更多是如何珍惜和用好正常货币政策空间，在逆周期调节的同时做好跨周期设计。

新冠疫情除了催生央行变局，也带来了难得的静心思考的机会。本书从2019年开始动笔，主要是疫情三年期间的工作。闭门不出的好处是能把原来一直想做而没有机会做的研究完成，比如央行如何管理金融市场预期、非常规货币政策的挑战和出路、国际货币体系的挑战等。本书各章节的选题和视角难免不受我个人偏好的影响，很多是我自己觉得费解从而值得着墨的地方。

本书也是写给和我一样有志于研究货币政策和央行的老师和同学们的。对于理论，只有在自己教会别人时，你才能真正理解它，只有实践才能真正掌握它。自以为理解和让别人理解是完全不同的概念。所以我要感谢我的学生和提供我教学机会的平台。自2014年开始每年在中央外汇业务中心为新入职员工和同事开展培训，以及在北京大学国家发展研究院开设《现代中央银行：理论与实践》课程，给了我很好的教学相长的机会。唐梦雪、李欣、董英伟和徐志豪是本书的第一批读者，他们阅读了大部分章节的初稿，给我很多有价值的反馈和修改建议；邓拓、程坦和胡李鹏也提出了很多建设性的意见。陈贞竹根据课堂讲义帮助整理了第十二章的部分内容和附录。

我希望有更多的人了解央行这门看似艰深的学问，这本书或许可以作为高年级本科生和研究生理解现代中央银行的教材。传统教科书的风格是文平字顺、高度凝练，但是只有深入思想矛盾和交锋的地方，理解理论渊源和实践效果之后，才能化繁为简。我的老师们在教我这些东西时，总是把复杂的模型简化，但是其思想深度又丝毫不逊于复杂的模型。虽不能至，心向往之。我要特别感谢同学和同事们对我的支持和鼓励，最初开设这门课是想以普林斯顿大学相关课程为模板，但很快我就发现，我们必须既懂世界又懂中国，以国际视野凸显中国特色。最后这门课的内容和阅读量是国外同类课程的两到三倍，但考核标准丝毫没有降低。同学们仍然给了这门课很高的评价，激励我反复打磨，做到更好。在写这本书时我尽量深入浅出，实际效果如何，敬请读者和同行们指正与反馈。

本书同时也写给和我一样在资本市场上的央行观察者。有相当一部分内容是对前沿实践的研究和思考，比如量化宽松和结构性货币政策等非常规货币政策，以及预期管理。还有一些章节涉及市场关注的基础性问题，如中性利率的决定和汇率的决定。在介绍和研究外国经验时，我的出发点和落脚点仍是我国的实践。以比较的视角来研究主要央行面临的挑战和出路，凸显我国建设现代中央银行的挑战，比如疏通货币政策传导、完善货币政策框架等。相对而言，我对美国货币政策了解的比较多一点，所以很多国际经验都是以美国为例，不免失之偏颇。这里我要感谢我的老师和朋友们，尤其是我的博士论文导师艾伦·布林德教授和斯坦利·费希尔教授，他们在功成名就、著作等身之后仍笔耕不辍、传道授业，让我仍有机会从最睿智的学者和实践者那里汲取养分。

对我挑战最大的是关于中国货币政策的两章。囿于个人水平，总感觉雾里看花，理论的高度不够，实践的深度也不足。我的办公室正对着中国人民银行老楼的大门，有几个月的时间，这两章我写不出太好的东西，枯坐着发呆，但是还是要写下去。我要特别感谢我的同事谭语嫣和金洋给我的反馈，每重新写出一稿都先给他们看，每次又感觉边际上的改进甚少，全然不像其他章节。当然所有错误和疏忽在我自己。关于中国货币政策，我的学术朋友严重分裂：一部分人认为货币政策做得太少，另一部分人又认为货币政策做得太多，遗憾的是两派人没能有机会针锋相对，公开辩论。2015年伯南克在八年任期结束后以《行动的勇气》为题总结自己任期内美联储在2008年大危机期间的表现。我在想，有时候不行动反而需要更多的勇气。不是吗？央行宽松人人受益，何乐而不为！

正是在写作过程中，我更加体会到央行的不易。写书和货币政策一样，目标群体过广，约束条件过多，最后的结果只能是多重目标和多重约束之下的努力求解。我们所求的最优解在众多约束条件下不一定存在，而更可能是一种中间解或满意解。央行业务从来都是科学和艺术的结合，很难有完全客观的评判标准。中间解也就意味着很难有人完全满意。

这本书的语言风格在有些章节之间并不完全统一，似乎是高级宏观经济学讲义、市场研究和学术文章糅杂在一起。这也是我自己不是特别满意的地方，虽然我尽最大的努力做到深入浅出。但这或许是最真实的存在。首先，我研究和学习央行，总是在学术、政策和市场三者互动与互证的过程之中。对真实世界我们必须保持谦卑，对于我来说就是永远保持学习的心态，以日有所知为乐，向实践和市场学习。在这一过程中我感受最深的是宏观经济学和宏观经济以及宏观经济和市场表现之间巨大的鸿沟。其次，有些章节研究的问题处在理论和实践的前沿，在撰写时学术的风格更加浓厚，需要主动接受同行的检验。有些章节相对而言理论和实践都更加成熟，语言就更加大众化，但可能信息量并不少，我尝试把自己20年来反复咀嚼过的经典论文和书籍都浓缩在其中。在选取论文时遵循一个标准，那就是经过实践检验，有助于弥补理论和现实之间的鸿沟。

这本书真正得以完稿，是在2022年春夏之交、北京疫情再起之时。动手写最后一章，我所在的小区已经被管控，居家完成了这一任务。大疫三年，众生皆苦，三年未曾出京、出境，很多老友失联，甚至给我很多教益的师友永远离开了我们，想到这些，不禁潸然。每日奋笔拱卒，既是苦中作乐的聊以自慰，也是一种告慰。作为一名央行的学生，求知永远在路上，我期待本书能以文会友，给我更多不断修正和提高自己认知的机会。

本书最终得以成书和出版要感谢很多师友的关心和帮助。首先是单位领导的大力支持，为我提供了很好的研究环境。在外汇管理局中央外汇业务中心服务的十年中，外汇管理局和中心领导全力支持我沉浸于全球宏观研究。2021年9月到2022年1月我在中央党校全脱产学习，有机会在郭强教授的指导下完成毕业论文《从货币史看建设现代中央银行制度》，对一些问题有了新的认识。就本书而言，我还受益于和以下师友的讨论（按姓氏拼音排序）：高善文、韩旭、黄益平、何建雄、李斌、梁红、廖岷、陆磊、吕政、彭琨、彭文生、宋国青、谭海鸣、谭华杰、唐涯、王毅、席睿德、谢光启、徐建国、易纲、尹艳林、余永定、赵先信、张斌、张晓慧、张晓朴、朱恒鹏、朱民等。中信出版集团的吴素萍和孟凡玲两位老师非常专业和认真负责，这是我们在翻译《人口大逆转》之后再次合作，把稿件交给她们，我很放心。

最后，我要感谢我的家人。在这本书的写作过程中，我们曾因疫情相隔大洋两岸411天，好不容易团聚后，又支持我去封闭学习。学问非素修不能成，家人很少给我世俗的压力，知道我对学问最是热爱，总是支持我的选择。没有她们的宽容和支持，不可能有此书。

缪延亮

2023年早春于北京

参考文献

保罗·沃尔克，克里斯蒂娜·哈珀. 坚定不移[M]. 徐忠等，译. 北京：中信出版集团，2019.

本·伯南克，蒂莫西·盖特纳，亨利·保尔森. 灭火：美国金融危机及其教训[M]. 冯毅，译. 北京：中信出版集团，2019.

查尔斯·古德哈特，马诺吉·普拉丹. 人口大逆转[M]. 廖岷，缪延亮，译. 北京：中信出版集团，2021.

冯明，伍戈. 结构性货币政策能促进经济结构调整吗？——以"定向降准"为例. 中国金融四十人论坛工作论文系列，2015，总第7期.

辜朝明. 大衰退：宏观经济学的圣杯[M]. 喻海翔，译. 上海：东方出版社，2016.

纪洋，谭语嫣，黄益平. 金融双轨制与利率市场化[J]. 经济研究，2016（6）：45-57.

何东，王红林. 利率双轨制与中国货币政策实施[J]. 金融研究，2011（12）：1-18.

李波. 构建货币政策和宏观审慎政策双支柱调控框架[M]. 北京：中国金融出版社，2018.

李波，伍戈，席钰. 论"结构性"货币政策[J]. 比较，2015（2）：11-24.

卢岚，邓雄. 结构性货币政策工具的国际比较和启示[J]. 世界经济研究，2015（6）：3-11.

马骏，施康，王红林，王立升. 利率传导机制的动态研究[J]. 金融研究，2016（1）：31-49.

缪延亮. 央行不可承受之重——以土耳其政策实验为例[J]. 新金融评论，2016（2）：72-85.

缪延亮. 欧债危机救助的经验与反思[J]. 金融研究，2018（6）：40-46.

缪延亮. 从此岸到彼岸：人民币汇率如何实现清洁浮动[M]. 北京：中国金融

出版社，2019.

缪延亮. 从此岸到彼岸：人民币汇率如何实现清洁浮动[M]/陆磊. 推荐序三. 北京：中国金融出版社，2019: 1-3.

缪延亮. 央行如何管理金融市场预期[J]. 新金融，2022（6）：4-11.

缪延亮，郝阳，费璇. 利差，美元指数与跨境资本流动[J]. 金融研究，2021（8）：1-21.

缪延亮，郝阳，杨媛媛. 外汇储备、全球流动性与汇率的决定[J]. 经济研究，2021（8）：39-55.

缪延亮，胡李鹏，唐梦雪. 结构性货币政策：效果与条件. 工作论文，2022.

缪延亮，姜骥，邓拓. 美联储加息的十个问题合作[J]. 新金融评论，2015（6）：59-75.

缪延亮，潘璐. 负利率：传导与边界[J]. 比较，2022（6）：156-177.

缪延亮，唐梦雪，胡李鹏. 低利率：成因与应对[J]. 比较，2020（2）：107-254.

缪延亮，唐梦雪，胡李鹏. 金融市场预期管理：正在进行的央行革命[J]. 比较，2021（5）：164-194.

彭俞超，方意. 结构性货币政策，产业结构升级与经济稳定[J]. 经济研究，2016（7）：29-42.

彭文生. 渐行渐近的金融周期[M]. 北京：中信出版集团，2017.

彭文生. 应对世界经济百年变局[R]. 中金研究院，2022.

宋国青. 利率是车，汇率是马[M]. 北京：北京大学出版社，2014.

宋国青. 利率影响无处不在. 讲座纪要，2017.

王信，朱锦. 央行定向再融资工具创新试验[J]. 财新周刊，2015（1）：30-32.

徐忠. 经济高质量发展阶段的中国货币调控方式转型[J]. 金融研究，2018（4）：1-19.

亚当·斯密. 国富论［M］. 郭大力，王亚南，译. 北京：商务印书馆，2015.

易纲. 中国的货币化进程[M]. 北京：商务印书馆，2003.

易纲. 中国改革开放三十年的利率市场化进程[J]. 金融研究，2009（1）：1-14.

易纲. 中国货币政策框架：支持实体经济，处理好内部均衡和外部均衡的平衡. 中国经济50人论坛长安讲坛讲话，2018-12-13.

易纲. 中国的利率体系与利率市场化改革[J]. 金融研究，2021（9）：1-11.

易纲，吴有昌. 货币银行学[M]. 上海：上海人民出版社，2013.

约翰·希克斯. 经济史理论[M]. 厉以平, 译. 北京: 商务印书馆, 1987.

约瑟夫·熊彼特. 经济发展理论[M]. 何畏等, 译. 北京: 商务印书馆, 1990.

张嘉璈. 通胀螺旋[M]. 于杰, 译. 北京: 中信出版集团, 2018.

张晓慧等. 多重约束下的货币政策传导机制问题研究[M]. 北京: 中国金融出版社, 2020.

中国人民银行. 2021年人民币国际化报告[R]. 2021.

钟正生. 结构性货币政策的得与失. 华尔街见闻网站, 2014–10–22.

周小川. 关于改革国际货币体系的思考. 人民银行网站, 2009–03–27.

周小川. 把握好多目标货币政策: 转型的中国经济的视角. 在国际货币基金组织的讲话, 2016–6–24.

Aaronson S R, Daly M C, Wascher W L, Wilcox D W. Okun revisited: Who benefits most from a strong economy? [J]. Brookings Papers on Economic Activity, 2019（1）: 333–404.

Abrahams M, Adrian T, Crump R K, Moench E, Yu R. Decomposing real and nominal yield curves [J]. Journal of Monetary Economics, 2016, 100（84）: 182–200.

Adrian T, Liang N. Monetary policy, financial conditions, and financial stability. 52nd issue（January 2018）of the International Journal of Central Banking, 2018.

Albertazzi U, Altavilla C, Barbiero F, Boucinha M, Di Maggio M. The incentive channel of monetary policy: quasi-experimental evidence from liquidity operations [R]. First Annual RTF Workshop, 2018.

Alesina A, Summers L. Central bank independence and macroeconomic performance: some comparative evidence [J]. Journal of Money, Credit and Banking, 1993, 25（2）: 151–162.

Altavilla, C. Monetary policy transmission mechanisms. 13th ECB Central Banking Seminar: Monetary policy in the euro area, 2019.

Altavilla C, Canova F, Ciccarelli M. Mending the broken link: Heterogeneous bank lending rates and monetary policy pass-through [J]. Journal of Monetary Economics, 2020, 110: 81–98.

Altavilla C, Carboni G, Motto R. Asset purchase programmes and financial markets: lessons from the euro area. ECB working paper No 1864, 2015.

Alvarez-Cuadrado F, Vilalta M E. Income inequality and saving. Institute of Labor Economics Discussion Papers 7083, 2012.

Andrade P, Breckenfelder J, De Fiore F, Karadi P, Tristani O. The ECB's asset purchase programme: an early assessment. ECB Working Paper No. 1956, 2016.

Angelini P, Neri S, Panetta F. Monetary and macroprudential policies. Working Paper, 2012.

Bagehot, W. Lombard Street.（1962 Edition）[M]. Richard D. Irwin, Homewood, IL, 1873.

Bauer M, Rudebusch G D. The signaling channel for Federal Reserve bond purchases [J]. International Journal of Central Banking, 2014.

Bauer M D, Rudebusch G D. Interest rates under falling stars. Federal Reserve Bank of San Francisco Working Paper 2017-16, 2019.

Bean C, Broda C, Ito T, Kroszner R. Low for long? Causes and consequences of persistently low interest rates [M]. Geneva Reports on the World Economy, 2015.

Beau D, Clerc L, Mojon B. Macro-prudential policy and the conduct of monetary policy. Banque de France Working Paper No. 390, 2012.

Bernanke B. The Great Moderation [C]. Speech delivered at the meetings of the Eastern Economic Association, Washington, DC, 2004, February 20.

Bernanke B. The global saving glut and the U. S. current account deficit. Sandridge Lecture, Virginia Association of Economics, Richmond, Virginia, Federal Reserve Board, 2005, March.

Bernanke B. The crisis and the policy response [C]. Speech delivered at the Stamp Lecture, London School of Economics, London, England, 2009, January 13.

Bernanke B. Opening remarks: the economic outlook and monetary policy [C]. In Proceedings: Economic Policy Symposium, Jackson Hole, Federal Reserve Bank of Kansas City, 2010, 1–16.

Bernanke B. Central bank independence, transparency, and accountability [C]. Speech delivered at the Institute for Monetary and Economic Studies International Conference, Bank of Japan, Tokyo, Japan, 2012a, May 25.

Bernanke B. Monetary policy since the onset of the crisis. Federal Reserve Bank of Kansas City Economic Symposium, 2012b.

Bernanke B. Communication and monetary policy [C]. Speech delivered at the National Economists Club Annual Dinner, Herbert Stein Memorial Lecture, Washington, D. C. , 2013, November 19.

Bernanke B. A conversation: The Fed yesterday, today, and tomorrow. The

Brookings Institution: Central banking after the Great Recession: Lessons learned and challenges ahead, Washington DC, 2014.

Bernanke B. Why are interest rates so low?. Brookings Institute, 2015.

Bernanke B. The new tools of monetary policy [J]. American Economic Review, 2020, 110（4）: 943–983.

Bernanke B, Blinder A S. Credit, money, and aggregate demand [J]. American Economic Review（Papers and Proceedings）, 1988, 435–439.

Bernanke B, Blinder A S. The federal funds rate and the channels of monetary transmission [J]. American Economic Review, 1992, 82（4）: 901–921.

Bernanke B, Gertler M. Agency costs, net worth, and business fluctuations [J]. American Economic Review, 1989, 79（1）: 14.

Bernanke B, Gertler M. Inside the black box: the credit channel of monetary policy transmission [J]. Journal of Economic Perspectives, 1995, 9（4）: 27–48.

Bernanke B, Gertler M, Gilchrist S. The financial accelerator and the flight to quality. NBER Working Paper No. w4789, 1994.

Bernanke B, Gertler M, Gilchrist S. The financial accelerator in a quantitative business cycle framework. Handbook of Macroeconomics, 1999, 1: 1341–1393.

Bernanke B, Reinhart V, Sack B. Monetary policy alternatives at the zero bound: An empirical assessment. Brookings Papers on Economic Aactivity, 2004（2）: 1–100.

Bhattarai S, Neely C J. An analysis of the literature on international unconventional monetary policy. Federal Reserve Bank of St. Louis Working Paper, 2016.

Bivens J. Gauging the impact of the Fed on inequality during the Great Recession. Hutchins Center Working Papers, 2015.

Blanchard O, Dell Ariccia G, Mauro P. Rethinking macroeconomic policy. IMF Staff Position Notes 2010/003, 2010.

Blinder A S. Central banking in theory and practice [M]. MIT Press, 1998.

Blinder A S. The quiet revolution: Central banking goes modern [M]. Yale University Press, 2004.

Blinder A S. Quantitative Easing: Entrance and exit strategies [J]. Federal Reserve Bank of St. Louis Review, 2010, 92（6）: 465–479.

Blinder A S. After the music stopped: The financial crisis, the response, and the work ahead [M]. Penguin Books, 2013.

Blinder A S. A Monetary and fiscal history of the United States, 1961–2021 [M]. Princeton University Press, 2022.

Blinder A S, Ehrmann M, Fratzscher M, De Haan J, Jansen D J. Central bank communication and monetary policy: A survey of theory and evidence [J]. Journal of Economic Literature, 2008, 46（4）: 910–45.

Blinder A S, Goodhart C, Hildebrand P, Wyplosz C, Lipton D. How do central banks talk? [M]. Geneva reports on the world economy, 2001.

Blinder A S, Maccini L J. Taking stock: a critical assessment of recent research on inventories [J]. Journal of Economic perspectives, 1991, 5（1）: 73–96.

Blinder A S, Reis R. Economic performance in the Greenspan era: The evolution of events and ideas. Paper presented at the Federal Reserve Bank of Kansas City Symposium. Jackson Hole, 2005, August 25–27.

BoE. The funding for lending scheme [R]. Bank of England Quarterly Bulletin, 2012, Q4.

BoE. Inflation Report 2013 May [R], 2013, P14.

BoE. Inflation Report 2014 May [R], 2014, P14.

Bonis B, Ihrig J E, Wei M. The effect of the Federal Reserve's securities holdings on longer-term interest rates. FEDS Notes, 2017.

Bordo M D, Meissner C M, Redish A. How "original sin" was overcome: The evolution of external debt denominated in domestic currencies in the United States and the British Dominions. NBER Working Paper No. w9841, 2003.

Bordo M D, McCauley R N. Triffin: dilemma or myth?. NBER Working Paper No. w24195, 2018.

Borio C. Monetary and financial stability: so close and yet so far? [J]. National Institute Economic Review, 2005, 192（1）: 84–101.

Borio C. Ten propositions about liquidity crises. CESifo Economic Studies, 2010, 56（1）: 70–95.

Borio C. The financial cycle and macroeconomics: What have we learnt? [J]. Journal of Banking and Finance, 2014, 45（8）: 182–198.

Borio C. More pluralism, more stability?. Presented at the Seventh high-level SNB-IMF conference on the international monetary system, 2016.

Borio C, Furfine C, Lowe P. Procyclicality of the financial system and financial stability: issues and policy options [J]. BIS papers, 2001, 1（3）: 1–57.

Borio C, Zhu H. Capital regulation, risk-taking and monetary policy: a missing link in the transmission mechanism?. BIS Working Papers No 268, 2008.

Born B, Ehrmann M, Fratzscher M. Central bank communication on financial stability [J]. The Economic Journal, 2014, 124（577）: 701–734.

Bouey G K. Monetary Policy: Finding a place to stand [M]. Per Jacobsson Foundation, 1982.

Bowdler C, Radia A. Unconventional monetary policy: the assessment [J]. Oxford Review of Economic Policy, 2012, 28（4）: 603–621.

Brainard W C. Uncertainty and the effectiveness of policy [J]. American Economic Review, 1967, 57（2）: 411–425.

Brand C, Bielecki M, Penalver A. The natural rate of interest: estimates, drivers, and challenges to monetary policy. ECB Occasional Paper, 2018.

Brunner K. The art of central banking. Center for Research in Government Policy and Business, University of Rochester, Working Paper, 1981.

Brunnermeier M, James H, Landau J P. Sanctions and the international monetary system. VoxEU. org, 2022, 5.

Brunnermeier M K, Koby Y. The reversal interest rate. NBER Working Paper No. w25406, 2018.

Brunnermeier M K, Pedersen L H. Market liquidity and funding liquidity. CEPR Discussion Papers No. 6179, 2007.

Byrne D, Kovak B K, Michaels R. Price and quality dispersion in an offshoring market: Evidence from semiconductor production services. NBER Working Paper No. w19637, 2013.

Caballero R J, Farhi E, Gourinchas P O. An equilibrium model of "global imbalances" and low interest rates [J]. American economic review, 2008, 98（1）: 358–93.

Caballero R J, Farhi E, Gourinchas P O. Rents, technical change, and risk premia accounting for secular trends in interest rates, returns on capital, earning yields, and factor shares [J]. American Economic Review, 2017, 107（5）: 614–20.

Calvo G A. On the time consistency of optimal policy in a monetary economy [J]. Econometrica: Journal of the Econometric Society, 1978, 46（6）: 1411–1428.

Campbell J R, Evans C L, Fisher J D M, Justiniano A, Calomiris C W, Woodford M. Macroeconomic effects of Federal Reserve forward guidance [J].

Brookings Papers on Economic Activity, 2012: 1–80.

Campbell J R, Fisher J D M, Justiniano A, Melosi L. Forward guidance and macroeconomic outcomes since the financial crisis. NBER No. c13764, 2016.

Campbell J Y. Financial decisions and markets: a course in asset pricing [M]. Princeton University Press, 2017.

Carney M. The evolution of the international monetary system [C]. Remarks to the Foreign Policy Association, 2009, November 19.

Carney M. The growing challenges for monetary policy in the current international monetary and financial system [C]. Jackson Hole Symposium. 2019.

Carvalho C, Ferrero A, Nechio F. Demographics and real interest rates: Inspecting the mechanism [J]. European Economic Review, 2016, 88（C）: 208–226.

Caselli F, Feyrer J. The marginal product of capital [J]. The Quarterly Journal of Economics, 2007, 122（2）: 535–568.

Chen H, Cúrdia V, Ferrero A. The macroeconomic effects of large-scale asset purchase programmes [J]. The Economic Journal, 2012, 122（564）: F289–F315.

Chodorow-Reich G, Nenov P T, Simsek A. Stock market wealth and the real economy: A local labor market approach [J]. American Economic Review, 2021, 111（5）: 1613–57.

Chow G C. Rational versus adaptive expectations in present value models [J]. The Review of Economics and Statistics, 1989, 71（3）, 376–384.

Christensen J H E, Gillan J M. Does quantitative easing affect market liquidity? [J]. Journal of Banking and Finance, 2022, 134（1）.

Christensen J H E, Lopez J A, Rudebusch G D. Do central bank liquidity facilities affect interbank lending rates? [J]. Journal of Business and Economic Statistics, 2014, 32（1）: 136–151.

Chung H T, Gagnon E, Nakata T, Paustian M O, Schlusche B, Trevino J, Vilán D, Zheng W. Monetary policy options at the effective lower bound: Assessing the Federal Reserve's Current Policy Toolkit [J]. Finance and Economics Discussion Series 2019–003, 2019.

Chung H, Laforte J P, Reifschneider D, Williams J C. Have we underestimated the likelihood and severity of zero lower bound events? [J]. Journal of Money, Credit and Banking, 2012, 44（s1）: 47–82.

Clarida R H. Monetary policy, price stability, and equilibrium bond yields: Success and consequences [C]. Speech at the High-Level Conference on Global Risk, Uncertainty, And Volatility, Zurich, Switzerland, 2019, November 12.

Clarida R H. Financial markets and monetary policy: Is there a hall of mirrors problem [C]. Speech delivered at the 2020 U. S. Monetary Policy Forum, New York, 2020, February 21.

Clouse J, Henderson D, Orphanides A, Small D H, Tinsley, P A. Monetary policy when the short-term interest rate is zero [J]. Finance and Economics Discussion Series 2000–51, 2000.

Cohen B H, Hördahl P, Xia F D. Term premia: models and some stylized facts [R]. BIS Quarterly Review, September, 2018.

Coibion O, Georgarakos D, Gorodnichenko Y, Weber M. Forward guidance and household expectations. NBER Working Paper No. w26778, 2020.

Comerton-Forde C, Hendershott T, Jones C M, Moulton, P C, Seasholes, M S. Time variation in liquidity: The role of market-maker inventories and revenues [J]. The Journal of Finance, 2010, 65（1）: 295–331.

Committee on the Global Financial System（CGFS）. Unconventional monetary policy tools: a cross-country analysis. CGFS Papers No. 63. Basel: Bank for International Settlements, 2019.

Copeland A, Duffie D, Yang Y. Reserves were not so ample after all. NBER Working Paper No. w29090, 2021.

Cukierman A. Central bank independence and monetary policymaking institutions—Past, present and future [J]. European Journal of Political Economy, 2008, 4（24）: 722–736.

Cukierman A, Meltzer A H. A theory of ambiguity, credibility, and inflation under discretion and asymmetric information [J]. Econometrica: Journal of the Econometric Society, 1986, 54（5）: 1099–1128.

Curdia V, Woodford M. Credit spreads and monetary policy [J]. Journal of Money, Credit and Banking, 2010, 42（s1）: 3–35.

D'Amico S, English W, López-Salido D, Nelson E. The Federal Reserve's large-scale asset purchase programmes: rationale and effects [J]. The Economic Journal, 2012, 122（564）: F415–F446.

D'Amico S, King T B. Flow and stock effects of large-scale treasury purchases:

Evidence on the importance of local supply [J]. Journal of Financial Economics, 2013, 108（2）: 425–448.

Dahlhaus T, Hess K, Reza A. International transmission channels of US quantitative easing: Evidence from Canada. Bank of Canada Working Paper, 2014.

DeLong J B, Summers L H. Fiscal policy in a depressed economy [J]. Brookings Papers on Economic Activity, 2012: 233–274.

DeLong J B, Summers L H, Mankiw N G, Romer C D. How does macroeconomic policy affect output? [J]. Brookings Papers on Economic Activity, 1988（2）: 433–494.

De Santis R A. Impact of the asset purchase programme on euro area government bond yields using market news [R]. Mimeo, European Central Bank, 2016.

Diette M. How do lenders set interest rates on loans? A discussion of the concepts lenders use to determine interest rates. Federal Reserve Bank of Minneapolis, 2000.

Diez M F, Leigh M D, Tambunlertchai S. Global market power and its macroeconomic implications. IMF Working Paper WP/18/13, 2018.

Draghi M. Introductory Statement to the Press Conference（with Q&A）[C]. European Central Bank Governing Council Press Conference, Frankfurt, 2014, June 5.

Draghi M. The ECB's recent monetary policy measures: Effectiveness and challenges. Camdessus Lecture, IMF, Washington, DC, 2015, May, 14.

Drechsler I, Savov A, Schnabl P. A model of monetary policy and risk premia [J]. The Journal of Finance, 2018, 73（1）: 317–373.

Drehmann M, Borio C E V, Tsatsaronis K. Characterising the financial cycle: don't lose sight of the medium term!. BIS Working Paper No. 380, 2012.

Dynan K E, Skinner J, Zeldes S P. Do the rich save more [J]? Journal of Political Economy, 2004, 112（2）: 397–444.

ECB. The transmission of the ECB's recent non-standard monetary policy measures [J]. Economic Bulletin Issue 7, 2015.

Eggertsson G and Woodford M. The zero bound on interest rates and optimal monetary policy [J]. Brookings Papers on Economic Activity, 2003（1）: 139–211.

Eggertsson G B, Juelsrud R E, Summers L H, Wold E G. Negative nominal interest rates and the bank lending channel. NBER Working Paper No. w25416,

2019.

Eichengreen B, El-Erian M, Fraga A, Ito T. Rethinking central banking: Committee on international economic policy and reform. Brookings Institution, 2011.

Eichengreen B, Mehl A, Chiţu L. Book Review: How Global Currencies Work, Past, Present, and Future. 2018.

Engen E M, Laubach T, Reifschneider D. The macroeconomic effects of the Federal Reserve's unconventional monetary policies [J]. Finance and Economics Discussion Series 2015–005, 2015.

Epstein L G, Zin S E. 'First-order'risk aversion and the equity premium puzzle [J]. Journal of Monetary Economics, 1990, 26 (3) : 387–407.

Eser F, Lemke W, Nyholm K, Radde S, Vladu A L. Tracing the impact of the ECB's asset purchase programme on the yield curve Working Paper Series 2293, European Central Bank. 2019.

Farhi E, Maggiori M. A model of the international monetary system [J]. The Quarterly Journal of Economics, 2017, 133 (1) : 295–355.

Fernald J G, Spiegel M M, Swanson E T. Monetary policy effectiveness in China: Evidence from a FAVAR model [J]. Journal of International Money and Finance, 2014, 49 (PA) : 83–103.

Feroli M, Greenlaw D, Hooper P, Mishkin F S, Sufi A. Language after liftoff: Fed communication away from the zero lower bound [J]. Research in Economics, 2017, 71 (3) : 452–490.

Ferrero A. A structural decomposition of the U. S. trade balance: Productivity, demographics and fiscal policy [J]. Journal of Monetary Economics, 2010, 57 (4) : 478–490.

Fischer S. Long-term contracts, rational expectations, and the optimal money supply rule [J]. Journal of Political Economy, 1977, 85 (1) : 191–205.

Fischer S. Modern Central Banking. in Forrest Capie et al. , The Future of Central Banking: The Tercentenary Symposium of the Bank of England. Cambridge University Press, 1994.

Fischer S. Exchange rate regimes: is the bipolar view correct? [J]. Journal of Economic Perspectives, 2001, 15 (2) : 3–24.

Fischer S. The Great Recession: Moving Ahead [C]. Speech at the Swedish

Ministry of Finance conference, Stockholm, 2014a, August 11.

Fischer S. Macroprudential policy in action: Israel. [M]. In George Akerlof et al. (eds) , What Have We Learned? : Macroeconomic Policy after the Crisis, MIT Press, 2014b: 87–98.

Fischer S. Why Are Interest Rates So Low? Causes and Implications [R]. 2016. https://www. federalreserve. gov/newsevents/speech/files/fischer20161017a. pdf

Fischer S. Comparing the Monetary Policy Responses of Major Central Banks to the Great Financial Crisis and the COVID–19 Pandemic. Working Paper. MA, USA: MIT Sloan Management School, Cambridge, 2021.

Filardo A J, Hofmann B. Forward guidance at the zero lower bound [R]. BIS Quarterly Review, March, 2014.

Fisher L. Determinants of risk premiums on corporate bonds [J]. Journal of Political Economy, 1959, 67 (3) : 217–237.

Fratzscher M. On the long-term effectiveness of exchange rate communication and interventions [J]. Journal of International Money and Finance, 2006, 25 (1) : 146–167.

Friedman M. A Monetary and Fiscal Framework for Economic Stability [J]. American Economic Review, 1948, 38 (3) : 245–264.

Friedman M. The Role of Monetary Policy [J]. American Economic Review, 1968, 58 (1) : 1–17.

Friedman M, Schwartz A J. A monetary history of the United States, 1867–1960 [M]. Princeton University Press, 1963.

Fukunaga I, Kato N, Koeda J. Maturity structure and supply factors in Japanese government bond markets [J]. Monetary and Economic Studies, 2015, 33: 45–96.

Gagnon J, Collins C G. Low inflation bends the phillips curve. Peterson Institute for International Economics Working Paper, 2019.

Gagnon J, Raskin M, Remache J, Sack B. The financial market effects of the Federal Reserve's large-scale asset purchases [J]. International Journal of Central Banking, 2011, 7 (1) : 3–43.

Gelain P, Ilbas P. Monetary and macroprudential policies in an estimated model with financial intermediation [J]. Journal of Economic Dynamics and Control, 2017, 100 (78) : 164–189.

Gennaioli N, Shleifer A. A crisis of beliefs: Investor psychology and financial fragility [M]. Princeton University Press, 2018.

Gertler M, Gilchrist S, Natalucci F M. External constraints on monetary policy and the financial accelerator [J]. Journal of Money, Credit and Banking, 2007, 39 （2-3）: 295–330.

Gertler M, Karadi P. Monetary policy surprises, credit costs, and economic activity [J]. American Economic Journal: Macroeconomics, 2015, 7 （1）: 44–76.

Gertler M, Kiyotaki N. Financial intermediation and credit policy in business cycle analysis. Handbook of Monetary Economics. 2010, 3: 547–599.

Gertler M, Kiyotaki N. Banking, liquidity, and bank runs in an infinite horizon economy [J]. American Economic Review, 2015, 105 （7）, 2011–2043.

Goodfriend M. Central banking in the credit turmoil: An assessment of Federal Reserve practice [J]. Journal of Monetary Economics, 2011, 58 （1）: 1–12.

Goodfriend M. The case for a Treasury-Federal Reserve accord for credit policy [C]. Testimony before the Subcommittee on Monetary Policy and Trade of the Committee on Financial Services, US House of Representatives, 2014.

Goodfriend M, King R G. Financial deregulation, monetary policy, and central banking. Federal Reserve Bank of Richmond Working Paper, 1988（88–1）.

Goodfriend M, King R G. The incredible Volcker disinflation [J]. Journal of Monetary Economics, 2005, 52 （5）: 981–1015.

Goodhart C A E. Monetary transmission lags and the formulation of the policy decision on interest rates. Federal Reserve Bank of St. Louis, Review（July/August）, 2001: 165–181.

Gopinath G. The international price system. NBER Working Paper No. w21646, 2015.

Gordon R J. Wage-price controls and the shifting Phillips curve [J]. Brookings Papers on Economic Activity, 1972 （2）: 385–421.

Gordon R J. The history of the Phillips curve: Consensus and bifurcation [J]. Economica, 2011, 78 （309）: 10–50.

Gordon R J. Is US economic growth over? Faltering innovation confronts the six headwinds. NBER Working Paper No. w18315, 2012.

Gordon R J. The Phillips curve is alive and well: Inflation and the NAIRU during the slow recovery. NBER Working Paper No. w19390, 2013.

Gordon R J. The demise of US economic growth: restatement, rebuttal, and reflections. NBER Working Paper No. w19895, 2014.

Gourinchas P O, Rey H. From world banker to world venture capitalist: US external adjustment and the exorbitant privilege. NBER Working Paper No. w11563, 2005.

Gourinchas P O, Rey H, Govillot N. Exorbitant privilege and exorbitant duty. CEPR Discussion Paper No. 16944, 2017.

Greenlaw D, Hamilton J D, Harris E, West K D. A skeptical view of the impact of the Fed's balance sheet. NBER Working Paper No. w24687, 2018.

Guisinger A Y, McCracken M W, Owyang M. Reconsidering the Fed's Forecasting Advantage. FRB St. Louis Working Paper, 2022（2022–1）.

Haldane A, Roberts-Sklar M, Wieladek T, Young C. QE: the story so far. Bank of England Working Papers 624, 2016.

Hansen L P, Sargent T J. Recursive robust estimation and control without commitment [J]. Journal of Economic Theory, 2007, 136（1）: 1–27.

Hansen S, McMahon M. Shocking language: Understanding the macroeconomic effects of central bank communication [J]. Journal of International Economics, 2016, 99: S114-S133.

He D, Wang H. Monetary policy and bank lending in China—evidence from loan-level data. HKIMR Research Paper, No. 16/2013, 2013.

Holston K, Laubach T, Williams J C. Measuring the natural rate of interest: International trends and determinants [J]. Journal of International Economics, 2017, 108: S59–S75

Holston K, Laubach T, Williams J C. Adapting the Laubach and Williams and Holston, Laubach, and Williams Models to the COVID–19 Pandemic. Federal Reserve Bank of New York, 2020.

Ihrig J, Klee E, Li C, Wei M, Kachovec J. Expectations about the federal reserves balance sheet and the term structure of interest rates [J]. Finance and Economics Discussion Series 2012–57, 2012.

Ihrig J E, Vojtech C M, Weinbach G C. How have banks been managing the composition of high-quality liquid assets? [J]. Federal Reserve Bank of St. Louis Review, 2019, 101（3）: 177–201.

IMF. Sovereigns, Funding, and Systemic Liquidity [R]. Global Financial Stability Report, 2010.

IMF. United Kingdom 2013 Article IV Consultation. 2013

IMF. World Economic Outlook [R], Washington, DC, 2014 April.

Issing O. Communication, transparency, accountability: monetary policy in the twenty-first century [J]. Federal Reserve Bank of St. Louis Review, 2005, 87（2, Part 1）: 65–83.

Joyce M A S, Lasaosa A, Stevens I, Tong M. The financial market impact of quantitative easing in the United Kingdom [J]. International Journal of Central Banking 7（3）, 2011: 113–61.

Joyce M A S, Liu Z, Tonks I. Institutional investors and the QE portfolio balance channel [J]. Journal of Money, Credit and Banking, 2017, 49（6）: 1225–1246.

Kamber G, Mohanty M S. Do interest rates play a major role in monetary policy transmission in China?. BIS Working Paper No. 714, 2018.

Karabarbounis L, Neiman B. The global decline of the labor share [J]. The Quarterly Journal of Economics, 2014, 129（1）: 61–103.

Karadi P, Nakov A. Effectiveness and addictiveness of quantitative easing [J]. Journal of Monetary Economics, 2021, 117（C）: 1096–1117.

Kenen P B. Reforming the global reserve regime: the role of a substitution account [J]. International Finance, 2010, 13（1）: 1–23.

Kiley M T. The aggregate demand effects of short-and long-term interest rates [J]. International Journal of Central Banking, 2014, 10（4）: 69–104.

Kim D H, Walsh C, Wei M. Tips from Tips: Update and discussions. FED Notes, 2019, May 21.

Kim K, Laubach T, Wei M. Macroeconomic effects of large-scale asset purchases: New evidence [J]. Finance and Economics Discussion Serie 2020–047, 2020.

Kindleberger, C P. Financial Crisis [M]. In Durlauf S, Blume L E: The new Palgrave dictionary of economics. Palgrave Macmillan: London. 2018.

Kiyotaki N, Moore J. Credit cycles [J]. Journal of Political Economy, 1997, 105（2）: 211–248.

Kliesen K L, Levine B, Waller C J. Gauging market responses to monetary policy communication [J]. Federal Reserve Bank of St. Louis Review, 2019, 101（2）: 69–91.

Kohn D L, Sack B. Central bank talk: Does it matter and why? In Macroeconomics, monetary policy, and financial stability. Ottawa: Bank of Canada, 2004.

Koo R C. The escape from balance sheet recession and the QE trap: a hazardous road for the world economy [M]. Wiley; 1st edition, 2014.

Krishnamurthy A, Vissing-Jorgensen A. The effects of quantitative easing on interest rates: channels and implications for policy. NBER Working Paper No. w17555, 2011.

Krishnamurthy A, Vissing-Jorgensen A. The ins and outs of LSAPs [R]. Kansas City federal reserve symposium on global dimensions of unconventional monetary policy, 2013: 57–111.

Krugman P R, Obstfeld M, Melitz M. International economics: Theory and policy [M]. 11th edition. Ch. 17: Output and the Exchange Rate in the Short Run, 2018.

Kurtzman R, Luck S, Zimmermann T. Did QE lead banks to relax their lending standards? Evidence from the Federal Reserve's LSAPs [J]. Finance and Economics Discussion Serie 2017–093, 2017.

Kydland F E, Prescott E C. Rules rather than discretion: The inconsistency of optimal plans [J]. Journal of Political Economy, 1977, 85（3）: 473–491.

Lam M W W. Bank of Japan's monetary easing measures: are they powerful and comprehensive?. IMF Working Paper WP/11/264, 2011.

Lancastre M. Inequality and real interest rates [R]. Munich Personal RePEc Archive Paper 85047, 2016.

Lane P R. Monetary policy and below target inflation [C]. At the Bank of Finland conference on Monetary Policy and Future of EMU, Helsinki, 2019, July 1.

Lange J, Sack B, Whitesell W. Anticipations of monetary policy in financial markets [J]. Journal of Money, Credit and Banking, 2003, 35（6）: 889–909.

Laubach T, Williams J C. Measuring the natural rate of interest [J]. Review of Economics and Statistics, 2003, 85（4）: 1063–1070.

Lenza M, Slacalek J. How does monetary policy affect income and wealth inequality? Evidence from quantitative easing in the euro area. ECB, Working Paper Series, No 2190, 2018, October.

Leombroni M, Vedolin A, Venter G, Whelan P. Central bank communication and the yield curve [J]. Journal of Financial Economics, 2021, 141（3）: 860–880.

Li C, Meldrum A C, Rodriguez M G. Robustness of long-maturity term premium estimates. FEDS Notes, 2017.

Li C, Wei M. Term structure modelling with supply factors and the Federal Reserve's Large Scale Asset Purchase programs [J]. International Journal of Central Banking, Vol. 9, 2013.

Lisack N, Sajedi R, Thwaites G. Demographic trends and the real interest rate. Bank of England Working Paper No. 701, 2017.

Lovell M C. Tests of the rational expectations hypothesis [J]. American Economic Review, 1986, 76（1）: 110–124.

Lucas Jr R E. Expectations and the neutrality of money [J]. Journal of Economic Theory, 1972, 4（2）: 103–124.

Lucas Jr R E. Asset prices in an exchange economy [J]. Econometrica: Journal of the Econometric Society, 1978, 46（6）: 1429–1445.

Maggiori M, Neiman B, Schreger J. International currencies and capital allocation. NBER Working Paper No. w24673, 2018.

Mankiw N G. Small menu costs and large business cycles: A macroeconomic model of monopoly [J]. The Quarterly Journal of Economics, 1985, 100（2）: 529–537.

Massimb M N, Phelps B D. Electronic trading, market structure and liquidity [J]. Financial Analysts Journal, 1994, 50（1）: 39–50.

Mehrling P. The New Lombard Street: How the Fed became the dealer of last resort [M]. Princeton University Press, 2010.

McAndrews J, Sarkar A, Wang Z. The effect of the term auction facility on the London interbank offered rate [R]. Staff Report No. 335, Federal Reserve Bank of New York, 2008.

McCandless G T, Weber W E. Some monetary facts [J]. Federal Reserve Bank of Minneapolis Quarterly Review, 1995, 19（3）: 2–11.

McCauley R N, Chan T. Currency movements drive reserve composition [R]. BIS Quarterly Review December, 2014.

McMahon M, Schipke M A, Li X. China's monetary policy communication: Frameworks, impact, and recommendations. IMF Working Paper WP/18/244, 2018.

Miao Y. In search of successful inflation targeting: evidence from an inflation targeting index. IMF Working Paper WP/09/148, 2009.

Mishkin F S. The household balance sheet and the Great Depression [J]. The

Journal of Economic History, 1978, 38（4）: 918–937.

Mishkin F S. The channels of monetary transmission: Lessons for monetary policy. NBER Working Paper No. w5464, 1996.

Mishkin F S. Can central bank transparency go too far?. NBER Working Paper No. w10829, 2004.

Mishkin F S. How should we respond to asset price bubbles [C]. Speech at Wharton School, Philadelphia, 2008, May 15.

Mishkin F S. Monetary policy strategy: lessons from the crisis. NBER Working Paper No. w16755, 2011.

Modigliani F, Sutch R. Innovations in interest rate policy [J]. American Economic Review, 1966, 56（1/2）: 178–197.

Morris S, Shin H S. Social value of public information [J]. American Economic Review, 2002, 92（5）: 1521–1534.

Muth J F. Rational expectations and the theory of price movements [J]. Econometrica: Journal of the Econometric Society, 1961, 29（3）: 315–335.

Laeven L, Maddaloni A, Mendicino C. Monetary and macroprudential policies: trade-offs and interactions. Research Bulletin, 2022, 92.

Nakaso H. Evolving monetary policy: The Bank of Japan's experience [C]. Speech at the Federal Reserve Bank of New York Central Banking Seminar, 2017, October 18.

Okun A M. Fiscal-Monetary Activism: Some analytical issues [J]. Brookings Papers on Economic Activity, 1972, 3（1）: 123–172.

Okun A M. Efficient disinflationary policies [J]. The American Economic Review, 1978, 68（2）: 348–352.

Olson P, Wessel D. Federal reserve communications: Survey results. Hutchins Center on Fiscal and Monetary Policy at Brookings, 2016.

O'Neill J. Will sanctioning Russia upend the monetary system?. 2022. https:// www. project-syndicate. org/.

Orphanides A. Monetary policy evaluation with noisy information [R]. Board of Governors of the Federal Reserve System（US）, 1998.

Phelps E S. Money-wage dynamics and labor-market equilibrium [J]. Journal of Political Economy, 1968, 76（4, Part 2）: 678–711.

Phelps E S. The new microeconomics in inflation and employment theory [J].

The American Economic Review, 1969, 59（2）: 147–160.

Phelps E S. Inflation in the theory of public finance [J]. The Swedish Journal of Economics, 1973, 75（1）, 67–82.

Poloz S S. Integrating uncertainty and monetary policy-making: A practitioner's perspective. Bank of Canada Discussion Paper, 2014.

Poole W. Optimal choice of monetary policy instruments in a simple stochastic macro model [J]. The Quarterly Journal of Economics, 1970, 84（2）: 197–216.

Poole W, Rasche R H. The impact of changes in FOMC disclosure practices on the transparency of monetary policy: are markets and the FOMC better "synched"? [J]. Federal Reserve Bank of St. Louis Review, 2003, 85（1）: 1–10.

Poterba J M. Stock market wealth and consumption [J]. Journal of Economic Perspectives, 2000, 14（2）: 99–118.

Powell, J H. Thoughts on unconventional monetary policy [C]. Speech at the Bipartisan Policy Center, Washington, D. C. , 2013, June 27.

Powell, J H. Global Perspectives with Jerome H. Powell [C], Dallas Fed, 2018, November 14.

Pozsar Z. Shadow banking: The money view. NBER working paper, 2014, August.

Pozsar Z. Global Money Notes #22 Collateral supply and o/n rates [R]. Credit Suisse Economics, 2019, May 31.

Pozsar Z. Breton Woods III [R]. Credit Suisse Economics, 2022.

Rachel L, Summers L H. On falling neutral real rates, fiscal policy and the risk of secular stagnation. BPEA Conference Drafts, 2019, March 7–8.

Rajan R G. Has finance made the world riskier? [J]. European Financial Management, 2006, 12（4）: 499–533.

Rebucci A, Hartley J S, Jiménez D. An event study of COVID–19 central bank quantitative easing in advanced and emerging economies. NBER Working Paper No. w27339, 2020.

Reinhart C M, Rogoff K S. The aftermath of financial crises [J]. American Economic Review, 2009, 99（2）: 466–72.

Reisenbichler A. The politics of quantitative easing and housing stimulus by the Federal Reserve and European Central Bank, 2008–2018 [J]. West European Politics, 2020, 43（2）: 464–484.

Rey H. Dilemma not trilemma: The global financial cycle and monetary policy independence [R]. Federal Reserve Bank of Kansas City Economic Policy Symposium, 2013.

Riles A. Financial citizenship: Experts, publics, and the politics of central banking [M]. Cornell University Press, 2018.

Rostagno M, Altavilla C, Carboni G, Lemke L, Motto R, Guilhem A S, Yiangou J. A tale of two decades: the ECB's monetary policy at 20. ECB Working Paper Series, No 2346, 2019.

Samuelson P A. Panel discussian [R]. Goals, Guidelines, and Constraints Facing monetary policymakers, 1994.

Samuelson P A, Solow R M. Analytical aspects of anti-inflation policy [J]. American Economic Review, 1960, 50（2）: 177–194.

Sargent T J, Wallace N. Some unpleasant monetarist arithmetic [J]. Federal Reserve Bank of Minneapolis Quarterly Review, 1981, 5（3）: 1–17.

Shin H S. The second phase of global liquidity and its impact on emerging economies. Asia Economic Policy Conference, 2013, November 3–5.

Smith A L, Becker T. Has forward guidance been effective?. Federal Reserve Bank of Kansas City Economic Review, 2015.

Smith A L, Valcarcel V J. The financial market effects of unwinding the Federal Reserve's balance sheet. Federal Research Bank of Kansas City, Research Working Paper no. 20–23, 2022, January.

Stein, J C. Challenges for monetary policy communication [C]. Speech delivered at the Money Marketeers of New York University, New York, 2014, May 06.

Summers L. Panel discussion: price stability: how should long-term monetary policy be determined? [J]. Journal of Money, Credit and Banking, 1991, 23（3）: 625–631.

Summers L. Speech at the IMF's Fourteenth Annual Research Conference in Honour of Stanley Fischer, Washington D. C. , 2013, November 8.

Summers L. US economic prospects: Secular stagnation, hysteresis, and the zero lower bound. National Association of Business Economics, 2014, February 24.

Sun R. What measures Chinese monetary policy? [J]. Journal of International Money and Finance, 2015, 59（C）: 263–286.

Svensson L E. Inflation targeting and "leaning against the wind" [J]. International Journal of Central Banking, 2014, 10（2）,103–14.

Svensson L E. Cost-benefit analysis of leaning against the wind [J]. Journal of Monetary Economics, 2017, 90（C）: 193–213.

Swanson E T. Measuring the effects of Federal Reserve forward guidance and asset purchases on financial markets [R]. NBER Working Paper No. w23311, 2017.

Swanson E T. The federal reserve is not very constrained by the lower bound on nominal interest rates. NBER Working Paper No. w25123, 2018.

Rachel L, Smith T D. Secular drivers of the global real interest rate. Bank of England Working Paper No. 571, 2015.

Rees D, Sun G. The natural interest rate in China. BIS Working Papers No. 549, 2021.

Rogoff K S. Is this the beginning of the end of central bank independence?. G30 Occasional Paper, 2019.

Taylor J B. Externalities associated with nominal price and wage rigidities [J]. Econometrica, 1987, 51: 1485–1504.

Taylor J B. Discretion versus policy rules in practice [R]. Carnegie-Rochester conference series on public policy. North-Holland, 1993, 39: 195–214.

Taylor J B. Monetary policy guidelines for employment and inflation stability [M]. in R. M. Solow and J. B. Taylor, Inflation, Unemployment, and Monetary Policy（MIT Press）, 1998.

Taylor J B. A historical analysis of monetary policy rules [M]. Monetary policy rules. University of Chicago Press, 1999: 319–348.

Taylor J B, Williams J C. A black swan in the money market. Working Paper Series 2008–04, Federal Reserve Bank of San Francisco, 2008a.

Taylor J B, Williams J C. Further results on a black swan in the money market. Stanford Institute for Economic Policy Research Working Paper, 2008b.

Thornton D L. The effectiveness of unconventional monetary policy: the term auction facility [J]. Federal Reserve Bank of St. Louis Review, 2011, 93（6）: 439–53.

Tinbergen J. On the theory of economic policy [M]. Amsterdam: North Holland, 2nd edition, 1952.

Tobin J. Liquidity preference as behavior towards risk [J]. The Review of Economic Studies, 1958, 25（2）: 65–86.

Tobin J. A general equilibrium approach to monetary theory [J]. Journal of

Money, Credit and Banking, 1969, 1（1）: 15–29.

Vayanos D, Vila J L. A preferred-habitat model of the term structure of interest rates. NBER Working Paper No. w15487, 2009.

Volcker P A, Harper C. Keeping at it: the quest for sound money and good government [M]. Hachette UK, 2018.

Wicksell K. Interest and prices（tr. of 1898 edition by R. F. Kahn）[M]. London: Macmillan, 1936.

Williams J C. A defense of moderation in monetary policy [J]. Journal of Macroeconomics, 2013, 38（PB）: 137–150.

Williams J C. Monetary policy at the zero lower bound: Putting theory into practice. Hutchins Center Working Papers, 2014.

Williams J C. Monetary policy in a low R-star world [J]. FRBSF Economic Letter, 2016, 23（6）.

Williamson S D. Monetary policy and distribution [J]. Journal of Monetary Economics, 2008, 55（6）: 1038–1053.

Woodford M. Financial intermediation and macroeconomic analysis [J]. Journal of Economic Perspectives, 2010, 24（4）: 21–44.

Woodford M. Simple analytics of the government expenditure multiplier [J]. American Economic Journal: Macroeconomics, 2011, 3（1）: 1–35.

Wright J. What does Monetary Policy do to Long-Term Interest Rates at the Zero Lower Bound? [R]. NBER Working Paper No. w17154, 2011.

Wu J C, Xia F D. Measuring the macroeconomic impact of monetary policy at the zero lower bound [J]. Journal of Money, Credit and Banking, 2016, 48（2–3）: 253–291.

Wu T. On the effectiveness of the Federal Reserve's new liquidity facilities. Federal Reserve Bank of Dallas Working paper, 2008（2008–08）.

Yellen J. Perspectives on monetary policy [C]. Speech at the Boston Economic Club, 2012, June 6.

Yi G. The monetization process in China during the economic reform [J]. China Economic Review, 1991, 2（1）: 75–95.